高等学校教材

"十二五"普通高等教育国家级规划教材

U0750375

休闲体育概论

第三版

□ 主编 李相如

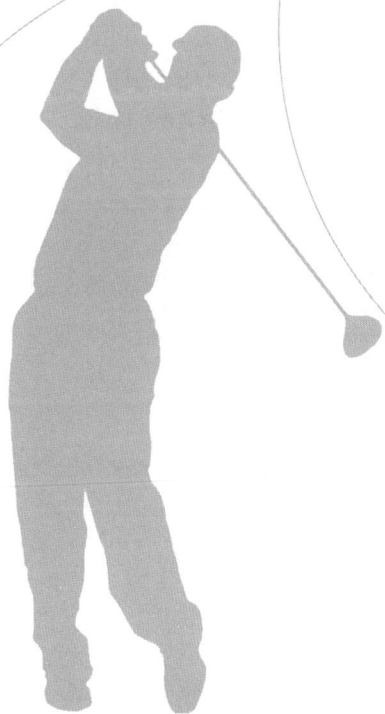

中国教育出版传媒集团

高等教育出版社·北京

内容提要

　　本书为普通高等教育体育专业新形态一体化教材。全书主要内容包括休闲与休闲体育、休闲体育文化、休闲体育服务、休闲体育活动管理、休闲体育产业、体育旅游、休闲体育康养、休闲体育教育、国外休闲体育发展、休闲体育科学研究、传统休闲运动项目简介、时尚休闲运动项目简介。

　　本书既可作为休闲体育、社会体育指导与管理、体育教育、体育旅游、体育新闻、运动训练、民族传统体育等专业的本专科生、研究生教材，也可作为体育教师、相关研究人员，以及从事休闲体育服务、全民健身指导工作人员的参考用书。

图书在版编目（CIP）数据

休闲体育概论 / 李相如主编. --3 版. -- 北京：高等教育出版社，2024.9（2025.11重印）. -- ISBN 978-7-04-062775-6

Ⅰ．G811.4

中国国家版本馆 CIP 数据核字第 2024YW2850 号

XIUXIAN TIYU GAILUN

| 策划编辑　陈　海 | 责任编辑　陈　海 | 封面设计　王　鹏 | 版式设计　马　云 |
| 责任绘图　黄云燕 | 责任校对　胡美萍 | 责任印制　耿　轩 | |

出版发行　高等教育出版社	网　　址　http://www.hep.edu.cn
社　　址　北京市西城区德外大街4号	http://www.hep.com.cn
邮政编码　100120	网上订购　http://www.hepmall.com.cn
印　　刷　山东百润本色印刷有限公司	http://www.hepmall.com
开　　本　787 mm×960 mm　1/16	http://www.hepmall.cn
印　　张　19.5	版　　次　2011年8月第1版
字　　数　350千字	2024年9月第3版
购书热线　010-58581118	印　　次　2025年11月第3次印刷
咨询电话　400-810-0598	定　　价　42.50元

编委会名单

编写顾问：凌　平　卢　锋

主　　编：李相如

副 主 编：石振国　邹本旭　沈　纲　杨　冰

参　　编(以姓氏笔画为序)：

第三版编写说明

习近平总书记强调:"体育承载着国家强盛、民族振兴的梦想。体育强则中国强,国运兴则体育兴。要把发展体育工作摆上重要日程,精心谋划,狠抓落实,不断开创我国体育事业发展新局面,加快把我国建设成为体育强国。"习近平总书记关于体育工作的一系列重要论述为我国体育和休闲体育的高质量发展指明了前进的方向。2022年中共中央办公厅、国务院办公厅印发的《关于构建更高水平的全民健身公共服务体系的意见》首次提出:要使"体育健身和运动休闲成为普遍生活方式"。进入新时代以来,休闲体育越来越受到广大百姓的关注和青睐。休闲体育在促进人的全面发展,拉动休闲体育消费,提高人们生活品质等方面所起到的不可替代的作用已成为我国的主流认知。

世界范围内的休闲研究和休闲体育实践已经进行了较长的时间。近年来,世界休闲研究进一步向深度休闲、体验式休闲的方向发展,从而大大推动了户外休闲运动、家庭休闲体育、大众休闲体育等迭代发展,使世界范围内的休闲体育生机盎然。休闲体育消费已经成为体育消费的第一大力量,并极大促进了体育产业和休闲服务业的发展。

我国休闲体育的研究尽管起步较晚,但党的十八大以来,尤其是党的二十大以后,休闲体育迅速进入快速、高质量、升级发展的新时代。我国休闲体育积累了大量的实践经验,并开始形成凸显中国特色的休闲体育研究成果。休闲体育作为现代气息最浓的时代需求,已经进入高等院校体育专业教学和人才培养之中。2007年教育部批准设立休闲体育专业,截至2023年,全国高等院校开设休闲体育专业的本科院校近百所,专科院校近60所。本教材就是在这种背景下组织编写的。本教材以创建高质量的教材为目标,力图体现本门课程的基础、浓缩、实用、点线结合、形式活泼的编写理念,教材的编写给教师的"教"和学生的"学"留下了广阔的发挥空间。

本教材由目前国内休闲体育学术造诣较高、教学实践经验丰富、老中青教师搭配的专家学者编写。编写团队(参编学校36所,参编作者42位)查阅了大量文献资料,对休闲体育的诸多理论问题进行了多次深入的研讨,在此基础上梳理出了休闲体育教材的知识体系和理论框架,并为我国休闲体育专业建设的持续发展储备了中青年人才。在本教材编写过程中,编写团队吸纳近年来国内外休闲体育的最新理论和实践成果,使教材具有较强的系统性、理论性、知识性和实践性。

本教材经过 13 年的教学实践和使用,已经成为我国高等院校休闲体育专业、社会体育指导与管理专业使用率最高的教材。本次修订(第三版),在广泛征求相关专家、教师和部分学生意见的基础上,除了把最新的国家相关政策,以及近一时期休闲体育的科技发展、社会服务、市场热点、实践需求等理论成果和经典实践案例补充到教材之中以外,也对教材的结构做了优化。本次修订的教材由上一版的 17 章整合为 12 章,篇幅亦做了一定幅度的精减,使其逻辑线路更为清晰,学生的学习内容更为简洁、教学更为实用。

本教材共十二章,各章具体分工如下:李相如(大理大学)、凌平(杭州师范大学)、郑贺(淮北师范大学)、罗帅呈(南昌工学院)、赵宏(江苏海洋大学)撰写第一章;卢锋(成都体育学院)、郭修金(南京体育学院)、何玲(忻州师范学院)撰写第二章;沈纲(常州大学)、李冬梅(大连大学)、汪蓉蓉(武汉体育学院)撰写第三章;王月华(吉林体育学院)、邹本旭(沈阳体育学院)、刘璐(吉林体育学院)撰写第四章;杨铁黎(首都体育学院)、朱昆(上海体育大学)、周利(贵州医科大学)撰写第五章;金媛媛(首都体育学院)、程亚飞(郑州师范学院)、高亚坤(河北工程大学)撰写第六章;邰峰(辽宁师范大学)、李艳茹(陕西师范大学)、王瑱(成都大学)撰写第七章;石振国(山东大学)、马玉华(山东体育学院)、纪昕圻(河北民族师范学院)撰写第八章;张建会(人民大学)、邱亚君(浙江大学)、高亚坤(河北工程大学)撰写第九章;杨冰(成都体育学院)、杨成(成都银杏酒店管理学院)、李俊(信阳农林学院)、王玉杰(鞍山师范学院)撰写第十章;杨建设(西安体育学院)、安军(大理大学)撰写第十一章;朱佳滨(哈尔滨体育学院)、商勇(中国石油大学)、刘保华(天津体育学院)、葛耀(三亚大学)、金银日(上海体育大学)、万益民(宁夏大学)、王宁(河北体育学院)、吴军生(中国职业安全协会)撰写第十二章。李相如负责最终定稿。

在本教材的编写中,我们阅读、参考和引用了大量相关文献(见参考文献),并得到诸多专家学者的热心指导和大力支持,在此一并致以由衷的谢意。

"休闲体育概论"仍然是一门快速发展中的新课程,有许多理论问题和实践问题尚在探索之中,加上作者的水平有限,如有不当之处,请读者给予批评指正。

李相如

2024 年 4 月 14 日于大理大学茶苑

第一版编写说明

随着休闲时代的到来,休闲体育越来越受到人们的关注和青睐。休闲体育在促进人的全面发展,提高人们生活品质等方面所起到的不可替代的作用已成为主流认识。

世界范围内的休闲研究和休闲体育实践已经有较长的时间。我国休闲体育的研究尽管起步较晚,但在体育实践中已经积累了大量的实践经验,并开始形成许多凸显中国特色的休闲体育研究成果。休闲体育作为现代气息最浓的时代需求,已经进入高等院校体育专业的教学之中。2008年体育院校开始正式招收休闲体育专业的学生。本教材就是在这种背景下组织编写的。本教材以创精品教材为目标,力图体现本门课程的基础、浓缩、实用、点线结合、形式活泼的理念,教材的编写充分考虑到给教师的"教"和学生的"学"留下广阔的发挥空间。

本教材是关于休闲是什么、休闲体育的概念与内涵、休闲体育文化、休闲体育项目管理、体育旅游、休闲体育教育,以及休闲体育项目概述等基本理论的概括和系统归纳的一门新的主干课程。为了编好这部教材,本教材组集中了国内造诣较高的专家学者汇聚一堂,查阅了大量文献资料,并对休闲体育的诸多理论问题进行了多次深入的研讨,在此基础上梳理出了休闲体育的知识体系和理论框架。在创作过程中,本教材吸纳了近年来国内外休闲体育的最新理论和实践成果,使得本教材具有较强的理论性、系统性和实践性,适用于休闲体育专业、社会体育指导与管理专业的本科生、研究生,也可以作为体育教师、相关研究人员,以及从事休闲体育、全民健身指导工作的人员的参考书。

本教材共十七章,各章具体分工如下:李相如撰写第一章;凌平撰写第二章;卢锋撰写第三章;王庆伟撰写第四章;钟晓明撰写第五章;杨铁黎撰写第六章;柳伯力撰写第七章;汪流撰写第八章;梁利民撰写第九章;石振国撰写第十章、第十二章;杨建设撰写第十一章;曹卫撰写第十三章;梁建平撰写第十四章;龙春生撰写第十五章;商勇撰写第十六章;张基振撰写第十七章。李相如、凌平、卢锋、柳伯力、王庆伟负责统稿,李相如负责最终定稿。

在本教材的编写中,我们阅读、参考和引用了大量相关文献,在此一并致以由衷的谢意。

由于"休闲体育概论"是一门发展中的新课程,有许多理论问题和实践问题尚在探索之中,加以作者的水平有限,如有不当之处,请读者给予批评指正。

编 者

2011 年 6 月

目　　录

第一章

休闲与休闲体育

》 章前导言

习近平总书记在黑龙江考察调研时首次提出"新质生产力"，要求"整合科技创新资源，引领发展战略性新兴产业和未来产业，加快形成新质生产力"。这一重要论述为休闲体育、休闲体育产业的升级换代和高质量发展指明了新的方向。中共中央办公厅、国务院办公厅在《关于构建更高水平的全民健身公共服务体系的意见》中首次提出"体育健身和运动休闲成为普遍生活方式"，这将使我国国民的生活理念和生活态度发生重大变化。在休闲中最为积极的方式是休闲体育。休闲体育是什么？休闲体育的概念如何界定，内涵如何解读？如何从众说纷纭、争论不休的学术困扰中寻找休闲体育的定义，揭示休闲体育的科学规律？针对以上问题本章做了详细的回答和有创意的解读。本章中的小资料和相关链接为教师的"教"提供了辅助性的教学线索，同时也为学生的"学"提供了拓展性的知识来源。通过学习，学生对休闲的概念、休闲理论的内涵、休闲体育的定义等将会有一个基本的了解。

第一节 何为休闲

休闲是人的生命的一种状态,是一种"成为人"的过程,是一个人完成个人与社会发展任务的主要存在空间;休闲不仅是在寻找快乐,而且是在寻找生命的意义。

一、休闲的基本定义

何为休闲?这是一个看似简单,却又难以概全的命题。世界著名休闲研究学者布莱特·比尔曾说:关于如何实现良好的经济状况有多少种观点,对"休闲"的诠释差不多就有多少种。在人类文明进化过程中,休闲始终具有重要的文化价值,不同时代的思想家对"休闲"都有十分精辟的见解。亚里士多德认为"休闲是一切事物所环绕的中心",罗素认为"能否聪明地用'闲'是对文明的最终考验",爱因斯坦认为"人的差异在于闲暇",萧伯纳认为"劳作是做我们必须做的事,休闲是做我们喜欢的事",马克思认为休闲是"个人受教育的时间、发展智力的时间、履行社会职能的时间、进行社交活动的时间、自由运用体力和智力的时间"等,这些无不呈现了休闲在人类社会发展中的重要地位和价值。考察传统文化也会发现,中国各个时期都有对于休闲思想的论述,儒家阐释的是一种"入世"的休闲思想,道家倡导的是一种"出世"的休闲思想,佛家遵循的是一种"来世"的休闲思想,它们都彰显了休闲思想的特殊地位。

在英文词义学的考证中,我们可以看到其相应的文化内涵。英文"leisure"一词的含义,与中文的休闲有相近的意思,其源于古法语"leisir",意指人们摆脱生产劳动后的自由时间和自由活动。该法语出自拉丁语"licere",意指合法的或被允许的,在劳动之余获得许可而进行的活动。英文中"leisure"一词中"休息"的成分很少,"消遣"的成分也不多,主要是指"必要劳动之余的自我发展",这表明了"休闲"一词所具有的独特的文化精神底蕴。休闲一词最早出现于希腊文学,在希腊语中,"schole"一词有闲暇、休息、休闲及教育活动、娱乐,以及从中得益之意,并与文化水平的提高相辅相成。这种精华含义以一定的受教育程度为前提,区别于一般的娱乐。人们总倾向于把希腊文明看作人类休闲的黄金时代,看作使人在休闲中得以实现的文明之一。"schole"的反义词"a-schole"指劳动、奴役状况。同时,拉丁语"scola"一词,意为休闲和教育。

由于身处的位置和阐释的角度不同,人们对休闲的定义会有不同的解读。首任世界休闲与娱乐协会研究委员会主席约翰·凯利在论述休闲含义的内核时这样表述:在界定休闲时,某种自由概念似乎很普遍。休闲的自由是一种成为状态的自由,是在生活范围内做决定的自由空间。另一方面的要素是自足的意义与目的。只有构成休闲的某些核心要素在其本来的意义被实施时,休闲才成为可能,它并不屈从于任何外在的强制性要求。因此,休闲具有某种含义的统一性。如果把有关休闲的种种定义进行归类,就会发现这些定义基本出现在四种语境之中——时间(leisure as free time)、活动(leisure as a recreational activity)、存在方式(state of existence)和心态(state of mind, leisure as an attitude)。

1970 年,在联合国的援助下,首次国际休闲会议在比利时召开。会议通过了著名的"休闲宪章",这是人类第一次以国际宪章的形式对个人的休闲权利加以确认、尊重和保护。"休闲宪章"对休闲的定义是:人们在完成工作和其他任务之后,在自由支配的时间内所进行的活动,是以补偿性活动为基础的活动。尽管这个定义并不能涵盖休闲概念的丰富内涵,也难以被所有学者完全接受,但却基本表达了休闲的要义。本书对休闲的定义和诠释将以此为基点展开。

"休闲宪章"
的来历

二、休闲概念的不同界定

休闲是很难界定的一个词——几个世纪以来,休闲经常被视为体力劳动的对立面,是一种使自己脱离身体疲劳工作状态的方式,它通常与理想的生存状态和以智力、体力、艺术活动为主的文明方式相联系。当代社会经常把休闲视为给生活带来平衡的一种方法,寻求休闲不仅为了娱乐、自我提高、促进家庭稳定和提供社会互动的机会,而且为郊游和追求新奇、复杂、兴奋与幻想提供手段。在社会实际中,休闲对于不同的人来说是不同的,休闲职业者和研究者经常在休闲的界定这一问题上产生分歧。

(一)休闲是一种社会建制

社会学家把"休闲"看成一种社会建制,以及人的生活方式和生活态度,是发展人个性的场所。近一个世纪以来,社会学家在以下领域对休闲的研究取得了丰硕的成果:休闲时间数量与结构的调查;经济发展趋势和休闲的关系;各阶层对休闲时间的利用;休闲对社会生活的影响;未来社会人们对休闲价值的认识,以及对社会的影响;休闲生活的设计和休闲文化的发展等。以上成果用以指导人们对休闲行为做出价值判断和选择,使人的知识、信念、态度、行为、技能等方面的能力不断提高。

(二)休闲是一种产业形态

经济学家考察休闲,侧重于休闲与经济的内在联系,根据休闲时间的长短,制定新的经济政策和促进不同方面的消费,调整产业结构,开拓新的市场。在西方发达国家,休闲产业是国民经济收入的重要来源,是政府部门制定相关政策必须考虑的因素。休闲产业的发展促使产业格局发生变化,在休闲产业就业的人数占整个就业人数的比重较大。休闲产业不仅促进了物质生产以外的社会交往,而且促进了在物质交往基础上产生的精神交往的发展。

(三)休闲是人类精神的家园

哲学家研究休闲,从来都把它与人的本质联系在一起。休闲之所以重要,是因为它与实现人的自我价值和"精神的永恒性"密切相关。休闲在人的一生中一直都是一个持久的重要的发展舞台,是完成个人与社会发展任务的重要的思考空间。休闲本身是一种精神体验,是人与休闲环境融合的感觉,是人的社会性、生活意义、生命价值存在的享受。因而它的价值不在于提供物质财富或实用工具与技术,而是为人类构建一个有意义的世界,守护一个精神的家园,使人类的心灵有所安顿、有所归依。

(四)休闲是一种文化体验

将休闲上升到文化的范畴,是指人在社会必要劳动时间之外,为不断满足人的多方面需要而处于的一种文化创造、文化欣赏、文化建构的生命状态和行为方式。休闲的价值不在于实用,更在于文化。休闲使人在精神的自由中历经审美的、道德的、创造的、超越的生活方式。它是有意义的、非功利性的,给人一种文化的享受,支撑人们的精神。因而,它被西方学者誉为一种文化基础和精神态度,以及灵魂存在的条件。

(五)休闲是一种审美情趣

从审美的角度看,休闲可以愉悦人的身心。建立在休闲基础之上的行为情趣,或是休息、娱乐,或是学习、交往,它们都有一个共同的特点,即获得一种愉悦的心理体验,产生幸福感。人与自然的接触,可以铸就人的坚韧、豁达、开朗、坦荡、虚怀若谷的品格;人通过与他人的相互交往能够变得真诚、友善、和谐、美好。休闲,还会促进人的理性的进步——许多哲学思想得以产生,如天人合一、生态哲学、可持续发展;人类的科学发现、技术发明都与休闲紧密相连。通过欣赏艺术、从事科学研究、享受大自然,休闲不仅锻炼了体魄,激发了创新的灵感,还丰富了人的感情世界,坚定了人追求真善美的信念,体现了人的高尚与美好的气质。

休闲如同其他任何社会活动一样,都是在具体环境中构造出来的,具有多层次性和多样性,存在许多或然因素,因而不存在一个对所有人都适用的休闲模式。休闲的效果取决于每个个体的经济条件、社会角色、宗教取向、文化背景及类似的因素。本书认为休闲是人们在闲暇时间里,以某种活动为载体,自觉主动地通过活动体验快乐,达到身心舒畅、精神焕发、满足多种需要的一种文化创造、文化欣赏、文化建构的生命状态和行为方式。

三、关于休闲理论的阐释

在人类文明进步的历史长河中,休闲始终有其重要的文化价值,是推进社会发展的进步要素。一般意义上的休闲指两个方面:一是解除体力上的疲劳,恢复生理的平衡;二是获得精神上的慰藉,成为心灵的驿站。

在西方,古希腊的亚里士多德把休闲誉为"科学和哲学诞生的基本条件之一",这一思想后来成为西方休闲文化的传统。在中国,古人认为,宁静能容纳百川,当内心宁静时,感知事物的能力会特别敏锐和细腻。中国文化的休闲价值观很推崇"君子之行,静以修身,俭以养德,非淡泊无以明志,非宁静无以致远"(诸葛亮语),赞誉"体静心闲"。这时,人们可体会倾听大山的叹息,流水的欢笑,微风与小草的对话。置身静境,人很容易进入悠闲状态,甚至心地明澈。

现代学者关于休闲的阐释,可以从时间、社会活动、存在方式和心态四个方面加以考察。

(一)从时间的角度

布赖特比尔(Brightbill)是一位主张用时间来定义休闲的学者。布赖特比尔认为,休闲是扣除用于工作、履行义务与工作相关的职责及从事其他形式的必要活动后个人所拥有的那部分时间。在这段时间里,人们拥有相对多的自由及可以自己判断和选择的自由支配时间。帕克(Parker)认为,休闲是满足工作和生活的基本需要之后的剩余时间(residual time);基斯特(Gist)和弗瓦(Feva)认为,休闲是让人们从劳动或者其他义务工作中解放出来,可以自由地放松、转换心情,取得社会成就并促进个人发展的可利用的时间。伦敦城市研究所对休闲的定义是:除了工作的时间之外,自己能自主地参与活动机会的时间。因为休闲的时间定义容易量化,所以被采用的频率很高。马克思把自由时间区分为两种:

(1)"发展智力,在精神上掌握自由",从事较高级活动的时间。

(2)"用于娱乐和休息",从事普通活动的闲暇时间。

自由时间的价值主要体现在第一种活动中。自由时间就是"非劳动时间""不被生产劳动所吸收的时间""个人受教育的时间、发展智力的时间、履行社会职能的时间、进行社交活动的时间、自由运用体力和智力的时间"。

(二)从社会活动的角度

法国社会学家杜马哲迪尔认为:休闲是指人们从工作、家庭、社会的义务中摆脱出来,为了休息、转换心情、增长知识而自发性地参与可以自由发挥创造力的任何社会活动的总称。他指出休闲包括三个密不可分的部分,即休闲三部曲(Tripartire Theory of Leisure):

（1）放松（relaxation），放松乃休闲之始，因为人需要克服疲劳。

（2）娱乐（entertainment），提供休闲的转移功能，使我们脱离自我及所关注的事情。

（3）个性发展，它是休闲最为持久的组成部分，使我们作为个体得以扩展，使视野开阔，生命更有意义。

马克思认为自由实践活动有两种，一种是娱乐和休息等普通活动；另一种是发展智力，在精神上掌握自由的高级活动。休闲既包括积极、主动地发挥人的本质智力的较高级活动，也包括某些消极、被动的消遣活动。但休闲的价值主要体现在第一种活动中。

（三）从存在方式的角度

休闲是一种存在状态，常常被人形容为平静、不急不缓、不计时间流逝的状态。亚里士多德认为休闲就是一种深思的状态，这就是古希腊哲学家所推崇的沉思、从容、宁静、忘却时光流逝的状态和忘我等人生最高境界。亚里士多德认为休闲和思考密不可分，休闲耕耘了心灵、精神和个性，休闲的决定性因素并不是自由时间，而是自由时间的态度或意向。瑞典天主教哲学家皮普尔（Pieper）的休闲观认为，休闲是身体、心理、灵魂的自我开发机会。皮普尔在《休闲：文化的基础》一书中阐明，休闲的能力是人类灵魂深处的最根本的能力，是人的一种信仰、思想和精神，不是外部因素作用的结果，也不是由空闲时间所决定的，更不是游手好闲的产物。休闲有三个特征。

（1）休闲是一种精神态度，意味着人所保持的平和、宁静的状态。

（2）休闲是一种为了使自己沉浸在"整个创造过程中"的机会和能力。

（3）休闲是上帝给予人类的"恩赐"。

皮普尔认为，拥有休闲并不意味着拥有了驾驭世界的力量，而是由于心态的平和使人感受到了自己生命的快乐。

（四）从心态的角度

休闲也被定义为一种心态。法国学者葛拉齐亚（Glazia）认为休闲是指一种感觉的品质。如果一个人看似有闲，但却为无事可做而烦恼，此时就不能称之为休闲，休闲与否是由个人的感知认定的。他认为不管人们从事什么活动，都可能是休闲，包括工作。心理学家约翰·纽林格（John Neulinger）强调，休闲是为了达到自己的目的而进行的，从中能得到幸福与满足，并与个人内心世界密切相关的体验与心态。纽林格认为："心态自由感（perceived freedom）是判定有无休闲感的唯一依据。只要一种行动是自由的、无拘无束的、不受压抑的，那他就是休闲的。去休闲意味着作为一个自由的主体可以自由选择，投身于某一项活动之中。"

(五) 我国学者对休闲的解读

我国当代学者对休闲也有自己的解读。林语堂在《人生的盛宴》一文中关于休闲的解读至今仍然给人以深刻的启示:"能闲世人之所忙者,方能忙世人之所闲。人莫乐于闲,非无所事事之谓也。闲则能读书,闲则能游名胜,闲则能交益友,闲则能饮酒,闲则能著书。天下之乐,孰大于是?"于光远先生关于休闲与玩的六句箴言流传甚广,他认为玩是人生的根本需要之一,玩是人的一种本能,是人处于放松和自由的一种状态。因此,他认为:玩是人生的根本需要之一,要玩得有文化,要有玩的文化,要研究玩的学术,掌握玩的技术,发展玩的艺术。马惠娣认为,休闲是人的一种存在状态,一种生存状态,一种精神状态,是人"成为人"的过程,是人的一生中持久的、重要的发展舞台。休闲的最好状态是以欣然之态去做心爱之事,休闲应成为人类美丽的精神家园。张广瑞、宗瑞认为,休闲是人们在自由支配的时间里,可以自由选择从事某些个人偏好的活动,并从这些活动中享受惯常生活事务不能享受到的身心愉悦、精神满足和自我实现与发展等感觉。休闲是一种特定的生存状态或特定的生活方式。李仲广、卢昌崇认为,休闲是以自身为目的的自由活动,休闲是人们在自由时间里自发选择的生活方式之一。休闲是一种人类行为,它发生在个人的自由时间里,并在个人内心本能喜爱的心态驱动下平和且平静地进行着。

于光远关于
"玩"的论述

四、休闲研究中的几个基本问题

(一) 闲暇

闲暇是一个时间的概念,是休闲的重要前提条件之一。通常,社会学家把个人时间分为个人必需时间(maintenance)、工作时间和闲暇三部分。广义闲暇又称为"8 小时之外",自由时间是指个人可自由支配的时间。狭义地说,闲暇是除了工作和家务等时间以外的时间。在闲暇时间里,人们拥有相对多的自由,可以有选择地做想要做的事情。像可支配收入一样,闲暇时间也是人们赚来的,是人们可以不受其他条件的约束,完全根据自己的偏好或意愿去支配的人生时间。

(二) 闲暇率

闲暇率是衡量闲暇时间在个人生活时间中所占比重的指标,是指闲暇时间在某一段个人时间(时间禀赋)中的比例。其中某一段个人时间可以是一天、一周、一月、一年,甚至一生全部生活时间等。闲暇率越高,表明可用于闲暇活动的时间总量越多。

$$闲暇率 = \frac{闲暇时数}{时间禀赋} \times 100\%$$

在人类的发展史中,人们用于睡眠的时间几乎没有变化。睡眠时间一定,则工作时间与闲暇呈反向变动关系。闲暇工作时间比是闲暇与工作时间的比率,反映人们将生活时间用于闲暇与工作的比例。闲暇工作时间比越高,说明相对工作而言,闲暇活动所占用的个人生活时间越多。在工业社会及前工业社会中,社会闲暇工作时间比小于1,表明工作在日常生活中占据最重要的地位。

$$闲暇工作时间比 = \frac{闲暇时数}{工作时间} \times 100\%$$

(三) 闲暇与休闲的关系

闲暇与休闲是两个不同的概念,但人们通常习惯于将二者等同。人人都可能拥有空闲时间,但并非人人都能够拥有休闲或体验休闲。因为休闲不仅是一种时间较为充裕的状态,而且是一种理想的消遣和生存体验方式。

休息(rest)与休闲(leisure)也是有区别的。休息仅仅是获得片刻喘息之机,为的是放松肌肉、活络筋骨、消除疲乏,以便继续繁重而紧张的工作,休息只是一种被动的身心调节。休闲是一种主动的自由选择,是全身心的放松,尤其是精神的全面松弛,为的是获得心理的愉悦,使埋藏在心底的欲望得到释放,使长期积压的痛苦和焦躁情绪得到消解。

(四) 游戏

游戏是现实生活之外的充满乐趣的一种休闲活动,通过对游戏的观察和研究,可以为我们探寻休闲的本质提供一条重要途径。荷兰历史学家赫伊津哈(Huizinga)写了一本关于游戏的重要的书《人:游戏者——对文化中游戏因素的研究》。他认为游戏必须具备如下要素:

(1) 自愿的行为。

(2) 与"平常生活"的距离。

(3) 有时间和空间的规划和限制。

(4) 并非重要活动,但非常吸引参与者。

(5) 有规则约束。

(6) 促使游戏者形成私下里的组织。

除赫伊津哈外,西方学者从生理、心理、社会学及文化层面对游戏进行了多方面的解释。主要观点包括:

(1) 生理本能上的解释。

(2) 能量过剩论。

(3) 行为反复论。

(4) 准备未来/潜在发展论。

（5）信息响应—调整论。

（五）娱乐

娱乐（recreation）在英语中既有消遣、休闲、娱乐的含义，也有休养、康复的意思。杰弗瑞·戈比认为，尽管娱乐（recreation）、休闲（leisure）和游戏（play）等词汇有时可以互换，但"娱乐"一词的用法更加具体而有限，习惯上我们认为娱乐是工作的反义词。马惠娣认为，娱乐泛指人的消遣、游玩、社交活动。休闲研究中的游憩更强调体现文化的创造精神，这个内涵可以从 recreation 的词义中得到解释。recreation 是一个合成词，前缀 re，表达"不断""反复""重复"的意思，而 creation 的意思是创造。西方人重视 recreation，因为他们认为要创造就要有休闲生活，就要有玩耍行为，就要做适当的游憩活动，就要为行为者建造游憩的场所。recreation 深刻地揭示了休闲与创造及人的多方面发展的辩证关系。章海荣、方起东认为，娱乐是人们在工作之后为了消除疲劳、获得轻松愉快的感觉而参与的各种有益的活动，也就是为了再工作进行的休息、转换心情的活动。游憩是最主要的休闲活动。

（六）畅

畅是美国心理学家奇克森特米哈伊（Csikszentmihalyi）提出的概念，是指在工作或休闲时产生的一种最佳体验。与"休闲"或"游戏"的某些概念一样，畅也是一种以自身为目的的活动。它是自足的（由自身定义的），是人在进入自我实现状态时所感受到的一种极度喜悦心情。这种感受不常出现，但又是多数人都曾有过的。在获得畅的体验时，挑战的难度与个体自身的技能水平是一致的。畅的体验能够借助某些条件产生，它们通常是被构造出来的。奇克森特米哈伊及其他心理学家认为，人的心智的一般状态是一种没有焦点的混沌状态，必须控制。在工作或休闲时，一个人只有全神贯注、游刃有余才能获得畅的体验。畅从根本上说是意义的创造，要做到这一点，需要完全的投入。不论是爬山，做外科手术，还是吹喇叭，都是如此。

（七）体育运动

体育与休闲本来就有密不可分的关系，体育运动诞生于人类的闲暇需要。体育运动也是现代人休闲的重要内容之一。体育运动与休闲结合之后，休闲体育脱颖而出。在休闲活动中，人们可以以体育运动为工具获得一种直接而又刺激的休闲体验。欧洲体育联合会关于"体育运动"的定义是：所有形式的身体活动，通过非正式或有组织的参与，致力于改善体质和身心健康，形成良好的社会关系，或在各种比赛中赢得成绩。

第二节 21 世纪的休闲社会

20 世纪人类社会经历了四次波澜壮阔的财富浪潮：汽车的普及、房地产的发展、个人电脑的普及和互联网的推广，颠覆了几千年来人类的生活形态。这些不但打造了许多企业帝国，抢占先机的企业家和投资者还迅速积累了富可敌国的财富。同时，每一次财富浪潮都推动了社会生产力的提高、人们生活水平的上升、闲暇时间的增多，并带来生活方式的变革。到了 21 世纪，一个新的财富浪潮已经来临，那就是以休闲为主要内容的健康产业和服务产业。

一、休闲社会的到来对社会经济发展的影响

早在 20 世纪 70 年代，西方的未来学家极富预见性地指出，当人类迈向 21 世纪门槛的时候，由于人类已经进入一个以知识创造和分配信息为基础的经济社会，所以其社会结构、生活结构和生存方式也将发生重大的变革。令人惊叹的是，这些预见不但已经成为现实，而且现实生活甚至比预测发展得还要快。社会的发展，总是伴随着生产力水平的发展。20 世纪后半叶以来，随着个人拥有的物质财富和自由时间的增多，人们弥补和发展精神生活方面的需求显得尤为迫切，休闲成为后工业社会的主要现象。

从 20 世纪六七十年代开始，国际社会开始步入一个具有新的休闲理论和娱乐道德观的大众休闲时代，新的休闲观念强调休闲是生活的主要乐趣，休闲是当代社会最重要的特征。1970 年，联合国在布鲁塞尔召开了国际闲暇会议，会议通过了著名的《休闲宪章》。《休闲宪章》的颁布，对于在全球范围内进一步推动休闲活动的发展，提高人类的生活质量、尊重人类追求休闲娱乐等自我发展的权利起到了积极的和有益的保障作用。国际休闲研究权威人士杰弗瑞·戈比和托马斯·古德尔先生曾预测："2015 年前后，世界发达国家将进入休闲时代，休闲将成为人类社会的重要组成部分，休闲、娱乐和休闲旅游业将成为下一个经济大潮，并席卷世界各地。届时，休闲服务将主导世界劳务市场，国民生产总值中会有一半以上的份额由休闲产业创造出来，人们将把生命中一半的时间和一半的金钱用于休闲。"

根据世界休闲组织预测，人均 GDP 达到 2 000 美元，是休闲需求急剧增长的门槛，它促成了人们对休闲的多样化需求和选择；人均 GDP 达到 3 000 美元，度假需求就会普遍产生。而休闲社会要求——1/3 以上的时间用于休闲，收入支出的 1/3 用于休闲，国土的 1/3 用来休闲，达到了这三个条件才可以说是休闲

社会。如今,西方发达国家的人均GDP均突破20 000美元,休闲已经成为他们生活中必不可少的一部分。美国休闲科学研究所对美国社会生产、消费等经济领域进行长期研究之后,得出了这样的结论:休闲已经成为美国经济的中心!有关数据表明,美国的休闲产业已处于国民生产总值的第一位,其就业人口占全部劳动力的1/4。相关资料显示,2022年,美国仅户外休闲产业经济产出就达到1.1万亿美元,占GDP的2.2%,并提供498万个就业岗位,占全国雇员的3.2%。2023年中国游戏产业收入达到3 000亿元,超过美国成为全球第一大市场。

种种迹象表明,在世界各国的经济产业结构中,休闲产业已经占据了国民经济产业中的重要位置,各城市的经济规模也已经开始有赖于休闲活动的兴旺发达。休闲产业已经成为当今世界相当一部分国家国民经济的支柱产业。2000年,著名的休闲学家杰佛瑞·戈比在美洲休闲学会年会上指出:在21世纪,发展的质量标准将在于人的生存质量和全面发展,它的核心内容就是休闲经济。在经济产业结构中,休闲产业的从业人员将占整个社会劳动力的80%~85%,休闲服务将从标准化和集中化转向个性化服务,人们对休闲与健康之间的关系更加重视,应运而生的休闲教育将占教育事业的较大份额,这为休闲产业、经济和文化的发展开辟了更加广阔的空间。

二、我国社会经济的发展将把我国带向普遍有闲的社会

于光远在《论普遍有闲的社会》一文中指出:争取有闲是生产的根本目的之一。闲暇时间的长短与人类文明的发展同步。从现在看将来,如果闲的时间能够随着生产力的发展进一步增加,闲的地位还可以进一步提高。这从侧面描绘了未来社会高速发展的道路。

(一) 社会经济快速发展

从国际发展经验来看,人均GDP在3 000~5 000美元是消费结构向发展型、享受型升级的时期。过去的奢侈品将转化为居民的必需品,而且休闲方式开始由物质形态向精神形态转轨。所以,经济水平的提高必然带来人们价值观念的转变。人们劳动生活方式、消费生活方式、社会交往方式、闲暇生活方式等都会随之发生变化。据我国国家统计局的统计,2023年我国国内生产总值为126.06万亿元,同比增长5.2%,人均GDP为8.94万元,人均可支配收入同比增长6.1%,居民消费价格温和上涨0.2%,国际收支基本平衡。其中第一产业占7.1%,第二产业占38.3%,第三产业占54.6%。高端化、智能化、绿色化制造业加快发展,拥有的全球百强科技创新集群数量首次跃居世界第一。在新技术、新产业、新模式、新业态的驱动下,新质生产力正在加快形成。经济快速增长将带来人们生活方式的重大变化,追求更高生活品质的时代正在到来!

（二）闲暇时间的增多

我国政府于 1995 年 5 月起,在全国推广了五天工作制。随后又推行了"五一""十一""春节"三个黄金周。2007 年 11 月国家将法定节假日由 10 天增加为 11 天,三个"黄金周"保留两个,取消一个,同时将除夕、清明节、端午节和中秋节四个民族传统节日纳入国家法定节假日。国家同步出台《职工带薪休假规定》,为全面落实职工休假权利提供法律保障,使广大职工可以更加人性化地安排家庭及个人生活。2007 年的长假制度使我国城市职工每年拥有的各种假期累计达到 115 天。就休闲时间而言,已居于国际中上游水平。随着余暇时间增多,人们便会思考如何运用余暇时间科学地、合理地安排健康向上的休闲内容,以满足身心的需求。另外,国家颁布旨在倡导科学、文明、健康生活方式的"全民健身计划",开始了我国政府的体育管理对象从少数到大众的新纪元,这对面向大众的休闲体育的发展营造了很好的政策环境。

（三）生活理念和生活方式的转变

我国休闲学者马惠娣、刘耳的研究表明,改革开放以来,我国居民经历了三次消费革命:

第一次,20 世纪 80 年代是人们满足生理欲望的时期。特征是人们对衣食及最简单的基本生活资料的追求获得满足。

第二次,1993—2005 年是人们满足物质欲望的时期。特征是人们对耐用消费品,其中最主要的是与住宅相关的物质资料及环境设施的需求。

第三次,2006 年以来,我国居民进入对自我实现欲望的追求。其特征是人们追求自我设计、自我价值的实现。

在这个发展时期,我国居民生活方式逐步走向多元、开放,呈现初步富裕、质量型的特征;劳动条件改善、强度减轻、劳动形式多元化、信息技术使职业性质与传统的截然不同;消费结构方面,由生存消费向发展型消费发展,在生存需要满足程度显著提高的基础上,广大居民逐渐注重有益于身体健康、美化生活、提高素质的享受和发展资料的消费;现代型的消费观念逐步树立,健身意识提高,用在文体用品方面的开支日益增加。尤其是随着社会开放步伐的加快,市场经济和现代化大生产的社会化性质,要求人们不仅要有一定的专业技能和知识,还要有相应的处理人际关系的技能和社会交往能力。从这一意义上讲,社会的进步和人们生活方式的改变为休闲体育的逐步发展创造了条件。所以,越来越多的人喜欢通过体育运动来体验休闲。事实上,由于生活方式的改变,需要有体育运动的内容去充实人们的日常生活,使人们的享受更加完善。所以说,体育休闲的广泛开展又会使人们生活方式得到必然的改善。

（四）疾病的困扰，促使国民健康、健身意识的提高，推进了休闲体育的发展

社会的进步，竞争的激烈，工作的紧张，给现代社会的人们带来了巨大的压力。人们在努力地适应这样的生活和工作环境，当无法适应时，人的精神和神经系统就可能出现问题，就会患所谓的"文明病"。更重要的是，长期缺乏运动使得"肌肉饥饿""办公室疾病""心理疾病""现代文明病"等成为国民体质和健康的重要杀手。休闲体育不仅可以缓解精神压力，而且可以减少因能量摄入相对过剩引起的人体摄入物质和能量与所需的失衡。北京奥运会之后，"全民健身"的口号响彻祖国大江南北，中国老百姓参与体育运动的热情急剧高涨。如北京、上海等大型城市，均以建立世界级体育城市为目标而全方位加强体育现代服务业的建设。无疑，面对体育服务市场多元化发展，体育健身服务市场、体育表演市场亟待逐步完善，高校需要加快培养相关体育人才，为体育休闲服务市场提供更多的高级专业人才。

（五）休闲业和休闲服务业快速发展的需要

我国休闲业和休闲服务业的快速发展，使得对休闲业和休闲服务业的高级应用性的人才需求变得越来越紧迫。根据中国文化和旅游部的数据，2024年中国国内旅游总收入约为5.6万亿元，比上年增加11.1%。其中，国内游人次达到63.3亿，同比增加8.4%。出境游人次达到1.5亿，同比增加5.4%。这些数字表明，中国旅游市场规模巨大且持续增长。预计到2030年，我国旅游总消费额将超过11万亿元。目前，庞大的休闲业和休闲服务业市场出现了对人才的急切需求。

"体育赛事进景区、进街区、进商圈"活动

体育旅游、体育赛事、智能家居、文娱商演、国货"潮品"成为休闲业和休闲服务业消费新亮点。2024年体育总局办公厅、商务部办公厅、文化和旅游部办公厅出台了《关于开展"体育赛事进景区、进街区、进商圈"活动的通知》，表明休闲体育的社会价值和经济价值得到前所未有的提高，尤其它对体育消费的拉动作用将使休闲体育产业成为我国经济发展的新的支柱性产业。

【相关链接】

圣保罗宣言

《圣保罗宣言》是1998年10月30日，世界休闲组织（World Leisure Organization）联合拉丁美洲休闲与娱乐协会、圣保罗服务组织在巴西圣保罗召开第五届世界休闲大会时发表的。会议的主题是"全球化社会中的休闲：接受还是拒绝"。来

自世界各地的会议代表在全球化、多样化发展背景下就休闲与自由时间的各个领域展开了讨论。大会所发表的《圣保罗宣言》包括十项主要条款。

——摘编自李仲广,卢昌崇.基础休闲学[M].北京:社会科学文献出版社,2004.

第三节　休闲与人的发展

休闲伴随着人类的诞生而存在,伴随着人类社会的变化和发展而变化和发展。考察人类社会的发展史会发现,人类社会的文明程度越高,人类休闲的程度就越高。资料显示,今天的人们拥有比过去更多的休闲,这不是休闲量的简单变化,而是由于人们生存方式发生了意义深远的变化,导致了人们休闲观念和休闲方式发生了意义深远的变化。

一、休闲与工作

休闲与工作同为人类最基本的生存活动。二者在生命中的地位孰轻孰重,国内外学者进行了诸多探讨,并充分肯定了休闲的重要地位。美国休闲学家托马斯·古德尔和杰佛瑞·戈比提出过一个有趣的命题:劳动的人还是游戏的人? 他们认为游戏在一个人的生活中是极其重要的。赫伊津哈将文明和文化这些毫无疑问是人类最大的成绩归功于游戏;马克思认为,成年人应该从孩子们身上学到一些什么;梭罗说,人不必仅靠劳作来度日;爱迪生认为,对于聪明的人来讲,生活是欢乐的节日;马克·吐温自信地说,他的一生从来没有工作过一天,而他所做的每一件事都是游戏的一个部分。就是像杜威和J. 李这样的教育学家也认为,只有当工作和生活中充满游戏的成分时,他们才会上升到艺术的层次,并达到其顶点。我国学者对于这个命题也有独特的思索。著名学者于光远认为,"闲"是同"社会生产力"这个大字眼密切联系的事物。"生产力"是人类社会的基础,生产力的发展意味着闲暇的生产和增长,"闲"就是生产力发展的根本目的之一。休闲学者马惠娣认为,休闲是人的一种生命状态,是一种"成为人"的过程,是一个人完成个人与社会发展任务的主要存在空间,休闲不仅是寻找快乐,也是在寻找生命的意义。

在历史的发展过程中,由于生产力和社会观念的不断发展,休闲与工作的关系也是动态演进的。在原始社会,工作和休闲缠绕在一起,无法截然分开。到了古希腊、古罗马时期,休闲是统治阶级才能享有的特权,人们开始把休闲放到高于工作的地位。到了十六、十七世纪,主流观点开始有了明显转变,工作成为勤奋、规律生活的代名词,而休闲则被视为沉溺于享乐的表现。工业革命之后,全新的工作形态使得上下班的时间、地点严格而明确,工作和休闲成了对立的概念,工作和休闲的时间被清晰分割开来,人们的休闲行为也发生了明显的变化。随着生产力水平的提高和科技的不断发展,很多国家从一周六天工作制过渡到五天工作制,周工时从 60 小时降到了 40 小时,而且部分行业开始实施弹性工作日和工作计时制度。大众休闲的时代来临了,工作和休闲的界限也越来越模糊。世界在不断改变人们的工作态度和休闲态度。

从个体如何认识自己生活中的工作和休闲的关系的角度来看,人们对待工作和休闲有三种模式:优先考虑工作,优先考虑休闲,工作、休闲并重。美国的一项抽样调查表明,41% 的被调查者认为休闲比工作重要,36% 的被调查者认为工作比休闲重要,23% 的被调查者认为工作和休闲同等重要。人们究竟是更看重工作,还是更看重工作以外的事务,在很大程度上取决于他们是否能从工作中获得自我价值的实现。伴随着我国生产力水平的提高、产业结构的调整,以及城镇化的推进,20 世纪居于主导地位的产业工人和农民的比例开始下降。在新的世纪,人们对休闲的预期会越来越高,休闲在人们生活中所起的作用越来越明显,人们将通过一种积极的生活观、工作观把工作和休闲结合起来。

二、休闲与创造

从发展的角度看,休闲是人们在积累和渐进的过程中寻求自我并成为自我的领域。从根本上说,休闲是对生命意义和快乐的探索。从个人的层面讲,休闲就是"成为自由",自由地、完美地表现出一个真正的"我"。在休闲所带来的自我发展中,最重要的是创造性的发展。休闲为人们施展天赋才能(意志力、智慧、责任感和创造力的自由表现)提供了机会,包括对自我的创造,也包括其他关系或物质方面的创造。休闲曾被定义为一种进行冥想的可能性、一种思想创造和意识状态。在这个意义上,休闲是创造的环境,是面向未来的可能性。休闲与创造有着密切的关联,在人类历史的长河中,许多伟大的科学创造和技术发明往往是在休闲的状态下灵光一闪。牛顿发现万有引力就是一个经典的例子。据说在 1665 年到 1667 年,有一天,牛顿坐在苹果树下休息,突然一个苹果从树上落下,激起牛顿思潮翻滚。他想,苹果在空间可以向任何方向飞去,为什么偏偏要坠向地面? 地球和苹果是互相吸引的? 行星绕恒星运转,也是互相吸引的? 苹果落向地面的力和使行星保持在它的轨道上的力是否有关呢? 经过研究,他发现了对人类具有划时代意义的万有引力定律。因此,康德认为,创造性思维与行动需要摆脱僵化的形式才能推陈出新,这是创造活动的内在的或主体方面的条件。在休闲中,人的意识和思维没有人为设置的禁区,不受外部因素的影响,人的创造力也会得到最大程度的发挥。哲学家皮普尔认为,在休闲中,在一种接受与狂喜的矛盾张力中,真正的人的价值才能得以获救和保存。这种张力的环境就是休闲。

三、休闲与文化

在现代社会的喧嚣与繁忙中,休闲与文化为我们的生活注入了宁静与底蕴。目前,人们对于休闲与文化的关注度正在提升,主要体现在四个方面:一是休闲的民族志研究——深入细致地记录和分析不同文化背景下的休闲活动及其实质含义;二是休闲概念的跨文化有效性——探讨"休闲"这一概念在全球多元文化语境中的普适性及其差异性表达;三是休闲与适应性——研究休闲活动如何影响和促进个体及社群在不同环境和文化条件下的适应过程;四是休闲与文化演变的关系——考察休闲活动在各个文化发展历史阶段所扮演的角色及其对文化变迁的影响。

研究者常将文化作为解释不同群体间休闲行为、态度差异的依据,但对"文化"一词缺乏清晰定义,多依赖于通俗理解或国籍、语言、种族等词语区分文化并探讨其对休闲的影响。然而,这种做法存在弊端,如种族和民族概念包含政治含义,其科学性存疑,且文化差异并非默认事实。休闲与文化其实是共生关系,文化也是休闲的载体,马惠娣曾说:"休闲作为一种特殊的文化形态,它往往以渗透、融合、感染、凝聚、熏陶、净化等多种形式影响人的行为方式和生活方式,从而提高人的生命质量。"休闲是一种思想产物,以文化形式和文化层次作为载体。文化贯穿于人们所思、所感的一切过程之中。西方休闲学经典——皮普尔《休闲:文化的基础》,阐释了休闲与文化、休闲与哲学的关系,并总结了休闲的三个特征,即休闲是精神,休闲是能力,休闲是"恩赐"。

四、休闲与自由

在古希腊语和拉丁语中,"自由"一词早期的定义是以主奴和从属概念为主的,奴隶主释放从属于自己的囚徒与奴隶,使其摆脱奴役与从属关系。而随着现代法权秩序的逐渐发展,平等意识在法律中的深入,自由的概念重新被定义,更多指向一种主观权利的享有。

被称为法理学奠基者的孟德斯鸠对自由和法权有着这样的表述:"在一个国家里,也就是说,在一个有法律的社会里,自由仅仅是一个人能够做他应该做的事情,而不被强迫去做他不应该做的事情。自由是做法律所许可的一切事情的权利；如果一个公民能够做法律所禁止的事情，他就不再有自由了，因为其他的人也同样会有这个权利。"

古希腊著名的哲学家亚里士多德把哲学和科学的出现看作是"惊奇、闲暇和自由"，自由被赋予极高的地位。而亚里士多德也是在哲学史上对自由做出论述与评价较早的人。在他看来，个人的自由思想和意志决定个人所进行的休闲活动。真正意义上的休闲一定是个人自由选择的结果，根据个人的个性、特点、爱好来选择适合的活动。休闲活动是出于个人自发的行为，休闲生活的参与方式则具有自由选择的属性。

自由在休闲体验的过程中实现，而并非仅在选择休闲的开端与结果上体现，这种自由表现为持续的认同与满意，以及日趋深化与加强。其深化过程结合了期待、实现及回顾的完整体验，使人对自由实现不断深化的感知。

五、休闲与教育

回顾中西方教育史，休闲思想源远流长。随着生产力的发展和社会文化的变迁，休闲与教育的关系在不同历史时期呈现不同的特点，二者从融合到疏离再到统一，最终在现代社会整合于人的全面发展。

古希腊时代，教育家与哲学家就开启了对休闲与教育的思考——亚里士多德认为工作是手段，休闲才是生活的目的，据此可以将教育分为"有用的教育"（职业教育）和"体面的教育"（休闲教育）。古希腊博雅教育即是休闲教育的典型代表，试图以人文学科知识提升学生心智，发展非功利性的教育。工业时代，生产力快速发展及新教改革使得休闲与教育的关系逐渐分化和对立，新教伦理强化职业教育的地位，漠视休闲生活需求。面对这种对立，杜威等教育家认为，应当促进"为有用劳动做准备"和"为闲暇生活做准备"的两种教育之间取得平衡。当代社会，伴随物质条件的高度发展，休闲教育再度得到重视。从休闲与教育的关系上来看，素质教育离不开休闲教育，休闲可以升华教育目标。休闲思想是解决现实教育问题的有效途径，是教育摆脱功利主义困境、回归自然的良方。未来教育也需要在快速发展变化的新时代及时转换教育观念，保持休闲与教育平衡，从而促进人的全面发展。

休闲教育是针对工作及其他维持生计的活动之外的目的的教育。彼特森和甘把休闲教育定义为广义的服务，重点是培养和传授各种与休闲相关的技能、态度和知识。休闲教育从价值观、兴趣、欣赏力和技能入手，涵盖各种休闲技能的习得。休闲在人们的学习中具有十分重要的作用，体现在观察、记忆、推理和体验等方面，尤其是体验。例如，休闲是进行体育运动的时光，有助于发展人的身体协调能力；休闲使人们更加接近自然，在大自然中体验和感知世界的真谛；

休闲同时也是人们快乐地阅读和开发头脑思维能力的时光,快乐地学习则一直是人们追求的理想。布莱特布尔认为休闲可以为学习提供许多机会,包括以非语言形式进行交流,增进友谊和了解,使我们保持平衡的心理,提高观察力,加深记忆,让思想与体验相结合,增强体质,在此基础上享受丰富多彩的人生并强化我们的推理能力。有效的休闲教育包括以下要素:对特种游戏、工艺技能的认识,对休闲机会的认识,对休闲限制的认识,对休闲文化的认识。

休闲教育的模式主要有课堂模式和系统模式两种。最早的现代休闲教育模式起源于美国佛罗里达州。后来这种模式成为休闲教育的固定模式,它包括六大部分——自我意识、休闲意识、态度、做决定、社会交往、休闲活动技能。除课堂模式外,还有另外一种系统模式,它包括五个核心部分的内容——休闲意识、自我意识、做决定、休闲技能、社会交往。发展中国特色休闲教育体系,必须结合我国国情,在借鉴西方国家休闲教育模式的基础上,取其精华,去其糟粕,因地制宜,逐步推进。

六、休闲与人的全面发展

"每个人的自由发展是一切人的自由发展的条件",这是马克思思想的精髓。他从始至终都把自由与人的全面发展、与社会的进步连在一起。现代科学技术的飞速发展引起了社会生活的深刻变化,其中最突出的一个特点就是缩短了人们的社会必要劳动时间,增加了人们的自由时间,使得休闲日益成为人们普遍的生活实践形式。休闲作为一种社会活动是从文化环境和物质环境的外在压力下解脱出来的一种相对自由的生活。作为一种生活实践,休闲可以满足人们自我实现的需要,塑造人的自由个性,促进人的全面发展。

人的发展是在自己的活动中实现的,一般来说有什么样的活动就有什么样的发展。发展的全面程度取决于活动的丰富程度和自由程度。人的活动包括自由时间里的休闲活动和必要时间里的生产活动。物质生产劳动是人类生存和发展的基础,劳动也为休闲创造物质条件。劳动和劳动时间对于人类发展的重要性无论怎样强调都不过分。但是对人的全面发展来说,仅有劳动时间和劳动活动是不够的,只强调劳动,忽略休闲,会限制和剥夺人的多方面发展的可能性,甚至造成人的片面发展乃至畸形的发展。生产力越发达,为个体提供的闲暇空间就越广阔。人的个性、能力和需要的全面自由发展,要求有这样的环境,即不是为了获得最大化的剩余劳动而缩减休闲时间,而是为了人的发展把社会必要劳动时间缩减到合理限度,给人腾出较充裕的闲暇时间丰富人生,开发潜能,全面发展。

第四节 游戏与休闲体育

体育与休闲有天然的、难以分割的必然联系。人类玩的文化、游戏的文化都是现代体育产生的文化基础，也是现代体育项目产生和繁荣的重要源泉。运动游戏作为一种有规则的文化游戏，已经逐渐成为人们的一种生活方式；奥运会作为运动游戏最高层次的表现形态，在全世界已经得到公认；从运动游戏到奥林匹克竞技体育再到休闲体育，人类的运动偏好正在随时代的变迁发生巨大变化。当休闲体育与实现人的自我价值和"精神的永恒性"密切相关时，它就会在人的一生发展中发挥重要的作用。

人为什么要游戏？生命活动中出现游戏现象的原因何在？游戏到底是一种什么性质的活动？运动游戏为什么在当今世界越来越受到人们的关注？全世界为什么会有那么多人关注世界杯？奥运会为什么是运动游戏的最高表现形态？运动游戏与休闲体育又是一种什么样的关系？休闲体育在全世界日趋受宠的社会、经济和文化成因是什么？它究竟有哪些社会功能和时代价值呢？为了搞清这些问题，我们有必要从游戏的发生机制上溯本求源。

一、游戏的本质

（一）剩余精力的发泄

在西方思想史上，真正关注并研究游戏始于启蒙运动时期。德国文学家、思想家席勒是最早研究游戏的人。在《美育书简》一书中，他提出了游戏的"剩余精力发泄说"。席勒认为："游戏是剩余精力的无目的使用。这种剩余精力的发泄活动，给人带来松弛和愉快感。"就游戏对于完美人生的意义这一问题，席勒给予了游戏高度的肯定。他说："在人的各种状态下，正是游戏，只有游戏，才能使人达到完美。只有当人在充分意义上是人的时候，他才游戏，只有当人游戏时，他才是真正的人。"

与席勒观点相同的还有斯宾塞，这位英国哲学家在其《心理学原理》中，对席勒的观点作了生理学的解释。他认为："人作为高等动物，无须像一般低等动物一样，将全部精力耗在维持和延续生命所必需的活动上"。

所以，人体中积聚着一些过剩精力，游戏就是"过剩精力的发泄"活动。

（二）游戏是自由性、娱乐性和无目的性的

大哲学家康德在他的《判断力批判》一书中将游戏归为审美活动，他强调游戏的自由性、娱乐性和无目的性。康德将游戏与劳动对比，认为游戏是自由

的、愉快的,而劳动是被迫的、困苦而不愉快的。在分析游戏的性质之外,康德强调游戏对于人的解放作用。他提出了劳动游戏化的思想,认为游戏是人类走向自由的道路。他说:"促进自由艺术最好的途径就是把它从一切强制中解放出来,并且把它从劳动转化为游戏。"

(三) 游戏是生命的自我表现

德国哲学家伽达默尔在他的美学著作《真理与方法》中将游戏视为审美的入门概念。他认为游戏是一种自行运动,它并不通过运动来谋求目的和目标,而是生命存在的自我表现。这种生命体发泄过剩精力而不求外在目的的活动,恰恰是一种纯粹的生命自我表现的现象,是一种无外在功利的审美活动。伽达默尔将游戏归结为生命的自我表现,是一种不同于席勒和康德的新创见。在伽达默尔看来,游戏的魅力在于游戏超越游戏者而成为主宰,游戏就是具有魅力吸引游戏者的东西。游戏的自主体性同时也就是游戏的自成目的性或内在目的性。游戏是一种无目的的行为,但这种行为也就是目的的本身,即游戏是一种目的等同于自身行为的活动,或游戏以活动自身为内在目的,没有活动之外的外在目的。正是因为这种内在目的性,决定了游戏具有将人从被迫的外在目的性的活动中解放出来的功能。游戏对人类的最大贡献在于使游戏的人脱离那种在他追求外在目的过程中感到的紧张状态。因为游戏不追求外在目的,所以游戏在游戏者心理上体现为轻松性而没有紧张性。游戏的轻松性在主观上是作为解脱而被感受的,但游戏并不因为轻松性而成为不严肃的事。游戏具有自身内在的严肃性,游戏活动本身就是具有一种独特的,甚至是神圣的严肃,奥林匹克运动大张旗鼓地反兴奋剂就是游戏严肃性的最好佐证。只有当游戏者全神贯注游戏时,游戏活动才会实现它所具有的目的。使游戏完全成为游戏的唯一标准就是"FAIR PLAY"。谁不严肃地对待游戏,谁就是游戏的破坏者。公平、严肃地对待游戏,才能体现游戏的本质。

(四) 游戏是文化的基础

荷兰文化史学家赫伊津哈认为:游戏是文化的基础,是对人类文明的发展至关重要的活动。他在《游戏的人》中这样写道:"游戏是一种根据自愿接受但却具有绝对约束力的规则进行的活动。"他认为游戏的规则是一种自下而上建立的秩序,其中体现着人类公平竞争的社会理想。因此,游戏具有结果的不确定性,游戏的结果是通过游戏者之间公平竞争自然造成的,而不是由外力预先强加的。赫伊津哈还认为:"游戏具有封闭性。游戏与日常生活之间具有时空上的独立性。"正是这种时空独立性,使人们摆脱日常的时间概念和生活烦恼,在沉醉于游戏中求得一种对日常生活的解脱和超越,达到一种永恒的欢乐乃至神圣的理想境界。所以游戏是一种追求情感体验的内在目的性活动,并由此具有自由性、非功利性和非生产性。

（五）游戏是本能欲望的间接表达

心理学家弗洛伊德认为："游戏是儿童满足本能欲望的替代方式或补偿机制。"由于本能与现实、愿望与能力之间的矛盾，儿童的本能欲望难以得到直接的表现和满足。因而，儿童只能转借游戏这种替代性方式来达到表现本能、发泄冲动、释放压力、满足欲望的效果。可以说，游戏是以代偿方式解决生命矛盾的一种途径，是儿童解决自身矛盾的本能性方法，所以，游戏表现为儿童的一种天性。

根据先哲们对游戏的论述我们不难发现：游戏不是生产活动，它的动机不在结果上而在行为本身，游戏不是要玩出什么来，只是要玩。正是由于游戏的内在动机性或内在目的性，才使游戏的象征行为成为可能或可行。在游戏中，事物的意义可以完全是游戏者主观赋予的，而不必与事物的客观性质相符。简而言之，游戏是一种由内部动机引发的，融娱乐、情感、超越、规则、自律、公平、模仿、虚拟生活体验为一体的自主性活动。

二、竞技体育是运动游戏的升华

在我们生活的这个时期，竞技体育日益成为现代社会一道最迷人的风景。每当有重大赛事时，在赛场内外，在千家万户的电视荧屏前，人们沸腾的热情总是掀起一阵又一阵不可遏止的狂潮……竞技体育的魅力足以倾城倾国。

（一）竞技体育的超越性

说起竞技体育，首推举世瞩目的奥运盛会。在这四年一度的盛大节日里，来自世界各地的不同肤色、不同种族、不同政见、不同信仰的人们，全都汇集在同一面五环旗下。这是何等壮观、何等感人的景象！这正是令人梦寐以求的"世界大同"理想境界之缩影。

其实，竞技体育并不是现代文明的产物。早在古希腊的奴隶社会，竞技体育就作为一种文化现象存在。随着人类文明的进步，这些由求生本能演化而来的运动技巧便年复一年地流传下来，最终演变成为一种带有鲜明生命印迹的文化形式——体育运动。

（二）竞技体育的挑战性

毋庸置疑，当我们在观看体育比赛时，首先获得的是一种视觉上的美感。举重健儿力可拔山的气势，是雄强之美；体操姑娘的轻柔舒展，是婉约之姿；太极武术中，有刚柔兼济之韵；棋枰黑白间，藏阴阳死生之机。再如拳击手的凌厉，百米跑的迅疾，篮球拼抢的激烈，枪手射击的静笃，泳池中的绚烂，冰面上的优雅……无不给人以美的感受。

当然，人们对竞技体育的狂热毕竟不局限于"敌我"胜负之争。在更多的场合，这种迷狂恐怕还是出于以下更为深刻的原因，即人们渴望通过运动员的奋勇拼搏，看到人类能够在何种极限的尺度上将生命锻造得何等辉煌！

翻开体育运动发展史，我们就会发现，体育史的演进往往是以一串连缀的数字为标志的。这些数字记录着人类向自身生命挑战曾达到的极限，同时也记录着这些极限一次次地被人类自身所超越的奇迹。何谓"极限"？极限就是绝顶，是尽头，是"前无古人"的临界点。正因如此，人类对极限的挑战才显得殊为不易，格外悲壮，震撼人心，成为人类群体生命中最炫目的亮点。

其实，在竞技体育运动中，那些与生命本身直接相关的品质，诸如力量、速度、敏捷、和谐、智慧、毅力、勇敢、顽强、理智、热情、公正、坦荡……都在运动的过程中得到锤炼、检验、淘汰与升华。因此，从某种意义上说，竞技体育便成为人们完善自我，指向理想人格的尺度与渠道，成为锻造最佳生命质量的砧台与熔炉。正因如此，那些真正优秀的运动员（体育家）才顺理成章地成为人们衷心崇敬的偶像，成为人们争相效仿的楷模。

（三）竞技体育的公正性

竞技体育比赛之所以富有魅力，以至于一些重大的赛事常常成为数以亿计的人们日夜关注的热点，其重要原因之一便是它具有一种裁判监督运动员、观众和有关方面监督裁判的有效的监督制约机制。在这种机制下，公开、透明、平等竞争、优胜劣汰的原则得以贯彻实行；运动游戏规则具有真正至高无上的权威，不论谁一旦有违规行为，轻则受到警告，重则被罚出场外。参赛者凭借的全是实力，观众看到的也是真正的实力。

正是这样一种机制，才使得体育竞技日新月异，生机无限，一个个纪录不断被打破，一个个极限不断受到新的挑战，体育才成长为整个人类文明园林中一棵越发枝繁叶茂的大树。

（四）竞技体育的锦标性

当代竞技体育是在西方的文化土壤中产生和发展的，在西方的文化观念里，肉体与精神是不可分离的，没有强健的肉体，就很难有坚强的精神，坚强的肉体是坚强的精神的载体。为了让坚强的精神能够寄托于强健的肉体，就有了马拉松，就有了"掷铁饼者"。"掷铁饼者"绝不仅仅是一座雕像，绝不仅仅是一件艺术品。它在某种程度上可以说是西方体育精神的凝固，可以说是一种图腾，体现了人对无穷伟力的向往。这种精神孕育了一些在我们看来近乎残酷的体育运动项目，比如斗牛、拳击。西方人在我们认为不可理喻的行为中，感受到虽败犹荣的精神。他的失败甚至他的死亡使同样是人类的另一个人的超人力量得到了展现，可以说，没有失败者，也就没有胜利者。从古罗马的决斗到今天的拳击，虽然方式更文明了,但崇尚强力的精神却是不变的。

所以,竞技体育是一种强力的冶炼,是一种冒险精神的培养,是一种运动习惯的锻炼。竞技体育是有力量的运动,温文尔雅的活动代替不了体育。体育是不规则的运动;规则只是为了使人的力量得到更自由、更奔放的表现才设置的。体育是为争第一、为超越的运动,谦让也好,友谊也罢,那是表演,不是体育。体育是一种习惯,不是仪式,真正意义上的竞技体育则是以运动竞赛为特征,通过挖掘人的体能、技能、智能、身体和心理等方面的潜力,以夺取运动锦标为目的的文化活动。当然,竞技体育发展到一定程度上会背离运动游戏的初衷,如果竞技体育的动机转到效果上去,也许真正意义上的游戏性质就会淡化了。竞技体育在某种意义上讲其动机已经不仅仅是为了玩,而是要玩出点名堂,要升国旗、奏国歌,抑或要争金牌、夺名次、拼奖金、要荣誉、抢地位,这种竞技体育一方面拓展和升华了运动游戏的内涵和外延,使其更加丰富和完整,另一方面也在一定程度上异化了游戏的内在目的性,而成为追逐外部利益的一种工具。竞技体育的市场化、产业化则是运动游戏的异化形态。

然而,当人们逐渐淡化运动游戏的锦标色彩,更将其视为提高生活质量,满足人们休闲、娱乐、发泄、放松、追求刺激、寻求另类生活体验的一种生活方式时,便出现了人类今天为自己的发展而推崇的休闲体育。

第五节　休闲体育的概念

体育与休闲有其天然的、难以分割的必然联系。人类玩的文化、游戏的文化都是现代体育产生的重要文化基础,也是现代体育项目产生和繁荣的重要源泉。

一、休闲体育的定位、定义与内涵

(一) 休闲体育的定位

休闲体育的母学科领域主要有两个:休闲学和体育学。休闲学是一门内容十分广博的学科,它以人们的休闲行为和休闲现象为研究对象,对闲暇时间、休闲问题、休闲文化、休闲事业、个人休闲行为、休闲与社会关系等进行研究,目的在于揭示休闲行为和休闲现象的一般规律,改善人的生活方式,提高人的生活满意度和生活质量,休闲学是休闲学科的核心和基础。体育学同样也是一门内容十分广博的学科,它以人们的体育运动行为和体育运动现象为研究对象,对体育的社会结构、运动和竞赛特点、体育跟社会的相互关系、体育社会问题、体育形态、大众体育、竞技体育及相关关系等进行研究。体育学是体育学科群的总称。休闲体育显然是休闲学和体育学交叉衍生出来的新的学科,是休闲学和体育学的下位学科。休闲体育研究主要以休闲体育行为、休闲体育现象为研究对象,对休闲体育现象、休闲体育行为、休闲体育结构、休闲体育活动和项目、休闲体育消费、休闲体育教育、休闲体育法规及相关关系等进行研究。

(二)休闲体育的定义与内涵

本书对休闲体育的定义是:人们在自由支配的时间里,通过体育运动的方式,以直接或间接的体验,满足身心需求的一种自觉自足的社会文化活动。

休闲体育的内涵可以从五个不同语境来阐释:

(1)时间语境下对"休闲体育"内涵的阐释。自由时间是休闲的核心要素,参与"休闲体育"的前提是人们必须要有足够的自由时间。"休闲体育"是拥有自由时间的人,在自愿或者自觉的情况下,以体育或运动的方式,促使人的身体和精神得到自足。

(2)文化语境下对"休闲体育"内涵的阐释。休闲研究主要是以人的精神、情感和体悟等内容作为研究对象,并以人的理解、内心情感、价值判断作为心灵世界的主体构建;通过理想、目标、意志、价值、人性、善恶与美丑等概念达到理解和体验人的精神生活的目的。体育运动一方面通过身体形态、动作技能、场地器材、竞赛与活动的规则、规程等有形的方式呈现,另一方面通过具有社会属性的意志、观念及时代精神等无形的方式反映,从而显现了体育运动独特的存在方式。所以,基于休闲与体育的特征,可以把休闲体育理解为:人类为满足自身的体育运动需求而探索的体育运动创造、体育竞赛鉴赏、体育文化构建的新的行为方式。

(3)实现途径语境下对"休闲体育"内涵的阐释。实现途径是从事休闲体育活动的各种物质、制度、规定、精神的及现象过程的总和。休闲体育实现途径主要有:① 以身体运动为手段的体育竞赛和健身活动,如踢足球、打篮球、各种户外体育运动,以体验为目的的体育旅游等;② 非身体运动为主(智力类)的体育活动,如各种棋牌,如围棋、中国象棋、国际象棋、桥牌、电子竞技等;③ 体育文化鉴赏,如参观体育场馆诸如国家体育场(鸟巢)、水立方、北京工人体育场、体育艺术展等;④ 高水平体育竞赛观赏,既可现场观看高水平的体育赛事,如中超足球比赛、CBA篮球比赛、大师杯网球比赛及高水平体育表演,也可以电视、电子计算机、手机的直播或转播等观赏体育比赛;⑤ 体育培训、健身咨询和体育彩票等博彩活动,也包括体育报纸杂志、健身体育知识、运动技能和体育培训等。

(4)担负使命语境下对"休闲体育"内涵的阐释。"休闲体育"具有两大任务:一是增强人的体质,消除或减缓人体的疲劳;二是让人获得精神上的慰藉。人们通过休闲体育获得更加美满的幸福感,保持内心的宁静与平衡。体育运动是采用运动、玩耍、竞技比赛、健身娱乐、体育观赏等方面的手段来修炼身体、增强体质、辅助人际交流,从而获得一种自我的归属感,达到自我实现的使命等;休闲体育是一种积极而又自愿的体育活动,是一种可以从心灵深处摆脱被物质压抑和束缚的解放。休闲体育可以促使人抛弃心胸狭隘与自我封闭,催化愉悦轻快的心灵的绽放。体育运动是休闲体育的基础,获得精神慰藉和身体冲击是休闲体育的核心。

(5)目标语境下对"休闲体育"内涵的阐释。休闲体育的目标是使人类自身进化责任的回归,要从物欲横流重新回归到生命价值本身,从而塑造人的真实的自我存在的客观价值。体育是一种社会文化现象,休闲与体育的结合成为一种新的文明、健康和科学的生活方式。休闲体育对大自然青睐、崇拜、征服,在一定程度上就是人的野性与肉体、精神磨砺的功能的回归,而这种回归在当今弥足珍贵。休闲体育在 20 世纪中叶兴起在西方社会的时候,穿越、探险、挑战、极限运动等都显示休闲体育的魅力和本色,是一种回归到人类自身的精神家园的目标追求。

二、休闲体育的界定和特征

(一)休闲体育的界定

人类的体育运动史和人类的历史本身一样漫长。最初的运动是为了生存,猎取食物、躲避猛兽袭击等,这些活动都使人处于一种本能的运动之中。随着人类的进步,社会的发展,人类逐渐改善着自身的生存环境,作为消除疲劳、享受乐趣的体育运动也随之出现。

休闲体育是近年出现的一个新名词,它表现了现代人对体育运动的一种新的认识和态度,也反映了人口高度集中的现代城市中人们所选择的现代社会生活方式的一种倾向。当今社会,如高尔夫球、保龄球、网球、台球、游泳、攀岩、蹦极、滑板、轮滑旱冰、越野、滑翔、漂流、野外生存、探险、登山等体育项目如雨后春笋般被创造发掘出来,并被广大的城市人所喜爱。这使休闲体育开始有了深厚的大众基础,并逐渐成为个体生命和时代风尚的组成部分。

近年来,休闲体育、时尚运动、极限运动等名词越来越多地出现在报刊和电视之中。现代社会生活节奏的不断加快,工作的紧张、精神的疲劳,使人渴望以轻松愉快的形式,获得身心的解放,恢复生命内在的活力。

人类来自自然,人类参与的体育运动同样深深地打上了大自然的烙印。在感受运动快乐的同时,人类必将深深地叹服造物主的奇妙与伟大,那种来自生命深处的赞叹,是人类与自然和谐绽放的花朵。滑板、攀岩、冲浪、高尔夫球等休闲运动,无一不是人类从生理和心理上回归自然、寻求平衡的一个过程。阳光、雨露、大地、山川在这个过程中抚慰着人类的心灵。休闲体育在当今社会得到巨大的发展,正是人类渴望通过体育活动获得身心解放、恢复生命活力的需要,人们通过体育运动或参与体育活动的方式来实现休闲体育的全部价值和意义。

游戏、竞技体育、休闲体育之间既有密不可分的内在联系,又有发展演进过程中的实质差异,游戏是一种由内部动机引发的,融娱乐、情感、超越、规则、自律、公平、模仿、虚拟生活体验为一体的自主性活动。竞技是以运动竞赛为特征,通过挖掘人的体能、技能、智能、身体和心理等方面的潜力,以夺取运动锦标为目的的文化活动。休闲体育则是人们在自由支配的时间里,通过体育运动的方式,以直接或间接的体验,满足身心需求的一种自觉自足的社会文化活动。

以欣然之心态,择喜爱之项目,强筋骨,舒情感,享生命之愉悦,这就是休闲体育的价值所在。

(二) 休闲体育的特征

(1) 自由时间的特征。休闲体育的可自由支配时间是休闲体育的核心要素,也是休闲体育的重要特征。在闲暇时间中自由地选择休闲体育的活动方式、活动内容、活动项目、参与伙伴和活动地点是这一核心要素的本质特点。

休闲体育中的自由指人们在追求休闲体育体验时是由自己选择和决定的,自由一直是整个历史长河中人们不断追求的抽象概念,自由地进行休闲体育就意味着可以毫无阻碍地进行体育活动,可以按照个人的意愿选择或行动,自由也意味着没有外在强制或压抑的行动。

(2) 身体活动的特征。以身体活动为基本手段,谋求身心健康发展,融竞技性、娱乐性、健身性、冒险性、教育性为一体的社会文化活动是休闲体育的核心内容,没有身体活动的休闲就不是真正意义上的休闲体育,充其量只能称之为休闲娱乐。

(3) 体验快乐的特征。休闲体育与从体育活动中得到的满足感是密切联系的,当代社会经常把休闲体育看作给生活带来平衡的一种方法,参与休闲不仅为了娱乐、增强体质和促进家庭稳定,而且也是为探奇、寻求刺激、满足幻想提供手段;在这个以信息、技术、媒体、互联网为主导,充满着竞争和压力的社会中,人们需要通过参与休闲体育活动获得积极的心理体验,这种体验不仅包括身体参与的活动性体验,也包括观赏体育活动等多种形式的体验活动,以获得身心愉悦、压力释放、体力恢复、精神放松、身心和谐的效果。

一些研究者认为休闲体育体验必须是本质上使人满意的或者必须是自发地参与到休闲体验中的。换句话说,参与体育活动是由内部因素驱动的,而非外部因素影响。由内部动机驱动所产生的行为就容易形成满足、享受和高兴等种种愉快情感。如罗斯曼所说:"参与一个本质上令人满意的活动动机,是源自参与过程中所得的愉快感觉。为了体验这种愉快感觉,人们必须感到被内在欲望所驱动,而非奖励、恐惧或其他的外在因素。"

(4) 最佳心态的特征。说休闲是成就人的过程,将休闲上升到文化的层面,是指人在社会必要劳动时间之外,为不断满足人的多方面需求而呈现的一种文化创造、文化欣赏、文化建构的生命状态和行为方式。休闲体育的价值不在于实用,而在于文化,它使人在精神的自由中历经审美的、道德的、创造的、超越的生活方式,呈现自律性与他律性、功利性与超功利性、合规律性与合目的性的高度统一,是人的一种自由活动和生命状态,一种从容自得的境界。它是人们在自由时间,自主地选择某项体育活动,以满足自我充实、放松、愉悦的需求,是人的自在生命的自由体验。在这过程中,人找到了自我,体验到了自我,实现了自我。

美国的休闲社会学家 Kelly (1982) 教授在其专著《休闲》中说:如果休闲的目标之一是为个人的投入提供在参与的体验中获得最大满足的机会,那么体育也许处于一系列休闲活动的巅峰。体育是一种能够彻底实现自我的休闲,以至能让人完全沉浸其中,感觉世界其他一切事物都不复存在。协调运动中身心的统一、技能的节奏和优雅、结构的戏剧性和不确定性,这些特点使体育成为一种非常特别的体验——至少在一些情况下如此。

(5) 主动参与的特征。人们在选择休闲体育活动内容和活动形式的过程中明显带有兴趣性特征,所选择的项目一定是自己感兴趣的并乐于体验和参与的;个人兴趣越浓厚,参与的热情、愿望和意识就越强烈,参与的频率、时间都会得到长时间的保持。因此主动参与是休闲体育的另一个重要特点。

杰弗瑞·戈比在《你生命中的休闲》一书中研究了 20 世纪八九十年代美国休闲体育的变化,发现美国出现了非老龄化的运动减少现象。90 年代与 80 年代相比,美国人花在各类体育运动上的时间减少了,在 20 岁左右,人们开始变得不爱动了,年轻人运动时间减少的问题比老年人严重。他认为,这种下降与年龄、收入和性别无关,可能与负责管理各种体育锻炼活动的公共事物管理机构减少、人们仅仅把体育运动作为增进健康的手段的观念有关。他发现,那些仅仅是为了有一个更好的身体而参加健身俱乐部的人,通常会在 6 个月之内失去兴趣。他还发现,在人们退出休闲活动时,被放弃的活动中,以锻炼身体为目的的体育活动居多。因此,休闲体育能够延续,在于体育活动是出于自愿的快乐的活动。

　　(6) 非功利性的特征。休闲体育的非功利主义概念作为一种解释当代人参与休闲体育的目的已引起了休闲理论学界的关注,当然这个概念并不新颖,在《玩的一般过程》里,李提出了玩的价值与工具目标无关的观点,他认为玩并非只是工具或方法,玩在更深层次上的意义就是目的。墨菲在当代又发展了这个概念,认为休闲的一大特点就是反功利的。雷瑟从反功利主义的观点指出:"休闲不需要任何的目的,休闲本身就是目的。"

　　德国古典哲学家席勒最早明确提出游戏是成就人性的必要途径。他认为人有两种冲动,即"形式冲动"(可以理解为理性冲动,即按规范行事)和"感性冲动"(即按本能行事),在这两种冲动中,人都是不自由的、片面的。他或是受到来自形式感或理性的压力,或是受到来自胜利本能的压力,只有在"游戏冲动"中,人才能解除这两种压力,成就真正的、完善的人性。我们也可如此理解运动状态,当运动是为了某种外在的功利目的或生理本能的压迫去从事的时候,人是不自由的,这些运动未必符合人性的真实需求,甚至会扭曲人的本性和机能。当人以超功利的态度,以"欣然之态去做所爱之事"的时候,这些运动和活动就会适合人的本能需求,参与主体就会在其中得到由衷的愉悦,在身心俱适的过程中成就与完善人性。因此于光远先生在 20 世纪 90 年代提出"玩是人类基本需要之一""要掌握玩的艺术"。休闲体育活动就是玩的活动,在玩的过程中,合规律与合目的、科学性与艺术性、创造性与娱乐性得到了有机的内在统一。

　　显然,以体育作为职业的高水平运动员所提供的表演和竞赛或是非自愿参与的、带有商业性色彩的体育活动都不属于休闲体育的范畴。

　　(7) 多样化自我实现的特征。休闲体育活动的内容和形式的广泛性和多样性,为人们参与休闲体育提供了丰富的选择余地,尤其是一些新的休闲体育方式更是为人们创造了选择适合自己的休闲方式,并为实现玩的目的提供了手段;人们不能在 NBA 赛场上与迈克尔·乔丹同场竞技,但却能在网络游戏中打败 NBA 的顶级明星;人们无法在悬崖峭壁的高山徒手攀岩,但却能在人造攀岩壁上实现攀岩的体验;越来越多的活动内容和活动形式,为不同爱好、不同技能、不同性别、不同年龄的人们提供了实现各自运动构想的机会。

第六节 休闲体育活动的分类

分类是认识客观事物的一种最基本的方法,客观存在的具体事物既有自身的特点,又有共性。在不同的分类标准下,具有共同性质的事物可以归合在一起,具有不同性质的事物可以区分开来。在不同的标准下对休闲体育进行分类可以产生不同的划分类别:以活动的自然环境为标准,可以把休闲体育分为水类休闲体育、陆地类休闲体育和空中类休闲体育;以活动的领域为标准,可以把休闲体育分为室内类休闲体育和户外类休闲体育;以活动中追求的目的为标准,可以把休闲体育分为竞技类休闲体育、健身健美类休闲体育、冒险类休闲体育、娱乐类休闲体育;以活动时肢体的动静表现方式为标准,可以把休闲体育分为身体活动主导类休闲体育和心智活动主导类休闲体育;以体育运动项目的项群为标准,可以把休闲体育分为体能类休闲体育和技能类休闲体育。由于有些项目既可以在室内进行又可以在户外进行,有些项目既有竞技的成分,又有健身健美的价值,还兼有冒险的特点和娱乐的作用,有些项目心智主导程度与身体主导程度难以区分,而有些项目体能和技能并重,因此需要在遵循形式逻辑基本分类原则的基础上,更好地吸收各种分类的优点于一体,构建休闲体育的类别体系。就目前的认识水平,我们更倾向于以自然环境为标准对休闲体育活动进行分类(图1-1)。

图1-1 休闲体育活动分类

一、水类休闲体育活动

全世界水上运动的项目繁多,许多项目虽然我们并非耳熟能详,但却吸引着世界各地的人们沉迷于此,并津津乐道。水类休闲体育,是各种与水有关的休闲体育运动的统称。依据水类休闲体育项目与水面的关系,它又可区分为"水面下""水面上",以及混合两种状况的"水中"三大类。水面下休闲体育主要是指活动的主体在活动的主要时间里是在水面下进行的,如潜水、水下曲棍球、水下橄榄球、水下摄影;水中休闲体育主要是指活动的主体在活动的主要时间里一部分在水面以上,另一部分在水面以下进行的,如游泳、铁人三项、现代五项、水上救生、水球、水上芭蕾、水中有氧运动、水中体操、浮潜、跳水、同步跳水、水道滑水;水面上休闲体育主要是指活动的主体在活动的主要时间里是在水面上进行的,如冲浪板滑水、赤足滑水、趴板冲浪、独木舟、钓鱼、水上摩托车、轻艇、风筝冲浪、水上拖伞、泛舟、划船、帆船、浅滩冲浪、立姿划板、激流泛舟、单板滑水、未固定单板滑水、游艇等。

在这些水类休闲体育项目中,有些必须在人造水域中进行,有些必须在自然水域中进行,有些既可以在人造水域又可以在自然水域中进行;在人造水域中进行的水类休闲体育项目又可以分为室内水类休闲体育项目和户外水类休闲体育项目。室内水类休闲体育项目是指一切在屋檐下人造水域中进行的休闲体育活动;户外水类休闲体育项目是指一切在户外自然水域和人造水域中进行的休闲体育活动。需要说明的是,有些水类休闲体育活动项目既可在室内进行又可在户外实施(图1-2)。

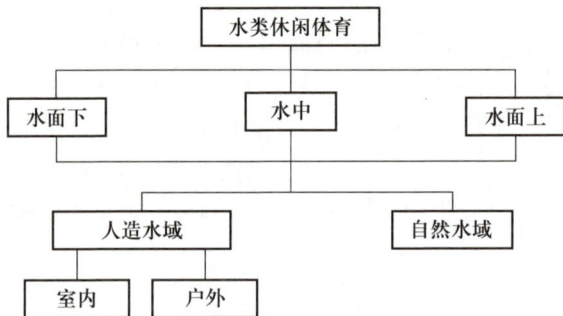

图 1-2 水类休闲体育活动分类

二、陆地类休闲体育活动

陆地类休闲体育运动是在地面进行的各类休闲体育活动的总称。根据陆地类休闲体育运动与地面质地的关系,它又可分为冰上休闲体育项目、雪上休闲体育项目、山地休闲体育项目、丘陵休闲体育项目、沙地休闲体育项目、草地休闲体育项目、公路休闲体育项目、场地休闲体育项目等。冰上休闲体育项目是以自然冰地或人造冰场为依托开展的休闲体育活动,包括溜冰、冰上舞蹈、冰帆等;雪上休闲体育项目是以自然雪地或人造雪场为依托开展的休闲体育活动,包括滑雪、雪橇、高山滑雪等;山地休闲体育项目主要是依托山地资源开展的休闲体育活动,这类项目一般有登山、攀岩、高山探险、高山速降、越野等;丘陵休闲体育项目主要是依托丘陵地带开展的休闲体育活动,包括狩猎、丛林探险等;沙地休闲体育项目主要是依托沙地开展的休闲体育活动,其中又可分为滨海沙滩休闲体育运动和沙漠休闲体育项目,滨海沙滩休闲体育项目有沙滩排球、沙滩足球等,沙漠休闲体育项目有滑沙、骑骆驼旅游、沙漠探险旅游等;草地休闲体育项目主要是依托草地、草原开展的休闲体育活动,主要包括高尔夫、骑马、叼羊、滑草、摔跤等;公路休闲体育项目是以人造道路为依托开展的休闲体育活动,一般可包括公路自行车、摩托车、马拉松、竞走等;场地休闲体育项目是以人造场地为依托开展的休闲体育活动,其中又可分为室内场地休闲体育项目和户外场地休闲体育项目,室内场地休闲体育项目主要有乒乓球、羽毛球、台球、手球、体操、健美操、柔道、瑜伽等,值得一提的是大多数心智类娱乐项目如棋、牌等都应该列入室内场地休闲体育项目,户外场地休闲体育项目主要有棒球、橄榄球、田径、射击、射箭、网球等(图1-3)。

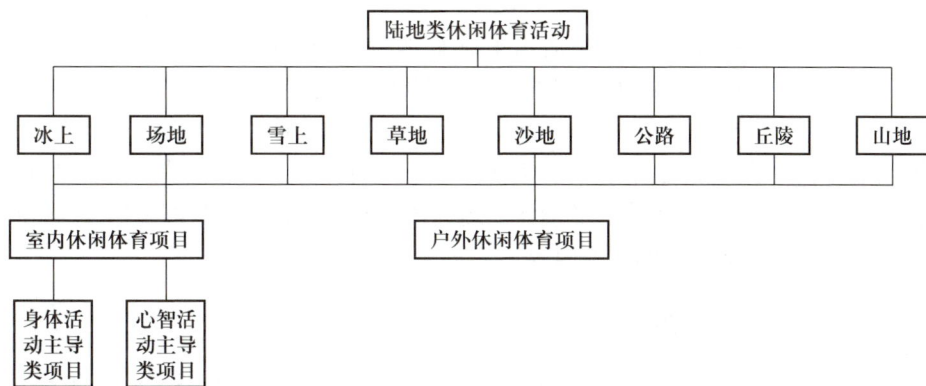

图 1-3 陆地类休闲体育活动分类

三、空中类休闲体育活动

空中类休闲体育活动主要是指在大气层以内的借助飞行器具离开地面或水面在空中进行的各类休闲体育活动。它根据借助飞行器具的动力特征又可分为以生物能为主要动力进行的空中类休闲体育项目和以非生物能(机械能、电能等)为主要动力进行的空中类休闲体育项目。以生物能为主要动力进行的空中类休闲体育项目有滑翔伞、跳伞、蹦极等,以非生物能为主要动力进行的空中类休闲体育项目有热气球、动力滑翔、汽车飞越等。这类项目危险性大,对器材要求高,参加此类项目的休闲体育爱好者一般具有较高的技能和专业素养水平(图1-4)。

```
┌─────────────────┐
│  空中类休闲体育活动  │
└─────────────────┘
      │
  ┌───┴───┐
┌──────────────┐  ┌──────────────┐
│以生物能为主要动力的│  │以非生物能为主要动力│
│空中类休闲体育活动 │  │的空中类休闲体育活动│
└──────────────┘  └──────────────┘
```

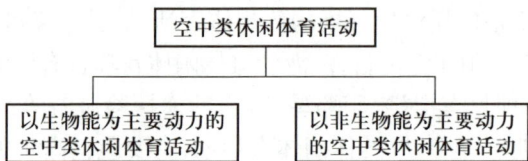

图 1-4　空中类休闲体育活动分类

第七节　休闲体育的发展方向与趋势

进入 21 世纪以来，人们生活水平越来越高，闲暇时间越来越多，"休闲时代"的提法随之产生。休闲时代的来临表明社会发展新阶段的到来，是社会进步的表现。全面建设小康社会是建设消费层次和生活质量档次更高的社会，不仅仅是物质生活的小康，还有精神生活的小康。当前社会竞争日趋加剧，人们面临的压力越来越大，休闲体育活动作为疏导压力和享受快乐的良好渠道，已逐渐成为人们健康生活方式的主要内容。

一、休闲体育的理念得到认同

在中国，人们对"体育"和"休闲"可能存在偏见，自古以来，人们有一个观念，那就是在工作时间内做的事才是正事，而在闲暇时间做的"闲事"就是与"正事"相对立的事情了。休闲成为生活懒散和不求上进的代名词，被视为懒惰的象征。同样，长期以来竞技体育的观念影响了人们的体育观，影响了人们对体育本质的认识，即便是从事日常的健身运动，仍然存在每天像完成任务一样完成运动指标的现象，人们往往忽视了身体和心理上的感受。

英国著名思想家罗素有句名言"能否聪明地用'闲'是对文明的最终考验"。休闲体育是休闲和体育的结合，对个体而言是人生命的解放和对心理至境的追求；对社会而言则有和谐、健康、生态、发展之功效。追求低级趣味和"闲生是非""玩物丧志"的现象不能与休闲相提并论，休闲应对个人身心发展和社会进步具有积极作用。闲暇时间是基础，自我发展是动机，休闲放松是目的，体育活动是手段。非功利性的休闲体育能在提供保持身体健康途径的同时，为个体创造内心幸福感，使得休闲体育成为提高人生活质量、实现自我享受和挖掘生命价值的重要构件。

今天,体育休闲观已由发达国家逐渐向发展中国家传播,各阶层形成共识,对美好生活的审美擘画,引导人们心中参与休闲体育意愿的觉醒,使大众具备拥有国际视野的体育休闲观。据统计,2020年我国约有7亿人参加休闲体育活动,这意味着人民群众对休闲体育活动的期盼在提升,休闲体育作为促进人的社会化与个性形成过程中具有重要意义的功能性载体,是新时代人民追求美好生活的优质途径。人们逐渐认同休闲体育是有趣的、健康的和积极的娱乐活动。

二、科技带来休闲体育全新体验

当今科学技术飞速发展,新技术、新理念带来崭新的变化,智能时代催生休闲体育的智能化。人工智能、互联物联的数字技术赋能,为人们提供了更高端、更智能、更科学、更便捷的休闲体育产品和服务。体育休闲环境发生了很大变化,进一步助推休闲体育活动的开展。智能体育公园、智慧休闲运动社区已经在全国多地落地,信息技术已渗透至大众的生活的方方面面,使休闲体育场地设施不断升级。人工智能、VR、AR技术提供场景化的运动体验,运动方案定制与推荐、智能模拟训练等解决方案越来越多地应用于休闲体育活动之中,使休闲体育服务不断优化。人们在家里骑动感单车就可以与好友隔空来一场"云PK"骑行赛,在健身房里酣畅淋漓地跑一场"VR沉浸式马拉松"等成为现实,科技助力为个人体育健身活动开拓了新场景,帮助提升运动黏性,提高了大众对休闲体育活动的参与程度,为全民健身事业可持续发展增添强劲动力。

科技的发展带来个人休闲体育活动参与的巨大变化,对体育赛事的观摩也影响巨大。VR体育使观看体育比赛有了身临其境的方式,使它在不知不觉中融入了我们的生活。如杭州亚组委打造的国际大型综合性运动会史上首个一站式智能观赛平台"智能亚运一站通",借助多种智能技术,实现了AR场馆导航、智能形成规划、亚运PASS文旅一码通、多国语言互译等,提供了AI健身、数字火炬手、线上火炬传递、数字特许商品等多种数字化创新形式。用技术力量让更多人加入亚运会,使"智能亚运"成为杭州亚运会的最大亮点。

三、政策红利助推休闲体育升温

近年来国家出台了大量有利于休闲体育发展的政策,在国家政策体系的保障下进一步推动休闲体育发展,使得人们的健康素养不断提升,休闲意识不断增强,体育休闲设施便利化程度不断提高。

《国民旅游休闲纲要(2013—2020年)》提出提升休闲意识、提高休闲质量;2014年《国务院办公厅关于推进城区老工业区搬迁改造的指导意见》指出:鼓励老厂区老厂房有规划地改造再利用。其中一个重要改造方向就是面向健康、体育等主要内容的公共服务型设施;2014 年国务院文件《关于加快发展体育产业促进体育消费的若干意见》指出"营造重视体育、支持体育、参与体育的社会氛围""盘活存量资源,改造旧厂房、仓库、老旧商业设施等用于体育健身";2016 年《国务院办公厅关于加快发展健身休闲产业的指导意见》指出要"满足大众多层次多样化的健身休闲需求,提升幸福感和获得感";国家体育总局颁布的《体育产业发展"十三五"规划》(2016 年)提出"重点建设山地户外营地、徒步骑行服务站、自驾车房车营地、运动船艇码头、航空飞行营地等健身休闲设施";2016 年国务院印发的《全民健身计划(2016—2020 年)》提出充分利用旧厂房、仓库、老旧商业设施改造建设为全民健身场地设施;2019 年,国家体育总局联合国家发展改革委发布《进一步促进体育消费的行动计划(2019-2020 年)》提出"大力发展健身休闲消费""鼓励和引导利用废旧厂房等现有设施,改造成健身休闲与商业服务融合发展的体育综合体";《促进全民健身和体育消费推动体育产业高质量发展的意见》(2019)和《关于加强全民健身场地设施建设发展群众体育的意见》(2020)等文件中都提到将废旧厂房改造为体育场馆的相关事宜;《国民经济和社会发展第十四个五年规划和 2035 年远景目标纲要》提出"扩大体育消费,发展健身休闲、户外运动等体育产业";2021 年《国务院关于印发全民健身计划(2021—2025 年)的通知》和《"十四五"体育发展规划》都提出加快形成以健身休闲业、竞赛表演业等为龙头、高端制造业与现代服务业融合发展的体育产业体系。以上政策的相继出台,引导着休闲体育的发展,使休闲体育逐渐成为人们日常生活的一部分,同时使休闲体育的便利化程度不断提高,老百姓参与身边的体育休闲具有更多可能,提高了老百姓锻炼的热情和参与的程度。

四、休闲体育激活其他业态融合发展

《体育强国建设纲要》提出到 2035 年体育产业成为国民经济支柱性产业。要实现这个目标,就必须实现体育产业的高质量发展,就需要符合高质量发展要求的生产力——能体现创新驱动和摆脱传统增长路径的新质生产力。近年来,休闲体育与其他业态联动,相互激活并融合发展。休闲体育产业是推动体育产业高质量发展的主力军。

国家体育总局印发的《体育产业发展"十三五"规划》提出:"促进体育与文化、养老、教育、健康、农业、林业、水利、通航等产业的融合发展""大力发展体育旅游,制定体育旅游发展纲要";2019 年国家体育总局联合国家发展改革委发布的《进一步促进体育消费的行动计划(2019-2020 年)》提出"积极实施'体育+'工程。推进体育与文化、旅游、养老、健康、教育、互联网、金融等产业融合发展,打造体育消费新业态";《国民经济和社会发展第十四个五年规划和

2035年远景目标纲要》提出深化体旅融合;《国民旅游休闲发展纲要(2022-2030年)》提出"优化我国旅游休闲环境""丰富旅游休闲内涵,促进相关业态融合"。

　　各地通过"体育+"的联动和融合发展,激活了市场活力。江苏宜兴推动体育与文化、旅游深度融合,通过举办越野挑战赛、风筝邀请赛、帆船冠军赛和篮球超级联赛等国际国内各级赛事及其他一系列品牌体育赛事,吸引体育爱好者来到宜兴,感受"体育+旅游"的魅力。上海崇明区大力发展健身跑、健步走、骑游、自行车、水上运动等群众喜闻乐见的休闲体育运动,与乡村旅游资源融合,走出了一条体旅融合发展的新路,为乡村振兴增添了活力。崇明区在做好体旅融合的同时,还加强体养融合,建设长者运动健康之家19家,为社区老年人提供"一站式"运动康养服务。休闲体育与旅游、养老、文化等融合,将发展出更多的新业态、新模式,助力休闲体育提质增效发展。

思　考　题

1. 简述休闲的定义,举例说明休闲的四种语境。
2. 休闲社会的到来对社会经济的发展有哪些积极影响?
3. 简述休闲体育的定义与内涵。
4. 在当今社会,如何看待休闲与工作的关系?
5. 举例阐述休闲体育的发展方向。

第二章

休闲体育文化

》 章前导言

　　休闲体育是一种伴随人类文明共同发展的文化形态，是人类物质文明和精神文明的特殊结合体。在人类文明发展进程中，休闲体育以特殊的运动形式或运动行为方式与人类的日常生活密切联系，成为人类生活方式的重要组成部分和人类文化的建构内容。本章根据休闲体育文化建构的逻辑关系，对文化、休闲文化、体育文化，以及休闲体育文化进行了阐述，分析了各自的建构要素，并描述其特征。本章还对东、西方休闲体育文化的异同及其发展关系进行了解析，同时探讨了现代人生活方式与休闲体育之间的关系、健康生活方式的基础和不良生活方式的运动矫正等。

第一节　文化、休闲文化、体育文化

习近平总书记在出席文化传承发展座谈会时的讲话指出："在新的起点上继续推动文化繁荣、建设文化强国、建设中华民族现代文明，是我们在新时代新的文化使命。"习近平总书记的论述为我国休闲文化和体育文化的发展指明了方向。

从文化的角度探讨休闲体育，是将体育运动作为一种休闲方式，放在人类文化的大背景下加以考察，以探索其发生和发展的过程、机制、建构要素以及影响因素。从这个角度看来，我们首先应该明确更加宽泛的人类文化的概念及内涵，进而了解作为人类文化组成部分的休闲文化和体育文化的基本建构，最后才能真正理解我们所要研究和考察的休闲体育文化的内容和本质。

一、文化

（一）文化概念的源起

文化是一个历史悠久的概念，无论在东方还是西方，文化现象伴随人类的文明进步产生，但古人还没有把各种现象进行归类并进行高度概括地命名，因此也就没有诸如今天的"文化"这样的具有高度概括性的词语产生。所以，"文化"是一个逐渐演变和发展的词语。

英国著名学者雷蒙德·威廉斯在《关键词——文化与社会的词汇》一书中认为，文化（culture）是英文中含义最为复杂的词语之一。一方面是因为文化这个词的含义有复杂的演变历史，另一方面是因为如今在一些学科领域和不同思想体系中，文化都成了重要概念。

从"culture"这一词语的演变历史来看，它最初是表示对农作物和动物进行照料使其生长的过程，而后又引申为人类发展的历程。威廉斯认为，culture 的词义从照料农作物和动物的生长这个本义，经过隐喻的方式而使词义具有人类发展历程这个新意义。人类用自己的力量造就了人类自身的发展，这一结果或过程，就是 culture。

在分别考察了 culture 一词在英文、法文和德文中使用情况的演变历史以后，威廉斯对 culture 的基本词义进行了概括。他认为 culture 的词义主要有三大类：一是独立、抽象的名词，用来描述 18 世纪以来思想、精神与美学发展的一般过程；二是独立的名词，不管在广义或是狭义方面，用来表示一种特殊的生活方式（关于一个民族、一个时期、一个群体或全体人类）；三是独立抽象的名词，用来描述关于知性的作品与活动,尤其是艺术方面,如音乐、文学、绘画与雕刻、戏剧与电影等。

从威廉斯的研究中可以看出,文化一词的内涵是一个逐渐演化的过程,在不同的历史时期,不同的民族有不同的认识,不同的学科有不同的概括,不同的学者也有不同的表述。由于差异,人们对文化的定义自然就各有不同,许多哲学家、社会学家、人类学家、历史学家、教育学家、语言学家都对文化下过定义。1952年,美国文化人类学家克罗伯和克拉克洪在合著的《文化——有关概念和定义的回顾》一书中,列举了西方学术界在1871—1951年的80年间关于文化的定义就达164条之多。而20世纪50年代至今,又有不少学者从不同的学科、不同的层面以及不同的角度对文化发表了自己的认识和看法,形成了新的对文化的定义。

在西方,第一位对文化概念进行人类学定义的学者泰勒在其1871年出版的代表作《原始文化》中论述:"文化,或文明……是一种复杂丛结的全体。这种复杂丛结的全体,包括知识、信仰、艺术、法律、道德、风俗,以及任何其他的人所获得的才能和习惯。"在泰勒看来,文化与文明似乎是同样的概念。

在中国,文化最早是分开使用的。西汉以后,"文"与"化"方固化形成一个词语。在此之前,"文"的本义是指各色交错的纹理,后又有若干引申义——其一,包括语言文字的各种象征符号;其二,由伦理之说引申出彩画、装饰、人为修养之义;其三,在前两层意义之上,引申出美、善、德行之义。"化"字的本义为改易、生成、造化,指事物形态或性质的改变,后又引申为教行迁善之义。"文"与"化"联合使用,较早的记载见于《易经·贲卦·象》中的"刚柔交错,天文也。文明以止,人文也。观乎天文,以察时变;观乎人文,以化成天下"。文化后取"以文教化"的含义,表示对人的性情的陶冶、品德的教养,属精神领域之范畴。随着时间的流变及人类社会文明的发展,现在的"文化"一词已成为一个内涵丰富、外延宽广的多维概念,成为众多学科探究、阐发的对象。

(二) 文化内涵的选择和界定

正因为对文化的定义众说纷纭、莫衷一是,很难说哪一个定义更加准确或者更加正确。事实上,每个定义都有自己划定的范畴和特定的含义,自然也就存在不及之处。如对泰勒的定义,凯利就提出了三点批评:

(1) 定义的方式有毛病。这种方式永远不能将概念所包含的全部内容罗列出来,而没有罗列出来内容就容易被人忽略。例如,定义中没有列出"语言",而语言是文化中重要的部分。

(2) 整体一词不合适。文化的组成部分之间是有矛盾的,强调整体就只突出了和谐。

(3) 人类创造出的文化,不一定是为了改善生活,甚至有破坏的一面,例如核武器。

1982年世界文化政策大会上发表的《墨西哥宣言》称:"文化是体现出一个社会或一个社会群体特定的那些精神的、物质的、理智的和感性的特征的完整复合性。"美国社会学家戴维则对文化做了如下定义:"文化是一个群体或社会共同具有的价值观和意义体系,它包括这些价值观和意义在物质形态上的具体化。"

在我国,《辞海》对文化一词所下的定义是:"从广义来说,指人类社会历史实践过程中所创造的物质财富和精神财富的总和。"这个广义的文化包括四个层次:

一是物态文化层,由物化的知识力量构成,是人的物质生产活动及其产品的总和,是可感知的、具有物质实体的文化事物。

二是制度文化层,由人类在社会实践中建立的各种社会规范构成。包括社会经济制度、婚姻制度、家族制度、政治法律制度,以及家族、民族、国家、经济、政治、宗教社团、教育、科技、艺术组织等。

三是行为文化层,以民风民俗形态出现,见之于日常起居动作之中,具有鲜明的民族、地域特色。

四是心态文化层,由人类社会实践和意识活动中经过长期孕育而形成的价值观念、审美情趣、思维方式等构成,是文化的核心部分。

梁启超先生在《什么是文化》中也给文化下了一个十分宽泛的定义,称:"文化者,人类心能所开释出来之有价值的共业也。"显然,这个"共业"包含了众多的领域,认识的(语言、哲学、科学、教育)、规范的(道德、法律、信仰)、艺术的(文学、美术、音乐、舞蹈、戏剧)、器用的(生产工具、日用器皿以及制造它们的技术)、社会的(制度、组织、风俗习惯),等等。

上述定义具有高度抽象性,内涵简洁概括,外延广泛繁杂,几乎涵盖人类所有的创造。我们无论从什么角度对文化进行研究,似乎都被概括其中。但是,根据本学科研究的需要,我们必须依据我们的研究目的、任务和范畴选择与之相适应的定义或内涵,并根据学科研究的对象和研究的目标,确定与之相适应的表述方式。

依据广义的或者宏观的文化定义,我们把文化定义为:人类群体创造并共同享有的物质实体、价值观念、制度规范和行为方式的总和。这个文化定义的内部结构也包括以下四个层面:即物质实体体系、价值观念体系、制度规范体系、行为方式体系。物质实体体系是人类的物质生产活动方式和产品的总和;价值观念体系包括人类在社会活动中产生的思想、观念、价值、意识等精神产品;制度规范体系是人类在社会活动中维护行为的共同性和一致性的保障体系；行为方式体系涵盖人类社会活动的行为方式和方法、模式等。

我们认为：文化总是会体现在人类的一切生产活动和生活活动之中，并且会以某种或多种外显的方式表现出来。生产活动和生活活动的每一个层面或者部分几乎都会表现出文化内部结构各组成部分的一些侧面，同时，生产与生活活动的每一个层面也是建构整个文化的单位或子系统。

文化是人类在生产与生活活动过程中创造的产物，对于任何社会个体而言，文化也成为制约个体的发展和行为的影响因素。人们一方面顺应既成文化对于个人的约束，另一方面也在生产与生活活动的过程中享受着文化成果，同时，人们也在生产与生活实践中不断地从不同的角度，改造、创造和发展着原有文化。

值得强调的是，人类的文化发展离不开两个基础：一是语言、符号；二是记载手段。语言和符号具有相同的性质即表意性，在人类的交往活动中，二者都起着沟通的作用。语言和符号还是文化积淀和贮存的手段。人类只有借助语言和符号才能沟通，只有沟通和互动才能创造文化。而文化的各个方面也只有通过语言和符号才能反映和传授。能够使用语言和符号从事生产和社会活动，创造出丰富多彩的文化，是人类特有的属性。

记载手段包括记载方式和记载工具。人类文化能够发展到今天，离不开记载手段。记载手段是人类在生活实践中，为了记录一些生活内容而创造出来的，将符号印刻于某种物质上的实践活动。较早的记载方式如岩画，由尖石敲击痕迹和动物血混赤铁矿粉作画，一些岩画已有万年的历史。正是有了如岩画这样的记载手段，才使人类文化得以传承。从另一个角度来看，所谓记载手段也可以看作人类对物质世界的发掘、利用和创造的结果，因为任何记载手段都必须通过物质条件才得以实现。因此，一般意义上讲，任何记载手段都是物质性的。

二、休闲文化

（一）休闲文化的基本建构

休闲文化是宏观文化的组成部分，是文化表现形态的一个特殊领域，也是建构文化的基本单位。如果我们把人类文化看作一个整体或者系统的话，那么，休闲文化就是构建这个整体的部分，或者是构成文化系统的子系统。从语义的逻辑关系来看，文化与休闲文化则是包含和包含于的关系。

如前所述，如果我们把休闲视为人类的一种自由状态和生活形式，那么，休闲文化就可以被认定为关于人类的这种状态和形式的外部表现的描述和表达。于光远先生在概括国外众多思想者的观点以后认为：休闲就是文化的组成部分。从这个意义上讲,休闲既是文化的组成部分,又是文化的表现形式。人类在休闲活动中,一方面享受其所创造的文化成果,另一方面又在不断地创造出新的文化成果。

关于休闲文化,国内一些学者对其有所论述,马惠娣认为:休闲文化是人在完成生活必要劳动时间后,为不断满足人的多方面需要而创造文化、欣赏文化、建构文化的生命状态和行为方式。楼嘉君认为:休闲文化是人们在工作、睡眠和其他必要的社会活动时间以外,将休闲时间自由地用于自我享受、调整和发展的观念、态度、方法和手段的总和。章海荣则认为:休闲文化是指与休闲相关的一切人类活动及其表现,它包括休闲的内容与方式、休闲的功能、休闲的历史走向和休闲的民族特色等,其核心是休闲这一社会现象所蕴含的文化意义。我们认为:无论学者们对休闲文化作出何种描述,有一点是可以确定的,那就是休闲本身就是文化的一种特殊形态。因此,与文化的其他表现形态一样,休闲文化也涵括了文化内部结构的四个层面:即物质实体体系、价值观念体系、制度规范体系和行为方式体系,或者说休闲文化也可以从上述四个层面上表现出来。

休闲文化在物质层面表现为人们借助已形成休闲方式的物化形态的东西进行休闲,同时也在其休闲活动实践中创造产生新的物化形态的东西。这些物化的东西使休闲的思想观念、价值功能、行为方式和规范等隐形文化以外显形式表现出来;休闲文化在价值观念层面表现为人们对休闲的认识、看法、观点、态度以及休闲的作用、功能、意义等,通常以语言、文字和行为等方式表现出来;休闲文化在制度规范层面表现为人们在进行休闲活动时需遵守的社会要求,这些要求以法律、规章制度、伦理道德、社会风俗和行为规范等形式表现出来。从某种程度上讲,休闲文化在制度规范层面可以理解为社会对休闲活动的度的把握和控制;休闲文化在行为层面上主要表现为人们进行休闲活动的方式、方法,这是人的休闲活动的具体体现。休闲文化的全貌就是在这些层面上综合显现出来的。

(二) 休闲文化的特性

如前所述,文化与休闲文化是包含和包含于的关系,因此,与文化的任何建构部分一样,休闲文化也表现出了文化所具有的特征。具体而言,休闲文化的主要特征表现在四个方面。

1. 休闲文化具有民族性

不同的民族都有着自己的文化特色,这种文化的特色是由一个民族在长期的生产劳动和生活实践中创造出来的。包含于文化之中的休闲文化,无论如何也不能独立于这种民族性之外,因此,在不同的国家,不同的民族地区,可以表现出不同于其他民族特质的休闲文化。这种休闲文化随着民族的发展而发展,几乎始终保持着独特的民族性,并建构这个民族的传统文化。

如同样居住在云南德宏州的傣族和景颇族,其休闲文化就有本质上的差异。傣族被称为水的民族,其休闲活动与水有关,如泼水节。傣族典型的舞蹈——孔雀舞,以独特优美的身段、节奏明快的舞步、变化多端的手形、灵活传情的眼神,给人以美的享受、美的熏陶,非常能够表现出傣族的民族性格。景颇族被称为山之骄子,其休闲活动与山有关。景颇族的舞蹈分为祭祀性、狩猎性、生产劳动性和欢庆性等类型。祭祀性舞蹈有"总戈""布滚戈""金再再"等,狩猎性舞蹈有"龙东戈",军事性舞蹈有"向戈"(耍刀)"串戈""以弯弯"等。这些舞蹈动作粗犷豪放、形象生动,表现出山之骄子的大山性格。

2. 休闲文化具有地域性

地域文化是指在一定的地理环境的条件下,由于历史原因形成的,具有一定特色的区域文化,包括当地的历史传统、风土人情等。就中国传统文化而言,可分为长白文化、齐鲁文化、中州文化、三晋文化、关陇文化、吴越文化、荆楚文化、巴蜀文化、闽台文化、岭南文化等。被包容其中的休闲文化,自然也会表现出这种区域的特点。如喝茶作为休闲方式,在福建、广东、四川都有不同的特点,其地域差异极其明显。

3. 休闲文化具有传承性

一个民族也好,一个地区也好,其文化总是在代代相传的基础上有所创新,有所发展。文化传承机制有如下基本属性:

(1) 文化传承具有社会强制性。人的社会属性使每一个人生来就处在某个社会群体中,成为该社会的一员,并浸沐在一定的文化氛围中,毫无选择余地地承袭这种文化,并又把这种文化传给后代,形成一种基因复制式的社会强制。

(2) 文化传承的核心是心理传承。文化传承包含各种文化构成要素的传递,方式也相应地分为语言传承、行为传承、器物传承等,但最稳定最持久的是心理传承。在一个民族共同体中,这种心理传承往往表现为民族意识的深层次积累,是构成民族认同感的核心部分。所以文化传承是民族共同体形成和发展的重要基础。

(3) 文化传承推动文化传统的形成。由于文化传承具有稳定性和模式化,所以文化主体根据价值选择所承接的文化被社会选择并接受。

(4) 文化传承机制包含着文化的选择机制。以价值判断为特征的文化选择机制不仅与文化传承机制相伴而行,而且制约并促进传承机制的运作,使文化具有阶段性、变异性的特质和时代特征。

休闲文化的传承性机制中也具有上述这些基本属性,如一些休闲方式几乎是代代相传至今,尽管在传递的过程中受到时代变革的影响而不断发展变化,但这些休闲方式的基本模式大都保持过去的风貌。

4. 休闲文化具有时代性

文化是一种社会历史现象,每一个时代都有与其相适应的文化,并随着社会生产方式和生产水平的变化而变化。正如毛泽东所言:"一定的文化是一定的社会的政治和经济在观念形态上的反映。"属于文化范畴的休闲文化同样具有这种时代性。从某种意义上讲,休闲文化的这种时代性似乎更加领先于文化的其他领域。特别是在社会生产方式和生产水平高速发展的今天,新材料、新技术使得社会物质生产水平高度发达,导致各种休闲方式被不断地创造并运用于生活实践,又反作用于社会的政治和经济。

三、体育文化

体育文化是指人们在体育运动实践中所创造的各种物质财富和精神财富的总和。具体地说,体育文化是围绕体育运动而形成的各种物质的、精神的、制度的和行为的各方面财富的总和。

体育文化是人类本身需求的特殊反映。它是人类在体育活动和体育实践中创造出来的,并通过有形的身体形态、动作技能、运动器材、物质,以及与社会属性相关的无形的意志、观念、时代精神以及相应的制度、规范等反映出来,显现了各具特色的存在方式。

体育文化和人类其他活动领域的文化一样,从一个侧面或者一个维度反映了一个时代、一个国家或民族的特征,并影响着人们对体育的价值认识、观念意识,规范着人们的体育行为。

体育文化是在体育现象和体育活动中展现出来的一种特殊的文化现象,是人们在体育活动和体育实践过程中所表现出来的具有身体运动属性的文化。与这种特殊的身体运动相关的精神的、物质的、身体形态的因素以及与之相关的物态环境等共同建构了人类所独有的体育文化形态。

体育文化反映了以下特征:

(1) 体育文化总是与人的体育活动及生活中的各种体育现象紧密联系在一起。

(2) 体育文化总是反映一定社会的、民族的、传统的和时代的基本特征。因此,体育文化总会在这种民族性、传统性的基础上,表现出时代影响下的痕迹和自身发展演变的脉络。

(3) 体育文化因体育的特性而显示出一种国际化的特征。不同民族的体育文化、不同地域的体育文化都在国际化的交流中呈现出相互融合的趋势。特别是在物态维度上,融合和趋同的趋势十分明显。

（4）体育文化是人类社会文化的组成部分，它的产生和发展受人类社会其他活动领域的影响和制约，但体育文化有着它独特的个性，有着自身变化和发展的规律，因此它具有相对独立的特征。

（5）不同的民族、不同的地域有着不同的传统文化和民俗文化，受这些因素影响，不同的民族、不同的地域的体育文化也呈现出差异性。这种差异性主要通过人们的思想理念、价值观念、风俗习惯等方面表现出来。

（6）体育文化具有历史性和继承性。当代体育文化的形成是一个漫长的历史积累的结果，也是在继承历史的基础上不断地创造和发展的结果。如奥林匹克运动，时至今日，我们依然可以看到古代奥林匹克的文化痕迹。

第二节　休闲体育文化

一、休闲体育文化简述

（一）休闲体育文化的建构

休闲体育文化是人类社会文化的组成内容之一，是休闲文化和体育文化的复合体。一方面，休闲体育是人们以休闲的意识、观念、态度和情感去参与体育活动的一种社会现象；另一方面，在众多的活动方式中，人们自愿选择了体育活动作为休闲方式，并在活动中满足身心需求。从这种认识角度出发，我们认为，休闲体育文化并不是完全独立的文化体，而是建立在休闲文化和体育文化两个文化维度基础上的一种特殊的文化形态，具有交叉性和复合性。

根据这种思考，休闲体育文化的基本建构应如图 2-1 所示：

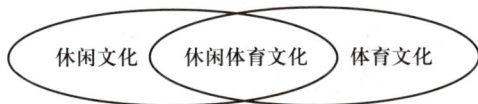

图 2-1　体育休闲文化建构图

从图中可以看出，休闲体育文化包含在休闲文化和体育文化之中，休闲体育文化的一部分内容来自休闲文化，另一部分内容则来自体育文化，是一种复合文化。

尽管休闲体育文化只是建构在休闲文化和体育文化两个维度基础上的一种复合文化,在人类文化中只占极小的一部分,但如果将休闲体育文化视为一个整体的话,其内在结构依然涵盖了文化的四个基本层面。

(二) 休闲体育文化的定义

从上述角度出发,对休闲体育文化的定义,应该遵循基本的逻辑关系,休闲体育文化概念与休闲文化、体育文化两个概念为属种关系。作为种概念的休闲体育文化的外延被包含在属概念——休闲文化和体育文化的外延之中。但从宏观的角度来看,无论是休闲文化还是体育文化,都是宏观意义上的文化的组成部分,或者说是文化的表达维度。因此,对休闲体育文化的定义,更应该参照对文化定义的范畴。

如前所述,按照我们所选择的对文化的定义,无论是休闲文化还是体育文化乃至休闲体育文化的全部外延都应该被包含于其中。依据逻辑关系,我们对休闲体育文化做如下定义:休闲体育文化是人们通过体育运动的方式,在休闲的实践过程中创造并共同享有的关于这一社会现象的物质实体、价值观念、制度规范及其行为方式的总和。在这个定义中,我们首先是把休闲体育看作一种社会文化现象,一种被包含于休闲文化和体育文化之中的文化现象。在这里,休闲体育文化是休闲文化和体育文化的一种表现方式,而建构这种表现方式的全部内容正是文化的基本构架——即物质实体、价值观念、制度规范和行为方式等,这些建构要素共同组成了我们所说的休闲体育文化。

二、休闲体育文化的主要层面

按照层次的划分,休闲体育文化显然属于文化的下位层次,或者说是文化的一个操作层次。因此,就基本结构而言,休闲体育文化依然应涵盖文化结构的四个层面的内容。

1. 物化层面

休闲体育文化在物化层面的内容十分丰富,包括构建一切体育活动项目的场地器材、设施设备等人造物和按照体育活动需要被改造的自然物。这些事物通常按其功用命名,如体育馆、球场、球拍、球杆、球等人造物,以及游泳池、高尔夫球场、滑雪场、漂流场等被改造的自然物。

体育是人类运动本能与社会化改造结合而形成的产物,也是文化的物化形态在人类的社会实践活动中的体现方式。在体育运动的过程中,人通过自身的运动在自然世界和人造世界中进行改造,在这个过程中,人既享受着物态文化(运动的环境条件、运动的场地器材)的成果,同时,又在不断地创造着新的物态文化。

2. 价值观层面

休闲体育文化在价值观层面的内容主要包含人们的休闲观和体育观,人们对休闲体育的功用的认识和看法,也包括人们对休闲体育所具有的各种价值的理解等。人们参与休闲体育本身就是用行为来表现人们对体育的态度和看法,表现出人们对体育的意义、价值、功能等方面的认识。同时,这种参与也体现了人们对休闲意义的认识,以及选择休闲方式的倾向和态度。在参与活动的过程中,人们不仅仅是在强化自己对体育的认识,还在这种实践活动中继续发掘、建构和更新体育的价值体系,使体育在现代社会中的功能不断得到显化和发展。

3. 制度规范层面

休闲体育也从多个角度上表现出这个社会的制度规范体系的特点。

(1) 休闲体育体现出这个社会对余暇时间的规定,体现出这个社会劳动生产制度和社会发展水平,体现出这个社会对人们的行为的评判倾向。

(2) 体育法规也是这个社会对每个公民参与体育活动的权利的规定,是参与休闲体育的最高法律准则。

(3) 为了保证活动者能够享有同等活动权利,或者说能够使活动参与者共同活动,每一项休闲体育活动项目都有自身的活动方式和规则要求,这种统一的活动方式和规则要求是对所有休闲体育参与者在活动中的行为规范。这种行为规范虽然不像法律法规那样具有严格的规定性,但却让不同的个体有了共同游戏的可能。

4. 行为方式层面

体育活动作为一种运动性的休闲方式运用于休闲活动中,已经具有十分漫长的历史。体育活动对于任何人来说本身就是一种行动。与其他被运用于休闲活动的方式不同,这种行动一方面表现出人的自然属性,即以人的特有方式进行运动并且满足着人的本能的运动需求;另一方面,这些活动的内容都是已经被社会化的运动方法,可以满足人的其他的社会性需求。因此,休闲体育本身就是社会文化的表现形式之一。同时,选择以运动的方式来度过自己的闲暇时间,也充分地表明了人的价值倾向,反映出个人对体育运动的认识和理解,反映出个人积极的生活态度。

综上所述,休闲体育文化是休闲文化和体育文化不可或缺的组成部分,是社会文化的产物,也是社会文化的建构部分。

三、休闲体育文化的发展过程

从历史发生和发展的角度来看,"休闲体育"(leisure sports)这一概念的产生是人类社会进步到现代文明时代的结果。从概念的形成和演化过程来看,休闲体育是现代社会的产物,但从休闲体育这个概念所表述的事物来看,这种事物早就存在于人类社会之中,并伴随人类的发展而发展。这个事物就是运动游戏,一种产生于人的本能的活动,是人类休闲活动之祖。

在人类成长的过程中,这种运动性的游戏活动从一开始全部依靠自己的肢体运动的方式逐渐发展出利用一些特殊工具的方式,如狩猎工具;许久之后,逐渐成熟的人类才开始为自己的运动游戏设计出专门的器具,到了这个时期,我们才看到了体育(或者说是现代运动)的雏形。这样看来,运动性游戏的演变发展过程,与人类的文明发展过程息息相关。我们也看到,从原始的以肢体运动为基本方式的游戏活动发展到今天的以各种人造器物为活动媒介的休闲体育,这个过程无疑表现出了休闲体育文化的物态发展过程,也表现出了不同时代的行为特征。

许多研究表明,在各种社会活动尚未分化之际,这些活动几乎都是人类的"休闲活动"。因为在当时的状态下,人们除了采摘、狩猎等与生存密切相关的活动外,其他的活动几乎都可以看作是今天意义上的"休闲活动"。这正是人们在研究和探讨某种文化现象的起源时,总是把最原始的休闲方式——游戏活动看得十分重要的原因。随着社会的发展和人类文明的进步,不同的休闲方式逐渐演化成了今天我们所看到的不同的社会活动。由此可见,人类的"休闲活动"是人类社会存在之必然,而休闲方式的分化则成为各种社会活动存在的基础和发展的主要途径。

在狩猎—采集的时代里,人们以简单的方式去获得自然界中存在的物品,以便生存。因为没有更多的物质条件,也没有创造新奇休闲方式的可能性,于是,原始的人们采取了与其他哺乳动物差不多的行为方式来打发自己劳动和满足生理需要之外的时间。这些行为方式通常与人类的生存劳动方式密切相关,即以生存劳动中(如狩猎活动)的技能技巧为人类休闲活动的主要方式。

当人类进入农业社会后,定居生活和农耕养殖活动使人类的文化快速地发展起来。生产方式的改变又一次改变了人类的生活方式,庄稼的成长周期使人类的活动也有了一定的节律,忙闲交替的生活节奏逐渐形成,劳动以外的社会活动与生活活动明显地增加。闲时打发时间的方式方法逐渐脱离了劳动技能技巧的影响,富有想象力和创造性的休闲方式开始成为闲暇活动的主要方式。当然,在这一段时期中,人类社会还存在着劳动以外的社会活动,如宗教仪式、战争,等等。这些活动中的一些具有象征性的活动形式,也被用于休闲方式。

工业革命不仅是人类四肢的延伸和力量的扩展,更彻底改变了人类的生产方式。而新的生产方式使人类的生活方式产生了根本性的改变,近万年来农耕养殖活动形成的人的相互关系与生活方式在短短的时间里被重构。新的生产方式把人们集中在某些特定的环境中,城市化的、有特殊节奏的生活方式成为工业革命后人类生活的主流方式。休闲活动的基本方式与工业产品的联系日趋密切,许多新兴的、人文的、特殊的休闲活动方式被创造出来。这些活动方式利用自然环境以及人造的工具、场地和器材,脱离了与劳动、军事等技能长期性的不可分割的联系,构成了人类社会中独立存在的休闲方式体系。在这个时期,运动性的休闲活动表现出了被创造并逐渐传播开来的特点。如今天我们所参与的许多运动项目,都是工业革命以后的产物。

芬兰社会学家尤卡·格罗瑙的研究表明:在后工业时代,由于社会生产方式和生产水平的发展,人类社会成为一个超越了短缺的社会、一个被认为是富足的社会。在这样的社会里,大部分人的生活水平比较高,他们都拥有丰富的物质条件和可供消费的自由时间。于是,人们都将根据自己的价值观念,选择自己喜爱的休闲方式。换句话讲,在物质生产水平高度发展的社会时期,体育的物质层面的内容已经非常丰富,但人们是否会热情参与休闲体育,更多取决于人们对休闲体育所持的态度,取决于人们对休闲体育的价值和功能的认识水平。另外,社会在制度层面对体育的一些支持和规定,无疑对休闲体育的发展有着不可忽视的作用。

四、休闲体育文化的特点

休闲体育文化除了保持文化和休闲文化所具有民族性、地域性、传承性和时代性等本质特征外,还具有一些有别于其他活动的特点,主要有如下几点。

1. 现代休闲体育文化具有领先性特点

休闲体育本身是社会生产水平发展的产物,在当今新材料、新技术的发展基础上,用于休闲体育的物质器材大多是高科技物质。因此,现代休闲体育的物质水平远高于休闲的其他领域,在整个休闲领域中明显具有领先地位。

2. 现代休闲体育文化具有跨文化特点

被用于休闲的体育活动项目众多,现代的、有传统的、中国的、外国的,一律被兼容并包。休闲体育文化的这一特点是被体育项目的国际性特点决定的。能够满足人类双重需要的体育活动,几乎一直被视为文明、健康的休闲方式,无论其产生于何处,也无论其有着什么样的文化背景,都相对容易被广大群众所接受。

3. 休闲体育文化具有直接参与性特点

与其他许多休闲方式不同的是,休闲体育有直接参与的特点,这种直接参与是指人将身心投入其中。体育活动几乎必须在个人身心的全部投入其中的前提下才可以发挥满足双重需要的功效,也只有通过自身机体的运动才能产生切身的体验和感受。因此,休闲体育文化的积累和外在总是在个人亲身参与的过程中完成的,每个参与者就是休闲体育文化的体验者和创造者。

4. 休闲体育文化具有自娱自足性特点

休闲体育活动是依赖于自身身体的活动,人们有完成基本动作的能力,就容易从活动中体验到从肌肉到身心的愉悦感。许多情况下,休闲体育在行为层面上几乎完全不能表现出参与者从活动中获得的满足感、自由感,甚至给人一种艰难和痛苦的外表反映,但只有参与者本人才能够从中体会到其中的快乐和自在。

第三节　东西方休闲体育文化的异同

如前所述,休闲体育文化有其最基本的结构,它们从不同的方面建构起休闲体育文化的整体。对于东西方休闲体育文化的差异和融合问题的研究,通常从不同的维度对其进行对比分析。因此,我们拟从物质、价值观念、制度规范和社会行为四个基本维度对东西方休闲体育文化的异同进行分析。

东西方休闲体育文化的差异本质上是东西方文化的差异在休闲体育中的体现。无论东西方在休闲体育上存在着什么样的异同,都有更深层次的文化根源,休闲体育只是这种文化根源的载体。

一、东西方休闲体育文化在物质层面的异同

休闲体育文化在物质层面的发展和变化,与社会生产的发展和变化直接相关。在远古时期,人类处于原始状态,基本的生产活动只是满足其生存需求的狩猎和采摘。当然,在这个时期,并没有我们今天意义上的休闲活动,但人们在狩猎、采摘之余,吃饱喝好之后,利用剩余精力,利用最为基本的运动技能,如跑跳能力、攀爬能力、投掷能力等进行着运动游戏。这个时期,可以称之为本能运动游戏时期,休闲体育的前身——运动性游戏产生了。

人类社会的文化分野始于农业文明时期。当人类开始有意识地种植农作物的时候,智力得到开发的人类,逐渐学会了对某些动物的驯养,于是逐渐发展起原始农业。农业使人类开始定居,也使人类的文明以及文化萌芽并逐渐地发展起来。这个时期逐渐形成的季节概念,成为人们选择劳作或闲暇的依据。虽

然运动性游戏依然是农业社会中十分重要的娱乐方式，但此时人们已经开始制作专门用于游戏的器物，当然，这些器物与劳动工具有着密切的联系。然而这个时期，由于生产方式落后，物质生产水平低下，无论是东方还是西方，在嬉戏的方式上尚未出现根本性的差异。

休闲体育产生的时代以及东西方出现本质性差异的时代是工业革命时期。以英国为代表的资本主义工业化的早期历程，即资本主义生产完成了从工场手工业向机器大工业过渡的阶段，此时期的重要表现是进行了一场以机器生产逐步取代手工劳动，以大规模工厂化生产取代个体工场手工生产的生产与科技革命，而这场革命后来又扩展到其他行业。

英国新兴的资产阶级为了解决由大机械生产带来的生产节奏加快及城市人口剧增等一系列社会问题，在全国积极推行户外运动和游戏，如狩猎、钓鱼、射箭、旅行、登山、赛艇、帆船、游泳、水球、疾跑、跳远、跳高、撑竿跳高、投石、掷铁饼、羽毛球、板球、地滚球、高尔夫球、曲棍球、橄榄球、足球等。值得一提的是，上述体育项目都是人们创造出来的专门的游戏活动，这些活动所需器材器具都是人们根据自己闲暇玩耍的需要制造出来的，除了用于玩耍，几乎没有任何其他的作用。随着英国的对外发展，户外运动和游戏很快影响了美国、法国及世界其他国家。工业革命，使西方进入了一个为了空闲时间的玩耍而发明和制造专门娱乐工具的时代。

而此时的东方，依然是以手工业、小作坊为主的农业社会。一些娱乐工具虽然被设计和生产出来，但大多与体育运动无关，如麻将、棋类。当然，中国也有过专门设计和制造体育项目的情况。资料显示，"蹴鞠"就是专门创造并用于玩耍的体育娱乐活动。蹴鞠起源于春秋战国的古老体育项目，分为直接对抗、间接对抗和白打三种形式。隋唐时期，充气的蹴鞠球就已经出现了，与当今的足球比较接近。另外，中国古代还有与高尔夫十分相似的"捶丸"。据元代《丸经》记述，捶丸最早出现在宋徽宗时期，在宋元时大盛。不过，这些体育项目到了近现代反而消失了。

通过考察东西方休闲体育项目的盛衰，可以发现，东西方休闲体育物化形态的差异主要表现在以工业化方式生产出来的体育器具上，这些体育器具不仅从量上解决了物质的满足程度，也使人们也更加容易将自己的想象变成新的现实，这是手工业依靠个别的能工巧匠不能实现的。

物化形态的差异不仅影响东西方休闲活动的内容，也影响人们进一步创造和发展新的休闲娱乐方式的可能性。我们看到，当今世界流行的竞技体育项目，大多出自西方世界。从奥运项目来看，大多需要器材工具的项目出自西方国家，而出自东方国家的项目如柔道（日本）、跆拳道（韩国）之类几乎都不用器材和专用工具。

综上所述,东西方休闲体育文化在物质层面的差异是由近代东西方生产方式的差异造成的。如今这种差异已经随着东方国家工业化的脚步而逐渐地变小,东西方国家的物质财富的差距也逐步缩小,于是,休闲体育开展的物质条件方面的差异也在逐渐地减少。

二、东西方休闲体育文化在价值观层面的异同

价值观是人们对社会存在的反映,是指一个人对周围的客观事物(包括人、事、物)的意义的总体评价和总看法,是影响人的行为的心理基础。人们所处的自然环境和社会环境,包括人的社会地位和物质生活条件,深刻影响着人们的价值观。

价值观的变化是社会改革的前提之一,又是社会改革的必然结果。随着生产力发展水平和人类认识能力的不断提高以及人们生活需要结构的变化,体育的功能和价值会逐渐显现和不断得到拓展。无论是中国体育还是西方体育,都以人的全面发展为根本追求,但体育作为人类生产和生活实践的产物,却因不同民族的生产、生活方式和文化习俗不同以及对人的认识存在的文化背景上的差异,而使得体育运动表现出不同的民族特征,也使得各民族对体育的认识也不尽相同。

1. 比较东西方历史文化背景对休闲体育价值观念形成的影响

在中国传统文化中,休闲注重的是人的内在气质、品格、精神、信念、修养等,而人的身体则被认为是内在心理的外在表现,即所谓"神之于形"。在中国传统文化发展历程中,对人们价值观产生较大影响的三大文化流派分别是道家文化、儒家文化和佛家文化。道家主张无为而治,追求一种自然的人格;儒家重视伦理规范,强调"克己复礼",追求合于名礼、积极有为的"君子"人格;佛家则主张超脱世俗,提倡目空万物的超然人格。这三种文化流派都对中国传统休闲价值观的形成产生过重要影响。因而,中国传统休闲体育的一个显著特点就是通过进行以外达内、由表及里、由形而下的身体有形活动来促成形而上的无形精神的升华,追求理想人格的塑造,其作用主要不在体能,对身体的发展也并不作过高的要求,而是以养护生命、祛病、防病和延年益寿为主,注重保健养生。

相比之下,西方传统的休闲价值观则明显不同。他们不仅重视身美体健,而且重视精神美,强调二者应该和谐统一。与中国的传统信仰相比,他们追求的不是看不见摸不着的内在人格,而是成为有着匀称、健美的身体并擅长运动的人。这种文化观念,直接影响到了西方的休闲体育价值观。

2. 不同的人生观对东西方休闲体育的影响

在东方意识文化形态里,"好逸恶劳"是一种被极力否认的非理性的人性选择,古人强调,人生的最大价值在于为社会作出力所能及的贡献。"勤劳务实"素来是一种被提倡的美德,人们认为嬉戏和玩耍是对精力和时间的浪费,是不务正业的表现。

而西方社会则主张追求和平公正,尊重人的自由意志,塑造完美的人格。亚里士多德曾说,"休闲是一切事务围绕的中心",可见休闲是他们追求的人生目的。人们正是因为对自由、休闲生活的向往,才更加努力的工作,进而推动社会的发展。

3. 生产力水平对东西方休闲体育发展的影响

存在决定意识,经济基础决定上层建筑,在特定的社会环境中,人们一切观念的产生和行为方式的形成都不同程度地受到了当时经济发展水平的制约。在15世纪以前,东西方同处于农耕时期,生产技术发展水平都较为落后,东方经济曾一度领先于西方。西方奴隶制和东方封建制度实际上没有使当时人们的体育意识形态和休闲价值观念的形成过程出现大的差别,休闲在当时被认为是只有王公贵族才能拥有和享受的权利。同时,由于科学技术发展水平较低,人们并没有专门用于休闲娱乐的工具和实物,只是依赖自身先天的条件进行一些简单的身体或肢体活动。

工业革命后,东西方经济发展出现质的差异。西方开始大规模使用机器生产,进而在一定程度上解放了劳动对人的束缚,增加了人们的闲暇时间。欧洲启蒙运动使人们开始意识到休闲是每个公民的权利,这为西方休闲体育的蓬勃发展奠定了思想基础。然而此时东方封建制度仍然盛行,中国社会依然处于自给自足的封建小农经济,大量的生产劳动将人们的身体禁锢在田间,闲暇自由几乎被剥夺。百姓的温饱问题尚未解决,休闲的发展又何从谈起。

三、东西方休闲体育文化在制度层面的异同

如前所述,休闲体育文化在制度规范层面主要表现为影响休闲活动的社会制度体系和活动的规范要求两个主要方面。

1. 影响休闲活动的社会制度体系

古代的闲暇观念是从农业的视角提出的,具有季节性。从这个角度来看,农业社会中人的生活节奏与自然界的一年四季及农作物的生长周期密切相关。由于这种自然周期没有严格的时间限定,于是,人们的忙与闲可以有很大的自由度。在此基础上,不同的地域、不同的气候特点、不同的农作物种植情况等都会造成人们在作息时间上的差异。因此,在农业社会中几乎只有节假日才能进行

大范围的相对规范性的活动。不同的民族都有自己的传统节日,其中一些节日就是这些民族的玩耍节,许多传统的体育类活动都会在这些节日里举行。直至今日,一些农业国家、民族和地区依然保持着这种自然的节律,并在他们认同的节假日里从事休闲活动。

近现代的休闲文化则是从大工业角度提出,具有时代性、制度化的特点,主要是对劳动生产率提高的主要因素——提高劳动者自身综合素质的全面关注。制度化就是工业社会发展的基本特征。由于大机器的运用,人的生活也被机器的节奏所控制。但机器可以不停地运转,而人类会产生疲劳,不仅会跟不上机器的节奏,还有可能出现伤亡事故。从这个角度出发,工业社会通过制度方式对人的作息时间进行了安排和规定,这使得这个社会中的各种人有了自己的生活节奏,也就产生了现代意义上的自由时间。

时间的制度化对于人口众多的现代城市来讲具有重要意义,对上下班时间的规定、对节假日时间的规定等不仅是整个城市正常运行的保证,也使每个人的生活有了一种规律性的节奏,并形成城市人特有的生活方式——一种拥有自由支配时间的生活方式。人们有了自由支配时间,社会休闲就有了可能,现代休闲体育就是在这样的社会背景中产生的。

西方国家较东方国家更早地走入工业社会,因此较早就对时间进行了制度化控制,如每天工作 8 小时,每周工作 40 小时等,这样就催生了一种不同于农业社会的生活节奏。

2. 影响休闲活动的活动规范要求

一般来说,人类的共同性活动通常都有活动的规范,以保证活动能够顺利进行。休闲体育活动虽然具有很大的自由度,但一旦有多人参与,通常也需要产生相应的活动规范(大家一起活动的基本要求)。在这个方面,由于东西方产生的活动方式(运动项目)不同,其在活动的规范(要求)上也存在着较大差异。

西方的活动方式大多产生于工业时代,制度化、规范化便是这些项目的共同特征,如球类项目就是其典型代表。对场地器材的一致性规定、对活动方法的统一要求就是这种规范性的表现。另外,球类项目通常是由两个以上的人同时参加,大家的活动方式不一致会使活动无法进行下去,因此人们有必要对活动进行相应的规范,即凡参加者均要照此规范行事。

而东方的活动方式则大多产生于农业社会,由于社会对生产方式没有相对制度化的准则,因此,对于其他的活动,特别是休闲活动,更少有相应的活动规范,如我国的武术就是产生于传统的体育休闲方式。我国武术门派繁多,器械类型复杂多样,动作方式差异显著,单打独斗的个人特点突出,活动方式几乎很难规范统一。于是各门各派各循其理,即使同台对抗,也是按自己的方式出招。

随着东西方工业化程度逐渐趋向平衡,产生于农业社会的活动项目也被逐渐地进行规范性改造,如对中国武术的规范性改造表现为形成了全国统一的标准,于是有了全国的武术比赛,但作为以个人参与为主的休闲体育项目,武术仍然难以统一规范。中国端午节的民俗活动龙舟竞渡是在龙舟规则不断完善的基础上发展起来的。随着国际性和全国性龙舟赛数量日趋增多,参赛队伍日益壮大,赛事分布遍及全国众多省份,大量国际队伍被吸引而前来参赛,进而促进了中华优秀传统文化的国际交流。

四、东西方休闲体育文化在行为层面的异同

行为是文化的外显形式,是文化的多个层面在个体身上的综合反映。在古代农业社会时期,无论是东方还是西方,由于社会制度的制约,运动性的休闲行为并不是全社会休闲方式的主流。例如在古希腊社会中,休闲被认为是达到完美典范所需具备的基本条件。就休闲内容来看,古希腊人认为应该是让生活愉快的事,包括艺术、音乐、讨论、运动等,这些休闲活动是那些有闲暇时间的希腊男性自由公民经常从事的,而女性、奴隶等大多数人几乎根本就没有休闲可言。同时,古希腊的哲人们对于运动性休闲活动也有不同的看法,如柏拉图认为理想的休闲内容应包括音乐、体操、数学、哲学等,而他的学生亚里士多德则不强调体操、格斗等身体活动,在他看来,玩乐不属于休闲,思辨才是休闲。

在古代中国,运动性休闲活动历史悠久。据《吕氏春秋·古乐篇》记载:"昔阴康氏之始,阴多滞伏而湛积,水道壅塞,不行其序,民气郁于而滞著,筋骨瑟缩而不达,故作为舞以宣导之。"相传在远古时期的阴康氏时代(公元前5 600年左右),洪水泛滥,水道阻塞,到处阴冷潮湿,导致人们"筋骨瑟缩而不达",于是,有人创造了一种运动方式让人们跳,以伸展人们的筋骨,使人体恢复健康。

据《帝王世纪》中记载:"尧时有壤父五十人,击壤于康衢,或有观者曰,大哉,尧之为君也。壤父作色曰,吾日出而作,日入而息……帝力于我何有哉!"由此可见,早在原始时代,人们就已经在闲暇之时玩击壤之类运动性游戏了。

"摔跤"又叫角力、角抵或相扑,起源于古代"蚩尤戏","蚩尤戏"是为了纪念与黄帝逐鹿中原的蚩尤而产生的在北方民间流行的一种竞技游戏。到了东周时期,角抵戏比较普及,特别是北方少数民族中非常多见。《史记·李斯列传》记载秦二世胡亥在甘泉宫观看角抵的情景,看来角抵戏从东周到秦代应当一直延续。

东西方在运动行为方面的差异主要出现在工业革命之后,由于西方休闲体育项目大多为工业化产物,规范化、制度化特点突出,参与者在这种规则和规范的制约下,可以相对一致地活动,行为具有标准化特点。另一方面,如球类运动

这样的双人或者多人的活动,合作是活动的重要影响因素。活动过程中个人表现必须符合活动的最终目标,而这个目标往往又是所有活动参与者共同的目标,从这个意义上讲,个人的表现决定整体目标的实现与否,于是,个人行为被赋予了群体责任。

仍处于农业社会的东方所产生的体育活动相对比较个人化,除了摔跤等少数项目为双人活动外,大多数项目都是个人活动,由于非标准化和非规范化要求,因此,个人独特性、个人风格便成为东方休闲体育活动的行为特点。当然,我国古代也有如"蹴鞠"这样的集体项目产生,但传承相对受阻,显然与农业社会的社会生活方式有着密切的关系。

另外,工业社会的紧张、压力和竞争与农业社会的随意、悠闲也在活动内容以及活动方式中表现出来,西方强调竞争,行为的对抗性明显;东方相对随意,行为表现出自然的特点。从休闲的角度来看,东方的行为方式更符合休闲的观念。

随着社会的发展,世界文化相互碰撞和交流,东西方休闲体育文化有了相互融合的趋势。一些更有利于个人休闲的活动方式已经成为世界性的活动方式,无论是东方还是西方,人们都对这样的活动方式产生了浓厚的兴趣,如西方人认识到中国太极拳的健身休闲作用,促成太极拳热现象。同时,一些新兴的运动项目也开始向个人化方向发展,尽管在活动器材上有统一的规格和要求,但在玩法上却更加个人化和自由化。

第四节　休闲体育文化与生活方式

一、生活方式概述

生活方式这一概念,也有许多的表述方式,有人认为生活方式就是人们为生存、发展和享受所进行的一切活动,它包括工作、学习、营养、运动、休息和生活环境选择等内容。还有人把生活方式表述为人们的物质资料消费方式、精神生活方式以及闲暇生活方式等的总和,认为生活方式可以反映个人的情趣、爱好和价值取向,具有鲜明的时代性和民族性。无论对生活方式作何解说,我们可以认定,生活方式是一个内容相当广泛的概念,它包括人们的衣、食、住、行、劳动工作、休闲娱乐、社会交往、待人接物等物质生活要素和精神生活的价值观、道德观、审美观，以及与这些有关的生活模式。生活方式可以理解为在一定的历史时期与社会条件下，各个民族、阶级和社会群体的生活模式。总体而言，生活方式体现出一个社会的价值目标、评价标准和生活资源的配置方式。

生活方式是人社会化的一项重要内容，影响着个体社会化的性质、水平和方向。生活方式也是一个历史范畴，随着社会的发展而不断发生着变化。不同的社会、不同的历史时期、不同的社会阶层、不同的职业，都会催生不同的生活方式。

如前所述，生活方式受时代发展的影响，而时代的差异主要体现在社会生产方式上，也就是说，社会生产方式决定了人们的生活方式。马克思说："生产方式即保证自己生活的方式。""人们生产他们所必需的生活资料，同时也就间接地生产着他们的物质生活本身。"如此看来，生产方式就是人类满足需要的方式。从这个意义上讲，生产方式影响着人的生活方式。但是，无论是生产方式还是生活方式，从严格意义上讲，都是人类文化的组成部分，或者说是人类文化的表现形式。因此，就人的生活方式的本质属性而言，任何生活方式都可以说是人类文化的结晶体。

对于任何个体来讲，其生活方式的形成和发展都会受制于当时的社会文化与文明的发展水平，并受到时代与社会所存在的生产方式的影响。由于生活方式是人的时代文化的结晶体，生活方式的建构会涉及人的生活的方方面面。每个人的生活方式的建构内容都会有所不同，因为个人生活方式的具体内容决定于个人的意识、观念、知识、态度、个性心理特点、社会地位、收入水平等。换言之，每个人的生活方式在整体上或者在结构模式上都会受到时代文化与文明的制约，而在具体内容上则由个人选择和确定。

生活方式可以反映出一个人的思想意识、价值观念、道德规范和行为特征。正因为如此，生活方式通常可以被评判为健康的或者不健康的、传统的或者现代的，等等。

生活方式并不是一种抽象的概念，它由人的各种各样的具体活动构成，而这些活动总会采用一定的形式和方法来进行。从某种意义上讲，生活方式的差异与其说是活动内容上的差异，还不如说是因为活动方式上的差异造成的，或者说是在对活动方式的选择和运用中产生的。

从生活方式的构成内容来看，个人的休闲娱乐方式是个人需求的自由选择，似乎更加能够反映其思想意识、价值观念、道德规范和行为倾向。因此，对个人休闲方式的观察和评价更加具有社会意义。

二、生活方式结构中的休闲活动

(一) 休闲活动在生活方式结构中的意义

按照"生活方式是指人们为生存、发展和享受所进行的一切活动"这一定义,显然,休闲活动是生活方式的重要组成部分,是个人生活中所具有的更倾向于个人选择的生活内容,因此,也更加表现出个人的道德修养、素质水平、情感倾向、价值观念和生活态度。

马克思指出:"一个种的全部特性、种的类特性就在于生命活动的性质,而人的类特性恰恰就是自由的自觉的活动。"如果说个人的生活方式总是包含着某些确定的内容,那么,最能表现个人特色的或者说最能够反映出活动者的个人品质的活动往往就是休闲活动因为,休闲活动就是人的"自由的自觉的活动"。

自从人类社会逐渐形成了各种社会规则,有了阶级、阶层和各种制约关系之后,在人生的各个方面、在生活的各个领域,人们的行为以及活动方式都受到了限制和影响。现代社会学研究认为:个人是自然因素和社会因素的有机结合体,社会身份是个人的社会存在形式。这种存在形式是由个人所处的社会关系的性质、个人与他人发生联系的具体情况所决定的。正因为如此,人们总是以某种社会角色生活在这个社会之中,所以必须按照这种或者那种角色的行为规范行事,总是承受着这样或者那样的压力,总是受着这样或那样的制约。因此,在大多数社会环境中,个人的活动都是在外部社会环境的压力下并按照社会的要求和规范来完成的。

相对而言,只有在自由的、没有外在强制和其他压力的条件下,人们才能够真正地、较为完整地表现出自我,表现出个人的喜好和兴趣,并且以某种活动来满足自身的需要。在现代社会的条件下,社会个体只有在能够自由支配的时间里才能相对自由地、可以避免社会压力地从事个人喜好的活动。而这种对自由行事的渴望,差不多是社会生活中每个人的基本需求。休闲活动,从本质上讲,正是满足这种需求的基本形式。

然而,并非有了自由支配的时间就能够满足这种需求,因为,拥有自由时间与如何度过这个时间几乎是同等重要的条件,前者与社会发展水平和个人的社会生活状态有关,后者则与社会存在和个人的选择密切相关。事实上,后者的表现形式就是休闲的方式。

社会学家德玛斯蒂尔(Dumazedier)强调休闲活动方式的多样性,他认为:休闲活动方式是"在尽到职业、家庭与社会职责之后,让自由意志得以尽情发挥的事情,它可以是休息,可以是自娱,可以是非功利性地增长知识、提高技能,也可以是对社团活动的主动参与"。按照这样的理解,我们可以认为:所谓休闲活动方式就是在自由时间里自愿从事和进行各种休闲活动的方法和形式。

正因为休闲活动方式是人们在自由时间里自愿选择和进行的活动方式,休闲活动方式才更能够反映出个人的生活态度、生活观念和价值观。

在人类社会的发展过程中,人们创造和积累了数不胜数的休闲活动方式。这些休闲活动方式不仅仅是用于不同的场合或者不同条件、不同情境,更加重要的是,在社会的发展进程中,休闲活动方式逐渐成为人的社会地位以及个人品位的区分手段和办法。不同社会阶层的人往往有着不同的生活方式,他们也选择不同的休闲活动方式,参与不同的休闲活动。

国外有关研究已经证明,休闲活动是现代人生活方式的重要组成部分,在社会发展到一定水平时(如小康社会),休闲活动就会成为人们日常生活必不可少的一部分。

(二) 休闲活动方式分类

对事物进行分类的方法很多,人们各自采用的分类标准也有所不同。由于活动的方法、时间、场所及其活动形式等方面的差异,社会休闲活动往往存在着不同的类别。根据法国休闲学专家罗歇·苏的观点和分类方式,结合我们的认识和理解,我们把社会休闲活动分为四类:运动性休闲活动、实用性休闲活动、文化性休闲活动、社交性休闲活动。

运动成为生活方式

1. 运动性休闲活动

运动性休闲活动是指以身体活动(按照体育学术语称之为身体练习)为基本形式,以健身、娱乐、消遣、放松和探寻刺激等为主要目的的社会休闲活动。该类休闲活动作用的客体往往是活动者自身的身体,即活动主体的有机体。

这一类活动包含散步以及采用各种高科技器材的运动,内容和形式十分广泛。而从这些活动的特征来看,活动的主体部分主要由身体的特属运动构成(一般被称为体育运动),另一类较重要的运动性休闲活动是大众性的舞蹈活动。

罗歇·苏认为:运动性休闲活动与"传统意义上的体育运动"或者竞技体育(当然也包括那些带有强制性和规定性的体育活动)是有区别的,"它既不是通过比赛追求成绩,也不是以崇拜力量为目的;它既不要求遵守刻板的规则,也不要求有规律的剧烈训练,而是通过非形式的、自发的体育活动,追求身体的放松和舒服。"但是,现代运动性休闲活动已经基本颠覆了罗歇·苏的观点。在现代社会中,人们对生活质量有了更高的要求。强身健体、塑造体形、挑战自我、探求刺激、寻新求异以及寻求社会归属、社会认同、社会交往等,都成了现代社会人们参与运动性休闲活动的目的。因此,今天的运动性休闲活动几乎已经不再受任何形式和内容的束缚,而取决于人们对休闲体育文化的认知和意识。

据有关研究统计,在众多的运动性休闲活动形式中,除了舞蹈类占有一定的比例外,具有体育性质的休闲活动形式至少占了80%。由此可见,在现代社会中,体育类休闲活动无论从形式上还是内容上,都在现代人的休闲活动中占据不可替代的地位。

2. 实用性休闲活动

实用性休闲活动是一类家庭生活与体力劳动相结合的、具有生活意义的社会休闲活动。这类活动的实用性特征容易与家务劳动混淆,但事实上,这类活动通常是在自由时间进行,并对个人的家庭生活产生某种具有实际意义的影响。这类活动对于行为者而言,是一种自由、创造、审美、娱乐的结合,而不是真正意义上的、不得不去完成的家务劳动。这一类活动包括家庭园艺、小家具制作、内部装饰、针织缝纫等,通常,这些活动对家庭进行美化,使生活的小环境更能让自己感到舒适、愉快。另一方面,这些活动的成果因为不需要与他人进行比较,因此容易给人以成功的感觉。而活动本身又不需要太强的体能和很高的技巧,对于那些不太喜欢户外运动、不善于与他人交往的人来讲,这类活动方式无疑是最适宜的选择。

3. 文化性休闲活动

文化性休闲活动是以观看、收听、阅读文化产品为主要形式的社会休闲活动。该类活动主要是通过活动主体的视听感官去感受社会文化成果。

这类活动包括看电视,看展览,欣赏各种文艺—体育表演、音乐会、电影,阅读书刊杂志、报纸以及收听广播等。

文化性休闲活动通常可以使人增长知识,陶冶情操,使人的情感活动更加丰富,也能使人非常惬意地度过闲暇时光。

文化性休闲活动通常是一种情感参与性的活动方式,活动者在进行这类活动时很少有身体活动,但他们把自己融入活动的情景中,并在思想上、情感上与活动对象进行积极的响应和交流。

4. 社交性休闲活动

社交性休闲活动是一种人际关系占主导地位的休闲活动,是人与人之间相互作用的活动。这一类活动的形式多样,诸如喝茶、喝咖啡聊天,参加某个俱乐部或协会的活动等。

社交性休闲活动往往有许多专门而特殊的场合,如茶馆、咖啡厅、酒吧等。现代社会和现代科技提供了一些新型的活动场合,如网吧等。社会性休闲活动主要以互动的方式,通过语言、形体、表情等向他人传达自己的思想、感情,也从他人的语言、形体、表情上获得自己感兴趣的信息。

社交性休闲活动从本质上讲是人的一种社会化的活动,人们通过这些活动,一方面可以使自己与他人互动,以满足自己与人交往的需求,有意义地度过一段自由时间;另一方面还可以在互动过程中获得更多的社会信息,从而使自己更加了解他人,了解社会,并且更加适应社会。

三、休闲体育——健康生活方式的基础

在现代社会,特别是在现代城市中,工作方式和生活方式都已经发生了根本性的变化,脑力劳动逐渐增多,交通工具的使用进一步增加,家务劳动也被社会化和自动化,身体活动的机会越来越少。身体运动往往只有在工作之外的闲暇时间里才有可能获得,所以,运动性的休闲活动已经成为许多现代城市人的一种潜在的需求。

多彩寒假
运动为伴

众多研究业已证明,闲暇时间参与适度的体育活动,可以有效地消耗摄入的多余能量,避免能量积累而日益肥胖;可以消耗血液中糖的含量,降低血糖浓度,对于糖尿病有预防和治疗作用;适度的体育运动可以消除一天工作的紧张情绪,舒展被束缚了一天的身体,使血液循环更加通畅;还可以健康地度过闲暇时间,减少不良使用闲暇时间的概率等。很显然,休闲体育是对付现代文明病的重要方式,是形成健康生活方式的基础。

世界卫生组织所提倡的四大健康生活方式是:不吸烟、饮酒少量、锻炼身体、平衡膳食。就其内容而言,这样的四点仅仅涉及了饮食、嗜好和运动三个方面,并不能涵盖生活方式的全部。不过,这里所提及的健康主要是指个人身体的健康,因此涉及的内容自然也就相对狭窄一些。

我国健康教育专家洪绍光把健康生活方式概括为16个字:合理膳食、适量运动、戒烟限酒、心理平衡。很显然与其相反的做法就是不健康的生活方式。

概括而言,现代健康生活方式至少包括如下八个要素:

营养(nutrition):生活中饮食营养要均衡,不但要吃多种谷物和粗粮,还要多吃新鲜水果和蔬菜,更得注意少油、低盐、少糖,控制主食量。

运动(exercise):坚持安全适量的有氧运动,每天至少走路2公里;每周有3~5次超过30分钟的体育活动。

水(water):每天要喝足够且洁净的水,利用冷热水来调整身体的某些不适情况。

阳光(sunshine)和空气(Air):多到大自然中进行户外活动,接受自然阳光的照射(防止暴晒),呼吸新鲜空气。

节制(temperance):节制欲望,避免暴饮暴食、过度娱乐,戒除不良嗜好,不吸烟,少饮酒。

休息(rest):生活中要劳逸结合,养成良好的作息习惯,保证足够的、有规律

的睡眠。

信念(trust)：相信科学的指导，建立信心，保持乐观的人生态度和平和的心态。

在这些要素中，体育运动显然是一个非常重要的因素。因为，作为自然的人来讲，运动显然是其最为本质的属性之一。而缺乏运动正是现代文明病产生的重要原因。

据中央电视台《生活》栏目和国家统计局城调队联合开展的"城市居民5年生活质量变化调查"，进入21世纪后，中国城市人最向往的生活从"经济富裕"转变为更偏重"身体健康、心情舒畅"。

科技进步使社会生产力达到前所未有的水平，社会生产和生活物资丰富，社会闲暇时间相对增加，如何身心健康地度过闲暇时间将成为一个重要的社会问题。从发达国家走过的历程来看，在社会经济发展到了一定水平的背景下，休闲活动方式的选择与社会的发展和人们的文明程度有着密切的关系。大众文明程度较高的社会中，休闲活动的形式和内容更加有益于身心健康，而休闲体育往往是休闲活动的首选。

就休闲活动的内容来讲，运动性休闲活动占有十分重要的地位。据日本休闲研究中心20世纪70年代中期有关休闲活动的研究，在所有的休闲活动中，与体育相关的活动占70%左右，充分佐证了当社会经济水平发展到一定程度时（70年代中期，日本人均产值已经达到了3 000美元），休闲体育就会成为社会中休闲活动的主流方式这一观点。

由此可见，休闲体育是人们生活富裕时的一种享受，是休闲方式中最具活力、最具发展性的一种活动方式。日益富裕起来的人们将更加热衷于随意而自然的体育类休闲活动，"花钱运动，花钱买健康"的观念已经被大多数城市居民所接受。

四、休闲体育——矫正不良生活方式的手段

不良生活方式是影响现代人身心健康的重要原因，居住在城市里的居民，由于社会环境和生活条件的影响，更容易受到不良生活方式的影响。有关调查发现，在过去的一个世纪里，不良生活方式导致的慢性非传染性疾病取代传染疾病，成为人类健康的"头号杀手"。现代人类所患疾病中大概有45%与生活方式有关，而死亡的因素中有60%与生活方式有关。不健康的生活方式直接或间接地影响多种慢性非传染性疾病，如高血压、冠心病、肥胖、糖尿病、恶性肿瘤等和现代白领阶层普遍患有的颈椎病、肩周炎、痔疮等疾病。而且，这些疾病现在已经有了"年轻化"的趋势。人们把这些由不良生活方式导致的疾病称之为

"生活方式病"。

"生活方式病"产生于现代生活的方方面面：开车上下班，电脑前工作，电脑游戏，电视前打发闲暇时间，餐桌上推杯换盏，吸烟饮酒，作息无规律，娱乐无度，过度紧张和长期劳累等。中国疾病预防控制中心健康教育所所长侯培森说："对于生活方式病，真正的危害不是来自疾病本身，而是来自日常生活中对危害健康的因素认识不足，不懂得生活方式与疾病的关系，脑子里还没有'健康生活方式'的概念。这才是今后生活方式病对人类真正的威胁所在。"

通过审视"生活方式病"的病症及其原因我们可以发现，除了职场的竞争带来的压力、紧张和劳累外，不运动、高摄入、生活无规律、过度烟酒等都是以不良方式打发闲暇时间的结果。研究发现，大多数"生活方式病"都与人们缺乏适度的体育运动有关，或者说，在生活方式病患者的生活内容中，极其缺少的就是身体运动。因此对他们来说，在闲暇时间中参与体育活动，无疑是对自己的不良生活方式的改造，是对自己已经习惯的不良休闲行为方式的矫正，因此在闲暇时参与体育活动具有特殊意义。

对不良生活方式进行运动性矫正，主要从以下几个方面来进行：

（1）从思想上建立健康生活方式的观念。充分认识不良生活习惯、行为给自己带来的危害，真正理解"生命在于运动"这句名言的真谛。

（2）掌握正确的运动方法。体育运动的方式方法很多，除了满足自己的兴趣外，更重要的是要符合自己的身体条件和社会条件，我们要做力所能及的运动。

（3）养成运动的意识和习惯。意识的培养就是要经常提醒自己起来活动活动，习惯的养成过程需要持之以恒，最好是有计划地每天安排一段时间做运动，让体育运动逐渐成为日常生活的组成部分。

对不良生活方式的矫正，是一个长期的过程。在这一过程中，需要有专业人士进行诊断和指导，以避免因方法手段等方面的误选误用而产生副作用，从而影响身体健康。

思 考 题

1. 简述休闲体育文化在休闲文化中的地位。

2. 为什么说休闲活动方式对于个人的生活方式有决定作用？

3. 为什么说休闲体育是健康生活方式的基础？

第三章

休闲体育服务

》 章前导言

　　休闲体育服务是休闲体育服务组织为消费者提供的服务性产品，是一种有别于物质形态商品的产品。能够区别商品与服务的差异，是学习休闲体育服务的基础。休闲体育服务既有一般服务产品的共性，又有其自身的个性特征。服务组织通过转化服务资源来"生产"服务，顾客"消费"的不仅是服务结果，还"体验"服务过程。本章主要介绍服务及休闲体育服务的含义，休闲体育服务产品的形式、内容与性质，我国休闲体育服务业的发展现状与发展策略，休闲体育服务组织类型及体系，不同人群休闲体育服务的特征等。

第一节 休闲体育服务的内涵

一、服务的一般定义

服务是一种非常复杂的社会现象,我们可以从宏观的产业和微观的产品两个角度来理解服务的含义。前者属于第三产业范畴,特别是与制造业相对应的服务产业,后者则主要指与有形物质产品相对应的一种无形产品。

在商业和经济领域,服务通常是指以非物质形式提供给客户的价值,如咨询、技术支持、教育、医疗保健、餐饮、旅游等。服务涉及人力、技术、专业知识和其他资源的组合,其目的是满足客户的需求。从经济学的角度来看,服务是一种经济活动,它不涉及物质产品的生产,而是通过提供劳务或专业技能来创造价值。随着经济的发展,人们对各种服务的需求也在不断增加,服务业在许多国家的产业结构中占据着越来越重要的地位。

1960 年,美国市场营销协会(AMA)将服务定义为"一种经济活动,是消费者从有偿的活动或从所购买的相关商品中得到的利益和满足感"。由于这个定义未区分有形产品与无形服务对顾客的影响程度,于是美国市场营销协会在1984 年对其进行了修改:"服务是可被区分界定,主要为不可感知,却可使欲望得到满足的活动,而这种活动并不需要与其他产品或服务的出售联系在一起。生产服务时可能会或不会需要利用实物,而且即使需要借助某些实物协助生产服务,这些实物的所有权也不涉及转移问题。"要准确把握服务的内涵,我们必须首先了解服务的"生产"过程及特点。

1. 服务"产出"的特点

由于服务缺乏外显的物质实体,常常无法通过触觉或视觉感受到其存在,因此,顾客购买服务后获得的利益往往很难以一种有形的方式被顾客所觉察,有些在接受服务的当时即能体验到满足和愉悦,有些则需要经过较长时间才能感觉到服务商品的利益所在。

2. 独特的服务"投入"

服务的生产投入既有物质资源,也有大量非物质资源,而且在非物质资源投入中,服务人员及其拥有的能力投入占据了很大部分。对有些服务而言,员工的知识与技能是主要投入,物质资源只起辅助作用。此外,顾客的参与也已经成为一种潜在的投入。顾客在服务过程中的参与程度、顾客与服务提供者接触的频率和方式、类型,都会影响服务的产出效果。

3. 服务的生产"过程"

尽管服务千姿百态,丰富多彩,但究其一般特征,就会发现所有服务过程都是在特定的空间、时间中,以特定的互动方式为顾客创造价值的活动。顾客对服务的消费,既包括对服务结果(效用)的消费,又包括对服务过程(体验)的消费。

考虑到上述三种因素的作用,我们对服务做以下定义:服务是一种提供时间、空间和形式效用的经济活动、过程和表现,它发生于与相关人员和有形资源的相互作用之中,但不产生所有权转移,直接或间接地使服务的接受者或其拥有的物品形态发生一定的变化。总的来说,服务是一种为满足需求和提供价值而进行的活动,涉及各个领域和行业,在现代经济模式中扮演着重要角色。

二、商品与服务的差异

人们在生活中购买的大部分产品均由"有形的实物部分"和"无形的非实物部分"共同构成。主要由"有形的实物部分"构成的产品被看作商品,而主要由"无形的非实物部分"构成的产品被认为是服务。

(一)无形性

服务与商品最基本的区别在于服务是一种操作、行为或努力,因此,服务不能像实体商品那样被看到和感觉到。由于服务的无形性是服务的最为显著的特点,故人们常常据此来界定服务。尽管服务无形,但消费者可以体验、品味与觉察到服务的存在。实际上,服务的生产和消费与物质形态资源相关联,诸如休闲体育空间环境、场地设施等。

(二)同时性

商品往往是先生产,然后进行销售与消费。但对服务来说,却往往是先销售,然后提供服务,而且产出过程与消费过程同时进行。顾客全程或部分参与服务过程,享受服务价值。在许多情况下,顾客甚至要亲临服务的生产现场,如观看体育比赛、温泉旅游等。而服务人员与顾客深度交流,使服务过程的质量得以保证。

(三)异质性

在服务领域,没有两种完全一致的服务,服务的构成内容和质量水平经常发生变化。服务的异质性主要是由于不同个体之间的差异、员工和顾客之间的相互作用以及伴随这一过程的所有变化因素而导致。

(四)易逝性

服务的生产与消费的同时性特征,使得服务几乎无法在消费之前被生产与储存,这就是服务的易逝性。因此,相对体育设施而言,使用过的体育设施,并不因消费者对它的使用而消失,它还继续存在。而体育服务却不同,服务结束的同时,服务产品也消失了,并不能像设施一样保存下来。

三、休闲体育服务的含义及内容

国家体育产
业统计分类

休闲体育是人们在满足基本生理需要后,为追求娱乐健康和个性充分发展等所进行的体育活动。为人们的休闲体育活动营造场景并提供便利与帮助的各种行为与活动,便是休闲体育服务;提供休闲体育服务的机构,便是休闲体育组织。

从生产过程来看,休闲体育服务是休闲体育服务组织将其体育场地空间设施、器材用品及服务人员转化为服务产品的过程。体育场地空间设施、器材用品等有形服务资源既是构建和营造服务场景的道具,又是进行服务转化的资源物质。

从消费过程来看,顾客置身于特定的服务场景中,自始至终与休闲体育服务机构的有形服务资源进行着广泛的接触。顾客享受服务的经历,是对休闲体育服务过程与结果的消费。

休闲体育是在适当的场所,通过一定的设施或器材,按照一定的方式组织的愉悦身心并促进健康的活动。根据服务主体的不同,休闲体育服务内容可分为休闲体育组织管理、休闲体育场馆设施经营、休闲体育活动指导推广、休闲体育的信息咨询等。

四、整体的休闲体育服务——服务套餐

休闲体育服务可以被描述为活动、益处和互动之间的不同组合。因此,服务是通过时间、行动和情感获得的主观结果——在有形产品的伴随和支持下获得。

例如,从消费者的角度来看,体育健身俱乐部的服务包括:

(1) 活动。诸如运动项目、保健活动(健身、水疗)、娱乐和社会交往等各类活动。

(2) 益处。诸如代客停车服务、礼宾服务、洗衣服务、商务办公服务及送餐服务等。

(3) 互动。消费者在参与上述活动和享受上述益处过程中所体验的各种互动。

因此,从消费者的角度来看,体育健身俱乐部服务可以被看作是一种整体的体验。这种体验,是发生在顾客与服务人员、其他客人、空间环境、设施用品等的亲密接触和互动的过程中的一种体验。就概念而言,这种体验是一种组合式的服务产品,或称服务套餐。

（一）有形产品与无形服务之间的组合

虽然从理论上讲可以将服务与实物产品区分开，但是事实上，大多数服务都与某些实物产品相关联，并且大多数实物产品也都附带着某种形式的服务。例如，健身俱乐部的健身服务，包括健身指导、体质测试、运动处方等无形产品及实物产品（健身器械、测量仪器）。

（二）将服务视为一种结构化的系统

服务套餐是指提供给消费者的所有产品、服务和体验的总和。休闲体育组织根据其服务战略以"服务套餐"的形式推出服务产品，服务套餐构成了组织希望为顾客提供的服务价值（快乐体验与健康机会）。休闲体育服务组织一旦了解其服务产品的各要素，就有可能开发出适用于生产和提供服务产品的系统。

（三）核心服务与辅助性服务

诺尔曼认为，大多数服务产品或服务套餐包括核心服务（消费者主要寻求的益处）和辅助性服务（作为附加好处而提供的次要服务项目）两个部分。

核心服务在提供服务过程中占据着举足轻重的地位——也是企业经营的基本原因。如果缺少核心服务，企业的经营也就毫无意义了。辅助性服务自然是一系列配套的产品、服务和体验。这些辅助性的产品、服务和体验一旦与核心服务结合起来，就可以在消费者的心里营造出更高价值的感受（图 3-1）。

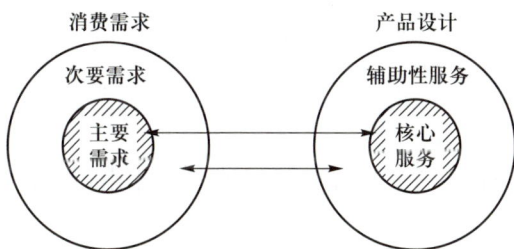

图 3-1　消费需求与产品设计

辅助性服务应该支持和补充核心服务并为核心服务提供额外价值。在大多数情况下，辅助性服务旨在提供"杠杆效应"，以期提升整体产品在消费者心目中的价值。以健身俱乐部为例，其核心服务为一间干净整洁、设施齐全的健身房及相应健身指导，而辅助性服务则包括附加的额外服务——如洗浴、饮品、餐点、报纸、擦鞋等服务。

所以，确定休闲体育服务套餐需要清楚地了解消费者的各种健身欲望、健康需求和健美期望，并且拥有明确的服务供应战略，以及具有出色的创造性思维和市场判断能力。

（四）休闲体育服务包

美国的费茨西蒙斯（James A. Fitzsimmons）等人于 1998 年提出"服务包"是关于服务的说法，甚至某一行业具体服务也是由支持性设施在内的辅助物品实现的显性和隐性利益构成的"包"（service package）。

通常"服务包"由以下四部分共同构成：

（1）支持性设备。在提供服务前必须安排好的物质资源，例如高尔夫球场，健身俱乐部。

（2）辅助物品。顾客购买和消费的物质产品，或是客户自备的物品，例如高尔夫球棒，健身器械等。

（3）显性服务。可以用感官察觉到的和构成服务基本或本质特性的利益。例如经锻炼后体形变得优美，体质提高。

（4）隐性服务。顾客能模糊感到服务带来的精神上的收获，或服务的非本质特性。例如俱乐部贵宾卡就是尊贵身份的象征。

构思新颖、设计精巧的服务包可以使消费者获益匪浅，而消费者的口碑效应和重复购买又可以为休闲体育组织带来长期的经济效益。因此，套餐式的服务（服务包）有助于扩大客源规模并提高盈利率。

第二节   快速成长中的休闲体育服务业

据报道，2023 年全年国内生产总值（GDP）1 260 582 亿元，按不变价格计算，比上年增长 5.2%。其中第三产业增加值 688 238 亿元，增长 5.8%，标志着服务业成为新的经济增长点。2014 年 10 月，国务院印发《关于加快发展体育产业促进体育消费的若干意见》（简称 46 号文件）指出，到 2025 年体育产业总规模要超过 5 万亿元。2022 年 7 月 7 日，国家体育总局发布《关于体育助力稳经济促消费激活力的工作方案》，从加大助企纾困力度和加大体育产品供给两个维度提出落实纾困政策、减免相关费用、加快资金执行、优化政府采购、降低融资成本、加大示范支持；加大赛事供给、丰富健身活动、吸引群众参与、推动场馆开放、优化体育彩票品种结构、加快投资建设、深化融合发展、促进体育消费、带动体育就业等 15 条共 42 项具体举措。未来，休闲体育服务将成为服务业的重点发展领域。休闲体育服务业是第三产业中那些提供休闲体育服务的产业或部门的总称,是体育产业中的一个重要组成部分。

一、我国休闲体育服务的性质

我国休闲体育服务的性质,基本决定了休闲体育服务业在社会主义市场经济中的位置,决定了休闲体育服务组织所采用的组织形式和管理体制。关于我国体育的性质,较有代表性的观点有三:我国体育基本属于公益事业;我国的体育事业是具有产业性的社会主义公益事业;体育是产业和事业的对立统一体。由此可见,作为我国大众体育的主要活动形式与健康休闲方式的休闲体育,是"事业"和"产业"的复合体。

(一)从"事业"的视角分析休闲体育服务的性质

这里所指的"事业"是一个特定的概念,特指那些面向全社会,以满足社会公共需要为基本目标,直接或间接为国民经济和社会生活提供服务或创造条件,并且不以营利为主要目的的社会活动。这类事业有以下特点。

(1)公共性。事业最大的特点是它的公共性。首先,事业涉及社会的方方面面,影响社会整体的运行目标和进程,其服务对象是所有的社会成员,所以有公众性。其次,它服务的内容涉及所有社会成员的共同需要,社会成员可以无一例外地享受这种利益,所以事业带有公用性。再者,事业所提供的服务是整个社会发展所必不可少的条件,它的服务目标是实现公众的共同利益,社会中的全体公众都可以享受这种利益,因而事业带有公益性。

(2)非营利性。事业的公共性很大程度上决定了它的基本目标是为了满足社会成员的普遍需要而提供基本社会服务,以寻求社会效益为主要原则,不以营利为主要目的。

(3)资源的供给性。公共事业的经费由国家和社会提供。

基于上述对事业的理解与认识,可见,休闲体育服务具有公益事业属性。休闲体育作为大众体育的主要形式,是和谐社会中人的一种权利,是国家提高国民素质,建设物质文明与精神文明的重要手段之一,是国家为社会提供的公共服务产品的有效组成部分。

(二)从"产业"的视角分析休闲体育服务的性质

广义的产业是指为社会提供产品的部门。狭义的产业,是指同类经济活动的总和或是具有生产相同属性的产品的企业的集合。狭义产业的特征与事业相对应,其特点包括:

(1)以生产私人产品为目的。

(2)产业的基本组织形式是企业。

(3)资本由自身提供。

（4）以寻求经济效益为主要原则。

基于对狭义产业的界定，休闲体育产业是为了满足人们娱乐、休闲、健身、审美、交际等享受与发展的需要而生产特殊产品，并提供场地、环境、服务或组织活动而获取利益的各种合法行业的总称。在《三次产业划分规定》中，各种休闲体育活动被划入娱乐业中，其中包括保龄球、健身、台球、高尔夫等。

休闲体育产业是体育产业的重要组成部分，是社会主义市场经济的必然产物。休闲体育不直接从事物质财富的生产和经营，但也是社会主义文化的组成部分。

二、我国休闲体育服务业的发展现状

休闲体育服务业不仅包含着传统体育竞技、健身等相关产业内容，而且包含旅游娱乐、影视传播、中介服务、出版发行以及饮料食品等几乎所有与人类休闲消费相关的产业。它是在物质生活水平达到一定程度时因人们对于更高层次生活的追求而形成的产物，其巨大的市场价值已经展现在世人面前。在这个健康意识日益增强的时代，休闲体育已经从一种生活方式转变为一个庞大的产业。休闲体育的市场前景广阔，增长迅速。总的来说，休闲体育的市场前景光明，机遇与挑战并存。各类休闲体育企业和从业者应准确把握市场需求，创新经营方式，提高服务水平，为大众提供更加优质的休闲体育体验，从而推动休闲体育市场的健康发展。

目前，我国社会已经进入普遍"有闲"阶段。全年法定假日已达 115 天左右，国民经济稳定增长，居民消费能力不断提升，这成为我国休闲产业迅速发展的有力推动力量。国务院颁布的《关于加快发展体育产业促进体育消费的若干意见》提出"到 2025 年，基本建立布局合理、功能完善、门类齐全的体育产业体系，体育产品和服务更加丰富，市场机制不断完善，消费需求愈加旺盛，对其他产业带动作用明显提升，体育产业总规模超过 5 万亿元，成为推动经济社会持续发展的重要力量"。2015 年 11 月 22 日，国务院又颁布了《关于加快发展生活性服务业促进消费结构升级的指导意见》，指出要大力发展体育服务业，大力推动群众体育与竞技体育协同发展，促进体育市场繁荣有序，加速形成门类齐全、结构合理的体育服务体系。重点培育健身休闲、竞赛表演、场馆服务、中介培训等体育服务业，促进康体结合，推动体育旅游、体育传媒、体育会展等相关业态融合发展。伴随全民健身潮、消费转型和政策红利的释放，我国体育产业也进入快速发展期。2021 年《"十四五"体育发展规划》指出，"十四五"时期，我国体育产业总规模预计"达到 5 万亿元，增加值占国内生产总值比重达到 2%，居民体育消费总规模超过 2.8 万亿元，从业人员超过 800 万人"。

当前,我国休闲体育服务业主要发展特点表现为:

1. 全民健身上升为国家战略,政府成为休闲体育服务的供应者和购买者

2014 年,国务院印发的《关于加快发展体育产业促进体育消费的若干意见》(以下简称《意见》)提出,"营造重视体育、支持体育、参与体育的社会氛围,将全民健身上升为国家战略"。到 2025 年,"人均体育场地面积达到 2 平方米,群众体育健身和消费意识显著增强,人均体育消费支出明显提高,经常参加体育锻炼的人数达到 5 亿,体育公共服务基本覆盖全民"。随着各级政府对《意见》的贯彻与实施,体育产业成为促进城市发展和政府财政支持的重点内容,各级政府成为各类大众性休闲体育服务的主要供给者,同时也成为公共体育服务的主要购买者,这极大地推动和刺激了休闲体育服务市场的发展。据国家体育总局和统计局 2018 年在全国体育产业发展大会上的报告,初步统计得出 2019 年我国体育产业总产值约为 2.75 万亿元,比 2015 年增加了 61.76%,从结构上来看,体育服务消费的升级势头明显。据国家统计局网站 2018 年 7 月 17 日消息,2018 年上半年全国服务消费升级势头明显,全国居民人均体育健身活动支出增长 39.3%,排名榜首,远超排名 2~4 位的旅馆住宿支出增长 37.8%,医疗服务支出增长 24.6%,交通费支出增长 22.8%。据中国产业信息网报道:2018 年全国体育产业总规模 2.4 万亿元,同比增长 9.09%;实现增加值 8 800 亿元,同比增长 12.82%。预计未来三年内行业整体将继续维持稳健的增长水平,体育产业增加值有望在 2020 年突破 1 万亿元,全国体育产业总规模预计达到 3 万亿元。

2. 休闲体育成为生活方式,群众休闲体育消费呈现多样化与个性化

中国人对体育的价值观发生显著变化。早期,社会各界对体育的关注更多地集中在金牌数量、赛事胜负、国家荣誉等方向;2008 年北京奥运会前后,国人的关注主要围绕奥运体育精神来关注体育运动;全民健身上升为国家战略以来,社会各界人士纷纷聚焦于运动、休闲、快乐、健康等新闻热词。休闲体育成为一种生活方式,从看运动到去运动,越来越多的民众投入到体育健身中去,有关体育的消费观念和消费方式也呈现出了多样化与个性化的特点。马拉松热、自行车热、登山热等户外运动的快速发展也充分说明了这一点。党的十八大以来,全民健身国家战略深入落实,全民健身场地设施明显改善,群众性体育赛事活动繁荣发展,全民健身参与程度不断提高,人民群众生活方式更加文明健康,全民健身公共服务体系基本建立,"多锻炼、少生病"越来越成为一种社会共识。到 2023 年底,我国人均体育场地面积达到 2.89 平方米,经常参加体育锻炼人数比例达 37.2%。

3. "互联网 +"的技术革命,带来了"互联网 + 体育"的产业发展新趋势

2015 年以来,随着体育产业振兴计划和我国互联网 + 策略的不断深化,我

国互联网 + 体育产业蓬勃发展起来。利用互联网传播速度快、交互性强和容量大的特点,互联网快速渗透到体育产业的各个环节,如赛事 IP 经营、赛事运营管理、智慧体育预订、智能体育工具、互动体育消费、运动社交娱乐、移动体育培训、垂直社群群体、第三方服务和创新协同组织等环节。互联网已成为推动体育行业及休闲体育服务业发展的重要推手。

4. 健康中国的发展战略,促进"体育 + 健康 + 旅游"等多产业融合

继提出建设"美丽中国"之后,"健康中国"战略成为全面建成小康社会时期我国经济社会发展的重要内容,体育健身、体育康复、体育养生等休闲体育服务领域也成为建设重点。此外,国家发展改革委、文化和旅游部联合印发的《国民旅游休闲发展纲要(2022—2030 年)》提出培育现代休闲观念、保障旅游休闲时间、优化旅游休闲空间、丰富优质产品供给、完善旅游休闲设施、发展现代休闲业态、提升旅游休闲体验、推进产品创新升级、持续深化行业改革、不断加强国际交流等 10 项重点任务,充分体现了体育与旅游、健康等产业的融合发展。2023年 9 月国家体育总局发布的《关于以重大体育赛事为契机组织开展体育消费促进活动的通知》提出,要"深入推动体育与文化、旅游、康养等产业融合发展,结合国际性、全国性、区域性重大体育赛事,实现多业态融合、多场景打造,提升全民参与体育锻炼的热情,进一步促进体育及相关消费"。

5. 休闲体育服务业进入了大资本竞争时代

体育是创新创业的热门领域,《关于加快发展体育产业促进体育消费的若干意见》中将体育产业定调为绿色产业、朝阳产业,并确定了"2025 年体育产业总规模超过 5 万亿元"的目标。在资本的拥趸下,休闲体育产业也开启了资本竞争的"大航海时代"。大量资金的涌入,必将促进产业的飞速发展,从而使整个产业链趋于完善。

尽管我国休闲体育服务业已取得了非凡的成就,但从总体上来说,仍然存在许多不足,主要有如下几个方面:休闲体育服务业起步晚、水平低,与发达国家相比差距较大;休闲体育服务资源紧缺,资源开发利用水平不高,几乎所有的休闲体育设施都集中在经济较发达的地区,而相对欠发达地区休闲体育设施较少;休闲体育服务项目收费标准较高,大众休闲体育服务供给不足;休闲体育品种单一,经营水平较低,休闲体育企业服务质量有待提高等。

三、我国休闲体育服务业的发展策略

我国休闲体育服务业的可持续发展,离不开政府管理与社会参与、产业结构与布局优化、市场供给与财政支持,以及大力宣传与创新创业等。

（一）转变政府职能，培育市场多元主体

转变政府职能，构建大群体格局。全面清理不利于休闲体育服务业发展的有关规定，取消不合理的行政审批事项。如适当取消繁杂的商业性和群众性体育赛事活动审批，加快全国综合性和单项体育赛事管理制度改革。构建政府主导、部门协同、智库和社会组织等社会力量共同参与的全民健身组织架构，完善协同联动机制，营造大群体格局，推动全民健身各项工作开展。

鼓励社会参与，培育多元主体。公开赛事举办目录，通过市场机制积极引入社会资本承办赛事，建立完善体育、交通、安保、转播、通信、水电等政府各部门保障各类体育赛事活动举办的有效机制，探索建立政府支持举办体育赛事的公共服务平台，促进多方主体共同发展。充分发挥体育协会和中介组织作用，完善政府购买公共体育服务的政策，将适合由市场提供的公共服务和解决的事项交由体育社会组织承担。鼓励具备市场生存能力的运动项目走职业化道路，鼓励发展独立性、自治性的职业联盟，充分发挥职业体育俱乐部在职业联赛决策中的市场主体作用。

（二）优化产业结构和布局，促进多产业融合发展

加快休闲体育服务业发展，提高休闲体育服务业在体育产业总值中的比重。大力发展体育健身休闲、体育竞赛表演、体育培训、体育旅游、运动康复等生活服务业，鼓励支持发展体育策划咨询、体育中介服务、体育电子商务、体育会展、运动装备租赁等生产性服务业，努力培育和打造一批具有国际、国内影响力的体育俱乐部、品牌赛事和健身品牌。进一步优化体育服务业、体育用品业及相关产业结构。依托各地资源优势，发展具有地域特色的休闲服务产业，打造一批符合市场规律、具有市场竞争力的体育产业带、集群或基地。

积极拓展业态，促进多产业融合。丰富休闲体育服务内容，推动体育与养老、文化创意设计、教育培训等融合，促进体育旅游、体育传媒、体育会展、体育广告、体育影视等相关业态的发展。支持金融、地产、建筑、交通、制造、信息、食品药品等企业开发休闲体育领域产品和服务。

（三）丰富市场供给，加大财政支持

完善体育设施服务，丰富市场供给。各级政府要结合城市发展统筹规划体育设施建设，合理布点布局，重点建设一批便民利民的中小型体育场馆、公众健身活动中心、户外多功能球场、健身步道等场地设施。盘活存量资源，改造旧厂房、仓库、老旧商业设施等使其应用于体育健身领域。鼓励社会力量建设小型化、多样化的活动场馆和健身设施，政府以购买服务的方式予以支持。在城市社区建设15分钟健身圈，新建社区的体育设施覆盖率达到100%。推进实施农民体育健身工程，在乡镇、行政村实现公共体育健身设施100%全覆盖。同时，以

竞赛表演业为重点,大力发展多层次、多样化的体育赛事。推动专业赛事发展,打造一批有吸引力的国际性、区域性品牌赛事。丰富业余体育赛事,在各地区机关团体、企事业单位、学校等单位广泛举办各类体育比赛,引导支持体育社会组织等社会力量举办群众性体育赛事活动。加强与国际体育组织等专业机构的交流合作,积极引进国际精品赛事。

落实完善扶持休闲体育服务产业发展的财政政策,进一步研究鼓励群众健身消费的优惠政策。各级政府要将全民健身经费纳入财政预算,并保持其与国民经济增长相适应。要加大投入,安排投资支持体育设施建设。统筹使用体育彩票公益金等财政资金,通过政府购买服务等多种方式,积极支持群众健身消费,鼓励公共体育设施免费或低收费开放,引导经营主体提供公益性群众体育健身服务。

(四)营造健身氛围,建立互联网宣传平台

鼓励日常健身活动,倡导每天健身一小时。完善国民体质监测制度,为群众提供体质测试服务,定期发布国民体质监测报告。推动场馆设施开放利用。积极推动各级各类公共体育设施免费或低收费开放。

加强体育文化宣传,进一步推动全民健身公共信息服务网络建设,提高全民健身公共信息服务能力。充分利用广播电视、报纸等传统媒体和互联网、移动互联网等新兴媒体,通过开办专栏,举办讲座,播发公益广告、宣传片,出版科普图书、音像制品,制作网络软件和健身App,制作全民健身数字地图等多种方式,集成体育健身场馆、组织、活动、方法等各类体育信息资源,为群众提供信息查询、场地预订等服务,积极引导广大人民群众培育体育消费观念,养成体育消费习惯,提高全民健身信息化服务水平。

(五)充分挖掘发展潜力,鼓励创业创新

贯彻落实国家大众创新、万众创业的精神要求,鼓励各类企业、组织、个人开办休闲体育服务企业。完善政府、用人单位和社会互为补充的多层次人才奖励体系,对体育创意设计、自主研发、经营管理等方面的人才进行奖励和资助。鼓励企事业单位和个人研究并推广科学健身的新项目、新器材、新方法,制定并完善行业标准,促进体育衍生品创意和设计开发,推进相关产业发展。完善体育技术成果转化机制,加强知识产权运用和保护,促进科技成果产业化。

2020年我国运动健身App行业市场规模达到105.6亿元,同比增长25.5%,健身人群市场规模达到1.2亿人,同比增长15.4%。截至2022年底,我国运动健身App行业的用户规模达到4.8亿人,同比增长12.8%。我国运动健身App行业的市场规模达到130.67亿元,同比增长20.3%,活跃用户数达到3.5亿人,同比增长10.5%,付费用户数达到1.2亿人,同比增长15.2%,ARPU值达到36

元,同比增长 12.8%。预计未来几年,随着健康意识的提高和移动互联网的普及,我国运动健身 App 行业市场规模将继续保持快速增长的态势。

群众基础是体育消费的关键,进一步扩大国民体育锻炼的参与度是促进体育消费市场可持续发展的重要手段。国家统计局数据显示,2020 年全国 7 岁及以上人口中经常参加体育锻炼人数比例已达 37.2%。《全民健身计划(2021—2025 年)》明确,"到 2025 年,全民健身公共服务体系更加完善,人民群众体育健身更加便利,健身热情进一步提高,各运动项目参与人数持续提升""县(市、区)、乡镇(街道)、行政村(社区)三级公共健身设施和社区 15 分钟健身圈实现全覆盖,每千人拥有社会体育指导员 2.16 名,带动全国体育产业总规模达到 5 万亿元"。为调动各城市发展体育的积极性,国家体育总局 2020 年启动"国家体育消费试点城市"建设工作。西安、厦门、成都、张家口等地推进相关建设方案,推动体育消费模式创新、产品创新。其中,西安支持"体育 + 科技"新业态,鼓励企业利用虚拟现实、人工智能、物联网等技术,发展体育领域智能穿戴设备研发制造,开发"西安体育大管家"服务平台,实现对全市体育资源的整合分类、精准实时管理。厦门鼓励企业借助 VR、大数据、云平台等新技术,培育数字体育、直播健身、线上培训等新业态,创新体育消费场景。成都致力于实施体育消费创新工程,打造体育消费示范性新场景。张家口推动"体育 + 互联网"融合发展,发展全市统一的体育惠民公共服务网络平台。

第三节　休闲体育服务组织及其体系

休闲体育作为人们休闲的主要方式,已成为人们日常生活的重要组成部分。休闲体育的蓬勃发展离不开有效的组织和管理,有效的组织和管理可以引领休闲体育健康、快速发展,有助于实现人民对美好生活的向往。

一、休闲体育服务组织的定义

组织作为某种实体,是相对于社会、社团和家庭的一种机构或结构。孔茨(Koontz)将组织解释为"有意识形成的职务和结构"。韦伯则把组织视为一架精心设计的机器,其目的是实现某些既定的目标,执行某些功能。著名管理学家德鲁克(Peter F.Drucker)认为"组织是一种人的团体,在这一团体中各种拥有专业技术的人为共同的任务而一道工作"。

国内学者普遍认为,组织是指人们为了达到某种共同目标,将其行为彼此协调与联合起来而形成的社会团体。正式组织应具备如下特征:

(1) 有明确的组织目标。

(2) 有正式设计的组织结构和组织功能。

(3) 组织内有权威系统存在。

(4) 讲求效率,注重协调人与人之间,部门与部门之间,人、财、物之间的关系,追求"整体大于部分之和"的效果。

(5) 有明确的行为规范,借助于规章制度约束个人和组织行为,以求达到组织的同一性。

综上所述,休闲体育服务组织是指以开展体育休闲活动和提供休闲体育服务为主要目的,并根据一定的程序和规章共同行动的团体。休闲体育服务组织体系是指两个或两个以上同一类型或性质相近的以开展休闲体育活动和提供休闲体育服务为主要目的的组织相互联系、相互交叉所形成的多层次、多功能的服务网络。

二、休闲体育服务组织的类型

分析与探讨休闲体育服务组织的类型,有利于我们更好地把握组织的性质。休闲服务组织多种多样,划分类型的方法也很多,较有代表性的分类方法如美国休闲学家杰弗瑞·戈比根据组织管理方式的不同,"将休闲服务组织划分为政府、非营利性和商业性组织三大类"。我国任海教授在《分析社会经济变革条件下中国体育改革》中提出,新型的体育组织体系包括行政类、事业类、社团类和企业类。

根据我国社会改革的趋势以及组织财政来源和管理方式的不同,可将我国城市休闲体育服务组织分为:政府行政类休闲体育管理组织、企业休闲体育服务组织、非营利休闲体育服务组织三大类。

(一)政府行政类休闲体育管理组织

政府行政类休闲体育管理组织是指由各级政府直接领导的公共部门将休闲体育作为公共物品和服务向全社会公民提供的组织,主要指各级政府休闲体育主管部门。我国目前的政府行政类休闲体育服务管理组织主要指的是各级体育局和下属事业单位(如社会体育指导中心)及公共体育场馆等。它们向公众提供休闲体育服务时只收取成本价甚至免费。它们提供休闲体育服务是为了消费最大化,是为了尽可能多地让人们享受到基本的休闲体育服务,而不是获取利润。

(二) 企业休闲体育服务组织

企业休闲体育服务组织是指以营利为目的,将休闲体育作为私人物品提供的休闲体育经营性服务组织。根据曼森(Munson,1978)的理论,企业休闲服务组织的组织形式可分为:

(1) 个人所有企业,如度假牧场。

(2) 地方公司,如滑雪度假村。

(3) 大型的全国性公司,如健身连锁俱乐部。

(4) 特许经营,如野营地或其他设施,是根据协议在公共财产上进行经营的。

这里所指的企业休闲体育服务组织是指在工商局登记注册的,以开展休闲体育活动和提供休闲体育服务为主要营利手段的经营性服务组织。其组织的收入全部来自市场。正因如此,企业休闲体育服务组织对市场需求变化具有高度敏感性,一般都主动发掘市场需求,积极为消费者提供服务,有效地根据市场需求变化提供休闲体育服务。

(三) 非营利休闲体育服务组织

非营利性组织是公民社会的组织形式,是对应于政府、企业的一种基本的社会组织形式,具有非营利性、非政府性和志愿性三大本质属性。这里所述的非营利休闲体育服务组织是指在民政部门注册登记的,不以营利为目的,以开展休闲体育活动和提供休闲体育服务为主要内容的社会团体。如各类休闲体育社团、公益性的健身俱乐部、行业性体育协会等。

非营利休闲体育服务组织,其组织运行的资金主要来源于各种社会捐助。组织运行的目的既不是利润最大化也不是消费最大化,它们关注的主要是人类自身基本的休闲体育需要。这类组织经常利用大量的志愿者和受过培训的专业人员开展广泛的活动,但只向符合条件的人(如有同类兴趣爱好的会员)免费提供某些特定的休闲体育服务。

三、我国休闲体育服务组织体系

我国休闲体育的性质,基本决定了休闲体育服务组织所采用的组织形式与管理体制。我国的休闲体育服务经历政府管办、官办体育社团、组织多元化发展和休闲体育服务组织的高质量发展阶段四个发展阶段后,逐步形成了富有中国特色的休闲体育服务组织体系。

(一) 我国休闲体育服务组织的发展阶段

1. 政府管办阶段(1949—1983 年)

我国自 20 世纪 50 年代开始学习苏联的体育模式,逐步形成了高度集中的行政型体育管理体制。从体育组织体系结构看,国家建立了自上而下的行政管理系统。政府在体育管理中处于主导地位,体育社团数量少,仅作为行政部门的一个机构,没有实质性工作。体育被作为一项纯公益的福利性事业。因此,体育组织体系主要是由行政机关和事业单位两种组织类型构成,这种体育组织体系结构最基本的关系是行政隶属关系,主要特征是:

(1) 政府垄断全部体育资源。

(2) 自上而下的运作过程。以行政指令计划方式,通过各级行政机构来开展体育工作。

(3) 条块分割,各自形成相对封闭的系统。

(4) 职能多元化。体育行政部门既"管体育",也"办体育",同时还"干体育"。

(5) 经费来源渠道单一,主要依赖国家拨款。这种组织体系的建立在当时的历史条件下是合理的,同时,实践证明其也是有效的。

2. 官办体育社团发展阶段(1984—1993 年)

1984 年 10 月,中共中央下发了《关于进一步发展体育运动的通知》,明确提出了"建设社会主义体育强国"的目标,在肯定竞技体育优先发展战略的同时,提出了群众体育应"克服体育过分集中于国家办的弊端,放手发动全社会办体育"的改革思路。

1986 年国家体委(现国家体育总局)制定了《关于体育体制改革的决定(草案)》,进一步指出,改善体育领导体制的核心,实现由国家包办体育到国家办与社会办相结合转变,实现群众体育发展的社会化转变。大力提倡和积极扶持各部门、各行业及集体办体育,如兴建体育活动场所,举办各类竞赛,开展业余训练等。因此,这一时期官办体育社团得到了迅速的发展,从 1989 年的统计数字看,行业体协由 1982 年的 2 个发展到 14 个体协和 7 个体协筹备组;全国基层体协达 4 000 多个。

3. 休闲体育服务组织多元化的发展阶段(1993 年—2013 年)

随着改革开放的不断深入,我国体育事业生存与发展的内外环境发生了重大的变化,突出表现在两个方面:一是以市场为取向的经济体制改革使得原有体育体制与转型中的经济体制出现了异质矛盾。市场经济有效运行的基本前提之一就是首先承认并保护各经济主体的合法利益,承认并保护他们参与社会经济活动的权利。这说明在市场经济条件下,社会资源配置不应该只有一个主体,而应该有多个主体,参与配置体育资源的可以是政府、企业,也可以是作为消费者的个人和社会团体。二是体育事业规模在不断扩大,结构日益复杂。随着生活水平的提高,公众对体育的需求进一步提高,且呈现出多样化、层次化的发展态势。

20 世纪 90 年代，"体育社会化" 改革的内涵发生了较大变化：首先，打破部门和所有制的限制，出现了多种所有制办体育的现象；其次，参与体育事业不再局限于社会行政责任的约束，而是出于利益驱动；最后，社会化改革的重点是从事体育活动的组织 "由行政型向社会型转变"，这一转变的核心是改变管、办不分和政、事不分的状况。因此，推动体育社会化进程逐步由利用行政分工来约束各方面参与办体育的责任制，转变为在划分社会责任的同时，运用政策引导和体育资源的合理配置来调动社会各方面办体育的积极性。体育组织的组织体制开始由单纯行政化向政府领导、社会运作相结合的多元化方式转变。

4. 休闲体育服务组织的高质量发展阶段（2014 年至今）

随着中共中央、国务院《关于加快发展体育产业促进体育消费的若干意见》《"健康中国 2030" 规划纲要》以及国务院办公厅《关于加快发展健身休闲产业的指导意见》等多项纲领性文件相继颁布，全民健身以更丰富的方式融入人们的生活，休闲体育作为全民健身的重要组成部分，在我国也呈现蓬勃发展态势。2019 年，《国务院办公厅关于促进全民健身和体育消费推动体育产业高质量发展的意见》出台，这是我国经济由高速增长转向高质量发展阶段对全民健身和体育产业提出的新要求。人民的休闲体育需求愈发强烈，人民对休闲体育服务组织的要求越来越高，客观上推动了休闲体育服务组织进入高质量发展阶段。休闲体育服务组织的高质量发展表现在从体制层面进一步推进政企分开、管办分离，切实让行政部门从直接或间接的市场竞争者转变为市场竞争秩序的监督者和维护者，推动了各地公共休闲体育服务产品向广大城乡居民开放，基本实现了各项公共休闲体育资源全面大众化、公共化、社会化和制度化发展。同时，加大休闲体育宣传力度也激发了全民参与休闲体育活动的兴趣和热情，促使休闲体育逐渐成为大众的一种常态化生活方式。围绕休闲体育消费个性化、多样化、品质化的新趋势，不同属性的休闲体育服务组织既有相对独立的运作特征、管理模式和运行机制，彼此之间也注重合作、协同并进，以更好地满足大众日益增长的休闲体育需求。

（二）我国休闲体育服务组织体系

休闲体育服务组织经历了政府管办、官办体育社团、多元化发展三个阶段，表明我国已初步形成行政组织主导、非营利性体育组织与企业休闲体育服务组织并驾齐驱的休闲体育服务组织体系（图 3-2）。

各级政府行政组织起主导作用。全国各省市都成立了由政府领导挂帅、各有关部门负责人参加的全民健身领导组织。

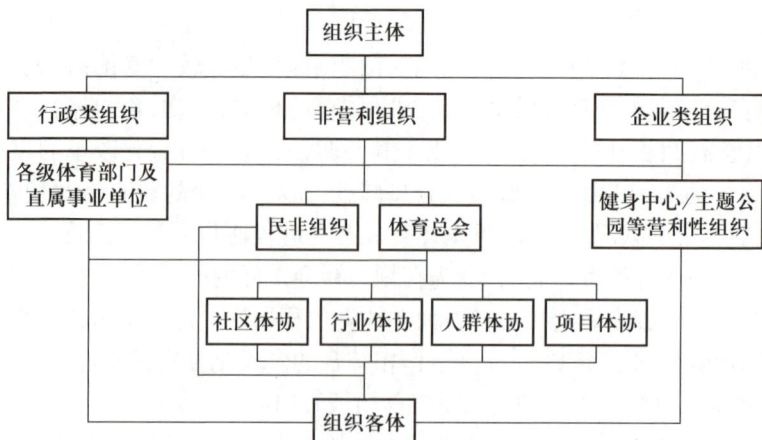

图 3-2　我国休闲体育服务组织体系

非营利体育组织网络逐步形成。我国体育社会组织主要包括：体育社会团体、体育民办非企业组织和体育基金会以及非法人身份的草根体育组织。我国社会组织在 2012 年之前发展态势较为平稳,2012 年后社会组织规模开始急剧增长。我国目前有近 90 万家社会组织,包括社会团体 37 万多家,民办非企业单位 51 万多家及基金会近 1 万家。其中,法人登记的体育社会组织由 2012 年的 23550 个增至 2021 年的 54610 个,增幅达到 131%,远远超出同期其他社会组织 60% 的增幅。这些说明人民的体育需求更加旺盛,赛事更加活跃,活动更加普及,社会化程度明显提高,改革取得了显著进展,体育社会组织的活力被充分激发和释放。

企业类休闲体育服务组织持续壮大。党的十八大以来,体育产业主体持续壮大。我国国有体育企业改革稳步推进,民营体育企业迅速崛起,体育资本市场日益活跃,体育市场主体展现出强劲活力。截至 2020 年底,全国体育产业法人和产业活动单位达到 28.2 万家,比 2015 年增加 143%。体育产业从业人员达到 489.9 万人,同 2015 年相比增加 126.6 万人。2019 年我国体育产业占 GDP 的比重达到 1.14%,体育产业服务业增加值占第三产业增加值比重达 1.43%,体育健身休闲业态较 2015 年相比增加值涨幅为 542.89%,体育健身休闲活动占体育产业增加值的比重 2015 年的 2.40% 上升到 2018 年的 7.40%。根据发达国家的数据和经验,休闲体育服务业的产值约占体育产业总规模的 60% 至 70%。我国企业类休闲体育服务组织的创新主体地位不断强化,已经成为体育产业发展的重要支撑。

成都体育产业商会为成都体育发展加速

第四节　不同人群的休闲体育服务

一、人群的定义及分类

(一) 社会人群的定义及特征

社会人群是指在社会中具有一定规模和组织性的人群,其成员之间存在着一定的社会联系和互动关系。社会人群通常具有以下特征:

(1) 共同的兴趣或目标。社会人群的成员通常会因为共同的兴趣、目标或价值观而聚集在一起,形成一个具有共同目标的群体。例如,同一职业领域的专业人士、拥有同一兴趣爱好的爱好者群体等。

(2) 社会联系和互动。社会人群的成员之间存在着一定的社会联系和互动关系,他们可能会通过各种方式进行交流、合作或互助,从而形成群体意识和归属感。

(3) 共同的身份认同。社会人群的成员通常会对自己所属的群体具有一定的身份认同感,认为自己是这个群体的一员,从而形成集体认同感和归属感。

(4) 具有一定的规模和组织性。社会人群通常不是零散的个体,而是具有一定规模和组织性的群体,其成员之间可能会形成一定的组织结构和分工关系。

(5) 具有一定的社会影响力。一些社会人群可能会因为其规模、组织性或共同目标而具有一定的社会影响力,能够对社会产生一定的影响。

总的来说,社会人群是社会中具有一定规模和组织性的群体,其成员通过共同的兴趣、社会联系和互动关系形成一种群体意识和归属感,具有一定的社会影响力。

(二) 我国社会人群的分类

社会人群的分类可以根据具体需求和研究目的进行调整,不同的分类方式可以帮助我们更好地理解和分析人群特征、行为和需求。

1. 按规模分类

小范围人群:例如家庭、朋友圈、同事群体等。

中等规模人群:例如学校班级、社区居民、公司员工等。

大规模人群:例如城市居民、国家公民、全球人口等。

2. 按属性分类

年龄:儿童、青少年、中年人、老年人等。

性别:男性、女性、跨性别者等。

职业：学生、农民、工人、教师、医生等。

兴趣爱好：运动爱好者、艺术爱好者、科技爱好者等。

3. 按行为分类

消费行为：购物者、旅游者、投资者等。

社交行为：聚会参与者、社交媒体用户、志愿者等。

学习行为：学生群体、自学者、培训班学员等。

4. 按地域分类

地理位置：城市居民、农村居民、沿海居民等。

国家/地区：中国人、法国人、非洲人等。

5. 按目的分类

消费者群体：潜在客户、忠实顾客、高端消费者等。

社会群体：弱势群体、学术界、宗教团体等。

二、我国不同年龄人群休闲体育服务的异同

(一) 不同年龄人群休闲体育服务的共同点

中国不同年龄人群在休闲体育服务方面存在一些共同点，例如：

(1) 健康意识。不论年龄，人们都越来越重视健康，因此对休闲体育服务的需求都与健康相关。

(2) 社交需求。休闲体育活动可以提供社交机会，不同年龄段的人都可以通过参与体育活动结识新朋友，拓展社交圈。

(3) 休闲放松。无论是年轻人还是老年人，休闲体育活动都可以带来放松身心的效果，有助于缓解压力，增加生活乐趣。

(4) 生活质量。休闲体育活动可以提高人们的生活质量，不论年龄大小，都可以通过运动来增强体魄，提高生活品质。

这些共同点表明，休闲体育服务在不同年龄人群中都具有重要的意义，可以满足人们对健康、社交、休闲和生活质量的需求。

(二) 不同年龄人群休闲体育服务的差异

我国不同年龄人群在利用体育进行休闲方面具有一些共同点，但由于职业地位、经济收入和文化水平等的不同，在其休闲体育服务提供方面又表现出一定的差异性。

(1) 幼儿和儿童。幼儿和儿童更倾向于参与带有趣味性质的体育活动，如游乐场、儿童体操、儿童游泳等。他们更注重玩乐和社交互动，因此休闲体育服务需要注重活动的趣味性和亲子互动。

(2) 青少年。青少年通常更喜欢参与具有挑战性和刺激性的体育活动，如

篮球、足球、滑板等。他们也更倾向于参与团队运动和竞技比赛,因此休闲体育服务需要提供相关的场地和设施,并且注重对团队合作要求和竞技氛围的营造。

(3)成年人。成年人可能更注重健身和放松的体育活动,如瑜伽、游泳、网球、羽毛球等。他们也更关注身体健康和压力释放,因此休闲体育服务需要提供专业的健身设施和放松环境,如健身房、淋浴间等。

(4)老年人。老年人更倾向于参与轻松的体育活动,如太极、散步、广场舞等。他们也更注重保持身体柔韧性和社交互动,因此休闲体育服务需要提供适合老年人参与的活动和场地,并且注重社交和健康管理方面。

总的来说,不同年龄人群对休闲体育服务的需求和偏好会有所不同,休闲体育服务提供商需要根据不同年龄人群的需求和偏好,提供相应的体育活动和服务,以满足不同社会群体的需求。

思 考 题

1. 如何区分商品和服务? 服务最明显的特性是什么?

2. 如何理解服务的生产过程及特征?

3. 如何理解休闲体育服务的含义和性质?

4. 各阶层需要的休闲体育服务的共同点和不同点有哪些?

5. 互联网时代休闲体育服务组织的发展特点是什么? 它们如何设计产品以满足不同人群的体育需求?

第四章

休闲体育活动管理

》 章前导言

　　休闲体育活动管理强调组织管理技术，即能够组织管理好休闲体育活动，使参加者及利益相关者均能够从中获得最佳收益。我国以往组织的各类休闲体育活动，更多的是依靠经验或常识性知识进行组织管理。由于缺乏科学和完整的理论与方法，休闲体育活动在组织实施过程中往往容易出现各种各样的问题，这也说明我国在活动管理的理论与方法方面相对还比较滞后。为此，本章从休闲体育活动管理概述、休闲体育活动的管理内容、休闲体育活动的管理过程和我国休闲体育组织管理存在的问题 4 个方面进行阐述，旨在使学生对相关知识有初步了解，同时为我国休闲体育活动管理可持续发展提供参考。

第一节 休闲体育活动管理概述

一、休闲体育活动管理的概念和特点

(一) 休闲体育活动管理的概念

休闲体育活动管理就是对休闲体育活动设计和组织过程的管理,是管理在休闲体育领域的具体体现。它以管理学作为理论依据,以休闲体育活动问题作为实践对象,追求休闲体育实践的最佳管理效果。因此,我们必须结合管理学的概念,才能更好地探析休闲体育活动管理概念。休闲体育活动管理是休闲体育组织机构和休闲体育行为的实施者通过采取管理和休闲体育活动的方法,以实现休闲体育有关要素和人、财、物等资源的优势发挥而进行的决策、计划、组织、领导、控制、创新,创造良性运行环境,充分发挥各种资源的合力作用,实现休闲体育活动的既定目标的过程。把握这一概念要注意下面五点。

1. 休闲体育活动管理的"载体"

休闲体育组织机构和休闲体育行为的实施者是管理活动的实体。这个实体既包括不同类型的专门和非专门的社会组织,还包括在休闲体育各项活动中起支配作用的个人和集体。

2. 休闲体育活动管理的"方式"

休闲体育活动管理中的方式既包括决策、计划、组织、领导、控制、创新职能、创造良性运行环境等一系列综合活动过程,还包括各种行政的、经济的、法律的和宣传教育的方法和手段。

3. 休闲体育活动管理的"资源"

休闲体育活动过程所需要的资源包括人、财、物、时间、信息等。

4. 休闲体育活动管理的"整合"

通过对资源的培育、开发、配置、利用等方面进行合理整合和调控,资源的优势才能得以发挥,资源的合力作用才能最大化,休闲体育活动组织的目标才能实现。

5. 休闲体育活动管理的"出发点"和"归宿"

休闲体育活动管理的目标是分层次的,不同层次目标的作用是保障既定目标实现,层次目标是"出发点",既定目标是"归宿"。

虽然休闲体育是个人主动自愿和自由随意的行为,但休闲体育活动管理是必不可少的,因为休闲体育的参与者是休闲体育产品的使用者,休闲体育活动管理的对象是休闲体育组织机构和休闲体育行为的相关人员。

（二）休闲体育活动管理的特点

休闲体育活动作为现代生活一个重要组成部分，其主要特点体现在休闲体育的主体——活动参与者参与活动的自愿性和对活动要素把握的自主性。因此，休闲体育活动管理体现如下特点。

1. 管理对象的自主性

休闲体育的参加者基本都是自主自愿的，活动的形式和内容选择都是自由的，不受任何限制。休闲体育强调的是参加者心理状态的体验和满足，所以休闲体育参加者不是管理的客体，而是管理的主体，具有自主性。

2. 管理组织的复杂性

休闲体育参加者的构成很复杂，职业、年龄、体能、生活环境和经历、经济状况等都不一致，这种情况对管理者提出了更高的要求。同时，组织机构有形形色色的非正式休闲体育组织机构，也有专业的、正式的社会组织。另外，休闲体育所依靠资源条件也较错综复杂。参加者、组织类型和资源条件的复杂多样性，要求休闲体育管理机制既要与外部环境保持高度一致，也要保持自身的相对稳定性和独立性。

3. 管理手段方法的非强制性

管理对象的自主性，决定了管理手段方法基本不受任何约束。所以要较好地开展休闲体育活动，必须调动参加者内在的积极性和主动性，探寻各种适合休闲体育的手段和方法，才能更加顺利地保障活动的开展。

4. 管理时间的不定性

参加休闲体育活动必须要有自由时间可供支配，但同时自由时间也成为休闲体育管理中最不确定的因素。受工作、家庭、心情等因素影响，个人参加活动的频率和次数会有所不同，活动时间也随之变化。

5. 管理空间的广阔性

休闲体育是在体育消费需求不断升级的背景下得到快速发展的。休闲体育项目分布较广，活动空间较开放。而且随着社会和科技的进步，休闲体育活动的内容也会随之更新、丰富和发展。

6. 管理环境的差异性

环境可分为一般环境和具体环境，休闲体育的一般环境是休闲体育过程中涉及的一切环境，包括自然环境和生活环境。自然环境是指直接或间接影响休闲体育运动行为的自然条件的总和，如日光、空气、山川、湖泊、河流等；社会环境是与自然环境相对的概念，主要指文化—社会环境，如物理社会环境、生物社会环境、心理社会环境等。具体环境是休闲体育管理组织和参加者个体发生现实直接关系的环境。一般环境对休闲体育的作用通过具体环境表现出来。

7. 管理边界的模糊性

休闲体育管理系统边界的模糊性,首先表现在参加者的来源不同,参加人员有广泛的流动性;其次是休闲体育活动的组织管理者需要多方面的联系与沟通,在实践中,休闲体育要经常与社会文化、旅游、娱乐、教育、保险、集资等方面相互渗透,和其他系统的管理交叉在一起,很难划清其组织边界。这也导致休闲体育管理系统的独立性不明显,增加了管理的难度。

二、休闲体育活动管理的任务与原则

(一) 休闲体育活动管理的任务

任务是为了实现目标所要从事的必要工作。休闲体育活动管理的任务是实现休闲体育目标的保证,主要体现在以下 5 个方面。

1. 提升休闲体育活动参与度

伴随人们健康观念的形成和生活方式的改变,参与休闲体育活动的人越来越多,那么提高人们参与休闲体育活动的意识,使人们形成参与活动的习惯就成为休闲体育活动管理的必然要求。由于休闲体育活动是大众在自由时间的一种选择,休闲体育活动管理任务首先要切实了解大众休闲体育需求,不但要让现有参与者坚持下去,还要吸引更多的人参与进来,使休闲体育活动真正成为人们的生活方式。

2. 强化休闲体育活动组织建设

休闲体育活动的管理组织具有多元性特征,并且休闲体育活动的开展需要各类组织提供多样化、个性化的服务。由于我国休闲体育起步较晚,大部分休闲体育活动组织也处于发展初期,现阶段要培育休闲体育活动组织,发挥各组织在大众日趋多样化的休闲需求下的作用,提供更加丰富的产品和服务。

3. 丰富休闲体育活动产品供给

休闲体育活动管理的目标之一就是满足不同休闲体育活动参与者的休闲需求。因此通过对现有活动资源的整合,设计出符合时代需求,且满足不同人群的休闲需求的休闲体育活动,也是休闲体育活动管理的重要任务。完善活动设施,推广大众喜闻乐见和有发展空间的休闲体育项目,丰富体育赛事,有助于丰富休闲体育活动市场。

"微马系列赛"的社区化运作模式

4. 拉动休闲体育活动消费

"健康快乐"的生活观是现代人追求美好生活的重要理念,休闲体育活动是人们追求健康快乐的一种手段和方式。休闲体育活动管理就是要引导人们对健康快乐进行储蓄、投资和消费,使人们得到发展和享受,从而促进我国健身休闲产业的发展。

5. 加强休闲体育文化传播

人类在发展历程中创造了灿烂的体育文化,休闲体育文化是其重要组成部分。加强休闲体育活动管理要学习借鉴国外休闲体育活动的经验和方法,同时要发现和挖掘我国民族、民间休闲体育活动的闪光点,在各类休闲体育活动中开展休闲体育文化宣传,引导大众形成正确的休闲观,进而养成良好的休闲习惯,以更好地践行社会主义核心价值观。

(二)休闲体育活动管理的原则

休闲体育活动管理的原则是有效组织休闲体育活动必须遵循的要求,应贯彻于休闲体育活动过程的各个方面,是人们对休闲体育活动管理本质性特点和内在规律的认识,是指导休闲体育活动的行为准则。依据休闲体育活动及其管理的特点,休闲体育活动管理应遵循以下原则。

1. 指导性原则

由于休闲体育活动参加人群来源不同,参加者经济状况、需求程度、价值取向、余暇时间长短、余暇生活方式、年龄和职业、受教育程度等方面必然迥异。因此,要从不同个体需要出发,有计划、有组织地对参加者进行休闲体育活动指导,使休闲体育活动符合人体生理、心理和社会环境变化规律。

2. 宣传发动原则

休闲体育活动是在余暇、轻松、闲散的时间进行的,主要特点是自由性、精神性和非功利性,其活动的动机主要是娱乐、玩耍、愉悦身心、积极的心理体验、修身养性和完善自我。因此,要想使更多的人参与其中,必须通过适当的宣传,帮助人们树立休闲体育观,加深人们对休闲体育的认识和理解,使休闲体育活动成为人们的内在需求和自主行为。

3. 协作性原则

休闲体育活动是一项群众性的活动,行业管理部门、社会组织部门、行业相关部门和参加者要密切配合,互相协作,活动才会顺利开展。这种配合和协作既有横向配合,又有纵向配合,横向配合就是行业管理部门内部、社会组织内部、行业相关部门内部和参加者自身的配合协作,纵向配合就是上述四者之间的配合协作。

4. 激发性原则

人们参与休闲体育活动,主要取决于参加者的内在动力和需求,因此激发参加者的动机和兴趣是十分必要的。兴趣是人们认识和优化休闲体育活动的心理倾向,与活动需要紧密联系。人们如果对休闲体育活动感兴趣,就会积极主动地参与其中,并全力以赴,那么将获得心理的满足和积极的情感体验,同时活动也会收到较好的效果。

5. 人性化原则

休闲体育活动管理必须树立以人为本、为民服务的思想,尊重参加者的选择权,以参加者的需要为出发点,以满足参加者在休闲体育活动中的各种需要为管理的最终目标。因此,活动计划制定要体现人性化原则,活动组织安排要从参加者切身利益出发,活动场所设计要体现人文关怀,为参加者提供宽松的休闲及娱乐环境,激发活动主体的自主性和创造性。

6. 经营性原则

休闲体育活动管理需要按照市场机制运作,把一部分休闲体育活动作为以市场为导向的产业,以优质的产品服务满足参加者的需求,达到经济效益的最优化。而形成产业化的休闲体育活动则变成了私人产品,私人产品交易的有效方式就是市场机制,对这部分产品需要采取经营性管理。

7. 多样性原则

休闲体育活动参加者的需求是多种多样的,有的是修身养性,有的是愉悦身心,有的是调节情绪,有的是获得积极的心理体验,有的是完善自我,有的是适应大自然,有的是追求自身价值体现等。这些决定了休闲体育活动的多样性,休闲体育活动管理就是要从活动参加主体的需求出发,设计不同项目,满足不同参加者的不同需求。

第二节 休闲体育活动管理内容

休闲体育活动管理内容是对休闲体育活动管理对象的基本规律和一般方法的具体论述,是对休闲体育活动管理概念和特点、任务和原则的剖析,是对休闲体育活动进行行之有效的管理,实现最优化目标的保证和关键。从项目管理的角度分析,休闲体育活动管理内容主要包括休闲体育活动的整体管理、范围管理、时间管理、费用管理、质量管理、人力资源管理、沟通管理、风险管理以及采购管理等。

一、休闲体育活动的整体管理

休闲体育活动的整体管理是对要组织的休闲体育活动涉及的人、财、物、信息和时空等进行全面系统的规划,借助管理手段,完成组织目标的过程。主要包括下面内容。

(1) 制定休闲体育活动章程。休闲体育活动组织者经申请(申办)得到相关部门批准,制定休闲体育活动章程。

(2) 制定休闲体育活动基本范围说明书。制定休闲体育活动基本范围说明书,概括地说明休闲体育活动的范围。

(3) 制定休闲体育活动管理计划。确定、编写、协调与组合所有部分的计划,形成休闲体育活动总体计划。

(4) 指导与管理休闲体育活动执行。执行休闲体育活动计划所确定的工作,实现休闲体育活动范围说明书所确定的目标要求。

(5) 监控休闲体育活动组织和实施的过程。监视和控制休闲体育活动各项工作的启动、规划、执行和结束过程,实现休闲体育活动既定的目标。

(6) 整体变更控制。审查所有的变更请求,批准变更并控制可交付成果和组织过程资产。

(7) 休闲体育活动收尾。最终完成休闲体育活动的所有工作任务,正式结束该项活动。

二、休闲体育活动的范围管理

范围管理是项目管理中的核心环节,它基本决定了该项目的整体架构、成本、质量、时间等,是制定活动计划的基础。

(1) 休闲体育活动的范围规划。制定休闲体育活动范围管理计划,记载如何确定、核实与控制休闲体育活动范围,以及如何制定休闲体育活动中各项工作任务以及分工。

(2) 休闲体育活动的范围定义。制定详细的休闲体育活动范围说明书,作为将来休闲体育活动决策的根据。

(3) 休闲体育活动的工作分解结构。将休闲体育活动中大的可交付成果与工作分解为较小的和更易管理的任务包。

(4) 休闲体育活动的范围核实。正式验收休闲体育活动可交付成果。

(5) 休闲体育活动的范围控制。控制休闲体育活动范围的变更。

三、休闲体育活动的时间管理

合理安排活动项目的时间是休闲体育活动管理的关键内容之一,是按时完成各项工作和提高工作效率的有效措施。

(1) 休闲体育活动的各项工作任务定义。确定为产出休闲体育活动中各种可交付成果而必须进行的具体活动。

(2) 休闲体育活动的各项工作任务的时间排序。确定各计划活动之间的依赖关系,形成文件。休闲体育活动构成要素所表现出来的层次性和顺序性决定了休闲体育活动管理活动的顺序和层次性。例如,休闲体育活动的场馆首先需要建设好,之后才能涉及其他的管理行为。

(3) 休闲体育活动的各项工作任务持续时间估算。估算完成各计划活动所需工时单位数。

(4) 休闲体育活动的各项工作任务的进度表。分析活动顺序、活动持续时间、资源要求,以及进度的制约因素,从而制定休闲体育活动进度表。

(5) 休闲体育活动的各项工作任务的进度控制。控制休闲体育活动进度表变更。

四、休闲体育活动的费用管理

(1) 休闲体育活动的费用估算。编制完成休闲体育活动所需资源的大致费用。

(2) 休闲体育活动的费用预算。合计各个计划活动或工作包的估算费用,以建立费用基准。休闲体育活动的预算控制是指休闲体育活动组织者在开始筹备休闲体育活动时就要对所要举办的休闲体育活动进行全方位的统筹规划,进行资金投入和产出的预计核算,并且对休闲体育活动本身资金的使用进行全面的控制,使休闲体育活动的预算控制在特定的范围内,具体包括收支与预算比较、税收、利润、债务还清、遗产处理、现金流动等事宜。

(3) 休闲体育活动的费用控制。了解并控制影响造成费用偏差的因素,控制休闲体育活动预算的变更。

五、休闲体育活动的质量管理

质量管理是休闲体育活动管理的重要内容,是决定了该活动是否能给参与者带来良好体验的关键内容,应贯穿于整个活动项目的始终。

(1) 休闲体育活动的质量规划。判断哪些质量标准与本次休闲体育活动相符合,并商议应如何达到这些质量标准。

（2）休闲体育活动的质量保证。开展详细计划设立系统的、高质量的活动，确保休闲体育活动实施能够满足要求。

（3）休闲体育活动的质量控制。监控休闲体育活动的具体结果，判断它们是否符合相关质量标准，明确并减少缺点。

六、休闲体育活动的人力资源管理

休闲体育活动的人力资源管理是指运用现代管理科学对从事休闲体育活动及其相关服务领域的人力资源，进行计划、招聘、培训、遴选、任用、评估，以及对员工福利保障进行管理，以期达到最佳的资源配置。它包括制定人力资源管理的策略、目标、政策和程序、招募、培训、遴选、录用、团队建设、监督、评价和反馈。

（1）休闲体育活动的人力资源规划。确定、记录并分派休闲体育活动中各种工作角色、岗位职责、请示汇报关系，制定人员配备管理计划。

（2）休闲体育活动的团队组建。招募休闲体育活动所需的相关人力资源，组建有利于活动开展的团队。

（3）休闲体育活动的团队建设。对团队成员进行培训，提升团结成员的工作能力和水平，提高成员之间的交互作用，从而提高休闲体育活动管理的绩效水平。

（4）休闲体育活动的团队管理。跟踪团队成员的绩效，提供反馈，解决问题，协调变更事宜以及提高休闲体育活动的绩效管理水平。

七、休闲体育活动的沟通管理

良好的沟通是使休闲体育活动顺利开展的重要前提条件，有助于获取有效信息，发现潜在问题。

（1）沟通规划。确定休闲体育活动过程中可能出现的问题，满足相关人员对信息与沟通的需求。

（2）信息发布。将所需信息及时提供给休闲体育活动的相关参与者。

（3）绩效报告。搜集并传播休闲体育活动的绩效信息，包括状况报告、绩效量度及预测。

（4）利害关系者管理。对沟通进行管理，满足休闲体育活动利害关系者的需求，并与之一起解决问题。

八、休闲体育活动的风险管理

在休闲体育活动的运作过程中，风险是客观存在的。为减少风险对休闲体育活动的干扰,就要对可能存在的风险进行管理,并对潜在危险进行评估并采取防范行动。休闲体育活动风险尤其表现在行政管理、营销和公共关系、健康和安全、人群管理、安全、交通等方面。为限定举办休闲体育活动各方的责任,签订的协议必须对各方存在的风险和最低保险用精准的语言作出规定,包括合同、商标和标志、保险的确定和赔付、法律条文、合约中止、安全保卫等。

(1) 休闲体育活动的风险管理规划。制订规划,并实施休闲体育活动风险管理活动等。

(2) 休闲体育活动的风险识别。判断影响休闲体育活动组织的所有风险,并以书面形式记录其特点。

(3) 休闲体育活动的定性风险分析。对休闲体育活动的风险概率和影响进行评估和汇总,进而对风险进行排序,以便进一步分析或行动。

(4) 休闲体育活动的定量风险分析。就识别的相关风险对此次休闲体育活动总体目标的影响情况进行定量分析。

(5) 休闲体育活动的风险应对规划。针对休闲体育活动目标制定提高机会且降低威胁的方案和行动。

(6) 休闲体育活动的风险监控。在整个休闲体育活动的组织实施过程中,跟踪已识别的风险,监测残余风险,识别新风险,实施风险应对计划,并对其有效性进行评估。

九、休闲体育活动的采购管理

采购管理基本决定了活动的成本和质量。休闲体育活动的采购管理主要涉及对休闲体育活动设计组织过程的管理。

(1) 休闲体育活动的采购规划。确定休闲体育活动所需的各种物资保证及何时、如何采购。

(2) 休闲体育活动的发包规划。记录产品、服务或成果要求,并确定与活动相关的潜在的物资卖方。

(3) 休闲体育活动的询价。根据情况获取信息、报价、投标书、报盘或建议书。

(4) 休闲体育活动的选择卖方。评定报价,在潜在的卖方中进行选择,并与卖方进行书面合同洽谈。

(5) 休闲体育活动的合同管理。管理合同以及买卖双方之间的关系,审查并记录卖方当前的绩效或截至目前的绩效,以确定所需要的纠正措施,并为将来搞好与卖方的关系提供依据,管理与合同相关的内容变更,并在适当时管理与休闲体育活动外部买方的合同关系。

(6) 休闲体育活动的合同收尾。完成并结算合同,包括解决任何未决问题,并就与休闲体育活动或其中阶段相关的每项合同进行收尾工作。

第三节　休闲体育活动管理过程

休闲体育活动的组织与实施是一个完整的过程,"过程就是一组为了完成一系列事先指定的产品、成果或服务而需执行的互相联系的行动和活动"。

在通常情况下,大多数项目都有共同的项目管理过程,它们通过有目的的实施而相互联系起来。其目的就是启动、规划、执行、监控和结束一个项目。这些过程互相影响,关系很复杂,仅一份文件或图表难以完全解释清楚。本文从组成项目的各个过程、它们之间的相互作用与影响及这些过程的用途等角度,来介绍项目管理过程。这些过程归纳为五组:项目启动过程组、项目规划过程组、项目执行过程组、项目控制过程组、项目收尾过程组。休闲体育活动作为一种项目,其组织管理遵循项目管理过程,具体如下。

一、休闲体育活动的启动过程

休闲体育活动的启动过程包括以下几个步骤。

1. 制定目标

目标决定活动的性质和规模。为了确定目标,就必须明确所有的利益群体,并且在策划的第一阶段就考虑它们的需要,包括潜在的合作伙伴和相关的战略。这一阶段应该提出的基本问题包括:为什么举办活动? 要达到什么目的? 谁将从中获益? 怎样获益? 有没有政治、社会、文化、环境和经济效益? 时效性如何? 在这个阶段需要考虑申办办法。

需要考虑的利益群体主要有以下几类:

(1) 客户。

(2) 供应商。

(3) 投资人。

(4) 工作人员。

(5) 外部影响人。

2. 形成概念

概念是被设计出来用于达成目标的工具，只有在制定了目标之后，才能设计、形成概念。制定目标阶段就要明确参与或者应该参与活动的所有利益群体。在此阶段需要明确决策人。这一阶段涉及的主要问题是确定休闲体育活动的内容和特点。为了充分开发概念以便达到预定目标，需要进行情景分析，包括评估外部竞争情况。

考虑休闲体育活动的规模、运作方式、时间安排、地点、所需设备与设施以及已有设备及其利用率，是这一阶段的主要问题。

明确潜在的战略合作伙伴（可能是地区或者国家政府部门、体育主管团体、休闲体育活动所有者、促销人或者慈善团体），也是概念形成阶段需要尽早考虑的问题。

此阶段还要考虑表演问题，主要目的在于强化观众的观看体验。要考虑休闲体育活动所需的设施、设备和场馆。要着重考虑主要目标客户。

3. 调研休闲体育活动的可行性

可行性研究阶段的核心是确定休闲体育活动能否完成预定目标。只有在规划过程中不断调整，才可能保证达到目标。不论规模大小，在可行性研究阶段都需要进行成本—收益分析，以便制定预算。这可以使组织者预测可获得的收益。通过预测，组织者可以获得利益群体的大力支持，通过在采取行动的决策前对比成本和收益，组织者可以把不必要的成本控制到最低。这会使财政处于有利地位。分析成本，就需要考虑下列方面：

（1）明确谁负责达成目标（短期和长期目标）以及所需时间。

（2）明确所需资源以及资源的来源，包括财政、人力、设施和设备、营销和服务等，明确付款时间。

（3）明确休闲活动的举办标准、所需财力资源、取消该项活动的权力或者从失败的申办中受益的权力。

（4）休闲体育活动的执行、实施和评估需要及其所需时间。

（5）遗产交接和赛后长期利用设施的各种需要。

这些问题是编制预算的基础，也揭示了休闲体育活动的成本。可行性评估还应包括：休闲体育活动的长期的经济影响以及社会、文化和环境等影响因素评估。

二、休闲体育活动的规划和执行过程

在申办休闲体育活动成功并完成了总章程以及初步核定了该项活动的范围之后，下一步需要做的就是对该项休闲体育活动进行具体规划。规划内容主要包括：整体管理规划、范围管理规划、时间管理规划、成本管理规划、质量管理规划、人力资源管理规划、沟通管理规划、风险管理规划、采购管理规划。

三、休闲体育活动的执行过程

（一）休闲体育活动执行过程组内容和作用

（1）执行过程组由完成休闲体育活动管理计划中确定的工作和满足休闲体育活动要求的各个子过程组成。

（2）该过程组用于协调人与资源，按照休闲体育活动管理计划实施休闲体育活动，处理休闲体育活动范围说明书中明确的范围，实施经过批准的变更。

（二）执行过程组主要管理过程

（1）指导与管理项目执行。

（2）实施质量保证。

（3）休闲体育活动工作团队组建。

（4）休闲体育活动团队建设。

（5）发布与此次活动相关的信息。

（6）涉猎与此次活动相关问题的询价。

四、休闲体育活动的监控过程

（一）休闲体育活动监控过程的作用

监控过程组的重要之处在于观测和识别潜在的问题，在必要时采取纠正措施，控制休闲体育活动的各个过程，并定期测量休闲体育活动的绩效，以便识别休闲体育活动管理计划在执行中的偏差。监控过程组还包括控制变更，并在可能发生问题之前明确预防措施。

（二）休闲体育活动监控的内容

在休闲体育活动组织实施过程中，主要监控以下工作环节。

1. 整体变更控制

由于休闲体育活动很少能够准确地按照既定的计划进行，因而变更控制必不可少。整体变更控制就是控制造成变更的因素，尽可能确保变更带来有益后果，判断变更是否已经发生，在变更确已发生并得到批准时对其加以管理的过程。该过程从休闲体育活动启动时开始，直到休闲体育活动收尾时结束，贯穿始终。

2. 范围控制

休闲体育活动的范围控制是指在休闲体育活动的宗旨、目标等内涵性内容发生了变化时，对造成该活动范围变更的因素施加影响，并控制这些变更造成的后果的管理过程。范围控制就是要尽可能确保所有要请求的变更与建议性的纠正均可通过整体变更控制过程得到处理。

3. 进度控制

对休闲体育活动各项工作任务的进展情况进行监督和检查。主要监控各项工作任务的当前状态,并对造成进度变化的因素实施应对管理。

4. 费用控制

费用控制指对该项活动的所有费用使用情况进行监控。主要包括对造成费用基准变更的因素实施应对管理,并采取有效措施,将费用超支控制在可接受的范围内。

5. 质量控制

监控该项活动的具体结果,判断其是否符合相关质量标准,如出现问题需找出具体应对管理措施的过程。质量控制贯穿活动的始终。

6. 团队管理

跟踪观察和评估团队成员绩效,提供反馈,管理冲突,解决问题,并协调各种变更,以提高活动整体绩效水平。

7. 沟通管理监控

沟通管理监控主要包括绩效报告和利害关系者管理。其中,绩效报告主要是搜集、整理和传播活动的绩效信息,包括状况报告、绩效量度及预测。利害关系者管理是指对沟通进行管理,满足活动利害关系者的需求,并与之一起解决问题。

8. 风险监控

风险监控指在整个活动的生命周期中,需要跟踪已识别的风险,监测残余风险,识别新的风险和实施风险应对计划,并对风险应对计划的有效性进行评估。

9. 采购管理监控

采购管理监控是指对于活动的发包、询价、选择卖方、合同管理和合同收尾进行监督和管理的过程。选择并确定卖方的投标过程以及之后的合同管理是尤为突出的两个监控环节。

五、休闲体育活动的收尾过程

(一)休闲体育活动收尾过程组成

收尾过程组包括正式结束休闲体育活动各阶段的所有任务,将完成的成果交与他人并结束休闲体育活动的各个过程。

（二）休闲体育活动收尾过程主要管理内容

（1）行政收尾程序。

（2）合同收尾程序。

（3）最后的产品、服务或成果。

（4）组织过程资产更新。

（三）休闲体育活动的评价

休闲体育活动评价是指对休闲体育活动实施过程进行仔细观察、测量和监督，以便正确评估结果的过程，是休闲体育活动收尾过程中的一个重要内容。休闲体育活动评价可以提供休闲体育活动的基本轮廓和重要的统计结果，为休闲体育活动参加者提供反馈，为休闲体育活动作出具体的分析并有助于提高服务水平。因此，它在休闲体育活动管理过程中扮演着一个重要的角色。休闲体育活动的评价结果可以为新闻媒体服务，通过新闻媒体组织者可以宣传休闲体育活动所取得的成效来推广休闲体育活动，为未来的休闲体育活动在计划和寻求赞助方面打下良好的基础。休闲体育活动评价是休闲体育活动管理循环过程中的重要环节之一。

根据休闲体育活动管理过程划分，休闲体育活动评价可以分为活动实施前评价（可行性研究）、休闲体育活动组织实施期间评价（监督）、活动结束后评价。活动实施前评价预估休闲体育活动可能的成本和休闲体育活动的可能效果，以供休闲体育活动管理者决策。休闲体育活动组织实施期间评价是为了确保休闲体育活动能按既定的轨道前进，使休闲体育活动管理者能够针对出现的问题及时作出反应，并对休闲体育活动计划进行调整。活动结束后评价是测量实际情况与休闲体育活动目标相关联的结果。

休闲体育活动评价可以通过数据收集、观察、反馈会议、调查问卷和测量等手段进行。休闲体育活动评价具有广泛性，表现在休闲体育活动各个参与体对休闲体育活动的评价，其中，体育组织对休闲体育活动的评价具有非常高的参考和借鉴作用，几乎会直接影响未来休闲体育活动的运作方式。许多国际体育组织都对休闲体育活动评价和报告形式有专门的限定，其评价内容非常全面，包括休闲体育活动评价时间的选择、休闲体育活动评价程序、休闲体育活动评价内容、休闲体育活动遗产评估、休闲体育活动清算等。

休闲体育活动评价可为休闲体育活动的收尾过程管理提供直接的依据。

六、休闲体育活动管理过程间的相互联系与交互作用

休闲体育活动管理过程组之间通过它们所产生的成果相互联系。一个过程的成果一般成为另一过程的依据或休闲体育活动的可交付成果。例如，规划

过程为执行过程提供正式的休闲体育活动管理计划和该项活动范围说明书,并随着休闲体育活动的绩效而经常更新该项活动的管理计划。

此外,休闲体育活动的过程极少是孤立的或只执行一次的事件。各种休闲体育活动任务都是在整个休闲体育活动生命期内自始至终以不同的程度互相重叠的活动。若休闲体育活动划分为几个阶段,则很多活动过程不但在阶段内,而且可能跨越阶段相互影响和相互作用。

第四节 我国休闲体育活动管理存在的问题

一、休闲体育活动管理存在的主要问题

(一) 对休闲体育活动的组织与管理重视程度不够,认识不到位,管理规范程度不够

由于休闲体育在我国开展得比较晚,且普及程度不高,社会大众对于休闲体育的认识尚有较大局限性。因此,休闲体育活动的组织管理技术并没有得到足够重视,还停留在依靠政府及社会组织的力量沿用传统的体育行政管理理论与方法举办休闲体育活动的阶段。同时人们的认识观念陈旧,管理方式存在大量问题,如简单规划,简单报表,活动组织方向不明,定位不准,各环节脱节,对有些突发事件没有应急方案,甚至危机事件发生时手足无措,管理规范程度不够,使得休闲体育活动的目标效益和经济效益达不到要求。

(二) 休闲体育活动管理者素质良莠不齐,对休闲体育活动的组织与管理缺乏深入系统的理论研究

休闲体育活动管理水平的高低,很大程度上取决于管理队伍、管理者的素质。休闲体育活动管理者个人素质的养成和提高,是一个不断学习、不断探索、不断追求的过程。目前,休闲体育活动管理队伍中有专业背景的人寥寥无几,其他领域转入的人员占大部分,这造成管理人员素质良莠不齐,管理水平相差很大,管理者的专业知识和技能亟待提高。同时从文献期刊可以了解到,目前休闲体育活动组织管理理论不够完善,管理者更多的是依靠经验来组织与管理休闲体育活动。

（三）管理机制落后，管理方法单一

现有的休闲体育活动组织存在管理机制落后，管理手段方法单一的问题。依靠经验进行管理的情况占相当大的比例，想当然、应付了事是常见现象。相对应的就是休闲体育活动组织中管理制度不健全、不完善，并且执行不严，甚至存在着有制度不执行、有禁不止的管理失控现象，也存在工作随意性大，没有长远打算，运作秩序混乱，计划性极差的情况。要加强休闲体育活动管理的科学性就要在机制上创新，在管理手段方法上创新。

（四）对休闲体育活动潜在的风险缺乏科学管理

休闲体育活动的种类很多，范围很广。其中，冒险类项目占的比例较大，这类项目本身就有很大的风险，但很多从事这类项目的人对其认识不足，休闲体育活动组织管理者的管理技术又有欠缺，运动中对风险防范措施制定得不够完备。因此，进行这类活动时就很容易导致无法及时应对休闲体育活动实施过程中发生的各种意外事件，进而导致人员和财产的损失，最终影响休闲体育活动效果的情况。

（五）对休闲体育活动缺乏质量监控

伴随越来越多的人参与到休闲体育活动中，规范休闲体育活动管理和加强休闲体育活动安全和质量监控成为组织者需要考虑的重要内容。调查发现，目前的休闲体育活动总体上还缺乏质量管理意识，监控过程环节不足，缺乏休闲体育活动的服务标准，休闲体育活动质量评价不完善，评价过程中忽视社会、市场和行业人员的参与，缺少第三方质量评价等问题。而对于如何监控休闲体育活动也尚未形成相关的理论。

（六）对休闲体育活动缺乏整体包装与策划

由于我国休闲体育活动起步较晚，发展相对较慢，人们对休闲体育活动看得比较随意，甚至相当一部分人认为休闲体育活动不需要刻意追求活动的宣传效益和经济效益。事实上，对于任何形式的休闲体育活动，既要进行外在的包装策划，又要进行具有内在意义的包装策划，即赋予休闲体育活动合适的文化和教育理念，并辅之以举办适当的主题文化活动。只有具有良好的整体包装与策划的休闲体育活动才能够可持续地发展。

（七）对休闲体育活动缺乏有效的评估

通常情况下，一项休闲体育活动结束后，需要组织管理部门和相关人员认真总结活动的经验和教训，并进行有效的评估。而过去我国很多组织和行业在举办休闲体育活动后，往往比较关注休闲体育活动经验总结，但缺乏对休闲体育活动的绩效评估和影响评估，甚至缺乏评估指标体系。因此，举办完一项休闲体育活动之后，组织部门和组织者一定要认真总结工作经验，一定要建立一套评估

指标体系,一定要对休闲体育活动的综合效益进行评估。

二、我国休闲体育活动管理的发展趋势

(一)我国休闲体育活动组织与管理的理论体系日趋系统化和科学化

随着我国经济社会的快速稳定发展,各种休闲体育项目蓬勃发展,各种类型、各种规模的休闲体育活动也日趋增多,为提高休闲体育活动的组织与管理绩效水平,人们对休闲体育活动的组织与管理技术提出更高的要求。近些年来,项目管理理论兴起及其应用范围不断扩展,如2022年北京冬奥组委充分运用了项目管理理论来指导北京奥运会的实际筹办工作,取得了巨大成功,这更加证明了项目管理理论在体育赛事实践中具有举足轻重的作用。这也极大地推动了项目管理理论在休闲体育活动领域的开发和利用,使得我国休闲体育活动的组织与管理技术更趋于系统化和科学化。

(二)我国休闲体育活动的组织与管理日趋社会化

虽然有些非正式的或者说松散的小规模的休闲体育活动是由民间组织负责的,但是,正式的及规模较大的休闲体育活动的组织与管理在以往基本上都归政府体育部门或体育协会负责。随着体育日趋社会化的发展趋势,休闲体育活动的组织与管理也日趋社会化,即越来越多的民间体育组织负责组织与管理休闲体育活动。社会化的趋势是休闲体育活动走向市场化的前提条件。

(三)我国休闲体育活动的组织与管理日趋市场化

随着我国市场经济体制的不断发展与完善,我国休闲体育产业化趋势更加明显,使得休闲体育活动组织与管理更加趋于市场化运作,即采取市场营销的方式筹集休闲体育活动所必需的资源。市场营销方式既提高了组织管理者的劳动生产力,又提高了休闲体育活动产品的营销效率,同时也会促进休闲体育活动经营的多元化发展。

(四)我国休闲体育活动的组织与管理日趋规范化和标准化

所谓"规范化"是指服务工作业务流程规范且严谨,标准化是指为参与者提供的各项服务内容及其量化指标统一明确。项目管理理论的不断发展及其在北京奥运会和北京冬奥会上的成功应用,为我国休闲体育活动的组织与管理技术提供了坚实的基础,也使得我国休闲体育活动的组织与管理技术日趋规范化和标准化。

(五)我国休闲体育活动的组织与管理日趋科技化

随着数字时代的到来,当今社会科技化已经成为一个趋势。科技化作为一种重要的手段,不但在医疗、教育、科研等方面发挥重要作用,也为休闲体育活动的组织与管理提供重要帮助。在目前我国休闲体育活动组织与管理过程中,已

经有越来越多的人工智能、大数据、物联网等新技术得以应用。合理地运用数字信息化技术,将推动我国休闲体育活动模式的创新,也将助力我国休闲体育行业实现高质量发展。

三、我国休闲体育活动管理的要求

（一）举办休闲体育活动必须遵守国家颁布的相应的法律及体育行业制定的相应的管理规定

目前,大量单项休闲体育活动在我国成立了自己的项目协会,各协会制定了一系列的规定和竞赛方法来规范该项目的开展。一些存在较大风险或参与难度较高的比赛,管理协会都对其举办时间和地点、参与人员的年龄和身体条件有明确的规定和限制。如:中国摩托艇协会规定摩托艇竞赛场地长不小于700米,宽不小于150米,水深不小于2.5米;水面无漂浮物,水下无障碍物;参赛者必须年满12周岁,并且具有摩托艇驾驶执照等。登山协会也规定攀岩比赛的参赛者必须持有相关的培训证明。

（二）举办休闲体育活动必须对其中潜在的风险有充分的认识和完备的应对预案

任何体育活动都存在着风险,这些风险包括运动项目本身的风险和组织者在举办活动过程中面临的风险。休闲体育活动多数面向非专业运动员开展,因此组织者在活动过程中要做好风险预防工作,保护参赛者的安全。同时,在接受参赛者报名之前就要将比赛的风险告知参赛者,明确风险责任,避免意外发生后产生纠纷。在群众参与较多的休闲体育赛事中,赛事组织者都要求参赛者在报名时提供保险证明,并签署免责协议书,以降低组织者的赔偿风险。此外,休闲体育活动的举办也会遇到赞助、财务等管理过程中的风险,这就要求组织者要对这些风险做充分的准备,并能在风险发生时快速做出反应。大部分休闲体育活动都在户外进行,在筹办比赛时要充分考虑到天气状况对比赛的影响。例如,滑水比赛对气温、水温和风力有很高要求,而天气变化往往难以预测。2010年5月在北京举行的滑水比赛就遇到了这样的问题,当时气温同比低于往年,使得赛事组织者承担取消比赛的风险。虽然最后比赛按时举行,但是这也提醒组织者要充分考虑天气为比赛带来的风险,做好应对预案,提前购买赛事保险,将损失降到最低。

（三）举办休闲体育活动要保持其群众性,切勿盲目向专业化发展

休闲体育活动的开展是实现全民健身和终身体育的重要途径之一。由于目前我国开展休闲体育活动的场地设施较少,很多活动并不能完全面向大众开展,只是集中针对少部分人进行,加之很多项目对参与者有一定的专业性要求,

使得很多休闲项目逐渐向专业化发展,偏离了全民健身与休闲的主题。因此,在举办休闲体育活动时应注意面向大众,坚持活动的群众性和休闲娱乐性,避免其过度专业化的趋势。

思 考 题

1. 简述休闲体育活动管理的概念和特点。
2. 简述休闲体育活动管理的任务和原则。
3. 简述休闲体育活动管理的内容。
4. 简述休闲体育活动的管理过程。
5. 试述我国休闲体育活动管理的发展趋势。

第五章

休闲体育产业

》 章前导言

　　休闲体育产业是伴随着休闲体育快速发展而诞生的新兴产业。本章对休闲体育产业内涵及构成体系、休闲体育产品、休闲体育消费、休闲体育产业的经济功能、休闲体育经济与休闲体育产业及体育产业的关系与区别等理论问题进行了介绍。伴随着休闲时代的到来，休闲体育产业作为一个新兴产业应运而生。休闲体育产业将成为今后一段时期内经济发展新的增长点，已经成为当今学者和企业人士的共识。那么，休闲体育产业的本质是什么？它的基本体系如何构建？休闲体育产品有哪些特征？休闲体育产业在经济发展中的作用有哪些？休闲体育产业与体育产业是什么关系？这是本章要解决的主要问题。

第一节 休闲体育产业内涵与体系构成

一、休闲产业的内涵及体系

休闲这一活动现象包含的范围非常宽泛,由此决定了休闲产业包罗万象,涉及不同的行业和领域。只要与人们的休闲行为和休闲消费有关的产业,都可以列入休闲产业。休闲产业是以满足人们的休闲需要为对象的产业,这一点也规定了休闲发展的内涵。从这个角度来讲,休闲产业是一个体系。因此,对休闲产业的界定与划分应该以系统论的思维方法来考察。

目前,有关休闲产业的定义很多,但由于研究者认识的角度不同,使得休闲产业在表述上有很大差异,下面对几个主要观点进行介绍。

美国休闲产业非常发达,但产业范围及其经营管理仍然是个模糊的概念。根据美国维基百科的定义,休闲产业是指为人们提供娱乐、消遣及旅游等相关产品和服务的部门集合。日本学者中山裕登著的《休闲产业界》一书中提到:休闲产业是指向人们自由选择的生活及其活动而提供产品和服务的所有产业。他认为休闲产业的分类有以下三种类型:

(1) 休闲空间产业。保龄球场馆、高尔夫球场等为休闲提供一定空间的产业。

(2) 休闲设备产业。提供体育用品设备等的产业。

(3) 休闲服务产业。提供信息及其他服务的产业。

布朗和威尔(Brown & Veal,1988)认为,休闲产业主要是指那些为满足人们在闲暇时间里的消费而向他们提供物品、服务和设施的组织和个人的集合。于光远认为:休闲产业就是为满足人们休闲的需要而组织起来的产业,在市场经济条件下,休闲产业需要有人投资,有人去运作,而且还一定要有一系列其他产业为其服务。马惠娣认为休闲产业是指与人的休闲生活、休闲行为、休闲需要(物质的与精神的)密切相关的产业领域,特别是以旅游业、娱乐业、服务业为龙头形成的经济形态和产业系统,一般包括国家公园、博物馆、体育(运动项目、设施、维修等)、影视、交通、旅行社、导游、纪念品、餐饮业、社区服务以及由此连带的产业群。卿前龙认为:休闲产业应被定义为由消费者的休闲消费需求引发的、国民经济中那些生产休闲物品和休闲服务行业的总称,它广泛存在于国民经济三大产业之中,存在于三大产业中的休闲产业部门分别称为休闲第一产业、休闲第二产业和休闲第三产业,其中休闲第一产业和休闲第二产业可以统称为休闲物品业,休闲第三产业也称为休闲服务业。休闲产业是指由消费者的休闲消费需求引发的、以休闲消费者为对象,为满足消费者的休闲需要而生产休闲产品和提供休闲服务的综合性产业群。严格地说,休闲产业是一组与休闲需求相关联的产业群。王琪延认为:休闲产业是指从事休闲产品生产(包括服务)活动的厂商集合。它不仅仅是一个传统意义的产业,而且是与人的休闲消费需求(物质的和精神的)密切相关的产业群或产业链领域,主要包括旅游、娱乐、体育、文化和休闲教育、兴趣爱好、公益活动等以及与此有关的产业。休闲产业的供给情况,直接影响到休闲消费的满足程度。从上述几位学者对休闲产业内涵的理解,可以看出休闲产业是从需求的角度而不是供给的角度对产业概念加以界定的,各国关于休闲产业的界定虽然各不相同,但在产业的实际运行中遵循着基本相同的发展规律,产业所涵盖的领域也大同小异,主要集中反映了以下几个含义:

(1) 休闲产业是由消费者的休闲消费需求引发的产业,是以休闲消费者为对象的产业。

(2) 提供休闲产品的产业。

(3) 休闲产品包括休闲物质产品和休闲服务产品。

(4) 休闲产业是一个业域宽泛的复合产业,包括旅游、文化、娱乐、体育以及相关装备等领域。

二、休闲产业体系构建

从上述对休闲产业内涵的分析,可以看出休闲产业是一个业域宽泛的复合产业,是一个完整的系统,是由不同的产业层次构成的。通过归纳整合,我们可以将休闲产业体系划分为休闲基础产业、休闲延伸产业和休闲支撑产业三个层次。这三个层次产业组合起来,就形成了较为完整的休闲产业体系(图 5-1)。

1. 休闲基础产业

休闲基础产业包括休闲旅游产业、休闲体育产业、休闲文化产业,这个部分构成了休闲产业的主体,是休闲经济的主要组成部分。

(1) 休闲旅游产业。休闲旅游产业是休闲产业的重要组成部分,是以旅游这种方式和活动,提供相关旅游产品和服务来满足人们在休闲生活、休闲行为、休闲消费、休闲需求中的物质需求和精神文化需求的产业业态。旅游是休闲活动的重要实现途径和表现形式,休闲则是旅游活动的根本目标和最终归宿。

(2) 休闲文化产业。休闲文化产业是满足人们休闲消费中的精神文化需求的行业和部门,包括一切以精神文化内容来满足人们休闲需求的服务产品,如游戏产业、娱乐产业、品尝产业、观赏产业、阅读产业、养趣产业等。

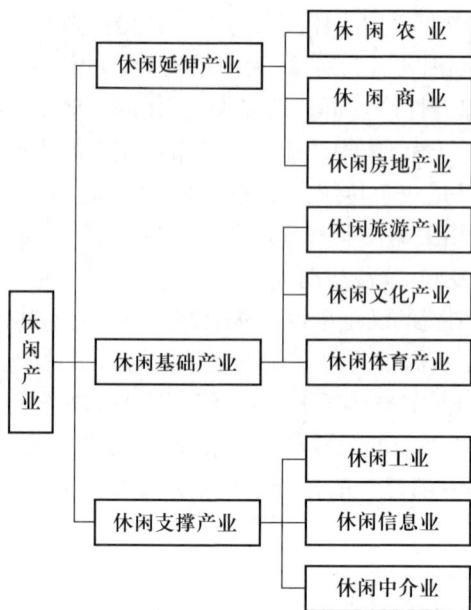

图 5-1 休闲产业结构图

（3）休闲体育产业。休闲体育产业是休闲产业和体育产业的交叉部分，它是以休闲为主要目的，通过体育活动的途径来满足人们在休闲活动中的健身、娱乐、交际等物质需求和精神文化需求的产业。它包括竞赛表演业、健身娱乐业、体育休闲用品业等。休闲体育活动是现代人生活的必需品，其具有从小开始、贯穿始终，户外为主、室内为辅，身动为主、神动为辅，团队为主、个人为辅，参与为主、收获为辅，欢乐为主、成长为辅，社会为主、经济为辅等特点。

2. 休闲延伸产业

休闲延伸产业包括休闲农业、休闲商业、休闲房地产业。这部分产业的发展扩大了休闲消费的外延。

（1）休闲农业。休闲农业是以农业为基础、以休闲为目的的一种休闲形式。随着体系化的发展，休闲农业产生了。从一定意义上讲，休闲农业采取工业化的发展方式，和传统的农村、农业的概念是不同的，其包括"农家乐"、水果蔬菜的采摘、农业大棚的观赏等活动。

（2）休闲商业。休闲商业是指通过商业所提供的产品和服务以及商业活动本身满足人们在休闲生活、休闲行为、休闲消费、休闲需求中的物质需要和精神文化需要的产业领域。主要包括商业区（品尝美食、休息、聊天的区域）、步行街、特色消费店等内容。

（3）休闲房地产业。休闲房地产业是在一般住宅要素基础上，依托项目周边良好的自然生态环境，把房地产和房地产以外的其他产业资源，包括生态资源、旅游资源、健身娱乐资源、益智资源等融合，使居住者有足够的条件充分放松自我，享受休闲生活的产业领域。如高尔夫地产、景观地产、第二居所等。

3. 休闲支撑产业

休闲支撑产业包括休闲工业、休闲信息业、休闲中介业。

（1）休闲工业。休闲工业是指依托现代化大工业生产方式或技术，为休闲需求直接或间接提供服务的产业体系。包括休闲服装、休闲用品、休闲装备等。

（2）休闲信息业。休闲信息业是指为休闲者提供有关信息，并通过相关信息咨询和休闲活动策划来服务休闲消费者的经营性行业，如广播电视媒体、平面媒体、网络媒体、咨询、科研和教育等对休闲的关注和对休闲信息的提供。其以经济利益为诉求，将产品与服务延伸到休闲领域来，从而促进休闲信息产业的形成与发展。

（3）休闲中介业。休闲中介业是指为满足休闲消费者的休闲需求而提供的相关中介服务和中介产品的经营性行业，如旅行社、俱乐部（汽车俱乐部、读书俱乐部、名人俱乐部等各类型的俱乐部）。

三、休闲体育产业内涵及体系

（一）休闲体育产业内涵

休闲体育产业是休闲产业的一个组成部分，即基础产业的一个部分。休闲体育产业的内涵既有与休闲产业交叉部分，又有与休闲产业中其他业域相区别的部分。因此，在界定休闲体育产业的概念时，我们必须考虑这一因素。

根据休闲产业的内涵和体育的自身属性，休闲体育产业可以定义为那些为满足人们休闲体育消费而提供的产品和服务组织的集合。从某种意义上说，休闲体育产业是以满足人们休闲需要为目的的产业。这一概念包括以下几个含义。

（1）休闲体育消费，是人们以支付一定货币的方式购买休闲体育产品，实现满足休闲需求效用的过程。可以理解为满足休闲需求是目的，体育运动是实现目的的手段，支付货币购买效用是一种经济形式。这一点与休闲产业的核心目的是一致的。

（2）休闲体育产品的生产效用是以体育运动为基本方式和手段的，而不是其他，这一点是休闲体育区别于其他休闲方式的本质属性。

（3）休闲体育产业提供的产品具有明确的指向性，即为专门进行休闲体育消费而提供的休闲体育产品。

(4) 休闲体育产业提供的产品包括休闲体育用品和休闲服务。

(二) 休闲体育产业体系构建

休闲体育产业作为休闲产业的一个组成部分,主要由提供休闲体育用品的产业和提供休闲体育服务的产业两大部分构成(图 5-2)。

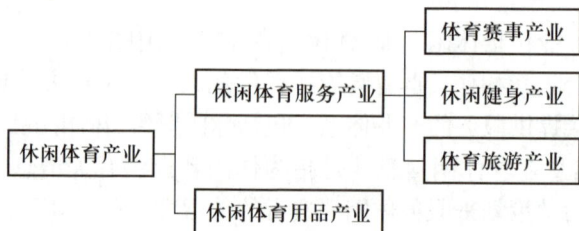

图 5-2 休闲体育产业结构图

休闲体育用品产业主要是指为了辅助休闲体育活动的开展而生产休闲体育设备、设施、服装鞋帽等用品的组织集合。

休闲体育服务产业由体育赛事产业、休闲健身产业和体育旅游产业构成。

体育赛事产业是指那些为了满足人们休闲体育需求,提供体育竞赛表演等观赏型产品的组织集合。

体育旅游产业是指那些为了满足人们休闲需求,提供以体育运动为主要内容的旅游产品的组织集合。

第二节 休闲体育产品

休闲体育产品的生产与经营是休闲体育企业经济活动的重要内容,同时也是休闲体育产业提供给消费者以满足其休闲需求的最基本单位。了解休闲体育产品的性质和特征对发展休闲体育产业,开发休闲体育产品都有着重要的作用。

一、休闲体育产品含义的经济学属性定位

为了正确地把握休闲体育产品的概念,本节将从休闲体育产品的经济学属性出发,重新定位休闲体育产品的概念。从产品的经济学属性来看,判断休闲体育产品的关键在于把握好以下三点认识。

1. 正确认识生产性劳务与非生产性劳务的区别

"生产活动是指提供物质产品和生产性劳务的活动。"生产活动的结果就是生产出有形的物质产品和服务（生产性劳务），因为生产活动是与消费活动相对应的，生产性劳务也是与消费性劳务相对应的。休闲体育活动过程本身并不产生任何物质产品，所以对休闲体育活动"生产性"的探讨就主要落脚在劳务上。也就是说，判断一种休闲体育活动是否是休闲体育产品，关键就在于这种活动是不是提供了某种生产性的劳务。例如竞赛表演，就是运动员为观众生产出比赛这种产品的过程。我们可以认为这种过程是生产性的，所以这种竞赛表演是一种休闲体育产品。再如健身指导，健身教练员为参与健身活动的消费者生产出或提供了科学的健身方法，这也是一种生产性劳务，因而也属于休闲体育产品的范畴。

2. 正确认识生产活动中投入与产出的区别

投入过程和产出过程是生产活动的两个不同环节。投入的物品和劳务在经济学上被称为生产要素，是为生产活动创造条件的，没有投入，生产就不能进行。而产出的物品和劳务则是产品，是生产活动的成果。在休闲体育生产过程中，各种休闲体育用品、体育场馆、体育器械、运动装备、运动服装等，都是为休闲体育活动创造条件的，是休闲体育活动投入的生产要素，而不是休闲体育活动产出的最终产品。因此，不能把它们作为休闲体育产品。如果将投入的生产要素也作为休闲体育产品来看待，不仅会造成投入产出关系上的混乱，而且会造成体育部门产品产值的重复计算。所以，在区分休闲体育产品与非休闲体育产品时，必须注意其在休闲体育生产过程中所处的环节，分清其是投入品还是产出品，以免造成认识上的失误。当前许多对休闲体育产品的认识，就是没有正确把握体育投入品和体育产出品的区别，以至于把休闲体育投入品当作休闲体育产品。

3. 正确认识休闲体育产品与休闲体育产业的联系和区别

产业是生产同类产品的企业总和。生产同类产品并不意味着生产单一产品。一个企业可以生产多种产品，而产业的划分是以其生产的主要产品为依据的。因为不能排除某个产业里的企业生产其他产业产品的可能，所以把一个产业里的企业生产出的所有商品都作为这个产业的产品是不合逻辑的。

二、休闲体育产品的内涵

根据经济学的定义，产品是用于交换的劳动产品。广义上，产品既包括有形的物质产品，也包括无形的劳务产品。

休闲产品是指生产经营者提供的用于满足休闲消费需求的各种物质产品和劳务的总和，既包括各种直接用于休闲消费的物质产品，也包括各种满足休闲消费者休闲需要的休闲项目、休闲设施与休闲活动。

正如休闲体育产业是休闲产业的下位概念一样,休闲体育产品作为休闲产品的一部分,也有其自身的特性。即休闲体育产品是以体育运动为主要资源,经过生产或服务提供给消费者,以满足其休闲需求的产品。

由此,可将休闲体育产品定义为:由休闲体育产业经营者提供给消费者,用于满足其休闲体育需求的各种产品(物质产品和劳务)的总和。

三、休闲体育产品的类型

根据不同的分类标准,可以将休闲体育产品分为不同的类型。根据产品的供给形式,可以将休闲体育产品分为物质型休闲体育产品和劳务型休闲体育产品。劳务型休闲体育产品是满足消费者需求的最终产品。

物质型休闲体育产品是指直接以物质产品的消耗来满足休闲体育消费者休闲需要的产品,如体育设施,运动服装、鞋帽、护具等。

劳务型休闲体育产品可分为参与型休闲体育产品、观赏型休闲体育产品和设施服务型休闲体育产品。

参与型休闲体育产品是指为休闲消费者提供专门化的某项休闲体育服务,满足其运动休闲体验需要的劳务产品。如健身俱乐部、体育旅游、打高尔夫、拓展等。

观赏型休闲体育产品是指为休闲消费者提供高水平竞赛产品以满足消费者欣赏体育竞技需要的劳务产品。如美国男子篮球职业联赛、英国足球超级联赛等各种高水平的职业体育竞赛。

设施服务型休闲体育产品是指凭借各种体育设施向消费者提供服务,以满足休闲消费者需要的服务性产品。如运动场、游泳馆、健身房等(图 5-3)。

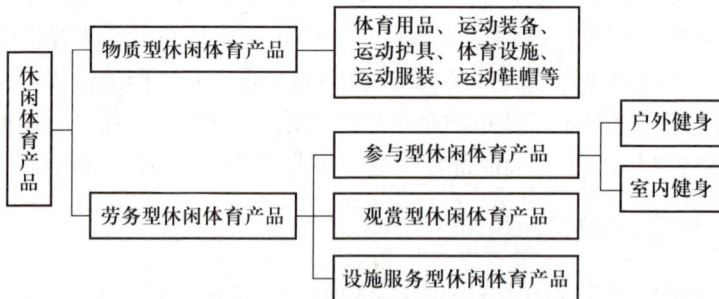

图 5-3　休闲体育产品分类图

四、休闲体育产品的特性

这里所介绍的休闲体育产品的特性主要是指最终满足消费者休闲需求的劳务型休闲体育产品的特性。

（一）休闲体育产品的"无形"与"有神"的统一性

劳务型休闲体育产品与一般劳务产品有着共同的无形性特征，即消费者消费了劳务产品，但并没有获得任何可持有物。也就是说劳务型休闲体育产品不具有可触摸实体，体现的是一种运动形式的使用价值，而非采取实物形式。

劳务型休闲体育产品既具有一般劳务型产品的无形性的共性，又有别于一般劳务型产品。一般绝大多数劳务型产品只是用来满足较低层次的需求，至少不是用来满足精神需求的，如保洁服务、送货服务、零售服务等。而劳务型休闲体育产品则是满足消费者享受与发展高层次的精神文化需求的。因为休闲体育消费主要是心理的、精神的需要，消费者通过消费劳务型休闲体育产品可以获得一种精神的愉悦和满足，如观赏体育竞赛、参与健身活动、体育旅游等。所以说，休闲体育产品是"无形"和"有神"的统一。

（二）休闲体育产品的生产与消费的同时性

与一般劳务型产品一样，休闲体育产品的生产和消费也是同步进行的活动，具有不可分性。休闲体育劳务一开始生产，消费也同时进行，休闲服务在生产出来的同时就被消费了。生产一结束，消费也就宣告结束。

虽然一般性劳务产品的生产和消费是同时进行的，但消费者并不一定在消费现场进行消费，也不一定参与生产过程。消费者的消费其实只是一种服务结果而已，而非其服务的过程。也就是说，消费者不参与生产。如保洁服务、送货服务、零售服务等。

但对于劳务型休闲体育产品来说，消费者必须参与生产过程并与生产互动，否则休闲体育产品的生产无法完成。因此，休闲体育产品生产的整个或主要生产过程都暴露在消费者面前，消费者的消费过程是能动的，生产过程终结，消费者的需要也得到满足。因此，劳务型休闲体育产品能够直接体现其生产与消费的同时性。

（三）休闲体育产品"过程"与"结果"质量评价的一致性

如上所说，与一般性劳务产品相比，劳务型休闲体育产品能够充分体现生产与消费的同时性特征。对于一般性劳务产品来说，消费者主要关注的是"结果质量"而非"过程质量"。但劳务型休闲体育产品的生产与消费的"过程"与"结果"是不可分的，其"过程"既是"结果"，"结果"也是"过程"。消费者既关注"结果质量"，也关注"过程质量"。

（四）休闲体育产品的消费品与投资品的一体性

休闲体育产品是满足消费者精神文化需求的产品。消费者通过消费休闲体育产品,有助于促进自己的身心发展、提高智力水平和健康水平,提高自身对外界刺激的敏感性和身心协调能力,最终提高综合素质。因此,休闲体育消费不仅能带来当前的消费效用,还能给消费者带来未来的回报。它可以给消费者在智力和体力两个方面带来投资效应,通过提高生产率而带来市场上一个更大的产出,最终带来个人生活质量的提高,这还是一个循环过程。其逻辑关系可以如下所示:体育休闲消费—增进身心健康—提高人力资本水平—提高生产率—产出增加—收入增加—生活水平提高—体育休闲消费再增加。因此,从人力资本的角度看,休闲体育产品既是消费品,也可以看作投资品。

第三节　休闲体育消费

休闲体育消费是满足居民享受和发展需要的处于中高层次的消费。休闲体育消费是个人生活消费的一部分,更是现代生活消费中不可缺少的一部分。所以,居民休闲体育消费的水平高低,可从侧面反映出人民的生活消费水平和生活质量,是衡量经济与社会发展水平的一个标尺。休闲体育消费也是休闲体育产业的前提条件。

一、休闲体育消费的概念与类型

（一）休闲体育消费的概念

消费是人类社会经济活动的重要行为和过程。广义的消费包括生产消费和生活消费。休闲体育消费是指生活消费的部分。根据休闲体育与休闲的关系,休闲体育消费是休闲消费的一个分支。

从根本上讲,休闲体育消费是休闲体育产业存在的前提和动力,休闲体育消费的规模、结构、质量和效益决定着休闲体育产业的规模、结构、质量和效益。可以说,研究休闲体育消费对于推动休闲体育产业的发展有着重要的理论意义和现实意义。

从经济学视角可以将休闲体育消费的概念定义为:消费者以货币购买休闲体育产品获得休闲效用的消费行为。这一定义包括三个含义:

（1）强调其经济行为。即消费者通过支出一定货币形式，购买休闲效用。

（2）强调其产品特性。休闲体育消费客体具有休闲体育产品的特性。

（3）强调其终极目标。休闲体育消费的终极目标是满足人们的休闲需求。

（二）休闲体育消费的类型

1. 观赏型休闲体育消费

观赏型休闲体育消费是指类似人们用货币购买各种体育赛事的观看权（如入场券及门票等），通过观看和欣赏达到精神愉悦的休闲目的的各类消费行为。又如通过现场和有线电视等观看各种体育竞赛和体育表演等。

2. 参与型休闲体育消费

参与型休闲体育消费是指人们用货币购买参加休闲体育活动权力和享受相应休闲体育服务的消费行为。参与型休闲体育消费是休闲体育消费的核心内容，也是最能反映休闲体育消费特征的一类消费。包括室内外的休闲体育健身消费和体育旅游消费等。

3. 实物型休闲体育消费

实物型休闲体育消费是指人们用货币购买各种与休闲体育活动有关的物质消费资料的行为。根据物质产品的用途，实物型休闲体育消费主要包括运动服装、运动护具、运动器材、户外休闲运动装备、运动健康食品、运动健康饮料等。

二、休闲体育消费的特征

休闲体育消费与休闲消费具有共性：以充足的时间为前提、以较高的收入水平为基础、以满足享受和发展为主要内容、以体现消费者的个性和风采为主要特征。具体表现为以下几个方面。

（一）有很强的消费自由性

休闲体育的消费具有明显休闲特征，即"自由"。这里的"自由"包括两个含义：其一，人们在自由时间里进行消费；其二，人们自由选择喜好的产品进行消费。人们在休闲中体验到的自由，比在其他一般情况下体验到的自由都更强烈，而且质量更高。

（二）有很强的消费技能性

休闲体育消费是一种技能性消费，消费者必须具有一定水平的消费技能。因此，休闲体育消费能力属于特殊消费能力。在物质消费活动中，一般来说只要拥有产品就能消费。但是休闲体育消费则不同，它具有很高的对于消费能力的要求，即消费者必须具备与休闲体育消费相适应的知识、经验和技能。一个要想得到休闲体育享受的人，他本身必须是一个有一定体育素养的人。比如，你要想从观看一场高水平的足球比赛中得到享受，你就必须对足球的训练和竞赛知识，尤其是裁判规则有相当的了解。另外,消费者休闲体育消费能力不同,即使面对相同的消费对象,不同消费者也会表现出极大差异,这说明体育消费具有明显的层次性。休闲体育的技能越高,对体育项目理解越深刻,休闲体育带来的感受也越明显。反之亦然。在现实生活中,我们经常会发现很多人因为受消费能力的制约而不能消费他们所喜爱的体育产品。

(三)有很强的消费体验性

任何消费都带有体验性的特征,但与一般产品不同的是休闲体育消费体验的过程更长。一般产品只限用于在产品的消费期间,而在消费之前或消费之后,消费者一般不能活动体验,或者即使有体验也只有较弱的体验。而休闲体育消费则不同,消费体验既可能出现在消费之前,也可能延续到消费结束之后。也就是说,人们在享受休闲体育产品时,其体验在准备阶段就开始了,而消费结束后,他仍然可以回味休闲带来的体验。因为,消费一般产品更多的是感受消费结果,而休闲体育消费要体验消费的全过程,甚至在消费结束后,消费体验还将延续一段时间。如看一场精彩的体育比赛,在赛前由于接收到种种信息就可能产生兴奋感;当比赛结束后,赛场上运动员高超的技艺、默契的战术配合等都会给人留下难忘的记忆。

(四)有很强的消费正外部性

科学的、健康的休闲消费方式有很强的正外部性。休闲体育消费是人类社会发展到高级阶段的产物,是人类生存和发展的有效手段,也是社会文明程度的重要标志之一。因此,休闲体育消费带来的正外部性是多方面的。如休闲体育消费可以提高人们的身心健康水平,提高工作效率,降低个人和社会的医疗成本,提高国民素质和文化修养,还有利于舒缓消费者心理压力,调节情绪,甚至有利于促进家庭、单位和社会的和谐等。

三、休闲体育消费结构

休闲体育消费结构是指在总体休闲体育消费过程中所消费的各种不同类型的休闲体育产品(包括体育劳务)之间的关系。休闲体育消费结构反映人们消费的具体内容,反映消费水平和消费质量,反映人们消费需要的满足状况。

以全社会或家庭为单位体来看,近年来体育消费显著增加,消费结构优化升级。目前我国休闲体育消费结构的现状是中青年人与老年人的实物型消费比重远远大于参与型消费和观赏型消费;2020年中青年人与老年人人均体育消费分别为1 758.2元和1 092.2元,与2014年调查相比,分别增长789.8元和588.2元。在消费类型方面,2020年中青年人与老年人实物型消费在体育消费中占比为53.7%,与2014年调查相比,下降25.3个百分点;参与型消费和观赏型消费占比分别为 20.6% 和 7.7%,与 2014 年调查相比,分别提高 13.7 和 2.5 个百分点(图 5-4)。可见体育消费结构发生明显变化,消费倾向逐渐从实物型向参与型和观赏型消费转变。

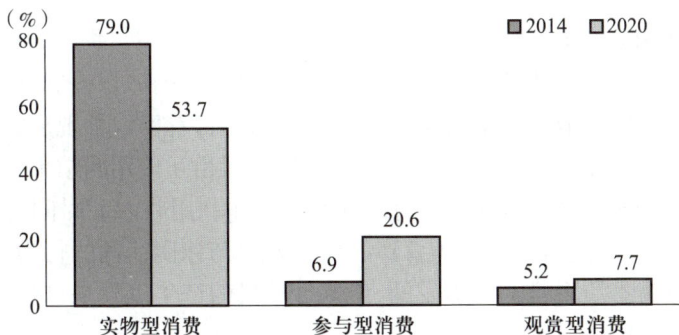

图 5-4　2014 年和 2020 年中青年人与老年人三类体育消费的占比
出处:2020 年全民健身活动状况调查公报

四、休闲体育消费动机与行为

休闲体育消费动机产生于消费者对休闲体育消费的需要。消费者的休闲体育消费行为出自一定的动机,而动机来自消费者自身的休闲体育需要和外在环境的培养。消费者只有有了某种休闲体育需要并期望得到满足,才会产生消费动机,并进而催化消费行为。不同性别、年龄、文化、职业、收入的人,产生的体育消费行为动机有一定的差异。

(一)休闲体育消费动机

休闲体育消费动机是指体育消费行为所要达到的目标,即体育消费的预期目标。我国消费者进行体育消费的目的主要包括以下六种。

(1)健康需求。消费者追求健康的身体和心理,通过购买运动器材,参加健身课程,观看体育赛事等方式,增加身体活动,提高身体素质,预防疾病,保持健康。

(2)娱乐休闲。消费者通过参与体育活动,观看体育赛事或表演等,放松身心,享受运动休闲的乐趣。

(3)社交需求。消费者通过参加体育活动,增加与他人互动的机会,结识新朋友,扩大社交圈子。

(4)审美追求。消费者通过购买运动装备,观看体育比赛等方式,欣赏体育运动的优雅和力量,满足自身审美需求。

(5) 竞技挑战。消费者通过参加体育比赛,接受专业训练等方式,挑战自我,提高技能水平,追求竞技成就,实现自我价值。

(6) 教育投资。消费者通过为孩子购买体育培训课程、器材等,培养孩子的体育兴趣和技能,为孩子的全面发展打下基础。

(二) 休闲体育消费行为

休闲体育消费行为是消费者行为的一种表现,休闲体育消费行为与购买休闲体育产品和服务有直接的关系。如果把休闲体育看作一种现象的话,休闲体育消费行为是休闲主体与影响它的所有变量之间相互作用的结果。因此,可以将休闲体育消费行为定义为:休闲体育参与主体利用收入和时间等条件,为了满足休闲需要,通过购买休闲体育产品而自发参与休闲活动的行为过程。休闲体育消费行为本质上是动机引发的,但这种动机的产生也是来自长期意愿的积累和生活的计划。

休闲体育消费行为既是休闲主体的主观行为,又是休闲主体与休闲客体、休闲媒体之间的互相作用。总之,休闲体育消费行为是满足休闲需要的目标导向性行动,是满足休闲需要的一种艺术与科学。

休闲体育消费行为具有如下八个特点。

(1) 关联性。休闲体育消费行为往往与其他消费行为相关联,如购买运动装备,参加体育培训课程等。

(2) 经济性。休闲体育消费行为需要投入一定的经济成本,包括购买体育器材,参加体育活动等,因此消费者会考虑自身的经济承受能力。

(3) 选择性。休闲体育消费行为具有一定的选择性,消费者可以根据自己的兴趣和需求选择不同的休闲体育活动和消费方式。

(4) 可变动性。休闲体育消费行为可能会受到多种因素的影响,如个人兴趣、健康状况、经济状况等。

(5) 消费自由性。休闲体育消费行为通常具有较强的消费自由性,消费者可以自由选择参与体育活动的时间、地点和方式。

(6) 消费技能性。休闲体育消费行为需要一定的技能和知识,如运动技巧、比赛规则等,因此消费者需要具备一定的学习和实践能力。

(7) 消费体验性。休闲体育消费行为注重消费者的体验感受,如运动带来的身心愉悦、社交互动等,因此消费者会关注体育活动的质量和效果。

(8) 消费正外部性。休闲体育消费行为通常具有积极的影响,如提高身体健康水平,促进社交互动等。

五、休闲体育消费水平

休闲体育消费水平是指一定时期内人均实际消费的休闲体育产品数量。它反映的是大众对休闲体育消费需求的满足程度,即社会生产力和整个国民经济的综合指标。休闲体育消费水平可以用一定的货币数量来衡量。

休闲体育消费水平由休闲体育消费的本质属性决定,休闲体育消费水平实际上就是社会生产力和整个国家经济与社会发展综合指标的表达方式。

衡量休闲体育消费水平的指标主要包括三方面。

(1) 休闲体育消费总额。它用货币表示一定时期内的体育消费的总和,包括个人休闲体育消费与社会公共休闲体育消费和实体型休闲体育产品消费与劳务型休闲体育产品消费等。休闲体育消费总额可以反映休闲体育消费需要满足的程度和总水平。

(2) 参与休闲体育消费的总人口数。它包括已就业人口数和非就业人口总数在内的全体公民。

(3) 休闲体育消费结构。它是指各种体育消费品在体育总消费中的比例和相互关系,可以从不同角度反映居民体育消费被满足的程度。

第四节　休闲体育产业的经济功能

休闲体育产业对国家和社会的发展体现了新兴产业的经济功能,具体表现在如下几个方面。

一、发展休闲体育产业,促进国民经济的增长

休闲体育产业在许多发达国家已经成为在国民经济体系中占显著地位的重要行业之一。

美国商务部经济分析局公布,2021 年户外休闲行业的增加值为 4 540 亿美元,较 2020 年同比增长 24.7%,占 GDP 的 1.9%,2022 年达到了 1.1 万亿美元的经济产出,占 GDP 的 2.2%。其连续六年发布户外休闲行业的国家级和州级数据显示,户外休闲行业对于促进美国经济繁荣发展有着至关重要的作用。2023 年底,美国芝加哥的市场研究和商业咨询公司 Maximize Market Research 发布报

告称,阿迪达斯、哥伦比亚等公司主导的户外服装细分市场 2022 年的销售额为 157 亿美元,并将以 5.45% 的稳定速度增长,至 2029 年期间市场价值或将达到 228 亿美元。可见户外休闲活动不仅丰富了美国国民的生活,更是很多地方社区就业、地方经济、国民经济的中流砥柱。

从足球、板球、橄榄球到网球、高尔夫球,英国拥有世界上最有声望的职业体育赛事。世界四大会计师事务所之一的德勤在 2022 年 8 月发布的报告显示,英超联赛在 2021—2022 赛季的总收入为 60 亿英镑(507.55 亿元人民币),占五大联赛总收入的 45.5%。在转播版权收入方面,2023 年 12 月 5 日,英超联赛宣布了一项总价值 67 亿英镑(约 600 亿元人民币)的全新本土转播协议,这份协议创造了英国体育媒体版权及世界足坛的新纪录。

市场调研预计,到 2025 年,英国运动品类销售额将达到 95 亿英镑规模。从运动休闲市场的细分品类来看,在未来三年,运动服装类产品中,预计女装在预测期内的增长率最高;预计运动鞋类在预测期内以超过 4% 的复合年增长率增长,到 2025 年将达到 50 亿英镑以上的价值;预计以手袋、太阳镜、帽子等为代表的运动配饰类别在预测期内以超过 9% 的复合年增长率增长,到 2025 年将达到 9.7 亿英镑以上的价值。

2009 年到 2014 年,澳大利亚体育产业经济增长强劲,产业的年均增长率为 3.2%,2014 年创收达到 146 亿澳元。波士顿咨询集团《2017 回顾澳大利亚体育代际》的报告显示,体育基础设施建设与体育赛事活动每年投资总额超过 120 亿澳元,这为该国带来 390 亿澳元的经济效益,占澳大利亚国内生产总值的 2%~3%。在这一经济活动中,总雇佣人数约 22 万,还有 180 万的志愿者每年提供 1.58 亿小时的志愿服务,相当于近 9 万全职人员与 30 万澳元的经济价值。而据统计,来自体育产业的生产力和志愿者服务带来的直接经济价值每年约为 500 亿澳元。2009—2010 年澳大利亚家庭在体育健身休闲娱乐方面平均每周约花费 18.94 澳元,在体育健身休闲产品上的总支出约是 8 293.8 万澳元,占澳大利亚家庭所有支出的 1.5%。

2022 赛季日本职业足球联赛(简称 J 联赛)的总观众人数约为 438 万人次。与新冠疫情前同时期相比,这一数字明显下降,疫情前总观赛人数可超过 1 000 万。2021 年日本 J 联赛各层级联赛的赞助商收入为 J1 甲组 392.4 亿日元,J2 乙组 186.2 亿日元,J3 丙组 45.4 亿日元。2022 财年日本职业足球联赛(J.League)各球队的年度总收入为 J1 甲组 875.5 亿日元,J2 乙组 380.2 亿日元,J3 丙组 120.2 亿日元。

2018 年韩国体育白皮书数据显示,韩国全民体育俱乐部有 115 303 个,会员人数达 5 579 640 人,占总人口的 10.8%。韩国 2022 年体育联赛的观众总数为 802 万人,比 2021 年(212 万人)增长 277%,其中职业棒球的上座率同比增长 300%,职业足球同比增长 205%。2021 年韩国 K 联赛净利润 11.59 亿韩元,2022 年达到 16.19 亿韩元,而 KBO 联赛门票收入 2022 年达到了 900.4 亿韩元。

这些数据表明休闲体育产业已经成为各发达国家经济中不容忽视的部分,为经济发展提供了一个充满活力的增长点。

二、发展休闲体育产业增加就业机会,减少失业人口

从经济学角度讲,一个国家不管发展得怎样,只要有较高的失业率,大批的工人靠救济生活,就不能说该国的经济发展态势良好。而发展休闲体育产业可以促进消费,有利于解决失业问题,对经济有极大的促进作用。2014 年,澳大利亚体育行业中有 9 030 项运营业务,雇佣 107 256 人,总共花费约 42 亿澳元的工资。就业人数从 2011 年开始增长,比 2006 年上升了 21%。2022 年美国户外休闲活动提供了 498 万个就业岗位,占美国雇员的 3.2%。《高尔夫影响报告 2023》(Golf Impact Report 2023)显示,美国高尔夫经济规模 2022 年达到 1 017 亿美元,提供 165 万个就业岗位,工资福利加起来约 801 亿美元,向政府交税约 296 亿美元(约合人民币 2 000 亿元)。休闲体育产业在欧洲的总产值占 GDP 的 2.5%,创造了超过 1 000 万个就业机会。

三、发展休闲体育产业是进行人力资本投资的重要形式

参与休闲体育活动,可以促进人们的身心发展,提高智力水平和健康水平,提高对外界刺激的敏感性和身心协调能力,最终提高人的综合素质。休闲体育消费不仅能带来当前的消费效用,还能给消费者带来未来的回报,即在智力和体力两个方面带来投资效应。休闲体育活动不仅提高了工作的效率,还降低了旷工率,提高了出勤率。加拿大著名的体育专家奥帕茨指出:事实证明,身体健康的群体比身体不健康的群体少受伤,而且具有更高的工作效率。

英国健康促进局(UKHPA)《2022 年体育活动与健康工作关系研究报告》指出,定期参与体育活动的员工旷工率比不参与体育活动的员工低 25%。研究还显示,体育活动参与者因健康问题导致的缺勤天数比不参与者少 3 天 / 年。澳大利亚的一项研究估计,通过增加社区身体活动,每年可以减少医疗费用 14.9 亿澳元。体育志愿者贡献的劳动力价值约 40 亿澳元(Frontier Economics,2010)。德国经济研究所《2023 年体育活动对企业经济效益的影响研究》显示:通过实施体育活动和健身课程,企业发现员工的工作效率提高了 10%。报告估算,通过减少员工健康问题带来的经济损失,企业每年可以节省大约 5% 的总运营成本。

参加休闲体育活动,可以提高健康水平,降低患病率,同时也减轻了国家负担,节约了医疗开支,对国民经济作出了重要贡献。"一项研究表明,在运动健身中多投入 1 块钱,就可在医疗中减少 7 至 8 元支出。"2014 年英国员工共请假 1.3 亿天,造成约 320 亿英镑的经济损失,同时英国国家医疗服务体系(NHS)为员工支付的治疗费用超过了 400 亿英镑。而英国全职雇员常见的病假是由他们日常运动量极少造成的。世界卫生组织发布《2022 年全球身体活动状况报告》称,81% 的青少年及 27.5% 的成年人运动量不达标,缺乏运动将带来高额代价。

四、发展休闲体育产业促进关联产业发展,拉动消费需求

休闲体育产业是关联面很广的上游产业,与许多行业具有较强的产业关联度。根据著名的经济学家瓦西里·里昂节夫所创立的部门关联模型(借此模型,通过分析计算部门间产品直接及多次间接互相消耗关系,可以计算国民经济各部门的产业关联度),美国经济学家推算出休闲体育行业与其他部门的产业关联度,休闲体育产业的发展将带动与其相关的产业的发展。在美国经济结构现存的 42 个部门中,休闲体育产业的关联度被列为第 8 位。休闲体育产业的产业关联度不仅表现在该产业与其他产业的直接与间接的消耗关系上,更表现在该产业与其他行业边缘交叉上。人们对休闲体育的多样化需求很难通过单一的休闲体育产业来满足,还需依赖其他与休闲体育产业相关联的产业,如纺织、机械、建筑、电子、营养品、食品等制造业,以及旅游、保险、博彩、新闻媒体等服务业。

五、发展休闲体育产业促进产业结构调整和优化

休闲体育产业属于较高级的消费需求,它的兴起必然会引导人们对休闲服务产生更多样化的需求。为了适应人们的多样化需求,一些新的产品或服务必然被提供,从而带来服务业内部供给结构的一系列变化,催生一些新的产业和部门,使得一个国家产业结构不断由低级向高级演进,最终改变传统的产业结构。因此,随着休闲体育产业的兴起、规模的逐渐扩大、产业能力的提高,将会增加其在服务产业内部的比重,从而改善产业结构。

第五节　我国休闲体育产业发展趋势

党的十八大以来,我国经济发展不断转型升级,国务院、国家体育总局发布了一系列发展我国服务业、旅游业、休闲业和体育产业等的指导性文件,如《国务院关于促进健康服务业发展的若干意见》(国发〔2013〕40号)、《国务院关于促进旅游业改革发展的若干意见》(国发〔2014〕31号)、《国务院关于加快发展体育产业促进体育消费的若干意见》(国发〔2014〕46号)、《国务院办公厅关于加快发展健身休闲产业的指导意见》(国办发〔2016〕77号)、《体育产业发展"十三五"规划》《"健康中国2030"规划纲要》《国务院办公厅关于印发体育强国建设纲要的通知》(国办发〔2019〕40号)、《国务院办公厅关于促进全民健身和体育消费推动体育产业高质量发展的意见》(国办发〔2019〕43号)、《"十四五"体育发展规划》《户外运动产业发展规划(2022—2025年)》等。这些文件的发布为我国休闲体育产业的快速发展提供了政策保障,在全国范围内,休闲体育产业得到各级政府和相关企业的高度重视,成为新时期的投资热点。在此背景下,我国休闲体育产业发展出现以下几个趋势。

一、休闲体育产业产值仍将保持高速度增长

随着我国经济政策的调整、经济社会的稳定发展和人民生活水平的不断提高,人们对高品质生活的追求日益凸显,休闲体育逐渐成为城乡居民生活的组成部分,休闲体育消费也逐渐成为生活消费的一部分。随着政策的出台和各级政府对休闲体育的重视,很多投资机构看好休闲体育产业这一新领域,使得休闲体育产业融资渠道进一步拓宽,并在原有基础上将与资本相结合,使休闲体育业进一步扩大规模,成为国民经济发展中新的增长点。在中国休闲体育井喷式的发展趋势下,休闲体育消费将达到体育消费的70%左右。而消费必将促进休闲体育产业的发展,预测到2025年中国休闲体育产业的规模将达到3.5万亿元人民币。这种巨大的消费潜力将成为推动体育产业未来发展的重大引擎。根据2021年全国体育产业总规模与增加值数据公告,从增长速度看,随着全民健身和体育竞赛活动的有序恢复,叠加2020年基数较低因素,体育产业实现较快增长。与上年相比,体育健身休闲活动增加值增长21.1%。

二、休闲体育产业产品与服务进一步转型升级

随着"供给侧结构性改革"的持续深化,休闲体育"供给侧结构性改革"进

入快速发展阶段,休闲体育的发展理念、发展方向也向着交叉融合的方向发展。休闲体育消费从传统型消费向新型消费升级,从物质型消费向服务型消费升级,从生存型消费向发展型消费升级。休闲体育市场将提供多样化的休闲体育产品。休闲体育服务业的快速发展,将进一步带动休闲体育装备的消费,如休闲装备、服装鞋帽等。与此同时还将提供满足居民消费需求的如探险性、时尚型、传统型等新型体验性体育休闲产品和高水平赛事等娱乐性体育休闲产品。

三、休闲体育产业结构进一步优化

随着我国社会主要矛盾发生重大转变,人民群众的需求已从生存型需求向发展型、生活型需求转化,休闲体育产业显示出了蓬勃的发展势头。消费的升级推动了休闲体育产业结构的优化和升级。休闲体育服务业在整个产业中增加值比重将进一步扩大,休闲体育项目也不再局限于传统的篮球、羽毛球、乒乓球、太极拳、健身操、跑步等,而是朝着多元化、个性化的方向发展,如休闲体育旅游业、户外运动业、高尔夫产业、冰雪业等新业域,以及电子竞技、飞盘、攀岩、皮划艇、漂流等新兴运动越来越得到消费者青睐,满足了不同消费者的需求,并为休闲体育产业带来了更广阔的发展空间。

四、休闲体育消费规模进一步扩大

随着消费者逐渐认可休闲体育的价值,他们参与体育活动的频率也在逐渐提高,越来越多的人开始将休闲体育作为日常生活中的一部分,定期参与各种休闲体育活动。这不仅提升了个人身心健康水平,也进一步促进了休闲体育消费市场的繁荣。随着消费水平的提高,消费者对休闲体育的投入也在逐渐增加,他们愿意为更高质量的或者个性化的休闲体育服务以及更先进的体育设施付出更多的消费。在休闲运动项目方面,为了满足不同消费者的需求,休闲体育市场提供的服务项目也在不断增加,无论是传统的项目如篮球、足球,还是新兴的时尚运动项目如户外休闲运动、匹克球、普拉提等,都吸引了大量的消费者,为休闲体育消费市场规模的扩大提供了有力的支撑。此外,随着5G、互联网、人工智能等新一代信息技术与休闲体育产业的跨界融合,休闲消费方式也在不断创新。线上健身课程、虚拟现实体验等新兴消费方式的出现,为消费者提供了更多便捷、个性化、多样化的体育服务,同时也为休闲体育消费市场的未来发展开辟了新的道路。

五、户外运动产业将成为休闲体育产业的新蓝海

随着全民健身与全民健康的深度融合,户外运动逐渐成为大众喜闻乐见的

运动方式。据《户外运动产业发展规划(2022—2025 年)》调查,近几年我国参与户外运动的人数不断增加,截至 2021 年底,全国户外运动参与人数已超过 4 亿人,各类户外运动俱乐部、协会组织迅速增加。我国户外休闲产品体系日趋完善,基本形成了覆盖水陆空的户外运动产品,如登山、徒步、定向、潜水、滑雪、皮划艇、滑翔伞等一大批户外运动项目蓬勃发展。户外运动场地设施也逐渐完善,滑雪场、山地户外营地、汽车自驾运动营地、攀岩场地、健身步道等户外活动场地大幅增长。支持户外运动产业发展的政策不断出台,国务院先后印发了《关于加快发展健身休闲产业的指导意见》《关于促进全民健身和体育消费推动体育产业高质量发展的意见》等政策文件,体育总局会同发展改革委等部门出台了山地户外、冰雪、汽车摩托车、马术、航空、水上、马拉松等户外运动产业规划,政策体系的不断健全为户外运动产业的发展提供了强有力的保障。现阶段,我国已进入"十四五"时期,以国内大循环为主体、国内国际双循环相互促进的新发展格局将进一步激发户外运动产业发展活力;5G、互联网、人工智能、区块链等新一轮科技革命将助推户外运动产品创新和服务升级,增强户外运动产业发展的动力。2023 年,国家体育总局、国家发改委等五部委印发了《促进户外运动设施建设与服务提升行动方案(2023—2025 年)》,提出"到 2025 年,推动户外运动产业总规模达到 3 万亿元",在推动户外运动产业绿色发展、加强户外运动场地设施建设、提升户外运动服务供给质量等方面为户外运动产业发展奠定了坚实的政策基础。

六、数字经济将为休闲体育产业进一步赋能

随着物质生活条件的不断提升、闲暇时间的增加,以及创新需求的凸显,人们对休闲体育消费个性化的诉求更加强烈。数字经济时代,人们不仅需要物质消费,更加需要精神消费。个性化消费需求的日益增加,推动形成了多元化的休闲体育需求态势,成为由数字经济带来的重要的休闲方式变革。基于大数据,消费者的诸多休闲体育消费需求都能被商家捕获,商家通过各类营销手段、信息推送、产品优化等方式与消费者进行接触和沟通,并不断调整应用的算法和模式,从而为消费者推荐和提供个性化的休闲体育产品,使得休闲体育产业决策链向精准化、智能化、高效化方向转变,最终发展出巨大的商业价值。

新疆露营
旅游

哈尔滨冰雪
旅游

海南体育
旅游

贵州"村超"
旅游

七、休闲体育产业专业人才需求进一步扩大

　　人才是产业创新的活力,随着人们生活品质的提升、健康观念的增强以及休闲体育产业的快速发展,复合型、应用型休闲体育产业经营管理人才将成为新的需求热点,休闲体育专业人才培养也将更加受到重视。我们应以市场为导向,加大人才培养力度,为休闲体育产业的持续健康发展提供有力保障。

思 考 题

1. 如何理解休闲体育产业的内涵与体系构成。
2. 简要说明休闲体育产品的内涵与特性。
3. 简要说明休闲体育消费的内涵与特性。
4. 简要说明休闲体育产业的经济功能。

第六章

体育旅游

》 章前导言

　　2024 年 5 月,习近平总书记对旅游工作作出重要指示,强调"着力完善现代旅游业体系,加快建设旅游强国,让旅游业更好服务美好生活、促进经济发展、构筑精神家园、展示中国形象、增进文明互鉴"。21 世纪以来,体育旅游成为当今世界体育和体育经济领域发展得最为亮眼的领域之一。我国国土辽阔,自然环境复杂,气候多样,具备世界上几乎所有的自然类型和景观,为多样化的体育旅游提供了丰富的环境基础。同时,我国有延续 5 000 多年的文明史,形成了多样的历史文化和人文景观,特别是民间体育活动,历史悠久、内容丰富,是文化与体育发展的宝库,为体育旅游提供了极为宝贵的应用场景。体育旅游是新时代体育、休闲、旅游和文化的有机结合。多类多元的体育文化资源、丰富多彩的运动项目、珍贵富饶的自然文化景观,以及遍及大江南北的名胜古迹旅游资源等因素的多重融合,使得体育旅游前景无限。

第一节 体育旅游的产生与发展

体育旅游是体育产业的重要组成部分,是休闲体育的重要载体,同时也是旅游业发展过程中的新形态和新的经济增长点。文化和旅游部、国家体育总局在《关于大力发展体育旅游的指导意见》中指出:"体育旅游是旅游产业和体育产业深度融合的新兴产业形态,是以体育运动为核心,以现场观赛、参与体验及参观游览为主要形式,以满足健康娱乐、旅游休闲为目的,向大众提供相关产品和服务的一系列经济活动,涉及健身休闲、竞赛表演、装备制造、设施建设等业态。"体育旅游从其实质及主要活动内容来看,均属于社会休闲活动的范畴。

一、国外体育旅游的发展

发达国家由于在经济发展的程度与水平方面领先于发展中国家,因此率先进入休闲社会。休闲社会的特征是注重休闲产业的发展、人们生活方式的转变、休闲活动的自由性、主体性和发展性,以及休闲成为寻找人生意义的重要途径等。体育旅游是休闲社会生活中的重要内容。体育旅游与其他休闲活动一样,强调人类生活从休养生息转为全面发展,从以满足生存需要为主转为以实现人生价值、享受精神需要为主的转变。由于体育旅游不同于一般意义的旅游,是对传统旅游的概念升级、内容充实以及对身体体验的新的创新和发展,因此休闲旅游广受世界各国人民的喜爱。

当前,体育休闲旅游在发达国家,尤其是欧美国家,持续快速地发展,呈现出巨大的市场潜力。举例来说,美国每年与体育相关的旅游市场价值可达到445亿美元。美国的四大职业联赛(MLB、NFL、NBA、NHL)对体育旅游的发展起到了重要推动作用。英国每年吸引超过300万人参与高尔夫球旅游。瑞士作为被誉为"欧洲屋脊"的国家,每年接待的国外滑雪旅游游客数量超过1 500万人。德国每年有超过200家旅行社积极组织自行车旅游活动。国外体育旅游业的蓬勃发展为这些国家创造了巨额收入,推动了国家经济的快速增长。这些国家将体育旅游视为高收入、高产出的旅游项目,积极支持体育休闲旅游的发展。同时,亚洲国家也高度重视体育休闲旅游的开发,如韩国和日本积极开发以滑雪为特色的体育休闲旅游项目,吸引大量国外游客。现代休闲生活离不开旅游和体育,而体育与旅游结合所产生的体育旅游又丰富着现代休闲生活的内容。体育旅游业在全球的发展是不争的事实,据《海南省国家体育旅游示范区发展规划(2020—2025)》中的数据:目前发达国家体育旅游收入约占旅游总收入的

25%,42% 的旅游日程是与体育有关的活动。作为国外体育旅游发展的经典案例,如新西兰皇后镇、法国沙木尼、波兰坎皮诺斯国家公园等都有发展时间比较长、运作模式和整个生态形式相对较为成熟的特点,为世界各国体育旅游发展都提供了很好的经验。

从人类发展史的角度来看,体育与旅游从来都不是分离的,有体育活动和赛事,就有人的流动和追捧。从古代奥运会到现代奥运会,无不如此。如今,伴随着人类社会的进步、文明程度的提高,体育旅游作为当今人们最惬意、最享受的生活方式之一,不仅使人得到了心灵上的愉悦和快感,而且成为带动体育消费,促进体育产业发展的重要载体。体育旅游在世界上经济发达国家中的 GDP 占比也有较大的份额,是整个社会服务业中重要力量。

二、国内体育旅游现况

体育与旅游并不是完全割裂的概念,我国各大地区均有自身的体育休闲特色,如东北的冰雪、华东的海洋、西南的山地、西北的草原……各地都在深入挖掘将自身的自然环境与体育运动相结合的旅行玩乐资源和赛事。我国国土辽阔,历史悠久,民族众多,体育文化底蕴深厚,有着丰富的体育旅游资源,所以在开发不同类型的体育旅游产品方面拥有巨大潜力。近年来,随着社会经济的发展和人们生活水平的提高,旅游业得到了快速发展,体育旅游在我国各地均得到重视并有一定程度的开发。例如海南岛的独特的生态环境和地理位置,使海南成为发展体育旅游的理想选择。海南岛的"亲水运动季""沙滩运动嘉年华"两个品牌体育旅游活动已深入人心,声名远扬,具备日益扩大的影响力,有效提升了民众的幸福感和获得感。近年来,海南成功举办了一系列高水平、高规格的国际和国内赛事,包括第六届运动会、中超联赛、杭州亚运会帆船项目选拔赛、第十四届全运会冲浪比赛、国际汽联电动方程式锦标赛以及克利伯环球帆船赛。这些赛事不仅为优秀运动员铺就了通向冠军的道路,还通过推动旅游消费,促进了体育旅游示范区的发展。在三亚、万宁等市县,体育旅游收入已占到旅游总收入的三分之一,这进一步巩固了海南作为体育旅游目的地的地位。可见体育旅游已成为旅游业的新经济增长点,为海南的经济发展注入了新的活力。

再如,近年来,吉林省的冰雪旅游如火如荼。据报道,自 2023 年开办以来,吉林省的旅游人次同比去年增长了 173.0%。这一增长主要得益于滑雪运动对吉林省冰雪旅游产业链的持续推动。超过 50% 的游客在滑雪的同时还参与了相关的旅游活动,而超过 30% 的游客选择了 2 天以上纯滑雪行程的产品。此外,泡温泉、品尝美食和雾凇漂流等项目也成了吉林省"滑雪 +"旅游中备受热捧的项目。

体育和旅游的结合，已经在"长三角"产生了连锁的"聚金效应"。无论是观摩竞技比赛，还是开展登山、攀岩、漂流、蹦极等健身休闲活动，方兴未艾的"体育旅游"已经成为长三角旅游经济的新引擎。在人均 GDP 超过 1.8 万美元的长江三角洲地区，人们越来越注重生活品质，各种健身休闲活动日益流行，高尔夫球、游艇等高端项目更令不少外地游客慕名而来。

位于中国西南的贵州，以其独特的山地地貌和丰富多样的民族文化而闻名于世。这里是一片多民族文化和谐共存的乐土，形成了一个引人入胜的"文化千岛"。贵州省总面积的 92.5% 被山地和丘陵所覆盖，这些山地和丘陵塑造了壮丽的山峰、峡谷、天坑、石林和溶洞，使得这里成为进行攀岩、登山、徒步、骑行、露营、溯溪、洞穴探险、滑翔伞低空飞行等活动的理想之地，被誉为户外运动的天堂和体育旅游的胜地。截至 2023 年 9 月，全省已建成汽车露营基地 100 个、生态体育公园 104 个，创建 34 个城镇体育旅游示范基地、12 个体育特色小镇、32 个景区体育旅游示范基地、11 条体育旅游黄金线路，获批国家级体育旅游示范基地 3 个、全国黄金周假日体育旅游精品线路 10 条、国家体育旅游精品项目 105 项（次），并被授予了 24 个体育旅游示范县、40 个体育旅游示范点。

位于新疆维吾尔自治区南部的阿拉尔市塔克拉玛干沙漠之门旅游景区以体育为抓手，在容易令人审美疲劳的沙漠中玩出诸多新花样。沙漠汽车赛事、沙漠康养、沙漠低空飞行等活动举办得如火如荼，中国环塔（国际）拉力赛、阿拉尔市"塔克拉玛干·沙漠之门"越野挑战赛已入选国家体育旅游精品赛事。人们在速度与激情中收获了沙漠带来的另类体验。目前，体育和旅游的结合越来越紧密，体育盛会同时也是旅游盛会，而且影响深远。像奥运会、世界杯足球赛这样重大的世界性体育赛事在举办期间，举办城市都会迎来滚滚的游客潮。如内蒙古每年都要举行的那达慕大会，汇集了摔跤、赛马、射箭等诸多民族传统体育赛事，吸引了无数外地游客观赏；还有环青海湖国际公路自行车赛这样的高原赛事，也会让游客不远万里前往观瞻，高原湖泊展现给游客的不再是静谧的美，而是速度与力量的运动美。利用各地的资源优势，走独具特色的休闲体育旅游产业的发展道路，沿海地区打海洋牌，东北地区打冰雪运动牌，西北地区打登山探险牌，中部地区打休闲露营牌等策略成为了我国各地体育旅游的发展途径。

第二节　体育旅游的内容与资源

我国国土辽阔,自然环境复杂、气候多样,具备世界上几乎所有的自然类型和景观,为多样化的体育旅游提供了丰富的环境基础。同时,我国有延续5 000多年的文明史,形成了多样的历史文化和人文景观,特别是民间体育活动,历史悠久、内容丰富,是文化、体育、旅游发展的宝库,为体育旅游提供了极为宝贵的应用场景。

一、体育旅游的主要内容

体育旅游的内容丰富多彩,活动形式灵活多样,主要内容如下:

1. 体育文化旅游

体育文化旅游是一种将体育活动与旅游、文化相结合的新兴产业形态,它以体育运动为核心,结合现场观赛、参与体验及参观游览等形式,满足人们健康娱乐和旅游休闲的需求。体育文化旅游不仅丰富了旅游产品体系,拓展了旅游消费空间,还促进了旅游业的转型升级,并推动了体育产业提质增效。

2. 景区体育旅游

景区体育旅游是一种将体育活动与旅游景区相融合的新型旅游方式,不仅能够满足人们对健康生活的追求,还能提供丰富的旅游体验和身体运动体验。

3. 体育观光与体验旅行

目前国内外以体育观光与体验旅行为目的的旅游项目十分丰富。骑行、房车露营等成为新的热点。参与者在享受运动乐趣的同时,还能够积极探索新的地方和文化。这种旅行方式不仅能够提供身体锻炼的机会,还能让旅行者体验到不同地区的自然美景和人文特色。

4. 群众性体育赛事旅游

例如宁夏沙坡头的沙漠徒步大会、内蒙古的那达慕赛事、贵州的"村超""村BA"以及各种各样为群众喜闻乐见的赛事等。群众性体育比赛旅游往往结合体育赛事和旅游活动的体验,通常包括观看体育比赛和探索举办地的文化、历史和自然景观等活动。这种旅游方式可以让游客在享受体育赛事的激情和紧张的同时,也能深入了解当地的风土人情。

从我国体育旅游重点发展内容的角度,可做如下分类(表6-1):

表 6-1　我国体育旅游重点发展内容

重点内容	产品举例
冰雪体育旅游	速度滑冰、花样滑冰、冰壶、越野滑雪、高山滑雪、雪橇运动、花样滑雪等
山地户外旅游	登山、越野、徒步、攀岩、露营等
水上运动旅游	游泳、龙舟、帆船、铁人三项等
汽车摩托车旅游	汽车拉力赛旅游、骑骆驼旅游等
航空运动旅游	热气球旅游、航空体育挑战赛、滑翔伞等
观赛型体育旅游	观赛奥运会旅游、观看亚运会旅游、观看足球世界杯旅游等
刺激体育旅游	高山探险、森林探险、草原穿越、沙漠穿越、秘境探险等

二、体育旅游的特点

体育旅游是一种将体育活动与旅游相结合的休闲方式，目前已经进入到一个新的发展时期。主要具有以下特点：

1. 参与性与体验性

体育旅游强调参与者的亲身体验，游客可以参与到各种体育活动中，如徒步、骑行、滑雪等。体育旅游有助于提高参与者的身体素质和健康水平，是一种积极的休闲方式。通过体育活动，人们可以锻炼身体，增强体质。与传统旅游相比，体育旅游更加注重身体的体验和对运动的享受。随着体育旅游的发展，旅游消费者对"体验"的需求也空前高涨，体验式体育旅游应运而生。它以一定的旅游资源和体育资源为基础，通过提供健身、娱乐、休闲、交际等各种方面的旅游商品与服务，使旅游者在参与过程中获得更多快乐和独特的体验，展现体育旅游的魅力。

2. 多样性与选择性

体育旅游活动种类繁多，包括水上运动、山地运动、球类运动等，因此体育旅游可以满足不同人群的需求。人们可以根据自己的兴趣和偏好选择适合自己的旅行方式，既可以通过观赏体育赛事来感受体育的魅力，也可以通过参与体育运动来锻炼身体。体育旅游不仅可以让人们享受体育活动带来的快乐，还可以增加旅行的内容丰富度。体育活动和旅行相结合，能够让人们在旅行中获得更多的乐趣和回忆。

3. 季节性与地域性

某些体育旅游活动受季节影响较大，如冬季的滑雪、夏季的水上运动等。

体育旅游往往与特定的地理环境和文化背景相结合,如山地地区的攀岩活动、沿海地区的冲浪活动等。

4. 社交性与教育性

体育旅游可以增进人与人之间的交流与合作,特别是在团队运动中,体育旅游能够促进不同地区和不同文化背景下的人之间的交流和沟通。通过观看和参与体育活动,人们可以与其他的体育爱好者分享彼此的体验,增进友谊和了解。同时,通过参与体育旅游,游客可以学习到相关的体育知识和技能,有助于提高安全意识。

5. 消费性与经济性

体育旅游可以影响参与者的消费观念。体育消费有助于带动当地经济发展,促进就业,增加旅游收入。与传统旅游相比,参与体育旅游所需的成本费用较高。例如,在参与体育旅游活动之前,人们需要大致了解和掌握相关的知识,需要学习专门技术,这就需要人们进行一定的专业培训和专门的训练;其次,许多体育旅游项目需要有专用服装、工具和设备等,这些用品的购置成本费用较高;在参与体育旅游活动的过程中,游客往往需要雇用专业导游或专职教练,在团队活动时还需要聘请有经验的专业向导、顾问和医生等;此外,由于体育旅游的高风险性,参与者需要有特别的防范措施,如购置防护装备和意外保险等。

6. 环保性与文化性

体育旅游强调人与自然环境的和谐共处,倡导环保意识,因此,体育旅游也被称为绿色体育。体育旅游过程中往往融入当地文化元素,让游客在参与体育活动的同时,也能体验和了解当地的文化特色。

综上所述,体育旅游具有丰富多样的特点。无论是观赏体育赛事,还是参与体育活动,都能让人们在旅行中获得独特的体验和快乐。体育旅游是一种有益于保持身体健康,增进交流和提升旅行品质的旅游方式。

三、我国体育旅游资源

1. 我国的旅游资源定义

文化和旅游部、中国科学院地理研究所制定的《中国旅游资源普查规范》指出:旅游资源是自然界和人类社会,凡能对旅游者有吸引力、能激发旅游者的旅游动机,具备一定旅游功能和价值,可以为旅游业开发利用,并能产生经济效益、社会效益和环境效益的事物和因素。

2. 体育旅游资源

旅游资源是旅游业发展的重要条件,也是发展体育旅游的必要前提。休闲体育旅游业还是一个新兴产业,与传统的旅游资源相比,其内容和构成要素上都要复杂得多。下图是中国科学院地理研究所王英杰教授研究的体育旅游资源的空间认知与内涵示意图(图6-1)。

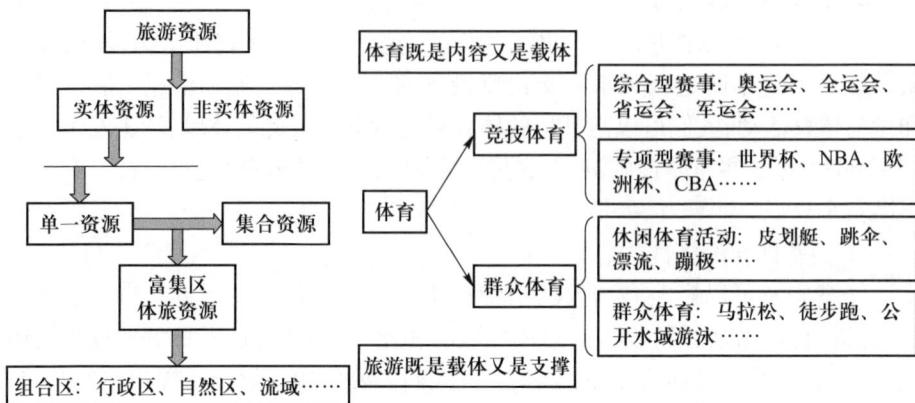

图6-1 体旅资源的空间认知与内涵

文化和旅游部、国家体育总局《关于大力发展体育旅游的指导意见》指出:体育是发展旅游产业的重要资源,旅游是推进体育产业的重要动力。大力发展体育旅游是丰富旅游产品体系、拓展旅游消费空间、促进旅游业转型升级的必然要求,是盘活体育资源、实现全民健身和全民健康深度融合、推动体育产业提质增效的必然选择,对于培育经济发展新动能、拓展经济发展新空间具有十分重要的意义(图6-2)。

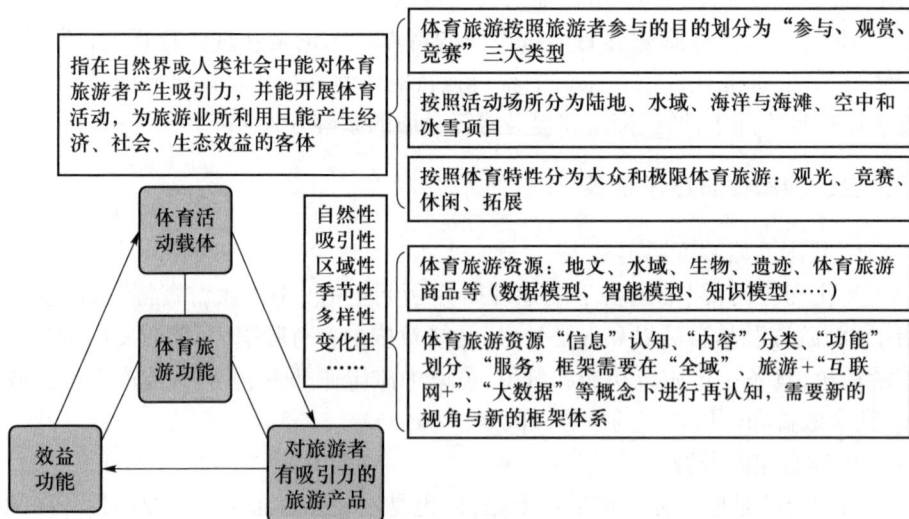

图6-2 体育旅游资源的主要特征

我国体育旅游资源非常丰富,类型多样,具有明显的民族特色。同时,我国体育场馆众多,尤其是奥运会、残奥会、冬奥会、冬残奥会、北京亚运会、广州亚运会、杭州亚运会等场馆和赛事都留下了极为珍贵的奥运会、亚运会遗产,便于开展多种主题的奥运、亚运体育旅游活动,具有巨大的开发潜力。体育旅游资源可以根据不同的标准进行分类。以下是一些主要的分类方法:

(1) 按参与程度和出游目的分类:体育旅游资源可以分为以参与体验为主的和以观赛为主两种类型。

(2) 按资源特征和活动场所分类:可以分为陆地、水域、空中休闲与竞技运动旅游地。

(3) 体育旅游资源的系统分类:根据国家体育总局的相关文件,体育旅游资源可以进一步细分为以下几类:观光探险类、强体健身类、赛事观光类、民俗体育类、冰雪体育旅游、民族体育旅游、温泉健身旅游、山林河流探险旅游、体育赛事观赏旅游、滨海体育休闲旅游。

(4) 体育旅游产品体系:根据不同地区的特点,可以形成基于不同资源形式的综合体育旅游产品体系,如资源依托型和需求差异型体育旅游产品体系。

(5) 奥运资源:奥运资源也可以作为体育旅游的一种特殊类型,包括奥运场馆、设备设施等,可以开展徒步观赏、会展旅游、婚庆旅游、主题娱乐活动等。

(6) 体育旅游资源的区域分布:中国大陆体育旅游资源在六大区域(华北、东北、华东、中南、西南和西北)都有分布。

(7) 体育旅游自然资源和人文资源:体育旅游资源还可以分为体育旅游自然资源(如地貌类资源和水体类资源)和体育旅游人文资源。

这些分类方法有助于更好地理解中国体育旅游资源的多样性和丰富性,为体育旅游的规划、开发和市场营销提供指导。

第三节　我国体育旅游的发展趋势

2024 年 5 月,习近平总书记对旅游工作作出重要指示,强调"着力完善现代旅游业体系,加快建设旅游强国,让旅游业更好服务美好生活、促进经济发展、构筑精神家园、展示中国形象、增进文明互鉴"。如今,旅游已经基本成为人民群众生活的刚需之一,我们正迎来大众旅游时代,现代旅游业的发展空间更加广阔,所以推动旅游业高质量发展势在必行。

一、我国旅游业发展现状

我国旅游业逐渐成为新兴的战略性支柱产业和具有显著时代特征的民生产业、幸福产业,成功走出了一条独具特色的中国旅游发展之路。体育旅游在"服务美好生活、促进经济发展、构筑精神家园、展示中国形象、增进文明互鉴"方面具有重要作用。体育旅游必须走高质量发展的特色之路,在创新驱动、协调融合、绿色导向、开放共赢和共享普惠的观念下推动体育旅游的发展。

旅游业,又称为旅游产业,是凭借旅游资源和设施,专门或者主要从事招徕、接待游客,为其提供交通、游览、住宿、餐饮、购物、文娱等六个环节服务的综合性行业。在经济上,旅游业已成为并将继续成为世界最大的产业之一。根据世界旅游理事会(WTTC)的《2023 年世界经济影响》报告,到 2033 年,旅游业将成为一个价值 15.5 万亿美元的产业,占全球 GDP 的 11.6% 以上。旅游将成为国际经济贸易的重要组成部分,旅游业将在全球经济的重构中发挥重要作用。

我国在 2009 年 11 月召开的国务院常务会议上已明确提出"把旅游业培育成国民经济的战略性支柱产业和人民群众更加满意的现代服务业"。

2014 年 8 月,国务院颁发了《关于促进旅游业改革发展的若干意见》(国发〔2014〕31 号);2015 年 8 月,国务院办公厅又下发了《关于进一步促进旅游投资和消费的若干意见》(国办发〔2015〕62 号)。"意见"中明确提出:"旅游业是我国经济社会发展的综合性产业,是国民经济和现代服务业的重要组成部分。通过改革创新促进旅游投资和消费,对于推动现代服务业发展,增加就业和居民收入,提升人民生活品质,具有重要意义。"加快发展旅游业,从近期看是促进消费、扩大内需、提振信心的重要手段;从中长期看,旅游业作为现代服务业的重要组成部分,将成为拉动第三产业快速发展的战略性支柱产业,具有广阔的发展空间。目前,旅游业作为战略性支柱产业和现代服务业的外部条件越来越成熟。

国家统计局发布的《中华人民共和国 2023 年国民经济和社会发展统计公报》显示,2023 年我国国内出游人次 48.91 亿,同比增长 93.3%,国内旅游收入 4.91 万亿元。入境游客 8 203 万人次,总花费 530 亿美元。出境旅游人数 10 096 万人次。

进入新时代,党中央、国务院继续把扩大内需、促进消费确立为促进国民经济发展的长期战略方针和基本立足点。旅游业是第三产业的重要组成部分,是世界上发展最快的新兴产业之一,被誉为"朝阳产业"。国务院办公厅《关于释放旅游消费潜力推动旅游业高质量发展的若干措施》(国办发〔2023〕36 号)提出,要"丰富优质旅游供给,释放旅游消费潜力,推动旅游业高质量发展,进一步满足人民群众美好生活需要,发挥旅游业对推动经济社会发展的重要作用"。

当下旅游业正在通过融合先进技术,如 5G、区块链、人工智能等,来提升旅游产品和服务的质量,创造新的旅游体验。我国已经建立了较为完善的旅游产业体系,包括 A 级旅游景区、旅游度假区等。同时我国正在加速构建旅游公共服务体系,以提升游客的出游体验。旅游业正与文化、体育、康养、生态、农业等多个行业进行深度融合,进而创造新的旅游产品和业态,满足游客多元化的需求。我国旅游业正迎来新的发展机遇,通过创新和融合,不断提升旅游产品和服务的质量,满足人民群众对美好生活的需求。同时,政府的政策支持和市场的复苏为旅游业的进一步发展提供了坚实的基础。

二、我国体育旅游前景展望

体育旅游属于旅游产业和体育产业深度融合的新兴产业形态,它是以体育运动为核心,以现场观赛、参与体验及参观游览为主要形式,以满足健康娱乐、旅游休闲为目的,向大众提供相关产品和服务的一系列经济活动,涉及健身休闲、竞赛表演、装备制造、设施建设等业态。随着健康中国和全民健身国家战略的持续推进,体育与旅游融合成为产业创新发展的新趋势,并成为旅游产业高质量发展的重要引擎。

新时代中国体育旅游产业的发展逻辑不再局限于"旅游吸引力",而是更加重视人民群众通过旅游实现美好生活愿望的需要,注重打造高质量的旅游体验,进而受到人们青睐。

近年来,国家出台多项政策来推动体育旅游发展。国务院《"十四五"旅游业发展规划》中提出:"发挥旅游市场优势,推进旅游与科技、教育、交通、体育、工业、农业、林草、卫生健康、中医药等领域相加相融、协同发展,延伸产业链、创造新价值、催生新业态,形成多产业融合发展新局面""实施体育旅游精品示范工程,以北京冬奥会、冬残奥会等重大体育赛事为契机,打造一批有影响力的体育旅游精品线路、精品赛事和示范基地,规范和引导国家体育旅游示范区建设"。

2014 年 10 月,国务院下发《关于加快发展体育产业促进体育消费的若干意见》(国发〔2014〕46 号),在《意见》中明确提出了要促进融合发展,积极拓展业态,丰富体育产业内容,促进体育旅游等相关业态的发展。截至 2023 年,全国各省市区相继出台了加快发展体育产业促进体育消费的实施意见,提出要大力发展体育休闲和体育旅游,开放体育旅游市场,推进体育休闲和体育旅游的快速发展。

由于我国社会经济的发展和居民收入水平的不断提高,外出旅游已不再是人们的奢望,各地区也在积极开发具有地方和区域特色的体育旅游项目。随着旅游业的发展,旅游者对旅游活动形式的要求越来越高,旅游的内容与方式也会发生相应的变化。特别是随着参与性强的专业旅游及特色旅游在整个旅游活动中所占比例不断加大,休闲体育旅游这一集游览观光、休闲娱乐、健身强体、冒险刺激等因素为一体的旅游项目,必将得到更多旅游者的关注,休闲体育旅游业也将蓬勃发展。相关报告预测,2026 年体育旅游市场规模将接近 39 000 亿元,可见其增长势头强劲。

中国旅游研究院 & 马蜂窝自由行大数据联合实验室根据马蜂窝旅游交易平台数据,并结合中国旅游研究院大数据调查平台,解析了我国体育旅游消费和目的地状况,并据此提出体育旅游高质量发展的对策。数据采集时间段为 2019 年—2021 年 6 月,并据此发布了《中国体育旅游消费大数据报告(2021)》。报告提出体育旅游成为健康中国战略的示范产业,体育旅游大众化时代来临。

而这一结论主要体现在以下几个方面:

(1) 国家战略交汇点,颁布一系列政策扶持。

(2) 地方发展引擎,各地布局特色旅游景区等。

(3) 消费市场潜力巨大。城市休闲旅游步道成为基础设施建设必不可少的一环,常态化的户外运动习惯正在养成,疫情前体育旅游人数每年呈现出 40% 的增长率。

(4) 学科和人才支撑。

(5) 产业体系正逐步完善。以参与型和观赏型为主导的体育旅游产业链条正逐步走向完整。

(6) 国内外文化交流平台。北京冬奥会、东京奥运会以及欧洲杯等职业联赛为增进国家及民众之间的交流提供了舞台。

体育旅游以参与型(62.8%)为主,观赏型(37.2%)为辅。在参与型的体育旅游项目中,爬山、马拉松、骑行、冰雪运动、徒步等是大众较为广泛参与的活动;而在诸多的观赏型体育活动中,奥运会、世界杯、世锦赛等世界综合性体育赛事以及水立方、鸟巢等知名度较高的体育建筑受到了消费者的广泛关注。

重大赛事显著提升了地区旅游吸引力,如"双奥之城"北京的体育旅游对游客的吸引力。在国内,大部分消费者曾前往北京、天津、山西、吉林、黑龙江、重庆、内蒙古、上海、广东、江苏、浙江等地感受体育旅游,其中前往北京的人数较多。作为举办 2008 年夏奥会和 2022 年冬奥会的"双奥城市",北京成为消费者较喜爱的体育旅游目的地和打卡地,水立方、鸟巢为主要内容的奥运建筑遗产成为重要吸引物。

三、我国体育旅游的发展趋势

我国体育旅游必然要适应新的发展需求,从关注消费人数的快速增长方面转向注重产品和消费的高品质发展方面。结合新经济、新基础设施建设、新受众和新需求,体育旅游需要通过创新突破来实现多样化发展。

(一)健康观念的增强使越来越多的人参与到体育旅游活动中

近年来,随着我国经济和社会的迅猛发展,人们的生活节奏加快,工作压力增大,我国居民中具有心理行为问题和精神障碍的人群逐渐增多,凸显出民众心理健康问题的重要性。体育旅游在增进健康,强身健体,预防疾病和康复,提高文化素养和增强精神文明建设,丰富生活内容和加强人际关系,以及促进人的社会化和个性形成等方面都发挥着重要的作用。随着人们健康观念的不断增强,越来越多的人将会参与体育旅游活动。

(二)参与性与娱乐性强的户外运动旅游将蓬勃发展

户外运动的挑战性和刺激性吸引着越来越多的人,因为它能够让他们亲近自然,增进健康,挑战自我,并享受身心的双重满足。统计数据显示,截至2021年年底,全国户外运动参与人次已超过4亿次。携程网的数据显示,2023年上半年,与户外运动相关的订单量较2022年同期增长了79%。在2022年度的户外运动参与群体中,'90后'占比最大,达到36.1%;而'80后'占比为32.5%。与此同时,传统意义上由男性主导的户外运动格局正在改变,女性参与度高涨,2022年度女性参与者占比59.9%,男性占比40.1%。为了促进户外运动的发展,体育总局、文化和旅游部等八个部门制定了《户外运动产业发展规划(2022—2025年)》。另外,国家发展改革委等部门于2023年10月发布了《促进户外运动设施建设与服务提升行动方案(2023—2025年)》,这些政策的指引以及市场需求的推动将为户外运动旅游带来蓬勃发展的机遇。

(三)新潮时尚体育旅游热度不断升温

近年来,中国市场上涌现了一系列体育运动和相关消费业态,如攀岩、滑雪、骑行、陆地冲浪、乡村足球和篮球等。同时,一些新潮运动如滑板、飞盘和腰旗橄榄球等也开始受到更多关注,垂钓和高尔夫等户外运动在年轻人中也逐渐流行起来。体育不再局限于赛场,而成了年轻人新的时尚生活方式、社交方式,以及经济上新的消费增长点。时尚体育旅游产业不仅是城市发展能力和核心竞争力的重要支撑,也满足了人们对美好生活的需求。年轻人持续增长的消费需求将持续增加新潮时尚体育旅游的热度。

(四)科技将助力休闲体育旅游迅速发展

随着5G网络的广泛应用,以及万物互联网时代的到来,基于互联网和物联网的体育旅游将呈现更多创新玩法。2020 年 9 月,《关于以新业态新模式引领新型消费加快发展的意见》出台,鼓励推动智慧旅游和智能体育的发展,支持积极探索无接触式消费模式。《"十四五"文化和旅游发展规划》明确提出要大力培育文化新型业态,推动优秀文化资源的数字化,培养沉浸式体验项目和数字艺术体验场景。休闲体育旅游作为我国文化旅游产业创新发展的新兴领域,已成为体育和旅游业高质量发展的重要推动因素。在科技的推动下,休闲体育旅游必将实现更加迅猛的发展。

（五）体育综合体成为城市体育旅游发展的重要方向

城市体育综合体是基于体育场馆设施,以文化生活和体育休闲为核心,集结了文体活动、休闲娱乐、商业、餐饮、居住等多种城市功能的综合空间。作为城市活动中心,体育综合体强调了文体生活的重要性,并通过优化和组合不同业态,实现了集约效益。作为一种新兴概念,都市运动中心以体育综合体为代表,具有以消费为导向并符合城市特点的特色体育空间,可以容纳更多体育消费项目。城市体育综合体是体育旅游产业蓬勃发展的空间载体,也是城市空间重塑的重要组成部分。因此,以体育 + 商业综合体为核心,打造运动主题区和商业配套区,集结全民健身、健身培训、大众赛事、餐饮住宿、休闲娱乐等多种体育休闲业态,构建面向全民健身的多功能体育综合体,已成为城市体育旅游的显著趋势之一。

（六）体育旅游 IP 将成为带动地区旅游产业发展的重要引擎

游客的消费需求正在经历着"认知—参与—融入—沉浸"的变化。他们越来越偏好具有核心吸引力和主题性的产品,希望在体育旅游中获得身份认同感。IP（知识产权）具有强大的内容性和排他性,能够赋予旅游产品独特的个性主题,满足游客个性化和多样化的旅游需求,提升游客的体验感,并满足他们的情感需求。知名赛事、明星级运动员、著名体育俱乐部、热门体育娱乐活动以及标志性的体育场馆等,都可以成为体育旅游 IP 和吸引流量的重要元素,能有效推动一个地区和一个时期的体育旅游发展。"村超""村 BA"的发展就是一个很好的例证,2023 年贵州旅游总收入和接待游客数在全国位居第一,与"村超""村BA"这些体育旅游 IP 不无关系。

（七）体育旅游自身的功能和价值将不断得到丰富和完善

体育旅游在文化交流、环境友好、社会融合、教育等方面的作用日益增强。随着国人消费水平和消费结构的变化,休闲化、娱乐化产品正在成为人们消费的主要内容。而体育旅游也正在朝着休闲娱乐的方向转变,跑酷、电子竞技等带有休闲娱乐元素的体育旅游产品越来越多地进入人们的视野,凸显其娱乐功能价值。其次,国家越发关注青少年健康,青少年参加的各项运动夏令营、游学等活动越来越多,这也带动了家庭在运动休闲方面的消费,使得体育旅游的教育功能被不断强化。除此之外,体育旅游在增进社会文明,加快产业融合,促进旅游转型升级等方面都发挥着重要作用。

思 考 题

1. 体育旅游的主要内容有哪些?

2. 体育旅游的主要特征是什么?

3. 如何对我国的体育旅游资源进行分类?

4. 如何看待我国体育旅游业的发展?

5. 发达国家的体育旅游已形成一定的规模,我国的体育旅游也在快速发展。为适应近年来国内外体育旅游业的发展,我国需要在哪些方面做好准备?

6. 分析体育旅游的发展趋势。

第七章

休闲体育康养

» 章前导言

20 世纪末以来，随着人们生活水平的提高和健康意识的增强，休闲体育康养逐渐进入公众视野。在《"健康中国 2030"规划纲要》的指引下，休闲体育康养不仅被赋予了提升国民整体健康水平的关键使命，更被确立为顺应人口老龄化趋势的战略性产业。众所周知，西方休闲体育与康养产业发展起步较早，相对比较成熟，但我国在该领域的研究尚处于起步阶段。因此，我们需探索休闲体育康养的概念、兴起与发展，理解休闲体育康养方式、功能和特征，了解休闲体育康养的资源和分类，引导人们根据自身条件进行科学的休闲体育康养，充实和丰富休闲体育康养内容。随着社会的进步和人们对健康生活的追求，休闲体育康养成为一种新兴的生活方式，使人们在享受体育活动乐趣的同时，实现促进身心健康和社交互动、提升生活质量的目标。大数据和人工智能技术的应用，为个性化休闲体育康养健康服务提供了前所未有的可能，使其得到更多创新和发展的机会。同时，社会对休闲体育康养的重视程度不断提高，相关政策的支持和资源的丰富也将进一步推动休闲体育康养的发展。

第一节 休闲体育康养的概念、兴起与发展

一、"康养"与"休闲体育康养"的概念

与普遍意义上的"养生""养老"等概念相比,"康养"是一个更具广泛性的概念,其容纳的范围较为广阔。在儒家文化中,康养智慧强调以强健身体和保持生命活力为生活的主旋律,它被视为养老生活的"先导",其核心理念包括合理饮食、规律作息以及高尚品德等。从生命学的角度来看,"康养"应考虑到生命的三个方面:寿命、富足和自由度,因此该角度下的"康养"可理解为"健康与保健的结合",体现了"预防胜于治疗"的理念,即通过各种手段来维护生命,增强健康,预防疾病,以达到延年益寿的目标。在"健康中国"背景下,"康养"的重点更倾向于"养",即人们尤其是中老年人为了身体康健,经过康养、医养、护养3个阶段来达到养老养生、安度晚年的目的。

伴随着"康养"实践活动的发展变化,"康养"的对象和内涵也在发生改变。过去,人们普遍认为康养的对象是老年人,康养旨在为老年群体提供集体及个别服务。如今,随着人民生活水平和健康意识的不断提高、健康意识的不断增强,人们对美好生活质量的追求已从物质层面上升到了精神层面。康养的对象已拓宽至涵盖青年、中年及老年人群,"康养"的内涵也出现了广义和狭义之分。狭义的"康养"是指"以康为目的、以养为手段"的行为活动;而广义的"康养"则是以自然和人文景观为依附形式,以康体养生为指导思想,对健康进行管理和监控,使人们身心得到疗愈的一种文化和生活方式。

随着人们健康观念的转变以及闲暇时间的增多,参与休闲体育活动已经成为现代社会生活的重要部分。休闲体育康养作为一种新兴的生活方式应运而生,成为人们践行健康生活理念的重要途径之一。

根据"康养"的不同内涵,"休闲体育康养"的界定亦有广义和狭义两种。狭义的"休闲体育康养"是指人们以保持和调养身心健康为目的,以休闲体育为手段或方式进行的持续、具体的行为活动。广义的"休闲体育康养"则是指将休闲体育活动与健康养生理念相结合的一种生活方式。这种生活方式涵盖了从轻松的户外徒步到适度的体力运动如游泳、瑜伽和太极等,其核心目的在于享受体育活动的乐趣,同时达到促进身心健康,增进社交互动,提升生活质量的目标。在广义的休闲体育康养过程中,体育活动不仅仅是一种锻炼方式,更是追求更高生活品质和关注个人健康的生活态度的体现。

不管对象和内涵如何改变，"康"是方向，"养"是过程。休闲体育康养与休闲体育总是相伴相生，休闲体育是休闲体育康养的工具和手段，而休闲体育康养则是休闲体育部分功能和价值的体现。

二、休闲体育康养的起源

"休闲体育"与"康养"都是具有文化渊源的词语。"休闲体育"来源于"leisure sports"，是指人们利用余暇时间，为了达到健身等目的而采取的体育方式。随着"leisure sports"在我国逐渐兴起，各界学者根据我国国情以及体育发展现状，将"余暇"改为"休闲"，即形成"休闲体育"。相较而言，"休闲体育"的含义更倾向于指在余暇生活中，人们通过参加各种活动来达到陶冶情操、强身健体和调节心理等养生目标。休闲体育更具中国特色，其文化价值在于体育活动的技术规格和形式，以及设备的种类、款式、装饰和商标等，这些方面承载和传递了人们的精神文化观念和心理需求等信息。作为一定历史时期的产物，休闲体育会随着历史时期的变化而变化，可见其价值具有鲜明的时代特征。

在我国，"康养"一词最早出现于 2004 年的《关于森林公园开发的研究》中。康养在西方被视为一个人的精神、思想以及与外在环境的协调。在我国，康养的文化价值倾向于基于敬老养生的价值观、道德观形成的通过健康行为来促进社会和家庭成员进行和谐互动的行为模式。根据研究现状，"康养"大多从医疗视角和休闲视角两种角度进行研究。

虽然"休闲体育"与"康养"的概念早已存在，但"休闲体育康养"的概念在国内外并没有明确的界定。休闲体育的功能和价值将随着 21 世纪新技术革命的深入发展，随着多样化、小型化、分散化的信息社会的到来，更加引人注目。随着人们受教育水平和生活需求的不断提高，人们将越来越重视休闲体育的价值，越来越希望通过绚丽多彩的休闲体育来获得身体健康状况、人际交往能力与自我实现需要等方面的满足。

三、休闲体育康养的发展

从古代文献和相关史料研究分析来看，我国以体育作为养生手段来保持和促进身心健康的意识和行为自先秦时期就已经逐步形成。但直到 2004 年，"康养"这一名词才被正式提出。从古代先秦时期的导引行气、东汉的五禽戏再到马球、蹴鞠等活动都体现了这种休闲体育康养的特有价值取向。纵观休闲体育康养的发展历程，较为突出的有如下几个时期：

（一）先秦两汉时期：休闲体育康养的萌芽

先秦到汉代是中国古代体育活动逐步形成和定型的重要时期。以儒、道为代表的先人圣贤在该时期体育与生活智慧的相互融合中,提出了蕴含深刻哲理的休闲体育康养思想,对后世产生了重要影响。

先秦两汉时期,根据各种体育活动的主要功用和开展场所的不同,体育活动大体可以分为四类:养生保健方法、军事性技能和体能练习方法、娱乐性体育活动、宫廷体育活动。在上述四类体育活动中,除了军事性技能和体能练习方法外,其余三类均主要以休闲、娱乐、保健、养生等为目的,属于休闲体育的范畴。例如:古人曾把休闲体育康养完美有机地融入礼、乐、射、御、书、数即"六艺"之中,其中礼、乐、射、御"四艺"主要是室外技艺活动。但随着先秦历史的发展,它们由纯粹的技艺活动逐步演变为具有综合体育意义的文化活动:礼中有"射礼",还有"弓矢舞",不仅有军事训练的目的,而且还兼具审美性、艺术性,可以强身健体,陶冶情操,休闲养生。孔子《论语·述而》中记载:"志于道,据于德,依于仁,游于艺",这里的"游于艺"就表现了"六艺"具备消除疲劳、放松娱乐、修身养性的休闲功效。五禽戏养生和《黄帝内经》同样涵盖了春秋战国至两汉时期的养生理论,都是在人类与自然之间的互动中逐渐积累起来的关于人体健康和养生的知识。它们传达了两种核心方法,一种是以动作为主的养生方法,侧重于肢体活动,并结合呼吸练习和自我按摩技巧;另一种则是以静心为主的方法,通过掌控思维和呼吸来调整气息,以达到养生治病的目的,通常被称为"静气功"。

(二)唐宋时期:休闲体育康养迎来首次繁盛期

在先秦两汉时期劳动人民难能可贵的探索和实践下,唐代和宋代凭借其稳定的政治环境和充足的闲暇时间,使得休闲体育康养进入了发展繁盛期。

踏青作为我国民间一种传统的体育习俗活动,被现代人称之为春游,在宋代又称"踏春""放春"和"探春"。在宋朝的清明时节,踏青休闲体育活动已经完全融入了节日习俗。人们度过严寒的冬季后,常常结伴在野外进行各种户外活动,如踏青观景等,以缓解压力,促进身心健康,享受娱乐和休闲的乐趣。对宋代东京风俗人情记述翔实的《东京梦华录》在"清明节"一章中称"都城人出郊……士庶阗塞诸门,纸马铺皆于当街用纸衮叠成楼阁之状。四野如市,往往就芳树之下,或园囿之间,罗列杯盘,互相劝酬……轿子即以杨柳杂花装簇顶上,四垂遮映。"这反映了清明时节宋代人民参与郊游踏青休闲体育康养活动的盛况。

再如八段锦养生功法,起源于北宋年间,距今已有八百多年的历史。八段锦以人体脊柱为中心,通过左右对称、前后协调、上下协同的操作技巧,实现运行全身气血、强身健体的养生康复作用。作为重要的导引养生功法之一,八段锦是从古代祛病导引动作中精选提炼而成的套路式导引健身方法。这一称谓最早见于晋代葛洪所著的《神仙传》,文中提到:"士大夫学道者多矣,然所谓八段锦、六字气,特导引吐纳而已。不知气血寓于身而不可扰,贵于自然流通。"另外,垂钓作为一种休闲体育运动风靡至今,同样具有修养身性、缓解压力的养生良效。垂钓起初作为一种民生谋生手段,至宋代演变成了一种有益身心、充满趣味的体育活动。宋代诗人柳永在《望海潮》中写道:"东南形胜,三吴都会,钱塘自古繁华,烟柳画桥,风帘翠幕,参差十万人家。云树绕堤沙,怒涛卷霜雪,天堑无涯。市列珠玑,户盈罗绮,竞豪奢。"可以看出,垂钓这一休闲体育康养形式在宋代盛行,也反映出人们当时已经认识到垂钓所具备的身心调养功能。

(三)明代时期:休闲体育康养发展转向多元化

休闲体育作为康养方式已经成为明朝社会生活的一部分,无论是史学资料还是文学作品都在一定程度上体现了当时休闲体育多元化状态。其中马球和蹴鞠运动、棋弈休闲和游山玩水等活动无不展现出明代休闲体育康养多元化发展的盛况。

明代养生学家吕坤在《呻吟语》中告诫人们"天地万物之理,皆始于从容,而卒于急促",可见,明代养生已经隐隐向具有系统性、理论性的学科方向发展的趋势。在明代,马球和蹴鞠不仅成为宫廷官宦所喜好的休闲康养运动,还传播到了民间社会,为市井大众所推崇。无论是诗人王直的《端午日观打球应制》,还是学者黄一正的著作《事物绀珠》,都反映了在明代马球和蹴鞠已经演变为一种国民性的休闲体育运动。另外,棋弈作为一种休闲体育康养方式,在明朝达到了发展高峰期,盛极一时。《宁波府志》中写道:"九成以棋游京师,一时棋士对局皆屈焉",孝宗朱佑樘召九成试之,"果压流辈",乃誉为"国手","命官鸿胪,序班供御"。李渔在《闲情偶寄》中写道:"弈棋尽可消闲,似难借以行乐;弹琴实堪养性,未易执此求欢。以琴必正襟危坐而弹,棋必整棠横戈以待"。这反映了在明代社会人们认识到棋弈运动具备的遣情怡性的养生作用。

(四)20世纪中叶之后:现代休闲体育康养时期

面向大众的现代休闲体育自20世纪中叶开始,首先在发达国家,继而在全球范围内逐渐发展起来。在我国,随着改革开放国策的实施、经济的迅猛发展、人民的生活水平迅速提高,休闲体育也逐渐进入了人民的休闲生活,休闲体育康养随之进入了新的快速发展时期,即现代休闲体育康养时期。

随着人口老龄化和"亚健康"现象的加剧,社会已逐渐转向健康养生的时代。随着人们健康观念的转变以及闲暇时间的增多,人们对于休闲、健康养生的需求日益增强,参与休闲体育活动已经成为现代社会生活的重要部分。

2016年10月,中共中央、国务院印发《"健康中国2030"规划纲要》,提出了发展健康服务新业态:"积极促进健康与养老、旅游、互联网、健身休闲、食品融合,催生健康新产业、新业态、新模式。"《国务院办公厅关于进一步扩大旅游文化体育健康养老教育培训等领域消费的意见》和《国务院关于实施健康中国行动的意见》等一系列文件也陆续颁发。党的二十大报告提出,"广泛开展全民健身活动,加强青少年体育工作,促进群众体育和竞技体育全面发展,加快建设体育强国"。《"十四五"体育发展规划》也强调推动体育与旅游、健康、养老等产业融合发展。在我国最新的发展规划中,体育和康养两大产业的发展被放到重要的位置,伴随而来的将会是相关产业、业态和资源的不断涌现、形成和发展,休闲体育康养将会呈现出全民化、产业化、国际化、终身化等发展趋势。

第二节　休闲体育康养的方式、功能及特征

一、休闲体育康养的方式

休闲体育康养是一种将体育、休闲和健康养生融为一体的生活方式,以体育为手段,以康养为目的,致力于满足人们日益增长的身心健康需求。休闲体育康养的主要方式涵盖了多种实践活动,可以适应不同人群的需求。以下是休闲体育康养活动的主要方式分类:

(一)康乐游戏类

以康乐游戏为手段的休闲体育康养方式是一种以轻松娱乐和身心健康为目的的体育活动,为不同年龄和人群提供了一种充满乐趣的健康生活方式,使人在愉悦身心的过程中恢复"精气神"。这类活动包括跳绳、钓鱼、风筝、踢毽子、打陀螺、轮滑、桥牌、弈棋、飞镖、信鸽等。如今,它们不仅仅是儿时的游戏,还被赋予了新的社会文化意义,成为促进身心健康,增强社会交往联系的重要工具。参与这类活动,不仅能让人们在游戏过程中培养耐心、专注力,还能让人在自然美景和社交互动中找到乐趣,从而获得心理的放松和愉悦。它们使参与者能够在玩乐中锻炼身体、开拓思维、陶冶情操、培育品格,享受到身心愉悦的全面体验。此外,这类活动在促进社交和增强社区凝聚力方面也发挥着不可替代的作用,能够跨越不同的代际界限,缩短家庭成员之间的距离,同时也能增进邻里间的友谊,让更多人互帮互助。在社区公园、学校和其他公共场所举办的跳绳比赛、风筝节等活动,不仅为社区居民提供了一个相互交流和了解的良好平台,还增强了社区的活力和团结力。

（二）竞赛对抗类

以竞赛对抗为主线的休闲体育康养活动同时具备竞技性与休闲性的特点，旨在通过多样化的体育竞赛活动提升个人的身体素质、技能水平和战术理解力，同时融入康养理念，为参与者创造一个促进健康、享受乐趣、放松心情及增进社交的环境。这类活动不仅包含了传统的体育竞赛，还涵盖了休闲竞赛、团队对抗游戏以及野外拓展等项目，旨在通过体育活动的形式促进团队合作意识、策略思维以及领导能力的发展。竞赛对抗类休闲活动的特点是既具有竞技运动的挑战性和规则性，又融入了休闲活动的趣味性和参与性。例如，野外拓展训练通过模拟各种自然环境下的挑战情境，要求参与者通过协作解决问题，参与者既锻炼了身体，也提升了团队协作能力和心理承压力。这类活动通过丰富多样的体育项目，鼓励人们在快乐中学习新技能，同时在竞争和合作中找到平衡。它们通过组织结构松散、规则简单的比赛，使得无论什么年龄、性别或体能水平的参与者，都能找到适合自己的方式来参与其中。除了身体上的锻炼，竞赛对抗类休闲活动还能提供心理上的满足感和成就感，尤其是在团队项目中，共同努力达成目标的过程本身就是一种重要的社会交往和情感联结经验。竞赛对抗类休闲活动不仅能增强个体的身体健康，强化社交技能和团队精神，还能通过共同的体育活动经历，加深人们之间的理解和尊重。这种多功能的休闲体育康养方式，逐渐成为连接个人发展与社会交往的重要桥梁，使人们能够在轻松愉悦的氛围中体验竞技的魅力，享受运动带来的快乐。

（三）养生保健类

以养生保健为基础的休闲体育康养方式是指专门为维护健康、增强体质、延长寿命、延缓衰老而设计的休闲体育活动，旨在促进个人的身心全面康养，以达到整体福祉的提升。在古代中国传统文化中，儒家、道家以及佛家都倡导与自然融合、身心合一的养生理念，这种理念强调形神合一，通过调整身体形态与呼吸来修身养性，以达到人与自然和谐共生的境界。这些活动包括但不限于八段锦、太极拳、气功、五禽戏等，其特点是内敛含蓄，追求自我满足与运动乐趣。它们强调内在的平和与自我修养，特别适合追求身心和谐的人群，在安逸的心境和清静的环境下，实现身心的双重修养。这类活动通常强调低强度、高持久性，着重于增进身心平衡和提升整体福祉，有助于提高身体的柔韧性和平衡能力，还能增强内在的平和性与专注性。动中寓静、静中寓动、内外俱练、刚柔相济，这些特点使养生保健的内容和形式表现出高深的哲理。养生保健类休闲活动是中老年群体保持健康、舒缓心情的首选。通过调息保持经络畅通，预防并治疗疾病；以调息理顺呼吸系统，增强机体机能；通过调息畅快情怀心绪，孕育乐观向上的人生态度。人们参与这类活动，更多的是注重精神上的提升和解脱，追求一种无拘无束、自由自在的心境。这些活动带来悠闲愉悦的精神享受、轻松雅致的休闲情趣，同时也增进了身体健康，提升了生活品质。

（四）自然疗愈类

以自然疗愈为核心的休闲体育康养方式是指借助自然的力量，如清新的空气、宁静的环境、自然景观等进行活动，让人们在大自然的怀抱中进行身心的康养，促进其身体、心理、情绪或社交层面的康复与平衡。自然疗愈类休闲活动的核心理念是通过与自然的直接接触和互动来恢复身心平衡，减轻压力和焦虑，提高生活质量。这类活动强调放慢节奏，深度放松和提升对周围环境的感知力，通常包括在大自然中进行的各种实践，如徒步、冥想、森林浴、海边散步、园艺等，这些活动都能以其独特的方式帮助人们身心的疗愈。例如，徒步和森林浴让人们深入自然，呼吸新鲜空气，享受自然的宁静和美丽。冥想和海边散步则让人们在静谧的环境中进行深层的内心对话，释放压力，找回内心的平和。而园艺活动，则通过亲手接触土壤和植物的方式，让人们感受到生命的成长力量，从而获得精神上的满足和平静。这类活动不仅强调身体的活动和锻炼，还提供了精神层面上的滋养和恢复。通过深度放松和提高对自然美的感知，人们可以净化心灵，平衡身心。自然疗愈类休闲活动的价值在于它们能够促进人们的整体健康，包括身体健康、情感健康和心理健康。在自然环境中进行的这些活动，不仅能够增强个人身体素质，还能改善情绪，保持心灵的健康。更重要的是，这类活动还能增强人们对环境保护的意识，通过让人们亲身体验自然的美好，激发人们对开展环境保护的内生动力。

（五）健身健美类

以健身健美为重点的休闲体育康养方式往往伴以节律强劲的音乐和豪迈奔放的舞姿，让参与者在放松身心、消除疲劳的同时，塑造自己外表俊朗、内心深沉的充满活力的健康形象。这样的活动不仅能够提升审美能力，增强审美情趣，还能够尽可能地实现外在美和内在美的和谐统一，展示出大自然赋予人类的优雅体态和运动活力。健身健美类休闲活动涵盖了有氧运动、力量训练、核心肌群训练、柔韧性练习以及专门针对特定肌肉群的练习，如健身、健美操、啦啦队、普拉提、体育舞蹈、街舞、瑜伽等。经过定期和系统的训练，参与者可以重塑身形，增强肌肉力量，减少体脂，同时提高心肺功能和整体生活质量。这类活动可在健身房、家庭环境中或户外进行，其艺术性、表演性和技巧性的结合，使得锻炼过程不仅充满挑战，也变得更加有趣和具有吸引力。健身健美类休闲活动体现了一种生活态度，即在轻松愉悦的环境中追求健康，体现出人们对自身的尊重和对人文关怀的重视。它满足了人们的心理欲望和精神需求，让参与者在体验生理上的快感和心理上的愉悦的同时，也能够提升自我形象和生活质量。这类活动的普及,不仅能够增进个人健康和福祉,也能够增强社会的整体健康意识和生活的艺术性,为现代人提供了一个在享受生活的同时也能追求更高生活品质的平台。

上述休闲体育康养方式综合了身体锻炼、心理放松和社交互动的元素,不仅有助于增强身体健康,还有助于增加心理福祉和促进个人的社会融入,从而成为提高生活质量的重要方式。

二、休闲体育康养的功能

(一) 促进身体健康

休闲体育康养通过开展各类体育活动,可以有效地提升个体的身体健康水平,有效预防慢性疾病,从而为实现更高的生活质量打下坚实的基础,如游泳、跑步、骑自行车、瑜伽等。这些活动不仅有助于增强心肺功能,提高血液循环效率,还能有效地增强肌肉力量和身体耐力,改善身体协调性和灵活性。例如,有规律的跑步或游泳可以提高心脏的工作效率,增强心脏工作的耐力,而瑜伽和普拉提等活动则有助于提升肌肉的柔韧性和平衡能力。除了对身体机能的直接改善外,休闲体育康养还在预防和治疗慢性疾病方面发挥着重要作用。通过维持体重、降低血压和改善胆固醇水平,体育活动能帮助维护良好的身体健康状况。

(二) 改善心理健康

休闲体育康养通过提供各种活动,如健身气功、太极、轻松的户外散步等,帮助个体有效缓解压力,提升情绪稳定性和增进心理福祉。例如,健身气功和太极不仅是身体活动,还包含了深度呼吸和心灵放松的元素,有助于缓解心理紧张和焦虑,提高精神的平静度。休闲体育康养活动如轻松的徒步或自然中的运动,使个体暂时脱离日常生活的压力,享受宁静和美丽的自然环境,从而实现情绪的释放和心灵的休憩。这些活动有助于降低身体中的应激激素水平,如皮质醇,进而减少压力感,改善整体心理健康状况。此外,休闲体育活动还能促使大脑释放内啡肽,一种被称为"快乐激素"的化学物质,它能改善心情,增加幸福感,减少抑郁和焦虑的症状。例如,在完成跑步和有氧运动后常常会给人带来"跑者高潮",即一种由于运动引起的心理愉悦和满足感。休闲体育康养通过多种活动和实践,可以有效地增进个体的心理健康和情绪福祉,帮助人们更好地面对日常生活中的压力和挑战,从而养成更加健康和平衡的生活方式。

(三) 增强社交互动

休闲体育康养为参与者提供了一个暂时脱离日常生活和数字设备的机会,鼓励人们在轻松的环境中进行面对面的社交。这些活动促进了真实且深刻的人际关系的建立,让人们在共享健康生活方式的过程中培育出友谊,还可以增强社区的凝聚力和居民的归属感。参与者在活动中相互鼓励、支持,形成了一种积极的社交网络,可以有效减轻人们的孤独感和社会隔离感,从而显著改善了个人情绪,增进社会福祉。休闲体育康养还推动了跨年龄、跨文化的交流,使人们能够通过共同的兴趣和目标跨越传统社交界限,建立多元化的联系。这样的社交互动不仅丰富了参与者的社会生活,还促进了和谐与互助的社区环境的构建。综上所述,休闲体育康养通过促进积极的社交互动,不仅增强了个人与社区的联结,还大幅增进了整个社区的福祉,展现了基于共享体验的社交方式的积极力量。

(四)提升生活质量

休闲体育康养活动如徒步旅行、游泳、瑜伽等简单的户外运动,能够带来身体上的愉悦感。这种身体上的活动和运动带来的"快感",通过释放内啡肽(一种自然的"快乐激素")改善人们的心情,从而直接影响生活的品质。人们在参与这些活动时感受到的快乐和满足感,对提升整体生活的满意度具有显著影响。此外,休闲体育康养提供了一种暂时脱离日常生活压力的途径。在繁忙的工作和生活中找到时间进行体育活动,能够帮助人们放松心情,从而使人们得到精神上的休息和重振。例如,一次平静的森林漫步或一节放松的瑜伽课,都能有效地帮助减轻日常生活中的压力。休闲体育康养不仅在物理健康方面发挥作用,还提供精神愉悦、社交参与和个人成长等方面的机会,有助于全面提升个体的生活质量,使人们能够实现更加健康、平衡和充实的生活追求。

(五)增强环境亲近感

在自然环境中进行的徒步、登山、皮划艇等活动,不仅为参与者提供了锻炼身体的机会,还增强了人们与自然环境之间的亲近感。在现代社会中,人们大部分时间被困在室内,与自然的直接接触变得越来越少。休闲体育康养活动鼓励人们走向户外,融入大自然,亲身体验自然的美丽和力量。这样,人们不仅能够感受到身心的放松,还能够再次认识到自然环境的重要性。

三、休闲体育康养的特征

休闲体育康养结合了休闲、体育和康养三个方面,旨在通过体育活动促进人们的身心健康水平和生活质量的提升。在追求健康生活方式和提高生活质量的背景下,休闲体育康养这一概念近年来受到了广泛的关注,以下是休闲体育康养的主要特征。

(一)全面性

休闲体育康养能够促进身体健康,维持心理平衡,辅助社会交往,为个体提供全方位、多维度的增进健康和福祉的途径。在身体健康方面,休闲体育活动如步行、游泳或瑜伽,不仅锻炼肌肉和增强心肺功能,还有助于控制体重,改善睡眠质量和增强整体体能,对于预防和管理如心脏病和糖尿病等慢性疾病具有积极作用。在心理平衡方面,休闲体育康养活动被视为缓解日常压力,改善情绪和增强心理韧性的有效途径。参与这些活动能让人们从日常生活的忧虑和紧张情绪中得到缓解,享受到运动带来的放松和快乐,对于应对抑郁症和焦虑症等心理健康问题具有突出作用。在社会交往方面,休闲体育康养通过鼓励个体加入运动小组或参与社区体育活动,让人们能够与他人进行交流,建立社交联系。这种参与不仅增强了人们之间的联系,还赋予了个体强烈的归属感和获得社会支持的渠道,这对于提高生活的质量和增进社会整体的福祉具有极其重要的意义。因此,休闲体育康养不仅从身体和心理两个层面促进了个体的健康,还通过促进社交互动的方式来增强社会的凝聚力和增进个人的社会福祉,成为现代社会中健康生活方式的重要组成部分。

(二) 终身性

休闲体育康养贯穿人的一生,为几乎所有年龄段的个体都提供了参与的机会和益处。这一理念确保了无论处于生命周期的哪个阶段,在从童年到晚年的各个阶段中,每个人都能根据自身的身体状况、兴趣爱好和个人需求,选择合适的活动以维持身心健康并参与社会活动。休闲体育康养强调了持续参与体育和休闲活动的重要性,并显现了其在维护个人健康,提升幸福感以及促进社会融合方面的长期价值。从儿童时期开始,休闲体育康养便鼓励人们进行积极的身体活动和社交互动,还为青少年和成年早期的人提供释放压力的渠道,同时也为成年和老年人群提供保持身体活力和维持社会联系的机会。此外,终身性的参与有助于培养健康的生活习惯,预防由不良生活方式引发的疾病,如心脏病、糖尿病及肥胖等,并且对心理健康也大有裨益,能够降低抑郁和焦虑的风险,有助于提升生活质量和自我满意度。休闲体育康养活动为不同年龄段的人提供了广泛的选择和灵活的参与方式,帮助每个人找到适合自己的维持健康和活力的方法。从年轻时的积极参与到老年时的适度活动,休闲体育康养伴随个人成长,成为人们一生中不可缺失的部分,展现了终身性的核心价值与深远意义。

(三) 专业性

休闲体育康养的专业性体现在其科学设计、个性化调整、专业指导和综合健康管理方面,这些方面有助于活动既全面又科学。这种设计方法基于体育科学、医学、心理学和营养学等跨学科知识,旨在为每位参与者提供量身定做的健康方案。考虑到个体身体状况、健康目标和偏好的差异,专业人员负责进行细致的评估和调整,尽可能确保每个人的具体需求都能得到满足。此外,专业教练或治疗师不仅提供科学的指导,保障安全,还提供心理支持,激励参与者。综合健康管理将体育锻炼、营养指导和心理咨询融为一体,形成全面的健康促进体系,彰显了对参与者健康的深度关怀。这种深入的专业化处理方法旨在满足人们对健康和康养日益增长的需求,有助于提升生活质量,不仅仅限于休闲享受服务的提供,还要帮助人们实现真正的生活质量的提升。

(四) 灵活性

休闲体育康养以其灵活多变的特性,顺应了不同个体的需求、能力和偏好,提供了丰富的活动选择和参与方式,帮助每个人都能依据自身的生活节奏和兴趣找到合适的康养方式。这种灵活性不仅体现在时间安排和活动的类型及强度的多样性上,还表现在活动地点的广泛性,包括专业健身中心、户外公园到家庭环境等,这极大地降低了参与门槛。无论是团体课程如瑜伽、舞蹈,还是个人活动如徒步、骑行,休闲体育康养均提供了灵活适应各种环境的可能性。这使得个体能够根据实际情况制定个性化的健康计划,有助于提升对休闲体育活动的兴趣和参与度,从而有效维护参与者的长期身心健康。通过休闲体育康养,个体可以根据自己的时间安排、身体条件、兴趣爱好和生活方式,选择最适合的活动,如时间紧张的上班族可能偏好短时高效的间隔训练,而退休人员可能更喜欢悠长的散步或轻柔的太极。因此,休闲体育康养通过其卓越的灵活性和个性化的健康方案,基本成功地满足了不同人群的健康和休闲需求,显著地提升了社会整体的身心健康水平和生活质量。

(五) 负荷适中性

休闲体育康养使得活动既能带来健康益处,又不会对参与者的身体造成过度压力。这种适中性的负荷设计让几乎所有年龄段和体能水平的人都能参与其中,不论是刚开始体育活动的新手,还是有一定基础的运动爱好者。休闲体育康养活动,如轻松的徒步、家庭式的小游戏、轻柔的瑜伽和舞蹈,都是在确保参与者参与活动但不会超出自己身体承受能力的前提下精心设计的。这种负荷适中的原则有助于避免运动伤害,同时增进长期的健康和福祉。通过参与强度适中的休闲体育活动,个体可以逐渐提高自己的体能水平,增强心肺功能,改善心血管健康,同时在精神上获得放松感和满足感。此外,负荷适中的活动更容易成为日常生活的一部分,帮助人们养成持续运动的习惯,从而使人们在享受运动乐趣的同时,达到提高生活质量的目的。休闲体育康养是一种包容性极强的活动方式,不设门槛,不分年龄,不论体型,每个人都可以在其中找到适合自己的活动方式。这种负荷适中、易于接受的特性,是休闲体育康养吸引人们广泛参与和持续流行的关键因素之一。

综上所述,休闲体育康养作为一种全面促进身体健康、心理平衡及社会交往的生活方式,成功地贯彻了全面性、终身性、专业性、灵活性以及负荷适中性这五大核心特征。它不仅为个体提供了一个多维度的提升健康和福祉的途径,而且有效保障了几乎所有年龄段的人都能根据自己的需求、能力和偏好找到合适的康养活动。通过提供广泛的活动选择、灵活的参与方式以及将健康生活与乐趣相结合的理念，休闲体育康养极大地丰富了人们的生活内容，提升了社会整体的身心健康水平和生活质量。它不仅鼓励个体积极参与身体活动，还强调人们要在活动中得到乐趣和满足感，同时增强社交联系和社会融合，展现了现代健康生活方式的深远意义和价值。

第三节　休闲体育康养的资源和分类

一、休闲体育康养的资源

近年来，国家越发重视休闲体育康养资源的发掘和打造。相比于依靠提供放松、休养和恢复的服务来提升幸福感与健康的其他康养资源，休闲体育康养资源更注重运动和娱乐，旨在提供身体锻炼和活动的机会，辅助劳逸结合的生活方式，帮助人们舒缓压力，增强体质。休闲体育康养资源是指可以为休闲体育康养所利用的，对人有吸引力，对身心健康有益，同时能产生经济效益、社会效益的休闲体育运动或人文精神。休闲体育资源从资源属性上分为自然休闲体育资源和人文休闲体育资源，涉及社会资源、资本资源、企业资源、服务资源、技术资源等五个方面。其中社会资源包括生态资源、自然资源、人文资源、环境资源等；资本资源包括融资渠道、资金专项政策等；企业资源包括上下游各个环节的企业资源；服务资源包括康养服务、医疗服务、人才培养机构等；技术资源包括智能化康养相关的资源。

（一）社会资源

社会资源是休闲体育康养产业重要的基础，包括生态资源、自然资源、人文资源和环境资源。

（1）生态资源指的是无污染、自然且适宜人们休闲的自然环境，如山水风景区、公园、湖泊等，可以为运动和娱乐提供理想场所，促进人们积极参与休闲体育运动，提高身体素质和心理健康水平。

（2）自然资源包括水源、空气、土地等，自然资源的丰富类型和良好状态，为休闲体育康养提供了基础条件和良好环境，增强了人们参与休闲体育康养活动的愿望。

（3）人文资源是指与休闲、体育和康养相关的人文景观、历史文化遗产、民俗风情和传统艺术等资源，可以为运动和娱乐活动提供文化内涵和独特的体验。例如，在历史文化名城中举办长跑比赛或舞蹈表演，可以将休闲体育运动和文化相融合，提升人们的参与度和满意度。

（4）环境资源指的是良好的生活环境，包括清洁的空气、舒适的气候等，可以增加人们参与休闲体育康养活动的意愿，并提高他们的满意度。

（二）资本资源

资本资源是休闲体育康养产业发展的重要支持，包括融资渠道和资金专项政策等。

（1）融资渠道是指产业企业从市场上筹集资金的渠道，包括银行贷款、债券发行、股票上市等。通过融资渠道，企业可以获取必要的资金支持，用于运营、扩展和创新发展，有效扩大休闲体育康养产业的规模，提高竞争力。

（2）资金专项政策是指政府为推动休闲体育康养产业发展而出台的财政政策和金融政策，如税收优惠、财政补贴等，可以为休闲体育康养产业提供额外的资金支持。这些政策可以降低企业的运营成本，增加投资回报率，刺激产业发展。

（三）企业资源

企业资源是指休闲体育康养产业链上各个环节的企业所拥有的资源。这些资源包括从生产原材料到产品销售的一系列环节中所需的设备、技术、人力、品牌资源等。

（1）休闲体育康养产业需要各种设备，例如健身器材、运动场馆、康复设施等。拥有先进的设备资源可以提供更好的服务体验，吸引更多消费者，提高企业的竞争力，增加市场份额。

（2）技术资源在休闲体育康养产业中起到关键作用。拥有先进的技术可以提高产品和服务的质量，提升用户体验，满足不同消费者的需求。技术资源还可以支持企业进行研发创新，推出具有竞争力的新产品和服务。

（3）人力资源是休闲体育康养产业中最重要的资产之一。拥有合适的人才可以保证企业的高效运营和服务质量。具备相关专业知识和技能的教练可以提供专业的指导和服务，提高消费者的满意度。

（4）品牌资源是休闲体育企业在市场中建立起来的信誉和影响力。拥有良好的品牌资源可以增加消费者的信任度，提升销售额和市场份额。品牌资源还可以吸引更多合作伙伴和投资者，为休闲体育企业发展提供更多机会和支持。

（四）服务资源

服务资源是休闲体育康养产业提供给消费者的服务内容和服务体验,包括康养服务、医疗服务、人才培养机构等。

（1）康养服务是休闲体育康养产业的核心内容之一,通过提供专业的康养服务,包括健康管理、健身训练、营养膳食等,可以帮助消费者改善身体健康情况,增强体质,缓解身心压力,有助于提供给消费者全方位的健康康养体验。

（2）医疗服务是指休闲体育康养产业与医疗机构合作,为消费者提供医疗服务,如预防保健、诊疗等。休闲体育康养产业与医疗服务有密切的联系,提供医疗服务,如康复治疗、运动损伤诊断和治疗等,可以帮助消费者保持健康。医疗服务还可以提供专业的健康检查和疾病预防的指导,帮助消费者及时发现和处理健康问题。

（3）人才培养机构提供专业的培训和教育服务,培养休闲体育康养产业所需的人才。通过提供优质的教育资源和专业的指导,从业人员的专业素养和服务水平可以得到提高,有助于提供高质量的服务。

（五）技术资源

技术资源是休闲体育康养产业发展的关键支撑,特别是智能化康养相关的资源,在产品研发、生产制造、营销推广等方面发挥着重要作用。智能化康养技术包括智能健身设备、健康监测系统、康复护理机器人等,可以为消费者提供更加智能化、便捷化的康养体验。

（1）技术资源可以推动休闲体育康养产品的研发和设计。引入先进的科技和技术,不断改进产品的功能和性能,有助于提高用户体验。例如,利用虚拟现实技术为用户提供更加沉浸的运动体验,通过智能设备和传感技术监测用户运动情况,提供实时反馈和改善运动方式的建议等。

（2）技术资源促进休闲体育康养产业的科技创新。通过与科研机构和科技企业合作,引入先进的科技成果和创新技术,可以拓展康养产业的发展领域。例如,在康养设备的研发上,利用人工智能和大数据分析技术,提供个性化的康养方案和服务。技术资源在生产制造方面的应用,可以提高产品的品质和效率。引入智能制造技术,实现自动化和智能化生产,能够提高生产线的灵活性和响应速度。这将有助于提高产品的制造质量和稳定性,同时提高产能和降低成本。

（3）技术资源在营销推广方面的应用,可以提升产品的曝光率和销售效果。通过互联网和社交媒体等渠道,可以进行精准的定位和推广,将产品信息传递给目标用户群体。同时,数据分析和人工智能技术,可以帮助企业更好地了解用户需求和偏好,提供个性化的推荐和服务,提高用户黏性和满意度。

二、休闲体育康养的分类

休闲体育康养分类和休闲体育项目分类有一定的重叠,但重点不同。康养注重于人们的健康需求和康复,追求身体和心理的平衡与健康;休闲体育主要根据体育活动的类型和特点进行分类;而休闲体育康养结合了两者的特点,主要侧重于通过身体锻炼、运动和娱乐达到身心健康和健康养生的效果。概括来说,休闲体育康养产业就是为社会提供休闲体育康养产品和服务的各相关产业部门组成的业态总和。然而,根据消费群体、市场需求、关联产业、运动资源、民族文化等休闲体育康养的特点和方式不同,可以将休闲体育康养分为不同类型。

(一)基于消费群体

从消费群体来看,休闲体育康养又分为两个方面。

1. 从消费群体的年龄构成来看:人的一生一般要经历不同的阶段,依据年龄构成进行划分,不同年龄群体有不同的产业分类。

(1)妇孕婴幼康养。妇孕婴幼康养是康养产业中新的分支,随着社会和家庭对妇孕婴幼群体重视度的不断提升以及该群体的多元化消费转向,妇孕婴幼的健康需求不再局限于医疗保健,更多母婴健康产品服务持续涌现,如母婴瑜伽、母婴保健操等围绕妇孕婴幼群体开发的休闲体育康养产品。

(2)青少年康养。为满足青少年群体康养需要而形成的产业集合。因此,针对这一群体的休闲体育康养供给更多是围绕教育、体育、养生以及身体素质等方面展开,如康乐游戏类休闲活动,如跳绳、钓鱼、踢球等;运动竞赛类休闲活动,如野外拓展、休闲竞赛、团队对抗等项目;探险拓展类休闲活动,如登山、野营、攀岩等。

(3)中老年康养。由于业界始终将健康和养老视为康养产业的主要组成部分,且现阶段中国社会加速步入老龄化,因此中老年休闲体育康养长久以来几乎都等同于养老产业。就现阶段该群体的实际需求来看,中老年休闲体育康养不仅包含养老产业,还包含八段锦、太极拳、气功、五禽戏等养生保健类运动相关产品与服务以及周边产业。

2. 从消费群体的个体健康来看:一般把人群分为健康、亚健康和病患三类:健康群体重保养,亚健康群体重疗养,病患群体则重医养。

(1)健康状态的保养。健康人群的康养需求集中在对身心的保养上,即通过健康运动、休息睡眠以及其他心理和精神方面的康养行为等保持身心健康状态。基于健康人群的休闲体育康养业主要集中于体育、健身、休闲等行业。

(2)亚健康状态的疗养。亚健康人群是目前休闲体育康养产业最关注的人群之一,其对应的休闲体育康养业主要集中在健康监测、疾病防治、保健康复等行业。如中医养生、运动康复、体育保健、休闲旅游等,都是亚健康人群疗养类康养产业的主要构成内容。

(3) 临床状态的医养。病患人群医养是目前康养产业最成熟的部分,每个人的临床状况不同,选择和进行的休闲体育康养活动也不同,如糖尿病人适合的运动包括散步、跳绳、游泳等,这些运动有助于控制血糖水平,提高胰岛素敏感性,减少并发症风险;骨质疏松病人适合的运动包括散步、慢跑、瑜伽等,这些运动可以增加骨密度,改善平衡和减少摔倒风险。在心脏病稳定的情况下,心脏病人可以开展适宜的运动,包括轻度有氧运动如散步、慢跑、骑自行车等,但需遵循医生的建议,控制运动强度。在活动中病人需要注意休息、适量运动,避免过度劳累和损伤。此外,需要慎重监测病人的身体反应,如胸闷、呼吸困难、心律不齐等,根据病人实际情况及时停止活动并咨询医生意见。

(二) 基于市场需求

休闲体育康养的基本目的为实现从物质、心灵到精神等各个层面的健康养护,实现生命丰富度的内向扩展。依托养生文化,我国可以大力发展休闲体育经济,形成以休闲体育养身康养、休闲体育养心康养、休闲体育养神康养等为核心,以养生产品为辅助的具有健康心理、休闲娱乐、养生度假等功能的休闲体育康养体系。

(1) 基于养身的休闲体育康养。养身即是对身体的养护,保证身体机能不断趋于最佳状态或保持在最佳状态,是目前康养最基本的养护内容和目标。如保健、养生、运动、休闲等产品或服务,旨在对康养消费者的身体进行养护或锻炼,满足康养消费者身体健康的需要。

(2) 基于养心的休闲体育康养。养心即是对心理健康的关注和养护,使休闲体育康养消费者获得积极向上的心理体验。因此,养心休闲体育康养所涉及的产品或产业主要为心理咨询、体育赛事、休闲运动等对人心理层面产生影响的产品或服务。

(3) 基于养神的休闲体育康养。养神即是对人的思想、信仰、价值观念等精神层面的养护,旨在保证个人精神世界的健康和安逸。基于养神的休闲体育康养业具体涉及太极拳等内外兼修的产品以及冥想和下棋等提升专注力的产品。

(三) 基于关联产业

根据休闲体育康养产品和服务在生产过程中所投入生产要素的不同,康养产业可以分为康养农业、康养制造业和康养服务业三大类。健康食品的开发,可以与休闲体育康养相结合,通过发展绿色种植业、产品制造业、健康服务业,开发适宜于特定人群的具有特定保健功能的生态健康食品,同时可以结合生态观光、运动体验、食品加工体验、餐饮制作体验等活动,推动休闲体育康养的综合发展。

（1）休闲体育康养农业。休闲体育康养农业是指所提供的产品和服务主要以健康农产品、农业风光为基础和元素，或者是具有休闲体育康养属性，为休闲体育康养产业提供生产原材料的林、牧、渔业等的融合业态。如果蔬种植、农耕体验、乡村休闲体育等。其以农业生产为主，满足消费者有关生态休闲体育康养的产品和体验的需要。

（2）休闲体育康养制造业。休闲体育康养制造业泛指为休闲体育康养产品和服务提供生产加工服务的产业。根据加工制造产品属性的不同，其可以分为休闲体育康养药业与食品，如各类药物、保健品等；休闲体育康养装备制造业，如康复医疗器械、辅助设备、身体锻炼养老设备等。

（3）休闲体育康养服务业。休闲体育康养服务业主要由健康服务、养老服务和养生服务组成。健康服务包括医疗卫生服务、康复理疗、护理服务等；养老服务包括身体锻炼服务、社区活动服务、养老保健服务等；养生服务包括合理膳食、康体养生、健康咨询等。

（四）基于运动资源

休闲体育康养是指通过参与各种具有娱乐性和放松身心效果的体育活动，以促进健康和康复的一种方式。不同地区的自然环境和气候条件给人们提供了丰富的运动资源。我们可以根据不同地区的特点进行分类，如山区、水域、滨海地区等。例如，山地地区适合徒步旅行、登山等活动，水域地区适合划船、钓鱼等水上运动，滨海地区适合沙滩排球、冲浪等活动。根据运动资源的差异，休闲体育康养可以分为以下几类。

（1）室内运动康养。室内运动康养是一种适用于城市环境或者条件有限场所的休闲体育康养方式。它利用室内的空间来进行各种运动项目，包括瑜伽、太极、游泳和健身等。

（2）陆地运动康养。陆地运动康养是一种针对户外运动爱好者以及静心养性者的具备一动一静的形态的方式。它与室内运动康养相比更加自由和开放，适合于在自然环境中进行。陆地运动康养主要包括登山、攀岩、徒步、户外生存、山地赛车以及户外瑜伽、山地度假和禅修活动等。

（3）水上运动康养。水上运动康养是一种通过水上运动来促进身心健康的运动方式。水上运动康养具有多方面的好处，不仅可以增强身体的代谢功能，提高运动耐力和灵活性，还可以缓解压力，改善心情，增进心理健康。水上运动康养适合在海滨地区、湖泊、河流等水域进行。

（五）基于民族文化

不同民族拥有独特的文化和传统，这会对各民族休闲体育康养的方式产生影响。例如，中国的太极拳、武术和气功是中国传统文化的体现，这些活动融合了身体锻炼、呼吸调节和精神修养,被广泛用于休闲体育康养。同样,韩国的跆拳道、印度的瑜伽等也反映了各自民族文化和价值观的特点。根据民族文化,休闲体育康养可以分为以下几类。

(1)民族运动康养。民族运动康养是以特定民族的传统体育活动为主的一种休闲体育康养方式。它通过特定民族的传统运动项目,结合民族文化元素,来达到促进身心健康,提升生活品质的目的。这种康养方式既能锻炼身体,又能传承和弘扬民族传统文化,体现了文化的多样性和个体的身份认同感。例如中国功夫、蒙古族的摔跤等。

(2)宗教运动康养。宗教运动康养是以特定宗教信仰下产生的体育运动为主的一种休闲体育康养方式。宗教运动康养通过特定宗教信仰的体育运动,结合宗教文化的教义和价值观,追求身体与灵魂的和谐统一,例如印度的瑜伽、泰国的泰拳、日本的剑道等。这种休闲体育康养方式既能满足身体健康的需要,又能增进人们对宗教信仰的理解。

(3)文化运动康养:文化运动康养是以特定地区或国家的传统体育活动为主的一种休闲体育康养方式。例如巴西的足球、美国的篮球、俄罗斯的芭蕾舞等,这些都反映了当地的文化风貌。通过这种康养方式,人们既可以锻炼身体和保持健康,又可以感受到地域文化的独特魅力和活力。

第四节　休闲体育康养未来发展与展望

一、休闲体育康养的发展之旅

随着人们生活水平的提高和健康意识的增强,休闲体育康养逐渐进入公众视野。该领域的演变反映了社会进步的轨迹以及人们生活方式的多样化。休闲体育康养已成为释放压力和寻求乐趣的重要渠道,同时它在公共健康领域也发挥着不可或缺的作用。

在快速变革的时代,休闲体育康养日渐成为提升生活品质的关键要素之一。这一维度涵盖了从基本的体育锻炼到户外活动,再到利用最新科技进行健康管理的全过程。"休闲体育康养的核心观念在于通过体育活动和休闲方式促进健康、预防疾病、延缓衰老,并全方位提升生活质量。"这要求我们在身体和精神健康之间寻找平衡,并全面采取自我养护的行动。

然而,休闲体育康养领域的发展同样面临一系列挑战。全球化的深入推进促使各国康养观念和模式进一步交流、融合。科技的迅猛发展,尤其是大数据和人工智能技术的应用,为个性化休闲体育康养健康服务提供了前所未有的可能性。面对这些机遇与挑战,休闲体育康养产业的发展需要政策的引导、企业的创新以及个人健康实践的结合。例如,新加坡政府推出的"活跃健康"计划和智能穿戴设备的普及政策,不仅改变了健康监测方式,还推动了个性化健康服务的发展。未来,休闲体育康养作为全新的生活态度和方式,将引领着我们走向更加健康、积极、和谐的生活方式。

在此过程中,我们应当把握新技术带来的机遇,应对环境和社会带来的挑战,并持续推动行业的创新和发展,让每个人都能享受到高品质的康养服务。

二、国家战略下的休闲体育康养

休闲体育康养作为提升国民健康水平的重要方面,已经成为中国社会发展的核心议题之一。在《"健康中国2030"规划纲要》的指引下,休闲体育康养不仅被赋予了提升国民整体健康水平的关键使命,更被确立为顺应人口老龄化趋势的战略性产业。该纲要特别提倡"积极发展健身休闲运动产业""促进医药产业发展"。这体现了国家对国民健康的重视和对未来人口结构挑战的前瞻性。

随着社会的发展和人口老龄化的加剧,传统的医疗健康模式已经难以满足日益增长的健康需求。因此,休闲体育康养,作为应对老龄化社会的创新健康生活方式,不仅能提升国民体质、预防疾病、延缓衰老,更能显著提升老年人生活质量,助力社会结构的优化与平衡。《"十四五"体育发展规划》作为政策引导,具体地指出了休闲体育康养产业的发展方向。该规划提出了具体目标,包括到2025年体育产业总规模达到5万亿元人民币,并强调休闲体育康养产业在实现此目标中的关键作用。规划关注的不仅是产业规模的扩张,而是包括服务模式创新和产业质量提升在内的全方位发展。

随着消费结构的升级和人口老龄化的加剧,休闲体育康养将从单一的服务向综合性服务转变。中国面临严峻的人口老龄化问题。数据显示,预计到2030年,60岁及以上老年人口将占比达到25%,其中80岁及以上高龄老年人口总量不断增加。这一变化对休闲体育康养产业提出了更高要求。产业升级和消费结构的变化,指出了休闲体育康养未来发展的方向。从提供基本的体育服务到整合休闲康养、康复服务、老年人康养等综合性服务,这一趋势要求休闲体育康养产业不仅仅要注重数量的扩张,更要重视服务质量和专业性的提升,形成一体化的服务体系,满足不同人群的需求。

在具体的政策实施方面,可以预见的是,未来的政策将更加注重公共服务体系的完善,推动服务的标准化和个性化。通过建立覆盖全民的康养服务体系,让每一个需要的人都能享受到合适的、优质的服务。政府将通过一系列政策指导和支持措施,完善公共服务体系,提升服务标准化和个性化水平。政策将鼓励社会资本投资休闲体育康养产业,并通过政府购买服务等手段,激励社会资本参与,以建立全民覆盖的高标准康养服务网络。

三、科技创新对休闲体育康养的推动

在国家战略的推动下,科技革新已成为休闲体育康养产业发展的核心动力之一。先进科技,如人工智能、大数据等前沿技术正在推动休闲体育康养产业向个性化、智能化的方向发展。《"健康中国 2030"规划纲要》和《关于加快发展健身休闲产业的指导意见》(国办发〔2016〕77 号)均将"互联网+"体育科技创新定位为产业发展的核心推动力,旨在通过科技创新,提升服务效率,改善服务质量,实现人民群众健康产业的可持续发展。随着机器学习和深度学习技术的突破,人工智能正在重塑休闲体育康养产业的面貌。

科技的融合应用被视为休闲体育康养服务质量和效率提升的关键。未来,随着物联网、人工智能、大数据、云计算等科技的不断突破,智能设备和图像识别技术将不断提升用户的康养体验,而大数据分析能为产业提供宏观决策的依据,使资源配置更加科学、高效。

物联网技术使运动器材与穿戴设备更加智能化,它们能实时监控用户的身体状态和运动表现,提供个性化的健身方案与反馈,从而改善运动效果,提高运动安全性。

人工智能的发展,尤其是机器学习和深度学习技术,正在彻底改变休闲体育康养产业。AI 能够处理和分析大量健康数据,为每个用户提供个性化的健康和康养建议。在康复医学领域,AI 技术的应用使康复设备更加精准地针对用户的具体需求,提供个性化的治疗方案。此外,AI 辅助的虚拟教练和机器人康复指导,能够为用户提供全天候 24/7(24 小时一天、7 天一周)的健康监测和康复指导服务,从而显著提高了康复过程的效率。

大数据作为科技应用的另一重要方面,为休闲体育康养产业提供了宝贵的资源。通过分析健康数据、用户行为与市场动态,大数据帮助产业从宏观角度把握市场需求和用户偏好,从而使企业更加精准地推出符合市场需求的服务和产品。此外,大数据也为政府和企业提供了科学决策的依据,使资源的配置更加合理和高效。

云计算的应用为休闲体育康养产业提供了强大的支持。通过云计算平台,

企业能够实现大规模的数据存储和处理,而且用户也能够通过云端服务随时随地访问自己的健康数据,享受个性化的康养服务。同时,云计算支撑的远程医疗服务,也为偏远地区的居民提供了更为便捷的健康资源,缩小了城乡之间的健康服务差距。

智能传感器、可穿戴设备和健身 App 通过用户的生物指标数据为其提供量身定制的健康建议与康复方案,增加运动的趣味性和互动性,这些都大大提高了用户的参与度和健康管理的科学性。

科技创新的深度应用,将使休闲体育康养产业向更高层次发展,不仅提升了产业的整体水平,也为公民健康管理和老年人康养提供了新的解决方案。

然而,科技发展带来的数据隐私、人才培养、法律法规完善以及伦理等方面的新问题不容忽视。科技与产业发展之间的协调和平衡,将保障科技创新促进休闲体育康养产业的健康和可持续发展。

总体来看,科技的融合应用将为休闲体育康养产业注入新的活力,推动产业向着更加智能化、个性化和精细化的方向发展。在此过程中,要求产业不仅要加强科技创新,还要注重产业生态的建设,系统性地解决科技与产业发展、社会需求、法规政策之间的关联与调适问题,以确保科技创新促进休闲体育康养产业的健康与可持续发展。

四、产业融合促进休闲体育康养的发展

休闲体育康养行业如今已经崛起为推动国家经济增长的新动力之一。这一行业通过其独特的产业融合方式不仅满足了公众对健康生活的追求,而且为经济发展注入了新的活力。

这种产业融合现象既体现了人们健康意识的增长和对高品质生活的执着追求,也显示了科技进步不仅在推动相关产业发展与融合方面具有巨大作用,同时还对促进就业,刺激消费,推动产业升级和转型等方面具有显著的联动效应。

休闲体育康养产业是指利用体育运动、康复保健、休闲旅游等手段,提供身心健康服务的综合产业。这个产业通过整合资源和服务,对改善人们的生活方式,增进健康和提高生活质量具有重要意义。随着国民经济的稳步增长和居民生活水平的不断提高,这一产业的市场规模在过去十年中稳步攀升。

据国家统计局、国家体育总局数据,2022 年我国体育产业总规模达到33 008 亿元人民币,未来五年预计将保持每年 10% 以上的增长速度。这一增长不仅归功于体育赛事和健身服务的直接收入,也得益于体育旅游、健康管理、康复服务等相关领域的联动效应。

在经济发展视角下,休闲体育康养产业对经济增长的贡献主要表现在两方

面：一方面，它直接促进了国内消费的增长，以健身房、瑜伽馆、登山和户外运动等新兴热点为例，健康相关消费已成为拉动内需的新引擎。另一方面，相关产业链的扩张进一步推动了地方经济的发展，惠及旅游、酒店、餐饮、交通和零售等行业。

产业融合是实现产业互利共赢的关键。在休闲体育康养产业中，融合的形式多种多样，包括跨行业合作、多品牌联动、线上线下结合等。例如，体育旅游的兴起，使得体育赛事与旅游资源的结合成为可能，这不仅提升了体育赛事的观赏价值，同时也增加了旅游目的地的吸引力，从而形成了新的经济增长点。

全球康养研究院（GWI）的《全球康养经济监测报告 2023 版》报告指出，疫情后康养市场呈现出强劲增长势头，年增长率高达 12%。

要实现产业的融合和互利增长，政府、企业和社会的共同努力至关重要。政府应通过制定相关政策，如税收优惠、简化行政审批流程等，降低企业运营成本，激发市场活力。同时，企业需积极拥抱技术创新，以提升服务质量和效率，满足消费者个性化需求。而社会各界则应加强对休闲体育康养重要性的认识，支持产业发展，促进健康生活方式的普及。

综上所述，休闲体育康养产业作为一个充满活力的新兴行业，已与我国经济发展紧密相连。它不仅满足了人民对优质生活的追求，还为经济的可持续发展注入了新动力。政策支持和产业创新将保障其健康发展，为实现社会经济的全面繁荣贡献力量。

五、生态可持续性发展理念融入休闲体育康养

党的十八大以来，以习近平同志为核心的党中央从中华民族永续发展的高度出发，深刻把握生态文明建设在新时代中国特色社会主义事业中的重要地位和战略意义，大力推动生态文明理论创新、实践创新、制度创新，创造性地提出一系列新理念、新思想、新战略，形成了习近平生态文明思想。《习近平生态文明思想学习纲要》中显示，在推动生态文明建设方面，体育产业已经开始扮演更加积极的角色。举办各类绿色体育活动，不仅促进了体育产业的发展，同时也增强了公众的环境意识，促进了社会整体的可持续发展。

北京 2022 年冬奥会以其"绿色办奥"理念树立了体育盛事与环境保护结合的典范。借助可再生能源、节水技术及绿色交通工具，大会显著降低了对环境的影响，并向全球传递了可持续发展的价值观。在追求经济效益的同时，休闲体育康养产业不应忽略其在生态保护方面应承担的责任。该产业有机会通过生态友好的体育活动，如野外马拉松、丛林瑜伽等，鼓励公众投身于可持续的生活实践。通过这些活动，参与者不仅能获得身心康养的好处，同时也能加深对环保的认识

与责任感。

中国政府在《健康中国行动(2019—2030年)》中彰显了将环保理念融入体育活动和设施建设的坚定决心。国家层面的政策支持,在休闲体育康养产业向绿色转型中发挥了至关重要的作用。保障康养产业与生态环境之间的和谐共生,对保障产业的长期可持续性极为关键。通过提供生态友好的服务与产品,康养产业可以在不破坏环境的前提下实现增长。休闲体育康养产业的蓬勃发展,必须与保护自然环境和增强生态系统服务同步进行。

在新的项目开发中,应充分考虑生态环境因素。此做法不仅有助于保护生物多样性,而且维护了地区生态完整性。休闲体育康养产业在追求经济收益的同时,必须平衡生态保护和资源的节约之间的关系,如建设生态型运动场馆,推广绿色出行和低碳生活方式等。

在全球范围内,对健康和可持续生活方式的重视程度与日俱增。休闲体育康养作为提升生活质量的方式之一,正在逐渐与绿色发展理念相融合。在应对全球气候变化和环境退化的挑战中,绿色发展已经成为全球共识。

休闲体育康养产业的未来,在追求经济效益的同时,必须重视对环境的保护,以及在资源使用上的节约。倡导绿色建筑、绿色出行和环保理念,是这一产业走向可持续未来的具体实践。通过这些措施,产业发展不仅能减少对环境的影响,而且能够促进公众环保意识的提升。

六、休闲体育康养的未来发展

伴随着休闲体育康养产业的历史发展,我们目睹了其作为健康、休闲与体育相结合的复合型产业的蓬勃发展。这一产业顺应了现代社会对健康生活方式的追求,超越了单纯的身心健康促进活动,演化为一种社会文化现象,一种推动生活质量提升的趋势。在中国,产业的蓬勃发展受到国家战略的引领,据《"健康中国2030"规划纲要》,政府坚持以提升人民健康水平为核心,明确指出了产业发展目标和创新路径。

面对消费结构的优化及人口老龄化带来的挑战,休闲体育康养产业正在向提供更全面服务的方向转型,同时推动就业,刺激消费,促进产业转型升级,为经济发展注入新的活力。国家体育产业发展规划强调在产业规模增长的同时,更要注重服务模式的创新和产业质量的提升,这反映了产业在全球化和信息化背景下,对创新和高质量发展的追求。

科技的深度融合,尤其是大数据和人工智能领域的新突破,为个性化、智能化、精细化管理提供了动力,同时也带来了隐私保护、人才培养、法律法规完善及伦理道德等方面的新挑战。

产业的融合现象,特别是休闲体育康养与经济发展的联动效应,凸显了其对经济增长的推动作用。随着全球康养市场的持续壮大,这一产业已成为全球经济的关键部分,并预计将维持强劲增长的势头。政府政策的支持、企业创新的驱动力和社会的参与是形成全民参与、标准化与个性化并重的康养服务系统的关键要素。在产业发展的推动中,生态保护和可持续实践也应该被置于优先地位。休闲体育康养与绿色发展理念的结合不仅是对全球气候变化和环境恶化挑战的积极回应,也是社会发展可持续性的必然选择。

综上所述,休闲体育康养产业不仅代表着一种全新的生活方式和社会风尚,它在提升人民健康水平,推动经济社会发展和保护生态环境方面发挥了重要作用。未来,产业的发展需把握科技革新的机遇,应对环境和社会的挑战,并不断推动创新与发展,保障每个人能享受到高质量的康养服务,实现人民群众更加健康、积极、和谐的生活追求。

思 考 题

1. 简述"休闲体育康养"在对象和内涵上发生的改变。

2. 只有中老年群体需要进行休闲体育康养,该说法是否正确?为什么?

3. 休闲体育康养产业发展的促进因素和阻碍因素分别有哪些?

4. 预测未来十年内休闲体育康养产业可能出现的新趋势及其社会经济影响。

5. 休闲体育康养产业如何促进社会包容性和增强不同群体(如老年人、残疾人)的生活质量?

第八章

休闲体育教育

》 章前导言

工业社会催生的巨大社会生产力使人类从繁忙的体力劳动中解放出来，有了参与休闲活动的可能。西方国家从 20 世纪 60 年代步入休闲时代，我国从 20 世纪 90 年代步入休闲时代。但是，面对突如其来的休闲社会，人们并没有做好充分的心理准备，也没有具备驾驭科学休闲方法的能力，产生了诸多有关休闲的困惑。如何正确引导人们科学休闲，消除休闲障碍，提高休闲质量，无疑是教育必须正视和回答的问题。休闲教育作为规范社会生活与个人行为的基础性教育，可以培养人的积极生活态度，提升人们的休闲素养与生活品位，全面提高人们的生活质量。体育运动作为人类重要的休闲方式之一，它对人身心健康的保驾护佑作用已经得到了广泛认同。它必将成为信息化社会人类重要的休闲内容，成为人类科学、健康、文明的生活方式，也将成为 21 世纪学校体育改革与发展的方向。

第一节　休闲体育教育概述

休闲体育教育是一种通过身体活动谋求个体身心健全发展的集时代性、体验性、娱乐性和教育性等于一体的社会文化活动，是提升个人生活质量的教育活动，是培养人对休闲体育行为的选择能力和价值判断能力的教育过程，是素质教育的重要组成部分，亦是"育化人"的重要手段。其目的是通过学习，让学生树立正确的休闲价值观念，习得休闲体育的知识与技能，科学安排闲暇时间，感悟生命价值与生活意义，形成积极向上的休闲生活方式，不断提升休闲品质与生活品位。休闲体育教育还可以教育学生通过创造性的休闲方式来表达自己的追求与理念，鼓励他们把自我发展和承担社会责任联系在一起，加速社会文明进程。

一、休闲体育教育的内涵

古往今来，休闲体育教育一直在人类的教育体系中占有重要地位。不管是中国传统文化中的诗词歌赋、琴棋书画等所描绘的休闲内容，还是古希腊文明中所倡导的"休闲是一切事物环绕的中心"等休闲观点，都阐述了休闲体育教育在人类生活中的重要意义。

1. 博大精深的中国休闲体育教育思想

在中国五千年的文明进化过程中，休闲体育教育始终占据着重要的文化地位，并彰显着深厚的休闲教育内涵。早在两千多年前，中国第一篇教育专著《学记》中就谈到"时教必有正业，退息必有居学"；"故君子学也，藏焉，脩焉，息焉，游焉。夫然，故安其学而亲其师，乐其友而信其道，是以虽离师辅而不反也"。这是对休闲有助于个体学业的促进及德行的陶冶所作的极佳注脚。《论语》中的"子曰：'志于道，据于德，依于仁，游于艺'"，指明了人的志向在"道"上，执守在"德"上，依据在"仁"上，游娱在"艺"上。《孟子》中的"设为庠、序、学、校以教之"，此"庠"即养，养老、休养之场所。可见中国古代学校创始之初即与休养生息有联系。

北宋教育家胡瑗在他的教学过程中，非常注重理论与实践相结合的教育理念。他除重视书本教学外，还组织学生到各地游历名山大川，并把此项活动列入教程之中，显现了重要的休闲体育教育思想。他曾对湖州知府滕宗谅说："学者只守一乡，则滞于一曲，隘吝卑陋。必游四方，尽见人情物态，南北风俗，山川气象，以广其闻见，则有益于学者矣。"他的这些休闲体育教育思想具体体现在教学实践中。他亲率诸弟子自湖州游关中，上至陕西潼关关门，回顾黄河抱潼关。

他的这套教学方法和我们今天所提倡的"素质教育"十分相似,这在许多读书人将学校视为"声利之场"的古代显得尤为难能可贵。

明代教育家王守仁明确提出了游戏娱乐能使孩子身心愉悦,有助于促进其自然生长的休闲体育教育思想。他说:"大抵童子之情,乐嬉游而惮拘检,如草木之始萌芽,舒畅之则条达,摧挠之则衰萎。今教童子,必使之趋向鼓舞,中心喜悦,则其进自不能已。譬之时雨风,沾被卉木,莫不萌动发越,自然日长月化。若冰霜剥落,则生意萧索,日就枯槁矣。"他认为,儿童的性情总是喜欢嬉游,害怕拘束与禁锢,就像草木刚刚萌芽,顺应它就会发展,摧残它就会衰退。所以他主张对儿童的教育必须依据这个特点来进行,即采取使儿童"趋向鼓舞"和"内心喜悦"的积极教育方法,才能使儿童的学习日有长进,就好像春雨沐浴草木一样生机勃发、春色盎然,而不是冰霜剥落、秋色萧条。玩耍嬉闹是少年儿童的天性,是他们健康生长与机体发展的必然诉求,而游戏是实施有效教学的必要手段之一。

明末清初教育家颜元更是直陈休闲体育教育的意义:"孔门习行礼、乐、射、御之学,健人筋骨,和人血气,调人性情,长人仁义。"他反对"主静",主张"习动"。他认为,终日静坐书房之中,会使人精神萎靡不振,身体筋骨疲软,天长日久便会厌弃实事,不愿动脑筋,遇到问题就会茫然不知所措。"常动则筋骨竦,气脉舒",这不仅指出休闲体育对于学生强身健体的益处,而且对道德品行的修养也具有良好的引导作用,这与现今盛行的休闲体育的观念十分相似。

近代,蔡元培先生崇尚自然,发展个性,培养健全人格的教育主张,以及陶行知先生"生活即教育""教学做合一"的教育思想,都体现了立足生活培养完整的人的教育理念,直接展现休闲体育教育的内涵和宗旨。

长期以来"小人闲居为不善""闲事生非"等传统教育观念,框定了教育体系的理论框架,使休闲体育教育在很长一段时间内被束之高阁,没有得到应有的重视。直至 20 世纪 80 年代,在外来多元文化的冲击下,随着经济社会的长足发展,人们开始思考怎样科学利用闲暇时间来改善生活质量,提高生活品位。这种社会文化现象的蔓延发展,激发了学者们进行休闲体育专项研究的热情,带动了休闲体育教育思想的纵深发展。通过各类各级别的专题研讨、媒介传播,休闲体育专门教育也逐渐步入规范化发展轨道。

于光远先生是当代较早提出休闲学术研究的学者之一。1983 年,他就指出:"在中国的高等学校中没有一门研究游戏的课程,没有一门游戏的专业,没有一个研究游戏的学者,这并不是什么优点而是缺点。"1994 年,他又提出了"玩学"说。他认为:"玩是人生的根本需要之一,要玩得有文化,要有玩的文化,要研究玩的学术,要掌握玩的技术,要发展玩的艺术。"他的这些休闲思想犹如一块石头投进水塘里,激起了人们对休闲问题的深度思考,许多学者很快加入休闲体育教育的专题研究中。

马惠娣作为于光远先生的学生,长期以来致力于休闲方面的研究,不仅自己发表了大量研究成果,还与她的研究团队先后翻译并出版了两套西方比较成熟的休闲研究著作。她认为,休闲教育"包括智力的、肢体的、审美的、心理的、社会经验的教育;创造性地表达观念、方法、形状、色彩、声音和活动;主动参加各种公益活动的经验;社会参与和表达友谊、归属和协作;野外生活经验;促进健康生活的身体娱乐;培养一种达到小憩、休息和松弛的平衡方法的经验和过程"。她们的成果犹如星星之火,迅速蔓延到人文社会学科的各个领域,也为我们研究休闲体育教育提供了很好的理论借鉴和发展思路。她的这些思想观点在今天依然是我们探讨休闲体育教育内涵的重要理论依据。

总之,虽然国内休闲教育研究还处于摸索起步阶段,发展历程也只不过才短短几十年的时间,但我们欣喜地看到,经过学者们的不懈努力,我们国家在休闲哲学、休闲社会学、休闲经济学、休闲文化学等领域已经产出了累累硕果。从休闲体育专业教育来看,在较短的时间内,已有一百五十多所院校开办了休闲体育专业,为培养社会急需的休闲体育专门人才打造了很好的平台。不仅如此,每年围绕休闲体育召开的会议、论坛、学术报告会层出不穷,这些活动都极大地推动了休闲体育教育的长足发展。可以预见,随着人们休闲体育意识的不断觉醒,可支配收入的不断增长,公共休闲体育设施的不断完善,我国的休闲体育教育事业将成为未来学校体育教学改革和发展不可或缺的重要内容,成为人们精神生活的重要部分。

2. 熠熠生辉的西方休闲体育教育思想

两千多年前,古希腊人就认识到休闲、体育与教育的关系。他们认为,"自由人如果不想使自己的生活沦为灾难,就一定要接受休闲人生的教育",教育是对人类生活和人类共同体的终极辩护,进行休闲体育教育是人生幸福的前提和保障。他们试图通过教育达到休闲体育的目的,使人生的价值得以实现。亚里士多德对闲暇教育做了研究,他认为,只有为休闲而进行的教育才是崇高的,他特别强调"教育的目的不是为了谋职或挣钱",而是"使得人们做出理性的行为,并通过精神洞见使人的行动升华,从而让他们成为自由的人"。在他的教育思想里面,教育的目的总是与实现人的自由发展联系在一起,休闲体育教育则是实现教育目的的首要途径。虽然这些休闲体育教育思想没有形成完整的理论体系,但其深刻内涵依然对今天我们研究休闲体育和发展休闲体育教育具有重要参考价值。

真正把休闲问题置于学术层面加以研究,并形成学科体系仅有 100 多年。

西方学者认为,1883 年拉法格(Lafargue Paul)撰写的《休闲的权利》是休闲学发展过程中的直接节点,而 1899 年凡勃伦(Thorstein B.Veblen)发表的《有闲阶级论》是休闲学形成的标志。当时凡勃伦尽管是从经济学的视角分析了休闲与消费之间的关系,但却证明了资产阶级新权贵们在获得物质享受的同时,已经开始追求精神生活的丰富多彩了。他认为,休闲已经成为一种社会建制,成为人类的一种生活方式和行为方式,并从学术层面上论述了宗教学、美学等学科与休闲的关系,分析了消费闲暇时间的各种形态和消费行为方式。

苏联著名教育家苏霍姆林斯基是休闲教育的最好践行者,他领导的帕夫雷什中学是实行休闲教育最好的典范之一。该校下午不排课,而是组织学生参加多种多样的课外活动。苏霍姆林斯基认为:"午后不进行紧张学习的脑力劳动,这是一个具有决定性作用的条件。在这个条件下,不仅可以增强体质,而且可以为丰富精神生活、为全面发展创造条件。"他还指出:"下午不进行紧张的脑力劳动,并非为了完全摆脱智力劳动,而正是为了让学生能过上富有意义的丰富多彩的精神生活。只有当孩子每天按自己的愿望随意使用 5~7 小时的空余时间,才有可能培养出聪明的、全面发展的人来。离开这一点去谈论全面发展,谈论培养素质、爱好和天赋才能,只不过是一些空话而已。"帕夫雷什中学的学生课外活动 90% 以上都在户外进行,通过参加自愿选择的课外小组活动,进行游戏、旅行参观、徒步行军、阅读、文娱活动等休闲活动。在这种教育思想指引下,帕夫雷什中学成为苏联公认的教学质量高,并且真正使学生得到全面发展的学校。

卢梭认为人在自然条件下,一定是身体和心灵结合发展,绝不会只求心智发展,而使身体虚弱,也不会使身体与心智都处于衰弱之中。卢梭以爱弥儿为代表描绘道:"你锻炼了他的身体和感觉以后,你亦曾锻炼了他的心智与判断力,最后我们亦曾把他的四肢和心智的应用,联合为一。"他认为 15~20 岁年龄阶段青少年的教育问题非常重要,他们如果整天无所事事,很容易走上邪道,他主张用跳跃、舞蹈、爬墙、爬树、登山、游泳、竞走、打猎和各种球类游戏等体育运动方式来充实、丰富青少年的生活,凭借新颖的活动去占领他们的世界。

杜威在《民主主义与教育》一书中专门对"劳动和闲暇"问题进行了讨论。他认为,"在教育史上出现的根深蒂固的对立,也许就是为劳动做准备的教育和为闲暇生活做准备的教育",过多偏向哪一边都是不对的。他主张"比较直接地以闲暇作为目标的教育,应该尽可能间接地加强效率和爱好劳动,而以效率和爱好为目的的教育,应该培养情感和智力的习惯,促进养成崇高的闲暇生活"。

斯宾塞在他的"教育预备生活说"所确定的五项个人生活活动中,提出其中一项是"在生活中的闲暇时间满足爱好和情感的各种活动"。他估计到当时的客观形势把闲暇教育归为最后一类,但他预言:"到了自然的力量完全被人征服,供人使用,到了生产的方式已经达到了圆满地步,到了劳动已经节约到最高程度,到了教育已经安排得当,能比较迅速地为较为重要的活动做好准备,到了因此而大量增加的闲暇时间,那时闲暇教育就会占有很重要的地位。"

马克思给人类留下了内容丰富而又博大精深的思想遗产,为我们今天思考诸多问题提供了理论依据。其中,"自由时间"理论为我们今天研究休闲问题起到了重要的指导作用。该理论是马克思在近代资本主义社会发展初期,结合当时工业社会的现状提出来的。该理论揭示了人自由全面发展的三个逻辑起点:劳动生活的逻辑、休闲生活的逻辑和生理生活的逻辑。即自由时间是实现人的自由全面发展的重要条件,是与人的生存和发展密切相关的权利,是发展主体自我素质兴趣和爱好的必要条件。他还认为,仅有外部社会条件还不够,要想真正实现自身生活的休闲化,主体还必须具备休闲生活的素质和能力,而主体的这些素质与能力需要通过休闲教育来实现。

总之,西方的休闲体育教育开展比较早,形成了比较成熟的思想体系。就休闲体育教育内涵来看,他们认为,休闲体育教育是一场使人能够通过休闲来改善自己生活质量的全面运动;一个使人明确自己休闲价值观和休闲目的的过程;一种使人们能够在休闲中提高自己生活质量的方法;一种帮助人们从休闲的角度认识自己并自主地确定休闲在生活中位置的导向;一种贯穿于从入幼儿园以前到退休以后的终生教育;一种与人们休闲需求、休闲价值取向和休闲能力有关的活动;一种通过扩大人们的选择范围,使他们获得令人满意的、高质量的休闲体验的活动;一个借此机会决定休闲行为的过程;一场需要多种管理机制和服务体系共同发挥作用承担责任的运动。尽管这种对休闲体育教育内涵的判断有其深厚的文化背景和社会现实价值,但这不会妨碍我们在另一种语境中去理解休闲体育教育,为我们今天站在较高层面上发展休闲体育教育提供理论参考。

二、休闲体育教育的内容与特点

休闲体育教育作为规范社会生活与个人行为的基础性教育,有其自身的教育内容和教育特点。

(一) 休闲体育教育的内容

1. 培养正确休闲价值观念,不断提升主体的休闲素质

所谓休闲素质,是指通过休闲体育教育使学习者树立科学、合理、健康的休闲观念,并通过个体自身的休闲体育实践活动,逐步养成稳定的休闲体育态度和行为习惯。通过有针对性地向学生传授各种休闲体育知识和技能,我们可以发展学生对休闲体育活动的兴趣和爱好,培养主体休闲体育意识,帮助其树立正确

的休闲体育价值观和休闲体育态度,使学生作出有价值的、明智的、自主的休闲体育选择,从而提高主体休闲生活质量。

2. 积极传播休闲体育文化,不断养成终身体育习惯

终身体育教育理念在 20 世纪 80 年代就已经提出,但依然改变不了"出了校门,体育运动就终止"的社会现实。原因是多方面的,但学生"喜欢体育运动,但不喜欢体育课"的现状告诉我们,先进的教育思想对学生形成终身体育习惯有多么重要! 休闲体育是伴随人类文明一起发展的文化形态,休闲运动方式与人们的日常生活密切联系,是与人们日常生活息息相关的重要领域。因此,从文化的角度去认识和解读休闲体育,可以让学生从内心深处了解休闲体育运动对自身生活的价值和功用,从而为形成终身体育价值观打下坚实基础。

3. 学习科学休闲运动技能,不断提高主体生活品质

通过休闲体育教育的技能学习,学生可以掌握一定的休闲知识与技能,以形成正确有效的休闲体育方式,并产生对休闲体育活动的良好兴趣;培养出一种或多种业余爱好,以形成长期稳定的运动习惯。通过休闲体育教育的过程学习,还要引导学生正确了解自己的休闲体育行为,从自己的兴趣、期望和特长出发,选择符合自己特点的,能够展示自己个性和风格的休闲体育项目,养成科学、健康、文明的体育生活方式。

4. 合理安排休闲时间,不断促进社会和谐

讲和谐,就意味着凡事要讲协调,追求和美、和睦、均衡和匀称。从休闲体育在社会发展过程中所表现出来的和谐意义来说,它是人类一种新的生活方式。在这种生活方式中,人与人的关系、人与自然的关系、人与社会的关系变得融洽、和谐;人对物的摄取变得理智、通达;人的社会责任感变得更加强烈,并通过创造性的生活方式表达自己的追求和理念,最终达到整个社会系统的和谐状态。因此,休闲体育教育,有助于引导学生、大众合理安排闲暇时间,提倡积极向上、健康科学的休闲体育方式,摒弃愚昧落后、腐朽消极的不良休闲方式,形成科学合理的生活习惯。

(二) 休闲体育教育的特点

1. 时代性

休闲体育伴随社会的发展而不断变化,每个时代的休闲体育活动都会呈现出不同的特点,一定时代的休闲体育文化与该时代社会经济发展水平和人们的精神文化诉求密切相关。因此,具有时代性特色的休闲实践是休闲行为发生的首要前提,也是休闲体育教育的显著特点。

2. 主体性

人的主体性就是人作为社会生活主体在各种社会实践活动中表现出来的

根本特性,包括人的独立性、主动性和创造性。主体性既是教育的自身规律的反映,也是其固有特点,唯有主体性,才会激发内在积极的自由选择,为人们实现自我,追求高尚的精神生活,获得"畅""爽"的心灵体验提供依靠。培养人的主体性是休闲体育教育的本质要求,也是实现教育主体性的重要内容。教育主体的形式应该是丰富多彩的,既要有实体化的教材和课程,更要有广大教师和学生等多角色主体,但不能过分强调某一类活动的主体性,因为不能把主体仅仅理解为一般所说的主动性和积极性,不能将此看作是一种无节制的自我张扬。

【知识拓展】

我国休闲体育教育内容体系

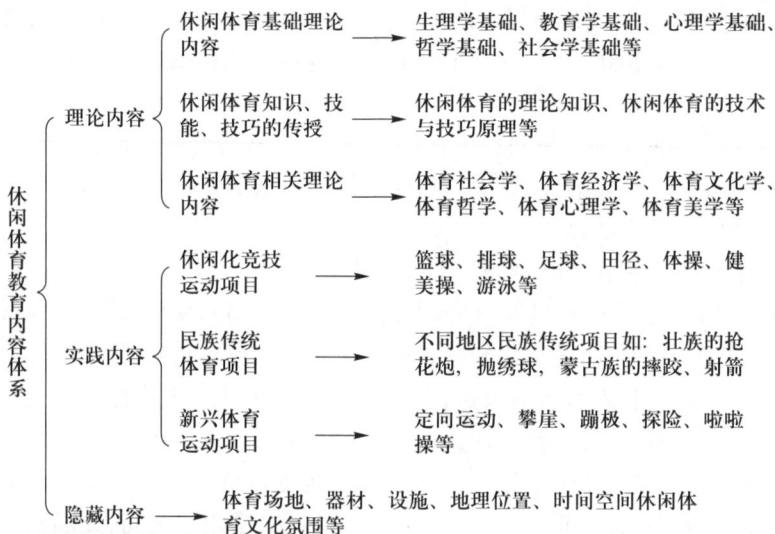

休闲体育教育内容体系

- 理论内容
  - 休闲体育基础理论内容 → 生理学基础、教育学基础、心理学基础、哲学基础、社会学基础等
  - 休闲体育知识、技能、技巧的传授 → 休闲体育的理论知识、休闲体育的技术与技巧原理等
  - 休闲体育相关理论内容 → 体育社会学、体育经济学、体育文化学、体育哲学、体育心理学、体育美学等
- 实践内容
  - 休闲化竞技运动项目 → 篮球、排球、足球、田径、体操、健美操、游泳等
  - 民族传统体育项目 → 不同地区民族传统项目如:壮族的抢花炮、抛绣球、蒙古族的摔跤、射箭
  - 新兴体育运动项目 → 定向运动、攀崖、蹦极、探险、啦啦操等
- 隐藏内容 → 体育场地、器材、设施、地理位置、时间空间休闲体育文化氛围等

3. 娱乐性

亚里士多德认为,只有追求智慧,进行沉思的休闲生活,才是最接近幸福的、纯粹的和快乐的。参与休闲体育活动的动机不是运动成绩、奖牌奖金和其他利益,也不追求"更高、更快、更强——更团结"的竞技体育精神,而是放松、游憩、娱乐,因此兴趣、有趣、好玩、开心、畅爽才是休闲体育的真谛。人们所参与的休闲体育活动,没有竞技体育激烈的对抗性,且可以规避因失败而产生的消极心理,不必肩负成败胜负的责任,无论是在精神上还是体能上都几乎不存在任何压力。根据自己的意愿和能力,自主选择、轻松愉快地从事休闲体育活动,有助于忘却学习、工作和生活中产生的烦恼、焦虑与痛苦,在精神上获得解脱、自由和快乐。

4. 体验性

在休闲体育活动中,主体自主选择、自由参与体育活动,因而不仅活动直接满足主体身心发展的需要,而且良好的情绪体验会更加激励其持久参与的积极性,并能形成"需要—满足—更大需要—更大满足"的持续不断的良性循环。亲身参与的关键在于个体对其休闲的体验:休闲体育的心理满足,精神生活的良好慰藉,心灵感知上的自由自在以及驾驭自我的内在力量。休闲体育重要的不是说教和外在的表演,而是人们真正参与其中,体验休闲体育运动中的各种心理感受。

5. 教育性

实现人的全面发展是教育永恒不变的目标。教育是生成特定的、完整的、社会的个人的成长过程,贯穿于人的整个生存世界,包容社会的一切教育现象。休闲体育教育强调要面对完整的人,真正促进人的全面发展,它就必须面对这个包含了理性、热情和事实的、奇迹的、现实的、具体的、活生生的"现实的个人"的一切生长过程。休闲体育的教育过程,就是真正培养学生德、智、体、美、劳全面发展,让学生体悟到"一张一弛是文武之道"的深切内涵,不断促进学生身心健康平衡发展的过程。

6. 社会性

在参与休闲体育活动过程中,从个人意识的形成到活动过程各种信息的建立,无不渗透着广泛的社会学意义。特别在人际交往、关系协调等方面,休闲体育活动对于提高人的社会适应能力都具有积极作用;在遵守规则、尊重他人、和谐共处等正确社会意识方面,也会起到事半功倍的教育目的。

三、开展休闲体育教育的意义

1. 实现人的全面自由发展需要休闲体育教育介入

在社会转型期,人类的生活方式、家庭结构、人际关系和消费习惯等方面均与传统社会有着明显不同。科学技术发展为人们参与休闲体育活动创造了技术前提,但机械文明的高度分工往往又容易压抑人的个性,使个体产生不安全感。作为闲暇时间里人们调节身心健康平衡的重要方式,休闲体育教育是必不可少的。况且,人们在很大程度上已经摆脱了对经济因素和生产的依赖,先进的科学技术和生产力又为人们提供了丰富的娱乐设施和便捷的交通条件。于是闲暇时间不再主要被人们用于恢复劳动时被消耗的体力,维持劳动力的简单再生产,而是为身体锻炼、休闲娱乐等休闲方式提供可能,使人类的身心健康在休闲体育活动中得到充实和升华。但毫无疑问,这类休闲活动并非每个人生来就会,它需要一个学习的过程。所以,休闲体育教育作为休闲运动的必要准备,对于推动人的全面自由健康发展具有不可替代的作用。

2. 完善教育制度与教育体系需要休闲体育教育理念补充

工业化后的教育体系的教育目标有所改变,学校的职能被确定为主要是传授人类积累的知识和技能,相对忽视了对学生创新能力的培养;注重学生的智力发展,却相对忽视了学生的情感、审美、志趣、身体等精神领域的发展。教育对一些人仅仅意味着毕业证书,教育的实质相对被忽视了。现代教育在强调适应经济社会现实需要的过程中,逐渐欠缺了长远的责任意识,忽视了对健康休闲观念和休闲行为的培养。人们掌握了一定的工作技能,却在休闲时间里茫然失措,用一些无聊的甚至有害的休闲活动打发时光。工作技能的学习并不应该是学生学校生活的全部,学校还要进行如何度过余暇生活的休闲教育,对学生进行切实有效的休闲体育教育是对学校完整教育体系的一个必不可少的补充。

3. 休闲异化现象需要休闲体育教育进行指导

工业社会之前,人们的工作与日常生活是密不可分的,闲暇时间不可能从劳动时间中单独划分出来,人们在田野里劳作的同时也可以自由交谈、唱歌,甚至可以在田边舞蹈,这种休闲与工作浑然一体的状态是无须进行休闲教育的。但当人类进入工业社会以后,人们工作在固定的生产流水线上,重复着机械化的动作,工业化和组织化使工作与休闲分化开来。虽然工业化的生产使劳动者的体力劳动强度降低,空闲时间增多,但劳动者往往无法享受更有意义或是本质意义上的休闲。他们将这一状态归因于缺少足够的物质基础,但从根本上来讲,是人们对休闲的误解导致了这一后果。因为休闲不等于消费,真正的休闲状态并非只是物质的满足,更多的是精神上的享受。大众对休闲的误解甚至还造成了很多不良行为,甚至诱发各种犯罪行为。当闲暇时间和休闲方式成为一种严重社会问题时,休闲教育的功用就自然显现出来。因此,对普通人进行休闲体育教育,会使人的兴趣扩展到除了消费以外的身体活动中,这些活动会使人感悟生活的乐趣,并形成较为稳定的休闲生活方式。

4. 终身体育意识的养成需要休闲体育教育的培育

终身体育是现代社会长久以来倡导的健康生活理念,其内涵包括:从生命开始至结束的一生中,学习与参与身体锻炼活动,使体育真正成为一生始终不可缺少的重要内容。在终身体育思想的指导下,以体育的体系化、整体化为目标,为人在不同时期、不同生活领域中提供参加体育的实践可能。终身体育的形成进程是个人的体育习惯的养成进程,而体育习惯的形成必须以体育兴趣为基础和前提。休闲体育内容繁多、方式丰富、雅俗共赏,无须高规格的场地器械条件,也没有严格的技术要求和规则限制,既可自娱自乐,也可群体参与。它强调的就是乐趣和过程体验,其目的是在活动过程中,通过舒畅的心理体验去体会生活的意义与价值,享受生活情趣。把休闲体育理念引入学校课堂教学和课外体育活动,易于激发学生参与体育的热情,培养学生的体育兴趣,从而为形成稳定的体育习惯、树立终身体育的思想和行为构筑坚实基础。

5. 学生心理健康发育需要休闲体育教育抚慰

人具有一种与生俱来的攻击性。行为学家认为,靠压抑人类这种攻击性,只能得到局部的、暂时的效果。如果这种压抑和控制长久不能找到一个适当的发泄渠道,反而会引发人们难以预料的恶性事件。青年正处于走向社会的关键时期,学校和社会给学生造成了各种压力,使许多学生在不同程度上存在一些明显或潜在的心理问题,如果不加以引导和疏通,就不利于学生健康成长,甚至可能给学校乃至社会带来难以预料的恶性影响。越来越多的研究表明,休闲体育运动能够调节人的情绪,降低应激反应,预防和治疗心理疾病,可以使学生有在一定规范下宣泄不良情绪的适宜渠道。从心理发展角度分析,学生心理发育正处在以感性思维为主逐渐过渡到理性思维为主的关键时期,这种心理发育的特点决定了大学生参与休闲体育有时仅仅是凭借一时的兴趣,而兴趣是一种极不稳定的学习动机,一旦兴趣丧失或转移,学生则不能形成稳定的体育习惯。大学生这种参与休闲体育的无明确目的的随意性和自主性决定了高校对休闲体育的开展负有引导、组织和管理的教育责任。

6. 学生健康社会化需要休闲体育教育辅佐

从社会需求的角度来看,首先,休闲体育可以增进同学之间的友谊,改善人际关系,提高学生与异性相处的能力以及增加团体归属感。其次,休闲体育能帮助学生"模拟"各种社会角色,如决策者或服从者、组织者与被组织者、优秀者与落后者等,以及在活动中由于分工不同而承担的不同角色。这种"预演式"的角色承担,对即将走向社会的大学生来说是十分重要的,它使学生懂得社会角色是与人们的某种社会地位、身份相一致的一整套权利、义务的规范与行为模式,还能使大学生体会到经过个人的努力是可以成功扮演各种角色的,从而明白人的主观努力是改变社会地位的重要途径。

四、实施休闲体育教育的途径

休闲体育教育应该是贯穿一个人从上幼儿园以前到退休以后的终生教育,而不只是一门课程,仅仅传授体育运动的技巧与技能,因而它需要多种管理机制与服务体系发挥作用并承担相应的责任。家庭、学校、各类社会团体以及休闲体育服务组织都是开展休闲体育教育的重要基地。

1. 家庭层面

一个人往往从父母及家人那里获得最早的休闲体育教育,这种教育或许是潜移默化的,或许是约定俗成的。但家庭休闲体育思想影响是长期的,甚至是终生的,因此,家庭是实施休闲体育教育的首要之地。家庭层面实施休闲体育教育的内容包括:从小培养孩子正常参与的休闲体育活动的情趣与能力;家长要注重对孩子的言传身教;经常组织家人参与休闲体育活动,给予孩子表现才能的机会,帮助他们树立正确的人生观、价值观和休闲观。

2. 学校层面

学校是开展学生全面素质教育的重要基地,学校教育的基本目标是全面开发学生的感官、情感、智力、心理和精神等方面的综合素质。开展休闲体育教育有助于学生了解世界,保持身心健康,欣赏表现美,从这个意义上说,休闲体育并不是对学习的逃避,而是教育过程中一个富有活力的组成部分。从学校层面看,实施休闲体育教育主要包括普通教育和专业教育两个方面。学校既要开设对普通学生走向社会后有用的"模仿技艺"型课程,也要开设培养学生的智力发展、身体健康以及审美情趣的"自由技艺"型课程,并且使两者平衡。另外,学校应力求依托科研机构和高等院校加大对休闲体育教育专业人才的培养力度,并逐步建立与发展休闲体育教育专业学科,创立高级休闲体育人才培训基地和再教育基地,大力开设休闲业急需的专门人才培训课程。

3. 社会层面

很多休闲体育方式只有人们在身体、情感和社会经验等方面都成熟之后才能充分欣赏到其中的乐趣,并且技术和社会的发展使休闲体育活动的种类及方式也在不断地发生变化,因此,在社会层面提供的休闲体育教育具有广泛的需求。政府性休闲体育机构、各类商业性休闲体育服务机构、非营利性休闲体育组织以及社会上的成人教学机构等,都可以参与到休闲体育教育中来,成为休闲体育教育发展的重要力量。休闲体育教育活动包括:休闲体育技巧的正规指导;提供休闲体育资源的信息;通过讲座、展示、研讨、实地考察和其他方式介绍休闲体育的新理念、新信息和新经验;通过调查研究了解人们的休闲体育需求;提供特殊人群的休闲体育教育需求安排。

第二节　我国休闲体育教育

我国休闲体育研究起步较晚,开展休闲体育教育也只是近几年的事情。但

"百花齐放"的发展态势以及"百家争鸣"的发展特色,为我国休闲体育的专业化发展打造了坚实基础,为培养社会急需的专门人才提供了良好平台。

一、我国休闲体育教育发展概况

目前,我国普通居民的闲暇时间已经延长至 116 天。这些闲暇时间为人们参与休闲体育提供了不可或缺的基础条件。学者们也从理论视野开始关注这一社会文化现象。我国休闲体育教育发展历程较短,目前还不能严格地按照时间节点来划分休闲体育教育的历史发展脉络。从整个教育发展历程来看,可以大体分为以下三部分。

1. 休闲体育教育拓荒阶段(20 世纪 80 年代至 90 年代)

休闲体育教育拓荒时期,我国城镇居民家庭生活水平在整体上刚刚由温饱型向小康型转变,所以居民的休闲方式还比较单一,休闲活动内容不够丰富。这一时期的休闲理论研究与休闲实践不够吻合,也处于起步阶段,因而研究成果较少且研究布局比较分散。

于光远先生是这一时期较早关注休闲研究的代表。早在 1983 年,他就指出:"在中国的高等院校中没有一门研究游戏的课程,没有一门游戏专业,没有一个研究游戏的学者,这不是什么优点,而是弱点。"1994 年,他提出的"玩学"论,指出了休闲研究的重要性和必要性。

邓伟志在《生活的觉醒——漫话生活方式》(1985 年)一书中,根据我国当时社会生活发生的实际变化,围绕休闲、休闲时间和休闲活动方式等内容进行了比较充分的论述。

值得一提的是,由王雅林、董鸿扬主编的《闲暇社会学》(1992 年)是我国当代专门研究休闲理论的学术著作,该项研究虽然在理论上和方法上主要借鉴苏联和东欧国家的研究思路,且视角也局限于社会学,但毕竟开中国休闲学理论系统研究之先河。

2. 休闲体育教育快速发展阶段(20 世纪 90 年代至 21 世纪初)

休闲体育教育快速发展时期,我国人民的物质生活水平已明显提高,精神生活亟待丰富。丰富多彩的休闲体育文化现象引起了学者们的广泛关注,专题性理论探讨正逐渐进入学者们的研究视野,因而围绕休闲研究的论文数量大幅增加。据不完全统计,从 2000 年到 2010 年的十年里,发表于各类期刊杂志上关于休闲研究的各类论文有上千篇。研究内容涉及休闲体育基础理论、休闲体育经济、休闲体育消费、休闲体育教育、休闲体育管理、休闲体育空间规划及设计、休闲体育旅游、休闲体育文化等。

21 世纪形成了一批既有实证基础研究,又有理论高度的休闲研究著作。由王雅林、刘耳、徐利亚合作出版的《城市休闲——上海、天津、哈尔滨城市居民时间分配的考察》(2003年)一书，用实证与理论相结合的研究方法，比较全面地分析了三城市居民休闲时间的分配和利用，以及休闲对生活质量的影响。

于光远、马惠娣等学者在2004年推出"中国学人休闲研究丛书"，无论是从哲学层面的讨论，还是从经济层面的观察，其核心都是唤起社会对休闲问题的重视，为普遍来临的有闲社会做好理论上的准备。他们的一些休闲观点对我们进行休闲研究具有一定的指导意义。

成思危认为："新的世纪已经来临，知识经济正向我们逼近，同时带来两个问题：第一，人们的生活方式、工作方式发生了很大的变化，在提高效率的同时，人们也将有更多的闲暇时间；第二，随着经济全球化、网络化的到来，文化之间的相互融合、相互渗透也会在越来越多的方面体现出来。"

龚育之认为："休闲，从少数人的消磨光阴，到多数人的生活方式，进而演变为一种研究对象，形成一门休闲科学。"

韩德乾认为："从生命科学的角度看，休闲是生命物质运动中不可缺少的一种形态。人类为了生产与再生产、为了发展体力和智力，必然要进行休息、休养和休整。人类文明发展到今天，展望明天，人类必然要求更高质量、更高品位、更加有效的休闲，这既是休养生息和获得充沛精力和更高智商、能商的需要，也是人类发展进步和创造更加美好未来的需要。"

马惠娣认为："休闲学研究的实质，是对人类命运前途的一种思考，是对几千年人类文化精神和价值体系发生断裂的现状做某些补救工作的一种努力，是试图对休闲与人生价值的思索，重新理清人的文化精神坐标，进而促进人的自省。"

不仅如此，鉴于休闲体育对人的日常生活结构、社会结构、产业结构以及人的行为方式都产生了影响，越来越多的学者积极参与其中，大批的学术论文在这一时期不断问世。同时，国家级课题也开始涉及这一领域，有关部门建立了休闲体育研究机构(如六合休闲文化研究中心)，有关高校也设立了休闲体育研究中心(如湖北休闲体育发展研究中心)，新闻媒体也从文化的视角关注休闲体育文化现象。所有这些都表明，我国休闲体育教育研究已经引起社会上下的重视，正迈入科学化、专业化的发展轨道。

3. 休闲体育教育规范化发展阶段(2007年至今)

之所以说休闲体育教育进入规范化发展阶段，是因为在《2007年度经教育部备案或审批同意设置的高等学校本科专业名单》中，休闲体育第一次作为独立专业出现在目录中。2007年，武汉体育学院和广州体育学院将休闲体育专业作为目标外试点专业，开始对外招生，专业代码为040207S。2008年，上海体育学院、首都体育学院和沈阳体育学院也相继开始招收休闲体育专业学生,这标志着与大众休闲健身相关的体育专业进入我国高等教育范畴。

2011 年,教育部将"休闲体育"以"新兴专业"的形式正式列为高等教育本科招生目录内专业,专业代码为 040207T。这标志着我国休闲体育专业的正式建立,揭开了休闲体育专业化发展的新篇章。

在招生规模和质量上,自 2007 年广州体育学院设置休闲体育专业以来,到 2023 年,在教育部备案中增设休闲体育专业的院校已经超过 150 所。招收的学生既有面向全国的,也有面向省市的。随着社会对休闲体育专业认知程度的逐渐加深,其招生质量比起其他体育专业稳中有升,表现出良好的发展态势。

在人才培养规格和层次上,很多院校在休闲体育专业具有硕士学位授予权。尽管有些院校围绕人才培养目标制定了不同的人才培养方向,但基本是在教育学一级学科门类下开展教育教学活动,没还有突破在理学、工学、医学等学科领域培养休闲体育专业人才的实践框架,这也为未来休闲体育教育的创新发展提供了新方向。

可以说,经过几年的培育和发展,我国休闲体育专业取得了一些进步,展现了良好的发展态势,凸显了较好的发展特色,具备广阔的发展前景和潜力。但是,我们也必须认识到,休闲体育专业与其他传统体育专业相比,在培养目标、培养方向、课程设置和教学过程、师资力量、教学资源等方面还不很完善;与欧美国家成熟的休闲体育专业人才培养体系相比,我国休闲体育专业在理论框架的系统性、培养方案的科学性、服务社会的实践性等方面还存在不小差距,需要社会各界的共同努力,不断提升专业办学水平。当然,更需要休闲体育专业的业内人士不断推陈出新,为专业的科学有序发展贡献智慧和力量。

二、我国休闲体育教育专业的发展概况

相比美国休闲体育教育而言,我国休闲体育教育还处于起步阶段,教育体系还是零散的、不系统或不完善的。但就其发展速度而言,毫无疑问是空前的;就其专业建设的实际情况来看,各开设院校已经初步形成了自己的办学特色,为培养社会急需的休闲体育专门人才起到了应有的作用。下文从专业建设情况、专业办学层次、专业定位、专业培养目标、专业课程设置几个方面探讨我国体育教育专业建设概况。

1. 休闲体育专业建设情况

如表 8-1 和图 8-1 所示,我国本科休闲体育教育由 2006 年创建伊始发展到 2010 年,专业数量增长平稳,每年新增 1~3 所院校。而在 2011 年、2012 年和 2013 年的这三年里,休闲体育的专业增量呈现出了显著的跃升,分别为 7 所、17

所和9所。这与当时我国推出发展体育产业的基本国情、休闲体育学术论坛的高层视野以及休闲体育专业的师培动态息息相关,同时也是教育系统对休闲体育专业加强重视和社会对休闲体育专业人才需求迅速增加的双重体现。而在2016年—2018年间,伴随着《关于加快发展健身休闲产业的指导意见》(2016)、《全民健身计划(2016—2020)》(2016)、《"健康中国2030"规划纲要》(2016)等一系列国家层面政策文件的颁布,以及体育与旅游被提升为"五大幸福产业"之一,社会大众对于户外活动、体育旅游、休闲运动的认知又上升到一个新的高度。与此同时,休闲体育专业的新增数量也达到了历史"第二高峰"。2017年,全国有14所本科高校新增了休闲体育专业,2018年有10所,此后每年的新增数维持在7所以上,从某种程度上反映了在人才市场需求急剧爆发的背景下休闲体育专业的持续发展。

表8-1　2006—2022年我国设置休闲体育专业本科高等院校数量一览表

年份	2006	2007	2008	2009	2010	2011	2012	2013	2014	2015	2016	2017	2018	2019	2020	2021	2022
数量	2	3	2	1	2	7	17	9	4	3	8	14	10	9	7	10	9

数据来源:根据2006—2022年教育部每年公布的年度普通高等学校本科专业备案和审批结果的通知中查询搜集。

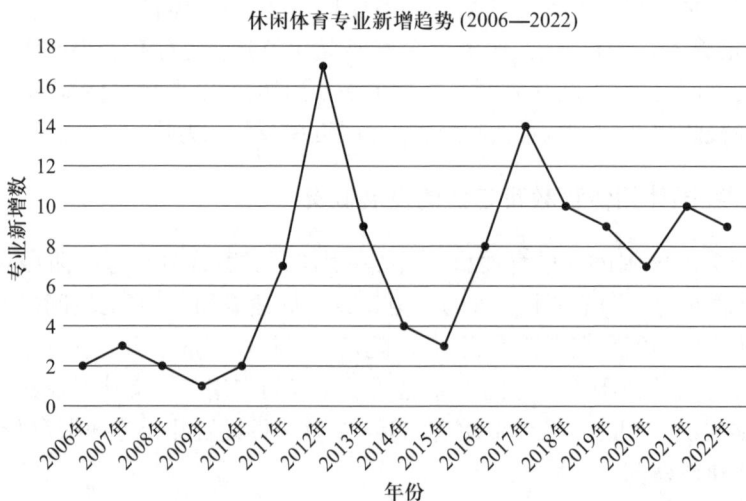

图8-1　本科休闲体育专业新增趋势图(2006—2022年)

2. 休闲体育专业办学层次

在我国,休闲体育教育主要集中于本科层次,其次是专科层次。少数体育类专业院校将休闲体育专业扩展至研究生教育层面,但大多数院校仍然是在体育学一级学科的框架内,设立休闲体育作为研究方向,而非独立的研究生专业点。休闲体育的本科教育颁发教育学学士学位,普遍设置在本科院校的体育科学学院、体育经济与管理学院或运动休闲学院,旨在培养适应新世纪社会发展需求的高素质应用型专业人才。学生不仅需要具备休闲体育领域的基本理论知识和技能,而且要能够在休闲体育研究、体育旅游、休闲体育产品策划与设计等领域发挥专业作用。休闲体育的专科层次教育则被归类在教育和体育大类之下,普遍设置在专科院校的艺术学院、旅游学院等相关学院,着重培养具有扎实的科学文化基础和休闲体育基础理论知识的专业实操型人才。学生需要了解休闲运动的组织管理、营地教育、安全防护与急救等方面的理论与实操知识,还需具备休闲体育运动项目的实践技能,以及工匠精神和信息素养,并能够在休闲体育运动项目指导、活动与赛事的统筹运营等领域中发挥高素质技术技能。

　　当前,依据社会发展需求,休闲体育专业紧紧把握时代发展脉搏,在开设该专业的院校的积极努力下,休闲体育专业人才培养质量和水平正在不断提升,在休闲体育与娱乐管理、休闲与体育旅游、休闲体育服务与管理等方面作出了初步性尝试。北京体育大学、武汉体育学院、广州体育学院、山东体育学院、首都体育学院、湖北经济学院、常州大学、武汉商学院的休闲体育专业相继获得国家一流本科专业建设点。然而,从宏观层面来看,我国休闲体育专业在办学层次上仍然处于"高端提升乏力"的困境,主要表现为专科、本科层次教育相对充足,而研究生层次教育则相对稀缺。休闲体育作为一个涵盖广泛、应用性极强的学科领域,迫切需要深入的理论探索与创新活力来推动其持续发展。当前休闲体育专业在研究生教育层次相对匮乏,可能会成为制约该领域理论架构刷新与实践模式创新的瓶颈,进而限制休闲体育知识体系的深化与扩散,对休闲体育行业的健康、稳定发展构成潜在风险。因此,从宏观的教育政策和行业发展的角度来看,这种教育层次上的"不平衡"现象亟须得到重视和调整,以确保休闲体育专业的教育体系能更全面、更有效地响应行业发展的多元需求。表8-2反映了我国开设休闲体育专业部分院校的办学层次情况,排名不分先后。

表 8-2　我国开设休闲体育专业部分院校办学层次一览表

序号	院校名称	院系与专业(方向)名称	主要培养层次
1	北京体育大学	体育休闲与旅游学院休闲体育专业	本科
2	武汉体育学院	经济与管理学院休闲体育专业	本科

续表

序号	院校名称	院系与专业(方向)名称	主要培养层次
3	首都体育学院	休闲与社会体育学院休闲体育专业	本科
4	上海体育大学	体育教育学院 休闲体育专业、休闲体育学专业 (硕士、博士)	本科、研究生
5	广州体育学院	休闲与数字体育学院、研究生院 休闲体育专业、休闲体育学专业 – 运动休闲服务与管理、户外运动、体育旅游理论与实践方向(硕士)	本科、研究生
6	成都体育学院	运动休闲学院休闲体育专业	本科
7	南京体育学院	体育产业与休闲学院休闲体育专业	本科
8	山东体育学院	运动休闲学院休闲体育专业、休闲体育专业 – 马术方向	本科
9	吉林体育学院	休闲与社会体育学院休闲体育专业 (本科)	本科
10	沈阳体育学院	社会体育学院休闲体育专业	本科
11	河北体育学院	社会体育系休闲体育专业	本科
12	西安体育学院	运动休闲学院休闲体育专业	本科
13	安徽师范大学	体育学院休闲体育专业	本科
14	曲阜师范大学	体育科学学院休闲体育专业	本科
15	温州大学	体育与健康学院休闲体育专业	本科
16	深圳大学	体育学院休闲体育专业 – 高尔夫方向、休闲旅游方向	本科
17	湖北大学	体育学院休闲体育专业	本科
18	杭州师范大学	体育学院休闲体育专业	本科
19	湖北经济学院	体育经济与管理学院休闲体育专业	本科

续表

序号	院校名称	院系与专业(方向)名称	主要培养层次
20	武汉商学院	体育学院(国际马术学院)休闲体育专业、休闲体育专业－马术运动与管理方向	本科
21	西藏民族大学	体育学院休闲体育专业	本科
22	常州大学	体育学院(中体产业学院)休闲体育专业	本科
23	贵州大学	体育学院休闲体育专业	本科
24	三亚学院	体育学院、健康产业管理学院休闲体育专业、休闲体育专业－高尔夫方向、康体与抗衰老方向	本科
25	成都银杏酒店管理学院	休闲与运动学院休闲体育专业	本科
26	河北工程大学	公共体育部休闲体育专业	本科
27	青岛科技大学	体育学院休闲体育专业	本科
28	河北传媒学院	艺术体育学院休闲体育专业	本科
29	江苏科技大学	体育学院休闲体育专业	本科
30	西南医科大学	体育学院休闲体育专业	本科
31	成都大学	体育学院休闲体育专业	本科
32	鞍山师范学院	体育科学学院休闲体育专业	本科
33	贵州医科大学	运动与健康学院休闲体育专业	本科
34	海南大学	体育学院休闲体育专业、休闲体育专业－户外专项方向、帆船帆板专项方向	本科
35	成都理工大学	体育学院休闲体育专业	本科
36	广东海洋大学	体育与休闲学院休闲体育专业	本科
37	福建师范大学协和学院	文化产业系休闲体育专业	本科
38	江苏海洋大学	体育学院休闲体育专业	本科
39	莆田学院	体育学院休闲体育专业	本科

序号	院校名称	院系与专业（方向）名称	主要培养层次
40	烟台大学	体育学院休闲体育专业	本科
41	河北科技师范学院	体育与健康学院休闲体育专业	本科
42	湖南财政经济学院	体育学院休闲体育专业	本科
43	宿州学院	体育学院休闲体育专业	本科
44	肇庆学院	体育与健康学院休闲体育专业	本科
45	海南热带海洋学院	体育与健康学院休闲体育专业	本科
46	四川旅游学院	运动与休闲学院休闲体育专业	专科、本科
47	贵州理工学院	体育学院休闲体育专业	本科
48	池州学院	体育学院休闲体育专业	本科
49	桂林旅游学院	户外运动学院休闲体育专业	本科
50	湖北第二师范学院	体育学院休闲体育专业	本科
51	山东青年政治学院	体育学院休闲体育专业	本科
52	四川工业科技学院	体育与健康学院休闲体育专业	专科、本科
53	皖西学院	体育学院休闲体育专业	本科
54	成都师范学院	体育学院休闲体育专业	本科
55	河北民族师范学院	体育学院休闲体育专业	本科
56	宁德师范学院	体育学院休闲体育专业	本科
57	齐鲁师范学院	体育学院休闲体育专业、休闲体育专业－武术方向（校企合作）	本科
58	河北环境工程学院	体育系休闲体育专业	本科
59	湖南涉外经济学院	体育学院休闲体育专业	本科
60	湖南医药学院	体育艺术学院休闲体育专业	本科

续表

序号	院校名称	院系与专业（方向）名称	主要培养层次
61	淮南师范学院	体育学院休闲体育专业	本科
62	郑州商学院	体育学院休闲体育专业	本科
63	珠海科技学院	体育科学学院休闲体育专业	本科
64	广东工商职业技术大学	体育学院休闲体育专业	专科
65	常州工业职业技术学院	旅游与烹饪学院休闲体育专业	专科
66	江苏旅游职业学院	体育部休闲体育专业	专科
67	四川城市职业学院	艺术设计学院休闲体育专业	专科
68	滇西应用技术大学	珠宝学院休闲体育专业	专科、本科

数据来源：根据研招网（https://yz.chsi.com.cn/）、教育部阳光高考网（https://gaokao.chsi.com.cn/）、各学校官方网站整理形成。

3. 休闲体育专业定位

与休闲体育专业办学比较成熟的国家相比，我国专业建设的道路还比较漫长。因此，在积极借鉴国外先进经验的同时，应勇于创新办学思路，不断拓宽办学渠道，本着立足现实、突出特色、打造精品的发展目标，走创新发展、特色发展和内涵发展的办学道路，逐步推进我国休闲体育专业的健康发展。目前，我国休闲体育的专业定位主要体现在学科交叉与融合、经济社会需求对接与特色化创新、国际化交流拓展几个方面。其一，国务院颁布的《关于加快发展体育产业促进体育消费的若干意见》（国发〔2014〕46号）中明确指出，高校要重点培养经营管理、设计、科研等类型的专业人才，为休闲体育专业的指导理论选择和课程教学目标指明了大体框架。尽管设置休闲体育专业的时间较晚，又依托的是现有的旅游、管理（经济管理）、社会体育等专业，但高等院校将休闲体育与旅游、休闲体育与管理、休闲体育与经济、休闲体育与服务等领域结合在一起，形成了各具特色的休闲体育教育领域。同时，休闲体育的研究方向也逐渐从旅游、经济、管理等学科方向中脱离出来，实现了教育内容的学科交叉、边缘学科与成熟理论融合。对于我国休闲体育专业的发展来说，这无疑是一种思路的创新和有效的尝试。其二，随着国民生活水平的提高、健康意识的提升及闲暇时间的增加，休闲体育作为一种绿色健康的生活方式被广泛接受,社会对于休闲体育的需求量也随之增加,这在很大程度上拓宽了休闲体育专业毕业生在休闲体育俱乐部、健身中心、体育旅游企业等领域的就业前景。高校休闲体育专业以"服务地方,特色培养"为学科发展理念,以对接地方经济社会发展需求为专业建设导向,定位于培养具有专业知识、实践技能、市场视野、科研创新能力和高度职业道德的专业化人才。一些院校还开设了一系列特色实践课程,安排了包括帆船帆板、攀岩、攀树、楼降、定向越野、飞盘、马术、野外生存等"潮运动"在内的知识性实习实践环节,充分体现休闲体育专业的特色化创新趋势。其三,在学科发展全球化的背景下,我国的休闲体育专业也开始与域外国家交流与合作,积极拓展中外合作办学模式,以适应国际体育休闲市场的需求。以北京体育大学阿尔伯塔国际休闲体育与旅游学院为例,其开设的休闲体育专业依托北京体育大学户外运动特色和加拿大阿尔伯塔大学体育、休闲与旅游及运动机能学科专业优势,设计出中外双方互通、互补、互助的课程组合方式。

4. 休闲体育专业培养目标

目前,教育部尚未颁布我国休闲体育专业人才培养的相关指导性纲要,各院校的人才培养目标普遍强调学生德智体美劳的全面发展,注重理论与实践的结合,使学生掌握休闲体育的基本理论知识与技能。有的学校将培养目标定位为培养学生良好的敬业精神和职业意识,能够从事休闲体育教学与科研、休闲体育活动组织与策划、休闲体育产业经营与管理、休闲体育产品设计与推广、休闲体育指导与服务等工作。普遍来看,目前院校培养目标相对缺乏系统性和规范性,且具体目标维度内容之间的同质化也较为突出,特色化和差异化不显著。因此,从培养社会急需的专门人才的角度出发,休闲体育专业的人才培养目标既要突出地域特色,根据院校专业所在地区的文化、地理、经济和社会特点强化特定领域的专业进行培养,又要具有一定的战略高度,立足于国家发展大势,不断在摸索实践中明确人才培养目标,构建系统化、多元化和市场导向的人才培养体系。

5. 休闲体育专业课程设置

课程设置是实现人才培养目标的重要支撑条件,经过 10 年的发展,部分院校休闲体育专业的课程设置,已经与社会体育专业的课程设置区分开来,逐渐形成了"重基础、强实践"的课程设置特色。课程结构除公共必修课以外,主要包括专业必修课、专业选修课以及专业方向课。目前,专业必修理论课主要包括休闲体育概论、基础休闲学、休闲体育产业概论等导引类课程,以及体育旅游、经营管理、心理学、运动人体科学等课程。必修技术课的主干课程主要包括球类、舞蹈类、健身类等课程,以及各院校品牌课程,如高尔夫、壁球、木球、攀岩、户外运动、游泳、野外生存、私教等；还有地域特色课程，如滨海水上项目、冰雪项目等。方向课程主要集中为 6 类，分别为：高尔夫、冰雪运动、体育旅游、休闲体育经营管理、滨海休闲体育运动、山地休闲体育运动等。

第三节　我国休闲体育教育的发展展望

　　休闲体育既可以使人缓解脑力上的疲劳，获得生理上的平衡，又可以使人体会精神上的自由，获得心灵上的快慰。因此，休闲体育既是人生历程中的一种自觉行为，也是人生生活态度的一种价值自觉，它经历了从生理体质的要求，到生存消费的需求，再到文化精神诉求的发展过程。在这一过程中，教育无疑起到了唤醒与启迪的作用。因为休闲体育是实现主体自我价值和主体"心灵永恒性"统一的纽带，是使人通过休闲来改善自己生命质量的全面运动，使人明确自己的休闲价值和休闲目的，是让人懂得在休闲中提高生活质量的方法。因此，广泛开展休闲体育教育，既是时代的发展要求，也是促进学生全面自由发展的有效方式。

　　1. 拓宽宣传渠道，正确引导人们认识并参与各种休闲体育活动

　　社会发展到今天，虽然人类已经占有了三分之一的闲暇时间，但有相当多的民众对休闲体育缺乏正确认识，在他们的潜意识中，认为"休闲"是在浪费生命，唯有工作才能体现人的存在价值。社会中也存在着"休闲体育不就是玩吗，玩有什么可学习、可研究的"等陈旧思想。面对这些错误的休闲体育认识，我们应运用各种渠道引导人们正确认识并参与各种休闲体育活动，使人们形成科学的休闲体育价值观念，让人们认识到休闲体育在他们生活中的重要价值和潜在意蕴，领会到它作为"人类美丽的精神家园"的真正内涵，让他们领略到丰富的物质生活并不能全面提升自己的生活质量，物质生活与高尚的精神生活和谐发展，才能达到更好的人生境界。物质生活和精神生活真正契合能使人体验到生活的真正乐趣，真正领略到人生的意义与价值。真正的休闲状态并非只是物质方面的满足，而应看成生命活动的积极准备。

　　2. 科学引进与自建并举，不断丰富休闲体育教育内容

　　西方发达国家的休闲教育已经走过了 100 多年的历程，形成了比较完善的教育内容体系，因此，面对我们国家休闲体育教育刚刚起步的现实状况，应该有

选择性地引进国外先进的休闲教育理念来丰富我国休闲体育内容。两套"西方休闲研究译丛"的成功引进,不仅让我们了解了西方国家休闲领域的最新研究成果,更重要的是提高了我们对休闲的认识水平,拓宽了我们的研究思路。当然,与发达国家相比,我们国家的休闲教育研究还处于起步阶段,不管是框架体系,还是内容体系都还不完善。但我们不能不看到40年改革开放所带来的巨大社会变化,普通居民占有的闲暇时间已经达到了西方国家花了近百年的时间才达到的水平。况且,我们国家拥有五千年悠久的文明历史,有着极其丰富的文化底蕴,因此,立足于我们国家的现实情况,挖掘自己的休闲文化,广泛开展休闲体育建设研究,不断丰富教育内容,通过引进与自建相结合的方式,一定会推动我国休闲体育教育的快速发展。

3. 完善学科体系,促进休闲体育教育专业化建设

体育教育的基本目标是培养学生在智力、体力、道德、心理、体魄和情感等各方面的综合素质,即培养全面发展的人。然而现代体育教育却以培养"精英人才"为最终指向,以传授人类积累的知识和技能为学习内容,忽视了对学生能力的培养;注重学生技能的发展,忽视了学生情感、审美、志趣、身体等方面的发展,因而学校成了不同职业的培训中心。对一些学生来说,体育教育的最终结果仅仅意味着毕业证和学历,教育的真实目标被忽视了。现代体育在强调适应经济社会现实需要的过程中,逐渐淡化了长远的责任意识,忽视了对健康休闲观念和休闲行为的培养。学生掌握了一定的工作技能,却在休闲时间里茫然失措,用一些无聊的甚至有害身体健康的休闲活动虚度时光。这种重视职业教育而忽视休闲教育的教育模式是不完整的,因而学校体育教育必须超越专业性的实用领域,把休闲体育学纳入体育教育体系中,使学生不只在智力方面得到发展,也要在科学休闲方面得到改善。

4. 加强师资队伍建设,提高休闲体育教育质量

体育教师作为体育教育改革的主体,在教学活动中扮演着重要角色。休闲时代的来临,对体育教师提出了更高的要求。为顺利实现休闲体育目标,体育教师应在原来掌握专业知识的基础上,不断充实自己的休闲体育知识,使自己成为休闲体育教育改革的研究者、开拓者、执行者和服务者。体育教师不仅要使自己的知识面具有深度,还要具有广度。爱因斯坦曾说过:"用专业知识教育人是不够的,通过专业知识教育,他可成为一个有用的工具,但是不能成为和谐发展的人。"因此,体育教师应不断提高知识层次,扩充知识层面,把休闲体育的知识与技能放在重要位置。从学校角度来说,要加强体育教师的培训工作,要适时调整体育教师培养目标,把培养适应社会休闲体育发展需求和满足学生休闲体育需要的教师列入培训日程。

5. 建立长效发展机制，开展休闲体育教育专项研究

为适应社会发展要求，满足学生需要，应不断加强休闲体育理论的基础研究。长期以来，人们的休闲活动受到实践的限制，狭隘的劳动观念阻碍了休闲活动的发展，也因此导致了休闲体育研究的相对落后。于光远先生说："我国对于体育竞赛是很重视的，但体育以外的竞赛和游戏研究得很不够。"因此，为提高学生身体素质，促进学生健康成长，必须重视休闲体育研究工作的建设和发展。虽然近年来我国在休闲体育研究方面取得了一些进展，开展了一些实际性的工作，但我们同样面临着没有形成系统的研究框架、没有专门的机构来组织管理等诸多困难，导致目前休闲体育研究只是描述性、个别性的境遇，还缺乏系统的理论性研究。因此，建立休闲体育教育的长效发展机制，积极开展休闲体育教育的专项研究是休闲体育科学发展的必由之路。

6. 开发社会资源，构建休闲体育教育服务平台

现阶段，休闲体育工作的重点是提高国民健康素质和生活质量，因此如何整合现有体育资源，充分发挥其功用，促进休闲体育的快速发展是目前一个紧迫而又实际的课题。充分开发社会现有资源，构建以政府为主导、市场为主体的多元化休闲体育服务体系是目前推动休闲体育发展的可行之路。从休闲体育资源来看，学校的场馆设施为学生和周围居民提供了必不可少的休闲体育场所；营利或非营利性的社会休闲设施为不同消费层次的民众提供了重要的休闲服务。从实施途径来说，学生具备丰富的休闲体育知识和良好的休闲体育意识，但缺乏适合自己的休闲体育项目；而居民生活的社区多设有新兴的休闲体育设施，但缺乏先进的休闲体育技能。因此，学生可以走进社区，为居民提供休闲体育服务，引导人们科学休闲；社区居民也要通过参与各种内容的休闲体育活动参与到休闲教育中来。从休闲服务机构来说，要及时了解人们休闲方式的变化，相应地调整和扩充其工作计划和服务项目。

同时，休闲体育的普及与提高也要关注小城镇、农村、欠发达地区和社会弱势群体，因为他们往往比一般人有更多的闲暇时间，他们对休闲体育有着特殊的需要，因而对他们进行休闲教育是一个不容忽视且值得专门研究的问题。另外，知识分子群体、老年人和青少年群体，也是休闲领域的弱势群体，他们缺乏休闲技能，没有良好的休闲习惯，不知道如何合理、科学、健康地利用自己的闲暇时间，所以他们更需要休闲体育的人文关怀。

7. 立足经济社会需求，培养顺应时代潮流的休闲体育专业人才

国家政策与社会变迁催生休闲体育时代的来临，休闲体育教育也在促进健康生活方式、增进社会福祉、推动经济发展、提高教育质量等方面扮演着至关重要的角色。在此背景下，高等院校休闲体育专业人才培养是休闲体育教育可持

续发展不可或缺的关键。休闲体育专业在产业规模的增长、体育消费的推动、就业机会的扩大等机遇浪潮中,亟须培养具有专业技能知识、创新创业能力、营销管理技能,且具有国际视野的专业"复合型"人才。此外,《全民健身计划(2021—2025 年)》(2021)中提到的关于全民健身公共服务体系的完善相关政策,使得休闲体育专业的就业领域扩展到社区健身指导、健康咨询、群众体育活动策划等方面,而这些领域则需要具有卓越组织领导力及社会责任意识的"管理型"人才。再者,《户外运动产业发展规划(2022—2025 年)》(2022)提出了提升户外运动数字化、智慧化水平;加强户外运动场地设施运营管理,利用物联网、大数据等技术,提升场地设施运营水平;加快户外用品制造业转型升级等未来发展目标。随着时代的进步,信息技术在休闲体育领域中的运用日渐广泛,未来休闲体育专业发展更需着眼于培养具有创新理念,了解并能够熟练掌握相关信息技术如虚拟现实(VR)、增强现实(AR)、人工智能(AI)、大数据分析、社交媒体营销、在线体育平台运营等内容的"研发型"和"应用型"人才。首先,高校对于休闲体育专业的人才培养应充分考虑市场需求,探索"产教融合"专业培养模式,拓宽学生在体育产业管理、体育市场营销上的知识面。其次,学校应加强休闲体育专业学生的思政教育和德育提升,培养学生的社会责任意识,使其能够运用在学校学习到的专业知识服务社会,对休闲体育文化进行宣传推广,传播健康的生活方式和生活理念。最后,学校还应鼓励学生积极参与体育科研创新项目,探索休闲体育领域的新理念、新技术,用现代数字化技术赋能休闲体育教育。总而言之,只有将人才培养与社会需求紧密结合,不断创新培养模式,才能培育出适应经济社会发展需求的高素质休闲体育专业人才,从而持续推动休闲体育教育事业的全面进步。

思 考 题

1. 休闲体育教育的内涵是什么?
2. 休闲体育教育的特点以及开展休闲体育意义有哪些?
3. 简述我国休闲体育教育的发展历程。
4. 简述我国休闲体育教育的未来发展方向。

第九章

国外休闲体育发展

》 章前导言

在经过前面几章的学习之后，我们对休闲体育的概念、分类和产生背景等各方面有了基本的了解。那么，国外休闲体育的产生与发展状况如何？有着怎样的学科研究特征？休闲体育的参与理念与特点是什么？国外休闲体育是如何组织和管理的？这就是本章所要讲述的基本内容。

第一节 国外休闲体育发展历史

西方休闲的思想有着悠久的历史,休闲理念已经在西方存在了 2 000 多年。休闲既是一种古老而精英化的观念,又是一种理想。休闲体育是伴随着休闲思想的产生而逐渐发展起来的。

一、国外休闲体育的产生与发展

国外休闲体育的产生与发展经历了大概六个阶段。

1. 原始社会的休闲

在前工业社会里,劳动与休闲之间没有绝对的界限。人类学家斯普敦和考恩斯在研究毛利文化的报告中指出,毛利人在任何层面的经济活动之中,都伴随着消遣娱乐。艾伦和约翰逊对秘鲁印第安人进行一年半之久的考察后发现,不仅人们在从事经济活动的时候已经具有了消遣娱乐的性质,而且专门被用于休闲的时间也不少于我们现代社会。劳动、打猎、赶集市、讲故事是原始社会的主要休闲方式。这一时期的休闲没有形成独立的社会形态,也没有形成休闲的意识或概念。

2. 古希腊、古罗马时代的休闲体育

柏拉图和亚里士多德所关注的休闲只属于特权阶级。古希腊人把休闲看作锻炼自己,提高修养的途径,是从必需的劳动到自由的状态。竞技大会和奥林匹克运动会被认为是对人一生有重要影响的休闲活动。古希腊《荷马史诗》就记录了古希腊人的生活中有拳击、角力、赛跑、射箭及战车等竞技运动。古罗马时代出现了可以享受休闲的有闲阶级和富裕阶层,他们更注重消费型的休闲,运动竞技场、游园、公园、室外剧场作为古罗马社交活动场所享有盛名。

3. 中世纪的休闲体育

欧洲中世纪,天主教会控制着大部分休闲,他们认为劳动是神圣的,休闲是世俗的,并形成了与天主教的宗教秩序相一致的休闲活动。中世纪社会形成了以土地关系为基础的封建制度,封建领主和骑士集团为统治阶级,他们非常看重与被统治阶级之间的阶级区分,骑士集团主要进行骑马竞技、剑术、跑步、投石等身体训练。

4. 文艺复兴、宗教改革时期的休闲体育

文艺复兴时期人们可以以财力援助的形式参与直接狩猎、宴会、舞会、歌剧等活动,这促进了艺术、文学和娱乐部门的发展与繁荣,把人类的理性从宗教的戒律中解放出来,形成了近代欧洲上流社会社交活动和休闲享受的风气。赫伊津哈把这个时期称为"玩乐的黄金时代"。

5. 近代休闲体育

工业革命以后,城市人口规模的扩大、人们生活方式的改变、城市劳动者的出现使得社会等级分化,出现了既有钱又有闲的"有闲阶级",进而催生了各种各样的体育休闲活动。例如狩猎、钓鱼、射箭、旅行、登山、赛艇、帆船、游泳、水球、滑冰、疾跑、跳远、跳高、撑竿跳高、投石、掷铁饼、羽毛球、板球、地滚球、高尔夫球、曲棍球、橄榄球、足球等。

6. 现代休闲体育

现代社会伴随着大批量生产和大批量消费的大众休闲时代的来临,产业结构调整以及生产生活方式的巨大变化,休闲体育活动得到了规范发展。1906年英国实施《公共场地开放条例》,要求地方政府为体育休闲和娱乐活动提供一切室内外体育场地设施。1937年英国政府颁布《体育培训和游憩法案》,通过许可法来提供休闲体育娱乐,并于1939年通过登山法案,鼓励大众到户外、森林地区进行休闲活动。美国户外娱乐资源评估委员会1962年通过全国性大型普查了解了美国公民休闲活动的参与状况。1965年,挪威指出要"努力使所有的挪威公民都能够在闲暇时间,就近利用体育设施参加体育活动,享受体育带给人们的乐趣"。1970年,欧洲娱乐会议发表了著名的《休闲与娱乐宪章》。美国通过了《2005美国户外休闲政策法案》。在各国政策的保障下,休闲体育尤其是户外休闲体育活动得到了飞速发展,郊游、登山、划船、钓鱼、游泳、冲浪、滑翔、跳伞、乘热气球等户外运动成为休闲体育活动的生力军,并逐渐成为现代生活方式中的时尚元素。

二、国外休闲体育研究兴起的历史

西方工业文明为休闲学的建立、发展与成熟奠定了良好的社会条件和基础。以1899年凡勃伦发表的《有闲阶级论》作为标志,休闲真正被放在学术的层面上加以考察和研究,并形成学科体系。休闲研究越来越受到西方学术界的重视,诸多来自哲学、心理学、社会学和经济学等不同学科的学者从不同的角度对休闲进行了卓有成效的研究。休闲领域研究的重点经历了从关注城市有闲阶级的休闲方式,到关注休闲的本质,再到关注休闲经济三个阶段的转变。同时闲暇时间研究也一直是西方休闲研究中的一项重要内容。

国外有关休闲体育的研究是伴随着休闲研究的不断深入而发展起来的。其研究历程经历了下述三个发展阶段。

1. 体育作为一种休闲方式出现在学者的研究视野中

1955 年,荷兰著名学者约翰·赫伊津哈(John Huizinga)所著的《游戏的人》(Homo Ludens),从游戏的角度阐述了游戏与人类文化进化的相关性,考察了游戏中自愿、自由、秩序及非严肃性等层面。该著作为后来学者探讨体育的本质以及休闲体育的游戏意蕴提供了有力的理论基础。

1970 年在比利时召开了首次国际休闲会议,会议通过了著名的《休闲宪章》,指出:"灵活运用休闲这一时间的重要性是其他任何东西都不可替代的,更重要的是它通过休养身体,参加体育运动,欣赏艺术、科学和自然等,为丰富人们的生活提供了可能性,不论在城市还是农村,在人们生活的方方面面,休闲都是非常重要的。"《休闲宪章》的颁布对于在全球范围内推动休闲的发展,尊重和保护人们追求休闲的权利起到了积极作用。

总的来看,在 20 世纪 60 年代以前,西方学术界对休闲体育的关注还只是零散的、非系统性的,对休闲体育的研究也比较浅显,研究的主题也主要限于运动与休闲一般性的问题。

2. 休闲体育成为西方学者研究休闲的重要组成部分,休闲体育学科体系不断成熟

20 世纪 60 年代以后,西方一些发达国家进入后工业社会,人们的收入和闲暇时间显著增加,休闲成为一种普遍的社会经济现象,渗入了人们社会生活的每一个方面。西方学者关于休闲的研究也逐步深入,注重揭示休闲的本质。

休闲教育、休闲文化、休闲心理、休闲时间等成为学者研究的重点议题。美国心理学家席克珍特米哈依在 1982 年发表了论文《建立最佳体验的心理学》,后来又相继发表了《爽的体验及其重要的心理学意义》(1988)和《爽:最佳体验的心理学》(1990)。他认为,休闲从根本上说,是一种有益于个人健康发展的内心体验,而不是外在标准界定的具体活动。他通过研究发现,攀岩、下棋、跳舞一类的休闲活动,都能给人们带来极大的心理满足,而这种心理满足主要是源自一种深深沉醉其中的体验或者叫作"爽"的感觉。这一研究成果其实为揭示体育、休闲体育的本质提供了心理学依据。

加拿大学者斯特宾斯于 1974 年开始致力于休闲活动的研究,通过对美国和加拿大两个国家的四个领域八个类别(包括体育领域)的三百多位休闲活动参与者的理论研究,于 1982 年首次提出深度休闲的概念。深度休闲的概念被定义为"休闲活动参与者系统地从事业余、嗜好或志愿工作的活动,他们投入如事业一般的专注,并借此机会获得及展现特殊的技巧、知识及经验。"1992 年,斯特宾斯进一步提出,深度休闲具有六个显著的特征,坚持不懈、显著的个人努力、生涯性、强烈的认同感、独特的文化、持久的利益。基于此,许多国内外学者在深度

休闲领域进行了深入的研究,拓展了休闲体育的研究视野。

20 世纪 90 年代之后,学者们更注重揭示休闲对"生命、生存和生活"的本质意义,以及人们追求休闲所包含的对生命的尊重及其所体现出来的"自由"内核。在学者们看来,休闲才是人类真正的、本质的、最终的需求,一切对物质的需求其实只是实现这一最终需求的手段。休闲体育作为促进健康、增进生命的一种积极手段,成为学者论述休闲的一个主要组成部分。与此同时,西方大学的休闲体育教育也成为研究的主力军,不断地丰富和完善着休闲体育方面的研究。

3. 运动休闲成为社会经济发展的主要关注点

美国于 1958 年成立的"户外娱乐资源评估委员会",在对美国休闲资源进行了广泛的调查后,于 1962 年出版了资料丰富的《美国户外娱乐》及其他一系列相关的报告。该报告关于户外娱乐的很多建议后来成为 20 世纪 60 年代美国政府制定有关政策的基础。1967 年,加拿大也启动了"户外娱乐需求研究"项目、"安大略旅游和户外娱乐计划研究"和"加拿大休闲研究"(1972 年),探讨户外休闲运动的管理问题。

20 世纪 80 年代之后,经济水平快速提高,休闲产业的发展越来越受到政府的重视,成了西方发达国家很重要的一个产业。理论界也开始越来越重视从经济学的角度研究休闲,有研究者(Garttno & Taylor, 1985)考察了运动和娱乐休闲的经济特性,重点分析了运动和娱乐休闲服务的供给和需求,当代社会发展运动和娱乐休闲业所存在的主要问题及相应的对策。库克对运动休闲服务的需求和供给、成本和价格、休闲产业和私有化以及休闲政策等问题进行了较为深入的讨论,并指出对休闲产品和休闲服务需求的增长是 90 年代以来世界上大多数国家出现的普遍现象。2001 年,沃尔西和艾布拉姆斯的《理解休闲和运动产业》(Wolsey & Abrams)重点讨论了休闲供给者、休闲和运动市场、休闲和运动组织管理等问题。

据统计,目前美国休闲产业产值已高居 GDP 第一,其就业人口占全部劳动力的约 1/4。如今,普通美国人花费约 1/3 时间和 1/3 收入用于休闲,美国国土面积的约 1/3 也用于休闲。综观欧洲,休闲产业十分发达,休闲早已经成为人们享受生命、品味生活的主要方式。由此可见,运动休闲产业与服务是西方学者研究休闲体育的重点领域,与西方休闲思想的成熟与完善是一脉相承的。

三、国外休闲体育高等教育的发展

1. 北美休闲体育教育

北美的休闲教育源于古希腊,希腊在早期的学校教育和社会教育中就融入了休闲教育的内容。休闲高等教育"最先从欧洲大学里的社会学系发展起来,关注工业社会中不断增多的闲暇时间所带来的问题"。北美休闲高等教育主要有如下三个发展阶段。

（1）起步阶段（20世纪初至第二次世界大战时期）。1911—1913年,已有部分美国的大学和学院开设了游戏、室外运动等课程。1926年国家娱乐协会建立了国家娱乐学院,为大学毕业生提供休闲服务与管理的再培训计划,以满足公共娱乐机构对休闲人才的需求。1940年伊利诺伊大学设立了第一个休闲专业学士学位,之后,美国高校休闲教育迅速发展。这些高校的休闲专业或者相关系所,一般都涵盖了休闲、娱乐、公园、体育、旅游方面的内容。高校开设的与休闲体育相关的专业名称主要有娱乐、体育与旅游系,运动教育与娱乐系,健康、运动机能学与娱乐系,体育与健康学院等。这一时期,高等教育比较关注现实问题,注重对学生的职业培训。

（2）发展阶段（第二次世界大战结束至20世纪80年代）。随着社会经济的发展,人们生活水平的提高和闲暇时间的增多,休闲需求扩大,国家和地方政府开始投入大量资金用于休闲资源的开发和休闲设施的建设。为了适应社会需求,高校休闲专业在教学、科研、人才培养等各个方面都进行了质的提升,如增加硕士、博士学位教育课程,出现专业的学术期刊、学术专著,以及成立专业的休闲学会,推动休闲理论与实践有机结合。这些发展使得休闲体育的人才培养模式日趋成熟和完善。

（3）成熟与深化阶段（20世纪90年代至今）。福利化社会的来临使得休闲成为普遍的社会行为。高校休闲教育的发展逐渐成熟化和模式化,休闲体育理论相对成熟,休闲体育专业人才培养由最初的职业培训发展为专业休闲教育、职业休闲教育、社会休闲教育、网络休闲教育四位一体。同时,大量高质量的学术成果也产生了,并对全球的高等休闲教育产生深远影响。

2. 英国休闲体育教育

英国的大学一般为综合性大学,设有体育学院（体育系）,分为职业教育与娱乐活动两个部分。职业教育是根据社会行业与科研需求所建立的专业化培养模式,培养体育专业的本科生和研究生,其中包括休闲体育教育。课外娱乐活动由学校各类社团和院系开展,以满足在校学生身体锻炼需要为目的,包括个人训练、业余竞赛、俱乐部团体项目等。英国各大院校根据自身优势与社会需要进行专业设置,归纳起来有四个方向。

（1）体育与运动专业（Physical Education and Sport Science）。

（2）体育、运动与娱乐管理专业（Physical Education, Sport Science and Recreation Management）。

（3）娱乐管理专业（Recreation Management）。

（4）复合型专业。休闲体育教育并不是作为一个独立的领域存在，而是渗透在各个专业中，与"娱乐"等相近概念相结合。

3. 日本休闲体育教育

日本的休闲体育教育是在第二次世界大战之后推行国内教育改革的背景下兴起的，例如，大阪体育大学的社会体育专业，经过改革新设置了余暇运动、企业健康两个培养方向；日本体育大学的社会体育学科，将运动与健康、室外休闲和社会教育作为新的专业。日本的休闲体育课程设置门类多，涵盖内容丰富。其采用的课程结构是基础通识教育和基础专业理论教育并重，突出信息技术教育，选修课占总课程数的平均比重约为70%。这些课程不仅使学生掌握了一定的理论知识和较强的实践方法，还增强了学生的自我管理与自主学习能力。

四、国外休闲体育的研究范式

在解释或者回答"什么是休闲体育"这个问题时，我们需要运用理论来对其进行解释。理论是经过严格检验并在一定程度上得到确定的知识。所有的理论模式都有共同主题，即理论是一种与他人交流的解释行为，理论是系统的，是对其前提假设与证明的阐释，理论将永远面对质疑与批判，理论的发展就是我们在试图向别人解释事情发生的条件及前提时所做的工作。休闲体育是一个复杂的社会现象，任何单一的范式、模式、途径、理论或研究方法都不可能尽述其详。休闲体育理论框架的建立是一种辩证的形式，是一个由正题—反题—合题不断发展与积累的过程。

解释理论、结构理论和冲突理论能够对休闲体育进行系统的论证分析。解释理论主要包括存在理论、发展理论、社会认同理论；存在理论解释休闲体育的行动性及其创造的意义，发展理论解释休闲体育行为者的发展目标及成就，社会认同理论解释休闲体育作为"成为过程"在社会环境中的延续。结构理论包括互动理论、建制理论，互动理论解释在社会互动环境中从事休闲体育者的身份及其在社会系统中的位置，建制理论解释社会系统是一种建制环境，从事休闲体育的人们在其中担当并扮演着各种角色。冲突理论包括政治理论、人本主义理论，政治理论解释在封闭的社会制度中，休闲体育的开展取决于掌权人的经济政治利益，人本主义理论解释休闲体育的关键因素是创造性地行使自由。

作为环境，休闲体育是可能性的——有时为结构所促进，有时强调不确定性；作为行动，休闲体育是存在主义的——在没有固定结果的情况下行动；作为学习，休闲体育是社会性的——具有深刻的文化属性；作为创造，休闲体育是自由的——当创造过程中出现新生事物的时候。在人类生活中，无论文化如何定义休闲体育，休闲体育都不仅仅是工作以外或多余的时间，休闲体育也不仅仅是摆脱所有要求后得到的自由，休闲体育是以存在与成为为目标的自由——为了自我，也为了社会。

第二节　国外休闲体育参与理念与特征

一、休闲体育参与的理念

1. 享受绿色自然

公众选择休闲体育方式主要考虑绿色、氧气、阳光等纯自然的因素。享受碧海、蓝天、阳光、沙滩、森林，融入自然，与自然共舞，使人们找到了回归自然、返璞归真的途径，也成为国外休闲体育的新理念。亲近海洋，扬帆出海，与树木、花草亲密接触是西方国家一种十分普及的休闲体育思想。海水浴、森林浴、牧草浴、热沙浴、页岩油浴、火山泥浴等休闲健身项目在国外也十分流行。

2. 偏好户外运动

西方具有以"动"为灵魂的休闲观。主观上的喜动性，加上物质环境条件的改善，使得许多西方人不再满足整天逗留于"家庭—单位—家庭"的小天地里，健康的户外运动是国外公众的重要休闲方式之一。户外运动强调利用森林、山地、湖泊、水库、海滩等自然资源开展滑雪、野营、钓鱼、冲浪、划船、游泳等不胜枚举的体育活动。

3. 追求刺激冒险

在欧美很多国家，人们对攀岩、跳伞、滑翔、热气球、高空走索、飞车特技、悬崖跳水、冲浪、漂流等极具冒险、刺激与疯狂的休闲运动项目情有独钟。这与他们剽悍的身体、热情不羁的性格是密不可分的。这些极限运动对喜欢新奇的青少年有着莫大的诱惑力。人们通过反复练习掌握一个动作之后，除了享受到刺激和拼搏后的满足感和成就感外，这对自身的身体素质和心理素质也是一种极大的考验和塑造。他们认为，正是这种危险性才使休闲活动具有极大的魅力。

4. 崇尚娱乐体验

在西方，经济的发展使得人们生活中的非物质因素或者说人文的因素不断强化，人们希望在休闲活动中更充分地调动视觉、听觉、味觉、触觉、感觉和思考的作用，置体验于形象、生动、时尚、个性和互动之中，"游戏"和"娱乐"成为贯穿于休闲体育活动的重要元素。即便是从事一些具有危险性质的极限运动，人们也能充分享受到融入自然、忘我陶醉的欢娱。

5. 张扬自身个性

西方民族往往通过冒险的、以生命为赌注的休闲体育活动向外部世界挑战，以张扬其个性，同时也把发现世界和改造世界作为人生的最高价值和获取自由的主要途径。20世纪二三十年代欧洲的登山者中每年就约有400人遇难，而一个美国的登山运动员却说："这是一种危险的尊严。"他们认为，登山是沿着垂直的方向去发现一个新世界，它既是对大自然的挑战，也是对人类自身的挑战。这些紧张、刺激的休闲体育项目，迎合了西方人争强好胜、张扬个性的口味，得以迅速发展。

二、休闲体育的参与特征

1. 认同感强，参与人数众多

西方发达国家人们对休闲具有较强的认同感，运动休闲一直是他们生活中不可缺少的一部分，整个社会把满足人的娱乐享受和身心健康发展的休闲体育需求作为发展体育的主要价值取向。相关研究表明，20世纪80年代，日本共有海上运动人口380万，其中潜水和潜泳的人口为160万，冲浪和水上划艇人口为60万，帆船和摩托艇人口160万；高尔夫球人口占全国总人口的10.3%，在世界上名列前茅。根据美国体育健康产业协会（SFIA）发布的一份产业报告，在2023年美国运动人口达到2.42亿，运动参与率达到78.8%。2020年的数字较2019年2.216亿的运动人口和72.9%的运动参与率都有所上升。2020年户外运动的总体参与率达到了52.9%，创5年来新高。这个数字在2015年时只有48.4%。在SFIA的报告中跻身参与度前10名的户外活动还包括跑步/慢跑（5 070万参与者）、自行车（4 450万）、钓鱼（4 260万）和露营（3 610万）。韩国文化观光部2019年最新调查结果显示，韩国女性的生活体育参与率首超男性。其中，每周锻炼身体三次以上的女性达45.6%，远超男性（35.7%）。

2. 强调利用自然资源，重视休闲体育空间拓展

国外很多国家很早就重视居住地以外的自然资源保护和开发，强调利用海洋、山地、森林、湖泊、水库等自然资源开展各类休闲活动，从而保证了休闲活动的空间。美国的国土资源约有1/3直接归联邦政府管理，其中70%归内政部，25%归农业部，运动休闲是其主要用途之一。这些土地包括森林、湖泊、河流、海滩、山峰、沙漠、草原以及其他地带。在所有土地中，50%是森林，9%是自然保护区，10%是钓鱼与游戏区，6%是公园及其他指定的休闲区。在所有的这些休闲土地中，人们可进行徒步旅行、钓鱼、打猎、登山、帆船、独木舟、慢跑、游泳、

冲浪、滑雪、野营、摩托车、滑翔以及其他多种多样的休闲和健身活动。

另据美国学者杰弗瑞·戈比教授 2006 年提供的一组数据：在美国，国家拥有的森林的三分之一被辟为供露营、钓鱼、远足、划艇和打猎的景观。仅加利福尼亚一地，就有 2 千万英亩的土地，有大致 125 个可以驱车前往的湖泊，450 个可以徒步到达的垂钓湖泊，35 个风格迥异的野外远足区，175 条大的河溪，800 个可以驱车到达的僻静且花费很少的露营地。

在日本，37.8 万平方千米的国土面积中大部分被森林所覆盖，日本非常重视滑雪、登山、海水浴、潜水、郊游等郊外体育活动设施的建设。日本政府的其他省厅也十分重视自然环境设施的建设和利用。日本林业厅为有效利用国有森林，设定了可供野营、野外活动、自行车郊游的"运动森林公园"和可供进行滑雪、网球、高尔夫球运动的"野外运动区"。

3. 活动载体多样，海洋、山地、森林、公园备受青睐

(1) 海洋。欧美等很多国家，如美国、法国、意大利、西班牙、巴西、墨西哥等国家，都拥有广阔的领海和绵长的海岸线，这里分布着众多风景绚丽的沙滩和海岛。利用海洋开展运动休闲具有得天独厚的地理条件，因而，海洋运动休闲在这些国家非常普及和成熟，这是由其地理特征所决定的。时而狂野时而舒缓的海洋造就了西方人开放、冒险、挑战的民族性格，他们既热爱帆板、冲浪、沙滩排球等动态的运动休闲项目，也喜欢沙滩日光浴、海滨漫步、垂钓等休闲活动。

(2) 山地。在欧洲，横亘西班牙、法国、瑞士等国的阿尔卑斯山脉是最早也是最著名的户外运动胜地。自驾车纵横阿尔卑斯山，是全球旅行者心中最高境界的享受。其中位于法国的 Verdon 山谷和 Calanques 溪谷是最出名的溪降地，经常有人在此举行越野比赛，内容包括溪降、攀岩、独木舟漂流、山地自行车、丛林越野等。瑞士的阿尔卑斯山有复杂的山体结构和多种山区小气候，是著名的滑雪胜地，也是世界登山运动的起源地。其主题线路就是滑雪和温泉浴，另有景观列车，还有山地自行车、徒步穿越等休闲项目。日本境内多山地，山地约占全国面积的 76%，山地休闲项目有高山滑雪、登山运动、温泉浴等。

(3) 森林。从 20 世纪 60 年代开始，各国政府普遍重视自然环境的保护，设立了多种类型的自然保护区和国家公园，积极发展森林休闲。美国、英国、瑞典、德国、荷兰、法国、澳大利亚不仅拥有大量的森林资源，而且具有发展森林运动休闲的悠久历史。其形式包括"森林浴"、负离子呼吸、"森林医院"、度假等康复疗养型活动，以及有利于城市白领释放精神压力的山地户外体验型休闲活动，包括漫步、野营、野餐、远足、野外探险、定向运动、户外生存体验等。

(4) 公园。公园是西方国家休闲体育活动的另一重要支柱。20 世纪 90 年代以来，西方的公园系统在提供大众体育休闲方面起着重要的作用。在这方面

美国具有代表性,其公园系统分为小型公园、街区公园、社区公园、州公园和国家公园。州公园和国家公园一般远离聚居区,面积较大,提供更适合于大自然环境的户外体育活动,如野营、冬季运动、徒步旅行、划船、独木舟、游泳、冲浪、钓鱼、骑马等活动。美国州公园和国家公园每年大约分别有 7 亿人次与 1.76 亿人次参加各种类型的户外体育活动。其他类型的公园一般离聚居区较近,稍远一点的公园,人们驱车 1 小时左右即可到达,公园主要提供自行车、野餐、划船、游泳、钓鱼、野营等户外体育活动。

4. 活动项目丰富,户外项目领衔

经过近两个世纪的发展,发达国家现代休闲体育的内容十分丰富。除了在城市进行健身、娱乐、竞技、放松、消遣等休闲体育活动,还在户外开展滑雪、野营、钓鱼、冲浪、划船、游泳等休闲运动,其独特的休闲性成为人们乐此不疲的追求。第二次世界大战以来,户外运动热潮在西方各国一直高涨。在这方面,美国最具代表性。在美国,户外运动是美国大众体育的主体,美国政府历来对向大众提供参加户外运动的机会十分关注。例如,在美国,休闲体育主要包括:

(1) 体育与锻炼。

(2) 户外运动。

(3) 旅行与旅游。

由此可以看出户外体育活动是休闲体育的主体,几乎是休闲活动的全部内容。美国联邦政府有多个机构向人们提供户外运动的机会,其中最重要的是政府森林服务处与国家公园服务处。除美国外,各国政府也十分重视户外运动的开展,向国民提供大量的户外运动的机会。这些政府机构所提供的户外运动和休闲体育活动极大地满足了人们不同层次的体育需求。

5. 加大经费投入,促进基础设施建设

在充分开发自然资源提供户外活动空间的同时,国外发达国家仍十分重视城市的基础体育设施建设。国外大众体育发展较早,而且人口较少,很多国家在城市和乡村已经拥有类型多样、较为齐全的专门场地设施,近几年仍在加大投入,建设和完善各类体育设施,为休闲运动的开展提供了宽裕的条件。美国联邦政府认为,在大众体育诸多因素中,核心的问题应该是能否向大众提供足够的体育、休闲和娱乐场地与设施。联邦政府通过多项立法,确保向美国公民提供高质量的、足够的休闲场地和体育设施。在美国的社区中,一般都建有休闲公园,它是休闲体育场、儿童游戏场与公园的结合体。社区中还建有社区体育中心,这种体育中心开设了多种体育设施,具有多种功能,人们可同时进行各种体育活动。此外,社区中还建有一些设施简便、造价低廉的草地保龄球场、高尔夫球场、游泳池等。这些公共场地设施一般都免费或低价向社区居民全天开放。2006 年,俄罗斯政府出台了《俄罗斯联邦 2006—2015 年体育发展规划》,主要是为了改善大众体育基础设施,吸引更多的人锻炼身体,该规划计划在 2015 年前,在主要的中小城市建设大约 4 000 个体育场馆。2008 年,日本在完善社区体育设施,创建综合型社区体育俱乐部等方面向促进大众体育普及的 337 个项目发放 64 033.6 万日元补贴,其中为完善社区体育设施补贴 13 957.8 万日元,约合人民币 912.1 万元。2008 年,苏格兰完成一项对体育场地设施的投资,包括举世闻名的威廉堡(Fort William)山地自行车设施在内,781 904 英镑(约 695 万元人民币)的资金将使全苏格兰的社区受益。

第三节　国外休闲体育组织管理机构

一、美国

美国有 50 个州和 1 个直属地,美国宪法规定,各州政府在尊重宪法及联邦政府在国防等有关重大利益领域管理的前提下,享有高度的自治权,联邦政府不得擅加干涉。州以下是地方政府,地方政府下设自治市、区、县等。美国是典型的社会主导型社会,在体育休闲发展中形成了政府、社会、企业共同合作,互相监督、互相联系的组织体系(图 9–1)。

1. 联邦政府休闲体育服务管理组织

美国没有一个专门的体育休闲政府管理机构,总统健康与体育委员会和总统户外休闲委员会只是咨询机构。但美国联邦政府中有多个部门在各自的管理领域内,承担着体育休闲的管理职能。联邦政府体育休闲服务管理机构包括:国家公园服务机构、国家森林服务机构、土地管理部、开垦部等与休闲资源管理、环境教育等有关的联邦机构。

2. 州政府休闲体育服务管理组织

从目前的情况看,州政府的体育工作主要集中在户外休闲体育方面。在美国 50 个州的户外运动管理机构中,有 16 个州的户外运动机构对钓鱼、运动、森林与公园进行综合管理,26 个州有钓鱼与运动的综合管理机构,21 个州有专门的休闲体育管理机构,有 11 个州将公园与森林放在一起管理,很多州对森林与公园进行单一管理。此外,50 个州都设有"州健康与体育委员会"。州政府的主要职能包括：制定户外休闲方面的法规，对地方的休闲工作进行监督，提供户外休闲体育场地设施的服务，与联邦政府机构在户外休闲体育方面进行信息沟通与合作。

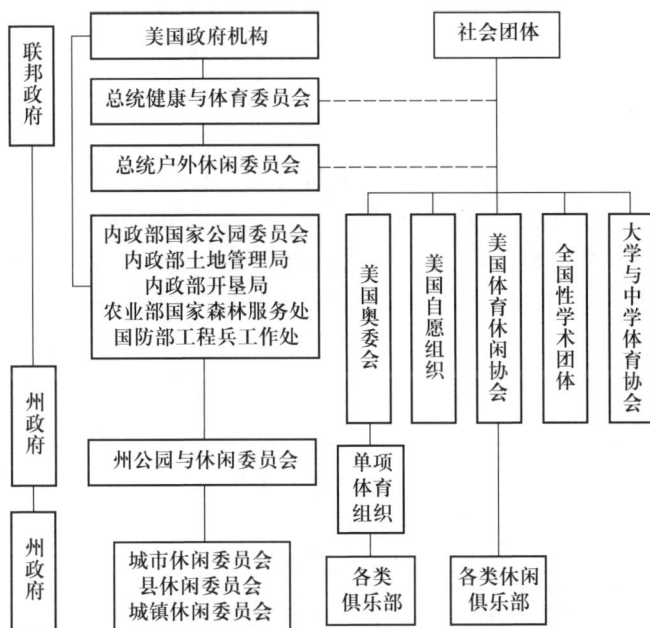

图 9-1　美国休闲体育组织管理机构

（引自林显鹏．美国大众体育管理体制与运行机制［EB/OL］（2001-04-29）.中国体育资讯网）

3. 地方政府休闲体育管理组织

美国地方政府的特点是形式多样、差别巨大。根据美国人口普查局 1987 年的统计数字，美国有 83 166 个地方政府，以 50 种不同的方式组织起来。并且近一半的州制定了"地方自治条款"，允许地方居民为特定的地方政府单位拟定自己的宪章。地方自治加剧了地方政府单位形式的多样性，美国地方政府大致可分为县、自治市、区、镇和特别区。

4. 营利性和非营利性休闲体育组织

除政府休闲体育管理组织，大量的营利性体育组织和非营利性体育组织也为大众提供各种不同体育休闲的机会。

营利性休闲体育组织以营利为目的，将体育休闲作为私人物品提供给用户。20 世纪 60 年代以前，美国的体育休闲业整体规模还比较小，尤其是商业性体育休闲俱乐部数量有限，项目单一，主要是拳击、体操和举重等俱乐部。60 年代以后，随着网球、高尔夫等运动项目的兴起，俱乐部的数量迅猛增加。

非营利性休闲体育组织是政府、企业之外的一种基本的社会组织形式,具有非营利性、非政府性和志愿性三大本质属性。二战后,非营利性服务组织在美国发展迅速,一些非营利服务组织规模巨大。美国的社会组织管理享有很强的独立性和自治性。美国宪法规定:"社会组织的自由经营和自我管理具有无上权威。"这奠定了非营利性社会组织在美国社会中的地位。

二、英国

英国是一个高福利的国家,英国体育休闲组织体系主要体现为政府组织和半官方组织合作发展的一种结合型的组织体制。英国半官方组织与地方政府、学校及社区形成了资源共享、分层建设的合作伙伴关系,既各自独立、互不干涉又彼此依存、相互合作,共同维护体育休闲事务的正常运转(图9-2)。

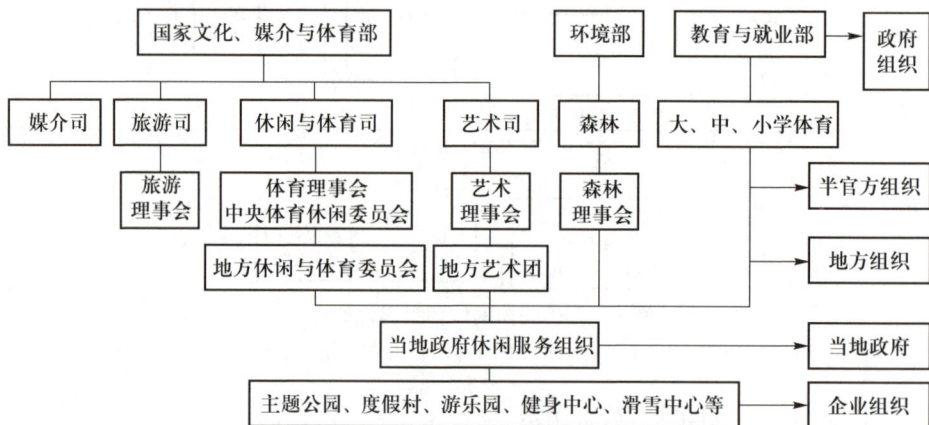

图9-2 英国休闲体育组织管理机构

(引自朱寒笑.中国城市体育休闲服务组织体系研究[D].北京:北京体育大学,2006.)

1. 联邦政府休闲体育管理组织

英国是现代体育的发源地,但英国政府在很长时期都未介入管理。在国家政府层面,20世纪上半叶就设立了一些负责休闲和游憩的管理机构,但这些机构都不是专门为了满足人们的休闲需求而设立的,大多分散在环境部、贸易和产业部、内政部、教育和科学部、交通部、就业部等部门。直到1992年,国家政府中才设置了一个专门负责休闲事务的部门——国家遗产部,由其负责艺术、博物馆、图书馆、艺术展览馆、遗产、电影、体育、旅游、广播、新闻媒体和国家彩票等与休闲有关的事务,并将原来分散在不同部门的职能集中在一起。1997年劳动党执政后将其更名为文化、媒体和体育部。

2. 地方政府休闲体育管理组织

20 世纪 60 年代中期,英国进行了政府机构改革,地方政府的权力增大,地方政府的一些部门开始加强对休闲和体育的管理,并开始把休闲和体育作为自己的一项重要职责,从而促使地方政府在组织机构上对休闲与体育进行规划和管理。除苏格兰外,各地区都设有地方性的休闲和体育管理组织,其主要职责是向公众提供运动设施和参与体育娱乐活动的机会,同时制定一些与休闲体育有关的条例和规定。

3. 英国休闲体育的半官方组织

英国半官方休闲体育服务组织是英国提供体育休闲服务最广泛的服务组织,这类组织从范围上分为全国性的、地区性的和基层性的。

英国休闲与体育委员会、中央身体娱乐理事会是英国规模较大的非营利体育休闲服务组织。这类组织具有明显的半官方性质,表现为组织的资金主要来源于政府拨款,接受政府授权,享有一定的行政权,但不受制于政府,具有一定的独立性。

地方休闲与体育委员会主要有英格兰、苏格兰、威尔士和北爱尔兰 4 个休闲与体育委员会以及设在各郡的地方办公室。地方休闲与体育委员会的成员来自地方政府、地方性旅游理事会、森林委员会、英国水域理事会和其他有关休闲团体。这些地方性委员会通过分析本地的休闲需求、现状和地区优势来制定本地的休闲政策。

4. 商业休闲体育组织和非营利休闲体育组织

英国体育休闲产业起步较早,商业休闲体育组织的发展,与其他企业一样完全靠商业运作来运营,更多地体现了市场选择的结果。基层的商业休闲体育组织主要包括一些健身中心、健身俱乐部、健美训练房和体育学校等。这些"体育企业"的收费标准要高于非营利性体育俱乐部,而这不仅能通过税收增加政府的财政收入,而且能扩大就业市场。

1958 年通过的《娱乐慈善法案》,对非营利组织实行减免税的优惠政策,促使英国非营利体育休闲组织蓬勃发展。在英国,以非营利为目的的基层体育休闲俱乐部的种类和数量非常多,构成了英国体育休闲组织的基石。这类俱乐部多由政府出资兴办,但采用自主运营方式。非营利性的俱乐部大多没有自己的运动场地,一般是租借或免费使用学校、社区的体育场地,工作人员基本上都是兼职和义务的。

三、日本

日本政府以国家发展体育休闲为基本理念,以政策指导和经济扶持为导向,鼓励企业组织积极参与,开放学校体育设施,形成了官、商、学合作的组织体系(图9-3)。近年来,随着体育设施的日渐完善,政府以发展综合型区域体育休闲俱乐部为重点,推进日本体育休闲的社会化。日本是典型的单一制国家,日本政府分三级:中央、都道府县(相当于中国的省)、市町村。日本实行中央集权的"代表中央制",地方政府是中央派遣到地方的代表,代表中央行使地方行政权。

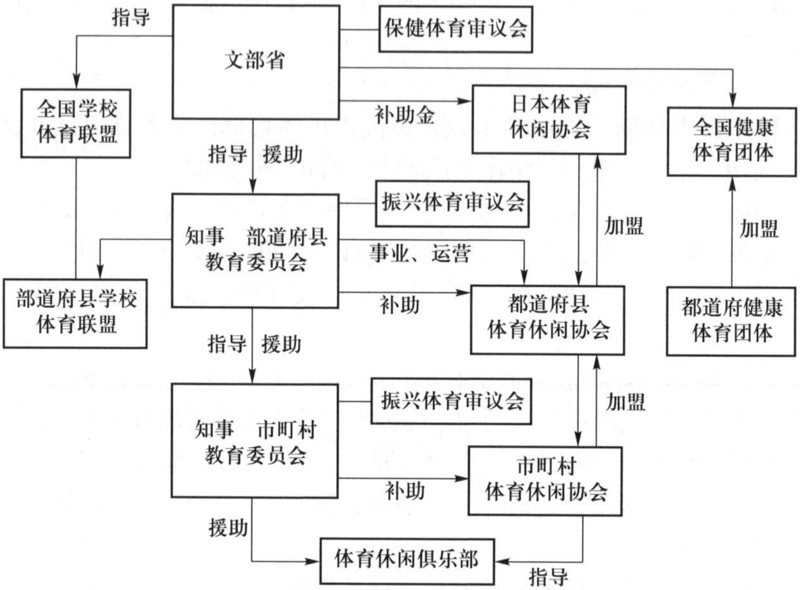

图9-3 日本休闲体育组织管理机构

(引自李明.从日本健康体育行政机构谈我国全民健身计划的推广[J].山东体育学院学报,2001(4))

1. 政府休闲体育管理组织

日本体育休闲政府管理组织除文部省外,还有通产省(培育开发体育产业)、厚生省(负责国民保健、运动医疗、健康等)、劳动省(主管与体育有关的就业以及劳动者的健康、安全)和建设省(承担体育设施的配备)等13个部门分担。文部省体育局是日本振兴、普及运动和休闲的中心行政机构,负责与县、市等各级地方公共体育行政组织、体育相关团体的联系、协调,负责普及和振兴体育政策,以及体育设施建设等方面的工作。另外,文部省还直接参与组织全国体育与娱乐节、终生体育运动会,举办各种各样的体育讲座、研讨会、学习班,进行与社会体育指导员知识、技能审查工作相关的体育指导员的培养和资质提高等方面的工作。

此外,在日本的文部大臣咨询机构中还设有"保健体育审议会",其专门负责健康体育审议会的讨论、答审,阐述与体育整体发展、基本构想等相关政策方面的工作。如 1988 年"关于面向 21 世纪振兴体育方策"的答审,就包括了现代体育的意义和作用、终生体育、体育休闲与竞技体育的关系等方面的内容。

2. 商业休闲体育组织和非营利休闲体育组织

随着日本大众体育的蓬勃发展,体育市场被日渐看好,于是,各类企业、财团、企业和私人业主公司纷纷打入体育市场,建设体育设施并建立体育组织。这类体育组织大多是营利性的,一般通过使用者交纳会费等方式获取收入,这类设施和组织在为企业谋取利益的同时也极大地促进了日本大众体育的发展。

日本的企业体育俱乐部的经营方式多采取"委托指导式",即该公司委托有关单位(如体育指导员人才中心)派遣体育指导员前来指导体育锻炼。另一种方式是本公司自己经营,这需要在公司内部培养指导员,相对要费时费力,但大公司往往采取这种方式。日本的企业体育俱乐部内部都设有主管部门和现场指导部门两大部门。主管部门不只是制定管理制度,而且要主动地进行产业开发,是俱乐部的主导。

由于日本长期以来采取限制非营利民间组织发展的"主管厅负责制",造成了日本非营利组织总体规模较小。1998 年,日本政府颁布《特定非营利活动促进法》,鼓励非营利组织的发展。创建于 1938 年的日本休闲体育协会是文部省认可的财团性质的法人团体。近 30 年以来,该组织发展迅速,在当前出现人口老年化、青少年犯罪增加和自然环境恶化等新问题的情况下,其组织开展的休闲体育担当起了重要的使命,作用显得愈加重要。

四、新西兰

早在 1972 年,新西兰政府便已成立了体育休闲部,主要负责推动全民参与体育休闲运动,1987 年新西兰通过了《体育、健康与休闲法》草案。1992 年,负责管理国家体育、健身与休闲事务的 Hillary 委员会提出"Kiwi Sport"计划,旨在关注 7~12 岁学龄儿童的体育参与状况。1998 年成立了"国家体育活动特别工作委员会",发布了《体育活动特别委员会工作报告》。2000 年颁布《合适运动——学校青年人体育战略(2000—2005)》。2002 年新西兰颁布《新西兰体育与娱乐法》,成立了新西兰体育与休闲委员会。2012 年新西兰体育与休闲委员会更名为"体育新西兰"(Sport New Zealand),并于当年出台了《2012—2015 体育与休闲战略计划》,旨在推动全民对休闲体育的参与。新西兰体育局发布《2020 年新西兰体育参与调查报告》显示,受访者在接受调查时所提及的休闲体育运动就有 50 多项,其中徒步、慢跑、器械运动、游泳成为较热门的项目。5~17 岁的青少年平均每周会参与 5.4 项休闲体育活动,18 岁以上的成年人平均每周会参与 2.2 项休闲体育活动。

思 考 题

1. 简述国外休闲体育产生与发展的历史过程。

2. 简述国外休闲体育参与的特点。

3. 国外休闲体育是如何进行组织和管理的?

4. 国外休闲体育研究的理论范式有哪些?

第十章

休闲体育科学研究

》 章前导言

　　本章主要阐述休闲体育研究的历史和现实背景，并对休闲体育研究未来可能的走向做出相对科学的推断和预测。介绍引导学生切实掌握休闲体育研究的各种方法，提高学生对于"侧重在体育运动的影响下，揭示人的休闲情趣、休闲行为、休闲消费、休闲心理的变化规律，以及由此与体育所发生的联系"，剖析休闲体育自身发展规律、社会地位、功能、目的、任务及其与各种社会文化现象之间的关系，阐明不同群体参与休闲体育的方法手段，提高人们对休闲满意度和生活质量问题的认识和研究能力。

第一节 休闲体育研究的背景

每一门科学的形成和发展都有它特定的社会背景、研究对象和方法,休闲体育研究所涉及的领域十分宽广,不仅涉及社会各个阶层的男女老少,也涉及现代体育发展的广泛领域,其内容丰富多彩,方法灵活多样;休闲体育不仅建立在多种学科的基础之上,还借助各种最新科学技术的支持来不断完善自己,其日渐显现的国际性、社会性、经济性、教育性等已引起人们的广泛关注,形成中国高质量发展过程中一道亮丽的风景线。如何认识、支持和促进休闲体育快速而健康地发展,提高我们的科学研究水平,探索其发展规律和方法,有着十分重要的社会价值和研究意义。

一、研究背景

休闲是美好而有益的活动。其具体价值体现在社会生活中,更体现在人们的日常生活中。休闲在帮助人们提高生活质量,培养人们的自我价值感,整合传播价值规范,促进社会生活和谐方面有着相当重要的作用。人类对其的认识有着悠久的历史。从 19 世纪末到 21 世纪初,西方休闲研究已经走过了 100 多年的发展历程。凡勃伦在 1899 年出版了《有闲阶级论》一书,既标志着休闲学在美国的诞生,也标志着人类系统研究休闲的开始。

在中国,休闲走入人们的生活,并成为社会文化、经济中的新现象,已是 20世纪 90 年代的事了。时间虽短,但发展迅速。应该说,此种良好局面的产生,得益于两方面的因素。一是中西文化交融的推动,二是生活主体的内在需要。在中西文化交流活动中,我们不能忘记于光远、成思危、龚育之等诸多学术大家对于引进、指导人们认识和研究休闲所做的开拓性工作。特别是我国著名学者马惠娣在 1998 年访问美国回来后,带领她的团队,组织翻译了第一套"西方休闲研究译丛",《人类思想史中的休闲》《走向自由:休闲社会学新论》《女性休闲》《你生命中的休闲》《21 世纪的休闲与休闲产业》,译丛于 2000 年 8 月出版,标志着西方休闲学研究正式传入中国内地,为我们认识和研究休闲问题开阔了视野,奠定了理论基础。而生活主体内在需要的改变,其原因主要是 20 世纪 90 年代以来,伴随着中国改革开放的进一步深入,社会生产力得到极大的提高,人们经济收入的增加,闲暇时间的增多,文化水平和总体素质的提高,国民的自主休闲意识不断增强,对新的生活方式充满了期待。与此同时,生活节奏加快,社会竞争激烈,压力之下的人们需要一个休闲的精神家园。正是在这样的背景下,休闲学研究得以勃兴,其实质是对人类生命、对存在价值、对发展与进步的目的与标准的思考,这是一个较为庞大的系统工程,需要多元文化与多种学科的参与和对话。

在思想史上,不乏休闲学家对"体育"问题的研究,这些研究构成了"体育"的休闲学研究。例如,1955年,荷兰著名学者约翰·赫伊津哈(John Huizinga)从哲学的视角,围绕"人、游戏者"这一主题对历史与流行的观念进行探讨,发现游戏作为文化的本质和意义对现代文明有着重要的价值,游戏不仅是人类文化的开端,也是生活与文化的中心,而不是可有可无的边缘内容。他指出,人只有在游戏中才最自由、最本真、最具创造力,游戏是一个阳光灿烂的世界。为此,他的这部名为《游戏的人》的著作,被称为休闲学领域的经典著作之一,同时也被美国体育哲学家米切尔·诺法克誉为体育学研究著作中最有影响的经典著作之一。1980年,法国学者罗歇·苏(Roger Sue)在其所著《休闲》一书中,将人的休闲实践活动分为四大类:身体娱乐、实用娱乐、文化娱乐、社会娱乐,而体育休闲是身体活动的较高阶段,并对此命题进行了详尽的阐述和论证。瑞典哲学家皮普尔的《休闲:文化的基础》,被誉为西方休闲学研究的经典之作。皮普尔在他这本仅几万字的书中,以深刻而精辟的语言阐释了休闲作为文化基础的价值意义,并在此基础上进一步指出休闲的三个特征:平和宁静的精神状态、沉浸创造过程的机会与能力以及"接受休闲的高善和卓越本质"的产物。《休闲:文化的基础》一书自1952年问世以来,不仅对西方休闲学研究产生了深远的影响,而且也成了西方哲学思想的一面旗帜。

20世纪80年代末期,我国已有学者开始涉足闲暇研究。1983年,于光远先生就指出:"我国对体育竞赛是很重视的,但体育之外的竞赛和游戏研究得很不够。在中国的高等院校中没有一门研究游戏的课程,没有一门游戏专业,没有一个研究游戏的学者。这不是什么优点,而是弱点。"1994年他又进一步指出:"玩是人类基本需要之一,要玩得有文化,要有玩的文化,要研究玩的学术,要掌握玩的技术,要发展玩的艺术。"此后在他的倡导下,若干篇休闲文化和休闲哲学方面的研究论文、著作发表出版,其中由学者王雅林、董鸿扬主编的《闲暇社会学》于1992年正式出版发行。随着时间推移至21世纪,《休闲体育学》和《休闲体育概论》相继问世,其中由卢峰教授主编的《休闲体育学》是一部专门研究现代休闲体育的著作,而李相如教授主编的《休闲体育概论》则是我国唯一一部休闲体育领域的"十二五"国家规划教材,是我国休闲体育研究的重要参考书。

综上,早期以及现代休闲学领域的学者们有着丰富的休闲体育学思想,这些思想的许多方面构成了后来休闲体育学研究的思想源头。

二、休闲体育研究的兴起

体育学开始对"休闲"问题感兴趣,并开始相应的研究主要是从 20 世纪 60 年代起。第三次产业技术革命的兴起和发展,引起了人们生活方式的巨大变化,具体表现在促进了诸如工作、休闲结构和日常生活的其他方面的基本改变和更大需要。在这一历史性的变革中,休闲体育是在现代社会的科学、艺术和哲学等相继向生活世界回归的思潮中出现的,并逐渐完成其自身向生活世界回归的这一重要转向。在这一较为漫长的时间里,艾丁顿(Edginton)、贝那斯(Baines)、海顿(Haydon)以及中国的方万邦这些体育学者有关"休闲或生活"问题的研究,奠定了休闲体育学的思想基础。

中国进入全面建设小康社会时期,赋予体育人文社会科学发展许多新的研究课题,而体育人文社会科学的任何一个重要范畴、课题的形成和提出,总有其历史文化渊源、现实社会生活背景以及自身发展的规律。尤其包括人民群众休闲体育生活方式、休闲体育生活行为在内的以休闲体育生活领域为对象的科学研究课题。

从某种意义上来说,休闲体育研究兴起和发展的原因来自这三方面。

(一) 社会发展需求与休闲体育发展进程的不协调

一般来说,任何一项社会文化现象,或者说任何一门学科的兴起,均与特定历史条件下的现实需要分不开。休闲体育也不例外。事实上,社会发展需求一直是休闲体育研究的动力所在。在我国,休闲体育研究之所以越来越迫切,越来越引人注目,主要在于当前我国已进入全面建设小康社会时期,休闲体育发展迫在眉睫。

1. 发展休闲体育是基本实现社会主义现代化的客观需要

在党的二十大报告明确提出"中国式现代化"发展道路之际,实现中国式休闲体育现代化已成为我国休闲体育的重要建设方向。发达国家的经验证明,从这一阶段起,国家便开始进入一个高文化需求的时期,这是由人的内在需求的丰富性所决定的。但是,目前在中国小康社会中的不少城市,休闲体育并没有纳入城市文化建设体系,也没有纳入我们的教育发展规划中,因此,没有很好地满足这种需求。与世界其他国家对休闲体育教育高度关注相比,我们对大众的休闲体育价值升值的忽视显得不合时宜。于是,当我们面对五彩缤纷的、永不枯竭的小康社会休闲文化资源时,却因在原创阶段人才、资金、政策等配置不足,造成休闲体育研究出现困难而少有人深究,而传统体育理论由于存在着自身难以克服的局限性,不能很好地解释这些现象,这势必会影响到民众休闲生活质量和素质的提高,同时也会影响到新时期体育发展的新的切入点。

2. 发展休闲体育是全民健身可持续发展的需要

21世纪以来,全球性的健康问题愈发凸显:各国儿童青少年体质水平普遍有所下降,肥胖率持续攀升;网络和手机等对健康的负面影响不断加剧;老龄化社会的压力和挑战与日俱增。各发达国家为应对危机出台诸多政策,力图进一步提高体育人口比例及人均运动健身参与率,但普遍遭遇"高原瓶颈期",其国民健康水平难以继续提高,甚至出现一定程度的下滑。上述危机在我国同样存在,但与发达国家不同的是,我国的休闲体育产业目前仍处于强劲上升期,发展潜力巨大。把居民的休闲活动引导到休闲体育这一新型休闲形态的轨道上来,对于促进全民健身可持续发展的意义是重大的。为此,首先要重视休闲体育教育。休闲体育教育是一种面向全体公民的多方面的、自由的、个性化的生活发展教育,带有较为鲜明的城市生活的公共性。因此,就更需要开发和利用休闲体育教育的各种资源,提出各种规范的要求。在这一规范体系的构建过程中,政府无疑是当前中国社会状况下最主要的推动者。虽然体育法的颁布实施,全民健身计划和终身体育思想的传播,在广大的小康社会地区形成了一定的社会宣传和实践氛围,但是休闲体育作为一种新型的休闲形态或生活方式并不符合规范的内在化的社会机制,公众认同程度较低,实际效果有限。对此,国家、体育院校、社会团体要担负起指导人们更好生活的职责,就必须顺应社会的变化,将休闲体育教育纳入自己的体系中。作为一个体育工作者,我们将不得不面对一个全新的领域。

(二)建设稳定性学科体系结构的急迫性

除了现实的需要,学科建设的需要也推动了休闲体育的形成和发展。毫无疑问,中国进入全面建设小康社会时期也将使体育学术界和科学研究发生巨大变化,有力地促进我国整个体育科学体系由传统向现代转型,并逐渐完成各学科知识交叉、融合的一体化进程,形成一些新的体育学科。例如,休闲体育就属于这种学科或新的体育形式。根据教育部颁布的学科分类标准,学科门类共有12个:哲学、经济学、法学、教育学、文学、历史学、理学、工学、农学、医学、军事学、管理学。学科门下设一级学科,若干个一级学科组成一个学科门;一级学科下设二级学科,若干个二级学科组成一个一级学科;有些二级学科下设三级学科,若干个三级学科组成一个二级学科。一般而言,在本科学科分类中,二级学科通常称作专业。以此为据,休闲体育、社会体育等二级学科组成了体育学(一级学科),而体育学则归属在教育学门下。2006年广州体院和武汉体院申办休闲体育本科专业获得教育部批准,2007年新生入学;2008年上海体院、首都体院、沈阳体院也获得该专业的招生权,同年招收了第一批学生。休闲体育专业(二级学科)由此也获得了法理上的确认。作为体育学的一个分支学科,休闲体育是人类社会和体育学科在长期的发展过程中逐渐产生和发展起来的,应以"人的休闲体育意识、行为和现象"为其学科研究的逻辑起点。20世纪以来,特别是随着我国逐渐全面进入小康社会,新的理论、新的生活行为的产生,要求休闲体育获得理论的解释和行为的指导。

作为体育学的一个基础性学科,休闲体育涉猎的内容十分广泛和庞杂,如哲学、社会学、心理学、经济学、人体科学、生命科学、行为学、人类学、文化学、管理学、生理学、工商行政、市场营销、城市规划、公共政策,等等。作为一门新兴的、正在发展和建构中的学科,其学科基础尚未十分牢固,其理论体系也未完善。因此,休闲体育客观上要求有一个相关的、庞大的学科群作为支撑。其中,马克思的关于"每个人的全面而自由的发展是未来理想社会的基本特征和基本内容"的休闲思想是休闲体育发展的指导思想和科学前提,而一些社会科学和自然科学的基础学科,即休闲体育学的母体学科,休闲体育正是广泛运用这些基础学科的基本原理、知识体系来研究人的生活方式与休闲体育意识和行为规律的。与此同时,休闲体育也从体育的应用学科和专项技术学科中汲取营养来获得自身的发展。

(三)坚持秉承科学研究精神的研究者

一种日益引起社会和大众关注的社会文化现象,一个在构建和谐社会、引领大众休闲生活中不可回避的问题,或者说一门学科的形成和发展往往与投身于其中的一批研究者相联系,他们既是推动者、直接参与者,又是上述现象或一门新学科得以形成的条件。就休闲体育而言,如果没有1899年凡勃伦的《有闲阶级论》,就没有现代休闲学的诞生。西方休闲研究的传入,加快了中国休闲研究的步伐。值得一提的是,如果没有20世纪90年代以来于光远、成思危、龚育之和马惠娣以及之后一批体育界学者的努力,就不可能有休闲体育的兴起和发展。中国进入全面建设小康社会时期,休闲创造了新的体育形式。而休闲体育作为一个新的研究领域、实践领域、生活领域与经济发展领域将备受人们的关注。

为此,几十年来,在中国,逐渐形成了进行有关休闲体育与现代生活方式课题研究的群体。他们一直在苦苦探索,以求为长期处于低谷的我国大众体育寻求一条新的发展通道,他们以其敏锐的思维紧紧地抓住了我国改革开放带来的机遇,伴随着我国社会学研究的复苏,不断探寻、开拓体育科学研究领域。休闲体育科学研究开始进入人们的视角并逐渐进入发展的快车道。

第二节 休闲体育研究的起源与现状

一、休闲体育研究起源

休闲与休闲体育起源论基本上是从休闲与休闲体育自身的"历史"着眼的。休闲古已有之,而休闲体育现象的出现,在我国则是在全面建设小康社会阶段才引起重视的。几千年人类文明进化的历史表明,休闲与休闲体育与社会进步、人类生命及生活的质量紧密相连,并逐渐完成其发生、发展、传承和积累的过程。

休闲与休闲体育本质论是根据起源论所作的各种各样的逻辑结论,进一步概括和抽象出休闲与休闲体育的本质以及各种主要特征。

休闲体育结构—功能论是整个休闲体育的主要内容之一,它把休闲体育作为一个整体、一个体系,从结构、功能和价值、内部关系和外部关系等方面加以考察,从而达到对休闲体育的整体认识。

休闲体育发展规律论是整个休闲体育教育研究的主要内容之一。所谓规律,严格地说可以分为两类,一类是在人类历史进程中多种社会条件、不同群体的人自身条件的发展变化促进休闲体育现象的形成和发展的规律,另一类是休闲体育自身运行和发展的规律。

休闲体育建设论包括对休闲和休闲体育做出历史和现实的价值判断,以及对小康社会阶段休闲体育建设主要环节的把握,力图使休闲体育的理论研究和学习与人们的生活实际结合起来,为构建社会主义的和谐社会服务。

以上这些问题,都是休闲体育研究所面临的基本问题,如果我们在这些方面有所作为,那么,休闲体育研究就能获得一个较好的理论基础。

二、休闲体育研究的发展

20世纪60年代,第三次产业技术革命的兴起,引发了经济、社会和体育的发展变化以及人们生活方式的巨大变化,"促进了诸如工作、休闲结构和日常生活的其他方面的基本改变和更大需要",引发了70年代的第一次研究高潮。这一阶段的研究主要集中在解决由于工业革命带来的有关闲暇问题和运动不足的"文明病",如精神压力过大和营养不平衡造成的疾病率不断上升,以及由于人口急剧老化,国民医疗费用的无限增大等。休闲体育研究呼吁通过大众参与体育运动,整合社会道德价值标准,转移一些社会问题,寻求一种平衡的生活方式。

大约在 80 年代末 90 年代初，出现第二个研究高潮，在此期间，工业和信息时代发达工业国家为了在 21 世纪成为健康国家而制定了具体的体育方针政策，建立了有关的法律基础，并会同教育部门、卫生部门和环境保护部门制定"大众体育发展大纲"，通过有组织的体育运动和其他有关体育活动的开展，使国民和社会受益。在此背景下，国外，尤其是发达国家的学者们围绕有关体育与现代、未来社会生活的问题展开了热烈的讨论和研究。例如，Edginton 指出："大众参与体育有助于发展终生的闲暇技能，以增进健康和体质强健，不懈地锻炼有助于生活的平衡和健康的行为进而导致创设生活的满足。"Baines 为我们描绘了更为精彩的图景。他说："运动是当今世界上五种通用语言(金钱、政治、艺术、性和运动)中的一种，在运动中，将不会有穷人和富人之别，因为它适合于所有人，从某种意义上来说，运动能成为我们生活哲理的一部分。"

在中国，从理论上讲，休闲体育有着非常悠久的历史，我国与经济发达国家休闲体育和休闲体育产业的发展，在经历了几乎相同的发展过程后却进入了两种完全不同的状态。19 世纪 50 年代中国开始产生了变革的要求，揭开了现代文明史的第一页；20 世纪 50 年代随着新社会体制的确立，中国现代化从酝酿到启动的重要分水岭出现了。从中国近百年工业化、城市化、民主化、现代化历程来看，生产方式的变革带来了现代产业结构的完善和现代化，导致了生活时间结构的变化和闲暇时间的增多，促进了生活方式的变革，带动了社会消费需求的更新以及文化、物质消费内涵和消费方式的拓展。

然而，由于众所周知的客观的历史原因，20 世纪 80 年代之前的社会主义计划经济体制给"休闲"贴上了资产阶级的标签，一直没有能够将其作为休闲体育和休闲体育产业来认识，也一直没有能够作为休闲体育和休闲体育产业来发展它，致使我国在改革开放前的很长一段时间里，休闲体育和休闲体育产业基本上是一片空白。

改革开放后的一段时间里，休闲体育随着社会经济发展进入我国。但由于理论指导的欠缺和观念上的缺位，当休闲体育进入我国时，却被简单地归类在健康体育和社会体育之中，或者完全脱离体育领域而依附在文化娱乐和旅游领域而难以独立出来。这种情形一直延续到 20 世纪末，当我国已达到总体上的小康，同时勾画出今后 20 年全面建设小康社会的宏伟蓝图时，当 1995 年我国先后颁布实施《体育法》《全民健身计划纲要》时，休闲体育的理论建设和实践指导的问题才引起政府部门和学术界的极大重视和研究热情，休闲体育研究开始步入一条快速发展之路。

卢元镇在 20 世纪 80 年代初期指出："长期以来，我们已习惯把'体育运动'概念的范畴化作'学校体育''运动训练与竞赛'和'身体锻炼'这样三个比较严肃的部分,然而在现实生活中还存在着一种社会现象——人们怀着轻松愉快的心情自愿参与各种体育活动和娱乐活动,他们既不受限于体育教学的种种严格规定,也不追求高水平的运动成绩,甚至有的也并不把体育的强身祛病作用放在首位,而是把体育运动作为一种有意义的活动形式度过自己的闲暇,是个人在精神和身体上都得到休息、放松和享受。我们通常把这类活动归为游戏、体育娱乐,国外把这类活动归为消遣。"

到了 90 年代,人们的研究触角开始指向体育与休闲领域,以于光远为主任的研究小组研究出版了"中国学人休闲研究丛书"。与此同时,还有《体育与中国城市居民的闲暇生活》(刘德佩,1990),通过对于沈阳、南京两大城市的不同社区(工人区与文化区)的 17 980 户居民进行有关问卷调查,显示出:"① 物质生活水平的提高和闲暇时间的增多,产生了新兴的闲暇生活方式,导致了我国城市居民闲暇生活方式的多样性;② 看电视的催化媒作用促进了体育生活方式在中国的发展;③ 随着时间的推移,体育在中国城市居民闲暇生活中的地位将愈来愈显要,这种发展趋势可能刺激一些娱乐性、消遣性较强的体育项目在中国的发展。"相关的研究还有《余暇运动论》(程志理,1990),在追溯余暇运动发展的基本线索的历史背景下,阐述了余暇运动的指导思想,进一步论证了作为运动目的论的理论基础的游戏论,结论是:真正的余暇运动,本质代表着人类最高的生活方式和整个社会文明趋向,它对于理想人的形成具有重要的意义。

进入 21 世纪,对于休闲体育的研究还在继续,并逐渐形成了两大特色,一是对于休闲体育基础理论与实践的深入研究;二是在我国休闲体育本科专业设立后,对于休闲体育专业发展和人才培养问题的研究。其中较有影响的研究有《休闲体育兴起的文化意义》(陈融,2002),《城市休闲体育消费调查及发展对策研究》(胡春旺等,2003),《休闲体育学》(卢峰,2005),《休闲体育概论》(许宗祥等,2007),《体育休闲论》(胡晓明,2008),《休闲体育专业人才培养的思考》(陈琦等,2008),《休闲视野下我国休闲体育专业建设的思考》(李相如,2009),《休闲体育学的学科形成与发展》(梁利民,2010)等。可以说,上述相关研究在中国进入全面建设小康社会的背景下,很快成为体育界的关注点,使得休闲体育研究成为中国越来越活跃、研究人数越来越多、成果越来越丰硕的一个研究领域。

三、休闲体育与人们休闲生活融合的研究

休闲体育作为一种重要的休闲生活方式,它无可比拟的休闲参与价值使其成为人们休闲时的重要选择。全面建设小康社会阶段,健康保障成为人们生活价值观中追求的目标。科学早已证明,人体机能能力随年龄增长而衰退,而通过合理地有规律地参加体育活动可延缓衰老和机能衰退进程,提高生命的质量。

因此,体育将越来越受到人们重视。但是,由于人们体验的体育价值功能不同,其感受亦是不同的。如单纯为了健身而采用的体育活动方法手段往往都比较枯燥,比较艰苦,完成过程很少有乐趣,而为了娱乐参加体育活动,则是另一番体验。因此,具有较强休闲娱乐功能的休闲体育将代替传统体育健身活动,成为人们休闲行为的主要方式,更广泛、更深入地介入人们生活。休闲体育作为人类重要的休闲活动,将成为生命中的重要组成部分。

休闲是人类善度闲暇的一种生活方式。人们在休闲活动中自由自在,各种休闲活动交叉进行,相互融合,增强了休闲体育的文化性、娱乐性与人性化、生活化,最终加强了休闲体育的参与性。如体育与旅游的融合,便形成了体育旅游;体育与社区文化融合,便形成了社区体育;体育与城市景观融合,便形成了景观体育;体育与传统习俗融合,便形成了民俗体育、节日体育等等。随着未来休闲体育的发展,这种趋势将进一步加强,并引起研究者极大的研究热情。

四、休闲体育产业领域的研究

现代社会,休闲体育渐渐成为一种大众消费行为。随着城乡居民生活水平和生活质量的提高,城乡居民的消费不再仅仅是为了维持生存,而更多的是为了满足人生享受的欲望,根据自身的兴趣和需要,通过主动性的消费来获得更加丰富多彩的休闲体育活动的享受。部分城乡居民的休闲体育行为已成为一种主动消费行为,"从事休闲体育是健康投资""花钱买健康""请客吃饭,不如请人流汗"等观念正成为流行时尚。未来社会,随着城乡居民收入的增加和闲暇时间的增多,人们的休闲体育消费意识将会增强。人们会更多地通过到服务体育场所购买休闲体育服务或参加休闲体育俱乐部,来提高自己的休闲体育活动质量。

适应休闲体育服务市场的这种需求趋势,需进一步研究如何规划和增加俱乐部、体育公园、休闲体育广场和运动场馆等大众体育休闲设施;完善体育观赏表演、体育旅游、体育培训等各种休闲体育服务,促进休闲体育产业快速发展,以满足城乡居民参与休闲体育活动的需求。

不同的休闲方式需要不同的休闲产品和服务。针对大众多元化的休闲体育需求,构建多层次的服务体系,是小康社会休闲体育设施建设与服务的必然要求。随着城乡居民休闲体育意识的增强、需求的增加和参与行为的增多,越来越多专业的休闲体育服务行业将会出现,各种运动、健身、健美等专业化的休闲体育俱乐部将更多地影响城乡居民的休闲生活。休闲体育服务体系将越来越完善,专业化和社会化程度会越来越高。休闲体育服务不再是体育一个行业或部门的事情,而会成为社会普遍关心与参与的事情。在这一过程中,如何建立一个以政府为主导,市场和第三部门(非营利性组织)共同参与的休闲体育服务体系的组织架构方面,将会是研究主要的关注点。

五、休闲体育教育的研究

人们休闲体育的意识和能力并不是与生俱来的,也不是任何单一层面的存在,它是情感、理智、意志、生理、价值、文化及所有组成行动感知领域的综合,是一种后天习得的行为、态度和价值观。所以休闲体育观念、意识的培养和休闲体育能力的提高,最根本的还是要依靠后天的学习和教育。通过这种专门的学习和教育,可以开发人们对休闲生活中的体育的好奇心与认同,培养人们对休闲体育活动的浓厚兴趣,养成良好的休闲体育心理和休闲体育习惯,使人们从休闲体育活动中获得更多的乐趣。为此,在未来一段时间里,怎样构建一个学校正规教育、社会和社区联动的立体化休闲体育教育体系,将会是未来休闲体育研究的另一个关注点。

第三节 休闲体育研究方法

一、休闲体育的研究对象

休闲体育是休闲学科的一个分支,也是体育科学的一门专业理论课程。休闲学科的研究对象是社会、政治、经济活动中的休闲问题,休闲体育则是以人们的休闲体育意识、休闲体育行为和休闲体育现象为研究对象,侧重在体育运动的影响下,揭示人的休闲情趣、休闲行为、休闲消费、休闲心理的变化规律,以及人们由此与体育所发生的联系,剖析休闲体育自身发展规律、社会地位、功能、目的、任务及其与各种社会文化现象之间的关系,阐明不同群体休闲体育的组织和方法手段,提高人们的休闲满意度和生活质量的一般规律的学科。

21 世纪以来,休闲体育的研究形成了三大特色,一是对休闲体育基础理论与实践的深入研究;二是对休闲体育发展与社会经济发展的促进与融合作用的研究,近些年来,对休闲体育发展与体育消费、体育产业的发展融合的研究成为热点;三是对休闲体育专业发展与人才培养问题的研究。

二、休闲体育的研究方法

休闲体育在研究方法上,不再按学科门类进行机械地划分和隔离,自然科学、技术科学的系统论等方法和一般体育学的研究方法也逐渐被应用于其中。

(一)坚持以马克思主义为指导

马克思主义的立场、观点、方法,特别是唯物辩证法,是分析一切事物、学习和研究任何一门学科的最根本的指导原则。马克思主义不仅为休闲体育的研究提供了科学的方法,而且还对休闲体育的一些本质问题做了科学的论证。在研究休闲体育的过程中,坚持以马克思主义为指导,有助于正确阐述休闲体育中的问题。休闲体育在马克思主义理论中具有重要的地位和作用。首先,休闲体育是实现人的全面发展的重要途径。在马克思主义理论中,人的全面发展是核心目标之一。休闲体育作为一种自由、自主的活动方式,能够满足人们的精神需求,提高身体素质和社交能力,有助于实现人的全面发展。其次,休闲体育对于促进社会进步和经济发展具有积极意义。通过参与休闲体育活动,人们能够放松身心、缓解压力,提高工作和学习效率。最后,休闲体育产业的发展也能够带动相关产业的发展,增加就业机会和税收收入,推动经济发展和社会进步。

(二)科学抽象,理论联系实际

休闲体育属于人文社会科学。研究休闲体育现象不能像研究自然科学和技术科学那样采用实验的方法,直接通过对实验结果的综合找出对象内在的规律性。分析人的休闲生活方式、休闲体育意识和行为,既不能用显微镜,也不能用化学试剂,而必须用抽象力来代替。这种方法以实践为基础,通过对人的现实的休闲生活领域中体育活动现象的调查研究,详细占有材料,然后运用分析综合、比较概括等思维活动,对丰富的感性材料,去粗取精、去伪存真、由此及彼、由表及里地进行加工,构建概念系统,形成理论体系,最终上升为科学,指导生活实践。

(三)系统分析,动态研究

作为一种社会文化现象,休闲体育是社会这个大系统的一个子系统;作为一项新的体育形式,它是体育学的组成部分。它既要研究在体育运动的影响下,人的休闲情趣、休闲行为、休闲消费、休闲心理的变化规律,又要研究休闲体育自身发展规律、社会地位、功能、目的任务及其与周围世界各种社会文化现象之间的关系。因此,对休闲体育的研究,要把它放到一个更大的系统中去把握,采用系统分析方法,静态分析与动态分析研究相结合,注重从整体与部分之间、整体与外部环境的相互联系中综合、精确地考察对象,从整体的联系和过程的联系中认识对象,从而努力达到最优化地分析和研究问题,取得更好的效果。

（四）定性分析与定量分析相结合

任何休闲体育现象都是质与量的统一。既有对象的本质规定，又有一定的数量体现。运用定性与定量分析的方法，就是在对休闲体育范畴、概念进行逻辑推理的基础上，对所研究的对象做出质的判断和量的评估。休闲体育研究有两个侧重点：在基础理论研究方面侧重于定性研究，如对于休闲体育基本概念的设定及其休闲体育自身的发展与其周围世界各文化现象间相互关系的规定。在应用研究方面则侧重定量研究，定量分析的科学基础是数据。用数量形式表述休闲体育这一社会现象研究中有关概念及其关系，寻找或揭示休闲体育与人的休闲生活意识、休闲生活行为、休闲生活情趣、休闲消费、休闲心理之间的数量制约关系，设法用一定的数学公式、数学模型去描述这种关系，以便从量的角度去揭示它们之间关系变化的规律性。

（五）规范研究与实证分析相结合

休闲体育是一门理论性和应用性都较强的学科，对于休闲体育的研究，应将规范研究与实证分析结合起来运用。规范研究，就是在揭示休闲体育运动规律的同时，依据对象运动的内在逻辑性，指明休闲体育运动应该如何运行，休闲体育市场和休闲体育产业结构应当如何培育和调整，社会体育资源应如何配置的理论。它通常根据一定的价值标准，运用逻辑思维进行科学推理论证，从而确立相应的原则。而实证研究，旨在判明休闲体育及其结构、组织、资源、投资等在一定条件下是如何运行、如何重组的，通常运用统计分析和比较，对对象运动趋势做出判断和描述。

一般而言，科学方法涵盖了透过客观无偏见的程序，产生精确测量的一切有系统、有秩序的证据收集。在休闲体育的研究过程中，以上研究方法在很多时候并不是孤立存在的，它们往往需要两种或多种方法结合起来使用。上述研究方法为我们提供了方法论的基础。除此之外，还要对休闲体育研究过程中的数据采集、数据统计和分析进行评估，对研究结果进行生物学、心理学、经济学、社会学、数学等学科视角的评价，还要使用一些具体的研究方法，如现场法、访谈法、专家法、问卷调查法、案例研究法、历史研究法、比较研究法等。借助这些研究方法，我们将能够更好地理解人们的休闲体育行为，揭示休闲体育行为和现象的本质及规律。

三、休闲体育研究的性质和理论构架

（一）休闲体育研究的性质

我们知道，人的认识是不断发展的，是不断丰富和深化的；感性的零星的认识，基本上必然要走向理性的和整体的认识；表面的现象的认识，也一定要走向

深刻的本质和规律的认识,这才是真正的科学。对其他事物是这样,对休闲体育自然也不例外。休闲体育在自身的发展过程中,正逐渐地发掘和丰富自己具有的独特性概念和理论,并最终形成自己的理论体系。所谓"休闲体育",就是从休闲学的视角和高度切入、审视和阐发的体育学,也就是从和谐社会、生活领域、产业经济、人生价值观的角度探讨各种休闲体育现象的发生发展、结构功能和本质规律的学科。正像体育管理学首先是管理学,体育经济学首先是经济学一样(上述两专业学生毕业时将分别被授予管理学学士和经济学学士学位),休闲体育学首先是体育学,只不过是从休闲学的视角和高度展开的体育学。从这一点看,我们所说的休闲体育和部分学者倡导过的"体育休闲"或"运动休闲"有别。另外,休闲体育学不同于一般的体育学和竞技的、军队的、社会学的体育学,而是从休闲视角和高度阐发的体育学,在这一点上,它又与"体育休闲"或"运动休闲"有某些相通之处。基于以上两点,我们也就有理由把休闲体育看成是休闲学和体育学的综合性学科或是边缘性学科。可以说,在现代科学发展已经出现明显的综合化、边缘化趋势的今天,体育学研究越来越受到重视的大背景下,休闲体育这样的交叉学科的出现是必然的。

综上所述,休闲体育的理论和实践研究的不是一般的体育现象和体系问题,而是从休闲学的视角和高度出发,在大众的休闲生活实践活动和社会发展的大背景下,通过生活主体客体关系,即作为生活主体的人和作为客体的自然、社会、人自身的休闲体育生活思维意识发展与休闲体育行为变化的关系,探究休闲体育文化现象的起源、演变、教育引导、传播、本质、特征、结构、价值功能和动力,描绘休闲体育的未来发展轨迹,揭示休闲体育发展的一般规律和特殊规律。这就是休闲体育特定的研究对象。不言而喻,这一特定的研究对象,不但和竞技体育、学校体育、军队体育、社会体育等研究对象不同,而且和一般的体育学的研究对象也有着很大的区别。

从方法论的角度看,休闲体育研究,既注重大众休闲体育发展现状的调查,掌握各种具体材料和案例,也注重理论分析,注重理性的综合和抽象。当然,这种概括和抽象是建立在大量占有感性材料的基础之上的。

休闲体育是从宏观上、整体上综合研究休闲体育的基本特征和发展规律的学科,因此,所有与此有关的问题和现象都可能成为其研究的内容。如,休闲与休闲体育的历史发展沿革,休闲体育的社会地位、功能与价值、目的与任务及其与各种社会文化现象之间的关系,休闲体育的服务与组织模式以及未来的发展模式。

(二) 休闲体育研究的理论构架

休闲体育研究的理论基础,由休闲学理论基础和体育学逻辑体系两个大的部分构成。休闲学的立场、观点和方法,有机地融进对体育学逻辑体系的论述中,成为论述的指导性基础。体育学的逻辑体系与休闲学基础部分不同,它要直接形成休闲体育的理论体系结构,因而应精心进行逻辑划分,而这种逻辑划分既要考虑到各种体育现象的纵向发展与联系,如,休闲体育与社会体育、竞技体育、军队体育、学校体育、残障人体育等的关系,又要考虑作为整体的体育体系的内部和外部系统构成。

休闲体育研究需要借鉴多个学科的理论基础,包括体育学、心理学、社会学、经济学等。其中,体育学为休闲体育提供了运动生理学、运动训练学等方面的理论基础;心理学为休闲体育提供了心理学原理,如心理健康理论、自我实现理论等方面的理论基础;社会学为休闲体育提供了社会结构、社会关系等方面的理论基础;经济学为休闲体育提供了市场分析、消费者行为等方面的理论基础。

按照上述观点,休闲体育的理论框架由这样四个大部分构成:其一,休闲与休闲体育的起源—本质论;其二,休闲体育结构—功能论;其三,休闲体育发展规律论;其四,休闲体育建设论。

思 考 题

1. 简述休闲体育研究的溯源和发展趋势。
2. 休闲体育学科的研究对象是什么?
3. 研究休闲休育应运用哪些方法?
4. 联系你自身实际谈谈对休闲体育理论框架的基本认识。

第十一章

传统休闲运动项目简介

》 章前导言

　　本章主要介绍传统休闲运动，探索各种源远流长、代代相传的休闲活动。传统休闲运动项目承载着丰富的文化内涵和历史积淀，是人们世代传承、乐此不疲的精神食粮。本章分为三节，介绍主要的民族传统休闲运动项目、大众休闲运动项目和心智类休闲运动项目。通过学习本章，学生可以更深入地了解传统休闲运动项目的文化内涵和精神意义，同时也有助于找到适合自己的休闲方式，促进身心健康的全面发展。

第一节 民族传统休闲运动项目

一、武术

（一）项目简介

武术形成于宋朝，当时民间出现了练武组织，许多"社"大量涌现，如"弓箭社""锦标社"等都是当时颇负盛名的练武社团，促进了武术的交流与发展。明代是武术大发展的时期，出现了不同技术风格的流派，拳术、器械得到了很大的发展。在理论上，出现了具有代表性的武艺书籍《纪效新书》《武篇》《耕余剩技》等，这些著作都从不同的角度记载了拳术与器械流派、动作名称、战术方法和教学训练理论，为后人研究武术提供了宝贵的资料和重要的依据。清代，武术逐渐兴盛，进入了一个多渠道、普及和蓬勃发展的新阶段，其中著名的拳种如太极拳、八卦掌、形意拳等在这个时期相继形成。民国期间，社会上出现了许多拳社组织，如 1910 年在上海成立的"精武体育会"，1928 年国民政府在南京成立的"中央国术馆"等。

中华人民共和国成立后，在党和国家领导人的关怀下，武术获得了新的发展契机。随着中国武术协会、国际武术联合会、国家体育总局武术运动管理中心、中国武术研究院的相继成立，传统武术得到了挖掘整理，武术学术研究气氛日益活跃，每年都有全国性的武术比赛和表演，如每四年举行一次世界武术锦标赛。同时，群众性的习武活动遍及城乡，为国内外武术运动的发展做出了积极的贡献。

随着我国武术逐步走向世界，对外交流活动日益频繁，各大洲武术组织相继成立，并举办了各种国际性的武术比赛。如 1987 年在日本举行的第 1 届亚洲武术锦标赛，1991 年在北京举办的第 1 届世界武术锦标赛，在那之后每两年举行一次，现已举办了 7 届世界锦标赛。通过各种形式的比赛，世界各国人民增进了友谊，交流了技艺，同时，比赛推动了武术运动的发展，标志着武术已走向世界。2008 年北京奥运会期间，我国举办了世界武术大赛，参加的国家和地区达到 43 个。2010 年 10 月 18 日至 25 日在湖北省十堰市举行的第四届世界传统武术节，参加国家和地区达到 83 个，运动员达 2 000 余名，证明了武术在世界范围内的普及程度。

（二）项目特点

1. 鲜明的中国传统文化特色

武术作为我国特有的民族文化瑰宝，在中国传统文化中孕育、成长和发展。从整体上讲，武术理论受中国哲学影响较多；武术防身制敌法受中国兵学影响较多；武术健身受中医和古代养生术影响较多；武术表演艺术受古代武舞影响较多。武术动作要求意、气、劲、形四者和谐统一，这种"内外合一"的整体运动规律，反映了"天人合一"观；格斗技术崇尚"攻中寓防、防中寓攻"，这种强调对立双方相互依存、互相转化的技法要求，反映了古代阴阳学说在武术技法中的运用。

2. 攻防技击性和表演性兼备

武术动作由各种踢、打、摔、拿、跌、劈、刺等攻防动作要素构成。这些动作在现代武术中，能够发挥攻防效用的，主要运用于格斗运动，如散手；而在套路运动中，主要体现的是这些动作的攻防意向，而不一定能发挥实战技击的作用，套路借助形体艺术和动作编排夸大动作的攻防含义，表现出独特的攻防技击艺术，在某种程度上满足人们的审美需要和享受。

3. 拳种流派繁多，内容极为丰富，具有广泛的适应性

我国地域辽阔，民族众多，几千年的历史和传承使得武术形成了繁多的拳种和流派。20世纪80年代初期我国进行的武术挖掘整理工作初步普查证实，仅源流有序、技术和理论成体系的拳种就有120多个。每一拳种或流派的内容是非常丰富的，很多拳种流派都有功法、徒手和持械的单练套路、对练套路和实用散手等练习方式。繁多的拳种流派和丰富的内容是任何一个国家的技击类项目所不能比拟的。

二、舞狮

（一）项目简介

舞狮是中国一种历史悠久、具有独特民间风格的民间传统娱乐活动。据史料记载，舞狮始于汉代，盛于南北朝，开始在军队中流行，后传于民间。当时的中国还没有狮子，是地处中西亚的文明古国波斯（即伊朗）、大月氏（即阿富汗一带）等使者回访时，把狮子作为贡品经西亚的丝绸之路运来中国进奉给汉帝。同时，由驯兽师带领狮子表演的西亚驯狮舞也一并传到中国。中国由此开始有狮子的历史。每逢庆丰收，人们就会舞起吉祥的狮子。舞狮是由两个表演者合作扮演狮子，全身由狮被遮盖，舞狮者只需露出双脚，下身穿着和狮被同样颜色的裤子和花靴，双脚着地，举着狮头起舞，盖着狮尾的另一同伴，随着狮头摆舞。还有一个扮演武士，手持彩球作为引导，引诱狮子起舞。

中华人民共和国成立初期,舞狮活动仍很普遍,但后来由于"左"的影响,民间舞狮活动大为减少。改革开放以后,各族人们的传统舞狮活动才活跃起来。

随着中国舞狮运动的蓬勃开展和在世界各地的广泛传播,各种舞狮比赛也应运而生。除了中国各地每年狮王争霸赛外,目前规模最大的比赛是至今已举办了多届的全国南北狮王争霸赛和国际舞狮邀请赛。2001年5月,第五届中国国际舞狮邀请赛中,就有马来西亚、比利时、意大利、印度尼西亚、菲律宾的舞狮队前来参加比赛。

(二) 项目特点

舞狮运动项目可分为南狮和北狮,它们风格不同,各具特色。

北狮动作主要包括上肩、上腿、飞跃、回转、翻滚、倒立,接抛球,双狮配合造型,引狮员的翻、腾、滚、跃等动作。其中以梅花桩上站肩,狮头、狮尾双单足;狮上坛子、引狮员上狮身旋转360°;高台、梅花桩上倒立;高台、梅花桩接抛球为难度最大。

南狮表演较注重形象,其动作主要有:上腿、站肩、坐头、上桩、桩上飞跃、连续飞跃、环回快走、壁虎功、翻滚、钢索、过桥等。其中,凌空推进过三桩上单(双)腿、凌空推进接转体180°坐头、挂单桩悬挂接横跃钳双桩、钢索上180°连续回头跳为难度较大的动作。

三、舞龙

(一) 项目简介

舞龙也叫舞龙灯或龙舞,民间俗称"耍龙灯",是我国的传统民间娱乐活动。舞龙是在远古龙图腾崇拜的基础上发展演变而来的。在距今约3 000年的周朝,舞龙就在我国许多地区盛行。当时的舞龙是人们排成长队形,模拟龙的动态边舞动边行走,多用于求雨和祭祀。当时称这类舞龙为"舞雩"。《论语》中就有关于舞雩的记载。汉代王充在《论衡·明雩篇》中是这样描述的:这是一种多人在渡沂水时表演的一种像龙一样的行列舞蹈。它属于在暮春时分举行的一种祭礼,含有龙图腾崇拜及祈雨等多种内涵。经过历代演变,到了明清时期,舞龙便以其丰富的文化内涵和独特的风韵出现在年节的民间娱乐活动中。

中华人民共和国成立以后,舞龙重新兴起。中国舞蹈艺术家曾经以民间龙舞为依据,创造了在舞台上表演的井黔龙舞,并在国际艺术节上获得大奖。为了推广舞龙运动,1994年5月国家体委将舞龙列入体育竞技项目,当年在福州举办了首届"佐海杯"全国舞龙邀请赛。中国龙狮运动协会自成立以来,先后出台了舞龙、舞狮的竞赛规则和《国际舞龙南狮北狮竞赛规则、裁判法》,已成功地举办了多届全国舞龙锦标赛、精英赛,国际龙狮邀请赛及农运会舞龙比赛,世界舞龙锦标赛,龙狮运动技术研讨会,使中国传统的舞龙运动逐渐走向规范化、竞技化和国际化趋势,使舞龙运动得到迅速的发展。

(二) 项目特点

舞龙运动具有鲜明的民族特色,强调集体配合、鼓乐伴奏,种类繁多、形式多样,与节日娱乐紧密联系,同时舞龙还具有文化传承、社会教化、健身娱乐、提高审美及加强民族凝聚力等功能。

尽管舞龙运动不像舞狮那样需要高超的动作技术及较大的运动量,但运动强度也不低,适合于男性中青年人群。

四、龙舟

(一) 项目简介

赛龙舟也叫"龙舟竞渡""斗龙舟""扒龙舟"等,是我国汉、傣、苗等民族在端午节期间举行的民间竞技活动,主要流行于我国南方广大地区。据《续齐谐记》和《荆楚岁时记》记载,赛龙舟之举源于纪念楚国的三闾大夫屈原。闻一多先生在《端午考》和《端午的历史教育》等文章中认为,龙舟竞渡在屈原之前就在古越族中盛行了。这是古越族祭祀龙图腾的一种仪式,后来演变成赛龙舟这一娱乐性竞技活动。

到了唐宋时期,端午龙舟竞渡更加盛行。诗人张建封在《竞渡歌》中对唐代赛龙舟的场面描写得尤其生动传神:"……两岸罗衣破晕香,银钗照日如霜刃。鼓声三下红旗开,两龙跃出浮水来。棹影斡波飞万剑,鼓声劈浪鸣千雷。鼓声渐急标将近,两龙望标目如瞬。坡上人呼霹雳惊,竿头彩挂虹蜺晕。前船抢水已得标,后船失势空挥桡。疮眉血首争不定,输岸一朋心似烧……"诗人绘声绘色地描述了两只龙舟竞渡夺标的壮观场面。

到了明清两朝,赛龙舟的规模越来越大,其形式也在不同的地区发生了一些变化:一是龙舟的长度加长,长者可达 11 丈(36.7 米),中等长为 9.5 丈(30.2 米),最短的也有 7.5 丈(25 米);二是赛龙舟已不仅仅限于端午节这一天,而是"四月八日揭蓬打船,五月一日新船下水,五月十日、十五日划船赌赛,十八日送标"(《武陵竞渡略》);三是划龙舟的桡手都是从渔家募征的身强力壮的健儿,龙舟则分别涂上白、青、黄、红等色,桡手的服装及船桨等与其龙舟的颜色一致,龙舟竞渡时更醒目壮观。

中华人民共和国成立后,民间龙舟竞渡依然盛行。至 20 世纪 80 年代,龙舟被国家体育部门列为正式的竞赛项目,出台了《龙舟竞赛规则与龙舟竞赛裁判法》,国际和国内龙舟协会组织相继成立,古老的龙舟习俗发生了崭新的变化。随着龙舟活动的广泛开展和运动技术水平的不断提高,我国举办的龙舟大赛也越来越多,如每年举办一届"屈原杯"龙舟锦标赛,每两年举办一届传统龙舟赛,以及各类国际龙舟大赛,使得龙舟运动走向世界各地。

(二) 项目特点

龙舟运动是一项强调成员配合一致、团结拼搏的集体性项目。1984 年 5 月 16 日,国家体委做出了把龙舟列为正式比赛项目的决定,"开展龙舟活动,可以增强人民体魄,培养勇敢顽强的精神,丰富城乡人民业余文化体育生活,进行爱国主义和集体主义教育"。龙舟运动的项目是传统文化中"团结拼搏"精神的体现。"开展龙舟活动,可以增强体魄,培养勇敢顽强的精神,丰富城乡人民业余文化体育生活,同时进行爱国主义和集体主义教育"。中国龙舟协会借此大力推广龙舟运动。从近几年各种龙舟比赛可以看出,龙舟运动参与主体由传统的一元化农民转变为现代的多元化——社会大众群体,包括学生、工人、居民、干部和农民等。

第二节　大众休闲运动项目

一、登山运动

(一) 项目简介

1. 登山运动的起源

1760 年 7 月,出生在日内瓦的法国青年科学家德索修尔,为了探索高山植物问题,渴望有人能帮他克服当时看来是不可逾越的险阻——勃朗峰(在法国境内,海拔 4 810 米)。于是,他在阿尔卑斯山脉山下的小山村——沙莫尼的村口贴出一张告示:凡能提供登上勃朗之巅路线者,给予重金奖赏。但很长时间内都无人响应。直到 26 年后的 1786 年 6 月,才有一位山村医生帕卡尔揭下了告示,他们经过两个多月的时间,与阿尔卑斯山区水晶石匠人巴尔玛结伴,于 8 月 6 日首次登上了勃朗峰。这次原本为探索植物资源的旅程为现代登山运动的发展奠定了基础。

2. 登山运动的发展

1786 年登山运动诞生以后,世界上第一个国家性的登山组织——英国登山俱乐部,于 1857 年宣告成立。1865 年 7 月,英国登山运动员文培尔等人,登上了当时被人们认为无法登顶的玛达霍隆峰,至此,以阿尔卑斯山为中心开展的登山运动达到高峰,出现了所谓的"阿尔卑斯黄金时代"。

1964 年 5 月 2 日,中国登山队许竞(队长)、王富洲等 10 名运动员首次成功登上了海拔 8 012 米的世界第 14 高峰——希夏邦玛峰,创造了 10 名队员集体登上 8 000 米以上高峰的世界纪录。仅仅用了 14 年的时间,地球上 14 座 8000米以上的高峰,全部被人类所征服。在世界登山史上,这段时间被称为"喜马拉雅黄金时代"。

(二) 项目特点

(1) 登山运动是一项难度极大的运动项目。登山运动是在独特的大自然环境里进行的,运动员要在高空缺氧、暴风严寒、陡峭岩壁、雪坡冰墙以及纵横交错的明暗裂缝等等复杂困难的地区和情况下进行长时间的活动,因而登山运动难度极大,又富有挑战性。

(2) 它是一项装备要求很高的运动项目。在独特的大自然环境里,登山运动员所用的装备、器材是各个方面都要备齐的。如:进行一次登山活动,常常要求随身携带登山的各种装备器材、食品、燃料、医药用品、生活必需品以及摄影、通信等器材。

(3) 登山运动是一项安全性要求很高的运动项目。登山时可能会遭遇各种糟糕的困境,如各种陡险的山坡、山间急流、滚石、严重缺氧以及指挥不当、计划不周、组织工作不完备等主客观因素,会威胁到运动员的安全。

(4) 登山运动是一项对体能要求很高的运动项目。每一次登山活动,所需的时间较长,都是一次对运动量要求很高的尝试,对运动员所承受的体能、生理负荷都有很大的挑战。

二、垂钓运动

(一) 项目简介

垂钓是在水域中通过使用工具捕获鱼类的活动,最早是古代人谋生的劳动手段之一,可追溯到几十万年前。考古学家在距今约六千年的遗址中,发现了大量骨制鱼钩,证实我国垂钓活动在新石器时代便已产生。步入近代社会,在20 世纪 50 年代,垂钓运动尽管参与者人数较少,但也初步成为得到人们喜爱的休闲运动;到 80 年代,垂钓运动取得长足发展,1983 年"中国钓鱼运动协会"成立,制订了钓鱼运动员与裁判员的等级标准。1984 年《中国钓鱼》创刊,刊载垂钓知识与比赛情况的文章,推动垂钓运动普及与发展;进入 21 世纪,垂钓运动依托科技发展迈上新台阶。高碳布渔竿、高科技材质的渔线渔钩、各种鱼饵添加剂和路亚钓法推广,促使更多人参与垂钓运动。在此阶段,国内外赛事蓬勃发展,加速了垂钓运动的发展与推广。

(二) 项目特点

垂钓运动具有独特的休闲价值与经济价值,逐步受到广大人民认可,成为具有新时代特点的休闲运动。与其他休闲运动相比,垂钓有以下特点。

(1) 较强的可操作性。参与垂钓运动对装备需求较低,并且存在江河湖海等天然运动空间,初学者也能较快掌握基本技术,体验到垂钓的乐趣。

(2) 对参与者的限制较低。垂钓是一种强度较低的休闲运动,由于其可操作性强的特点,对参与者的性别与年龄限制较低。

(3) 较高的灵活性。参与者可灵活安排运动时间与地点,准备好所需装备即可参与运动。

(4) 促进参与者身心健康。与城市的钢铁森林和快节奏生活不同,垂钓场景一般为景色优美的自然水域,在全身心参与垂钓运动时,人们内心的压力与烦闷将得到释放,因此垂钓能起到放松身心的作用。

三、踢毽子

(一) 项目简介

踢毽子又称毽球,它由毽砣和毽羽两部分组成,毽砣通常用一个铜钱或圆形的金属片外裹布或皮做成,毽羽则多用翎毛做成。人们用脚和身体的不同部位磕击毽子,使它不断在空中上扬,就称为踢毽子。

踢毽子起源于汉代,盛行于南北朝和隋唐,至今已有两千多年的历史了,是中国民间体育活动之一,是一项简便易行的健身活动,深受青少年儿童的喜爱,尤其是少年女子。

宋代的踢毽子活动已经很盛行,并且发明了各种新奇踢法,明清时代,踢毽子更为普及,技艺也大为长进。20 世纪初,欧美近代体育传入中国以后,踢毽子仍是中国青少年喜爱的体育活动。北京、上海、广东、浙江、河北、湖南、福建、山东等省市都举行过规模较大的踢毽子比赛。自国家体委发布《毽球竞赛规则》后,踢毽子进入了一个新阶段,具备了规则、竞赛性和可裁判性"竞赛三要素",标志着踢毽子成了名副其实的正规的竞技运动。

(二) 项目特点

踢毽子对发展和培养人们的判断、反应、快速移动能力及灵活性、柔韧性等身体素质具有特殊的作用。毽子体积小、重量轻、携带方便,且经济实效,深受男女老幼的欢迎,尤其适合在青少年中开展。

1. 群众性

踢毽子对男女老少都适宜,点滴时间也可以被利用来开展该运动。老年人和慢性病患者,可以通过不十分激烈的动作进行练习,坚持下去大有好处。老年人腰腿不便是常见的慢性病,踢毽子基本在于腰腿,经常适度踢毽,对舒筋活血,益寿保健有一定的益处。

2. 普及性

踢毽子运动量可随意控制,可视自己的体能来确定运动量。不必与人争抢冲撞。不受场地限制、占地小、器具简单、投资少,男女老少都可参加。踢毽子寓游戏于运动之中,其踢法多种多样,只要玩得开心,合理掌握运动量,不但能够达到强身之目的,还能享受到其中的乐趣。

3. 融合性

踢毽子融入了足球的脚法、羽毛球的场地和排球的战术。参与踢毽运动对其他体育项目运动技术的提高有促进作用。

踢毽子与踢足球有很多共同点,如果把踢毽子作为足球训练的一种辅助练习,是很有价值的。踢足球和踢毽子都是利用足内侧、足外侧、正脚面来控制,同时需要踝关节、膝关节和髋关节进行灵活协调。踢毽子的接和落都要给予缓冲,这有助于加深青少年进行足球练习时对接传球的体会。

4. 观赏性

踢毽子是中国独有的民族体育运动之一,它不仅是锻炼身体的手段,也是一种优美的艺术表演。

5. 灵巧性

面对上下飞舞不定的毽子,踢毽者要在最有利的一刹那控制它,在空中完成各种接、落、跳、绕、踢的动作,过早过晚都要失败,这就需要做到反应快、时间准、动作灵敏协调。

四、风筝

(一) 项目简介

风筝起源于中国,原名纸鸢、纸鹞,为一种纸扎成的能像鸟一样在天空中飞翔的东西。风筝之名始于唐代,因为当时有人在纸鸢上绑上了一个竹制的哨子,当纸鸢飞上天空时,风进入哨子,发出了像弹筝一样的声音,故称之为风筝。

关于风筝起源最通行的说法是"鲁班发明说",风筝诞生后并未立即成为广大民众集体传承、喜爱的民俗物或民俗活动,而是掌握在部分精英人物的手中,为上层社会服务,主要应用于军事领域,或放到高空以窥敌情,或用来远距离传递信息。汉初有不少关于张良和韩信利用风筝进行军事侦察与探测的民间传说,那时还没有发明造纸术,风筝很可能是用丝绸或动物皮制成的,造价很高,广大群众基本不可能知道风筝为何物。造纸术的改良和发展在很大程度上促进了风筝的发展,南北朝时,已有纸做的风筝,即纸鸢。南朝萧梁时,"有羊车儿献策作纸鸢,系以长绳,写赦于内,放以从风,冀达军众"(见《资治通鉴》《南史》卷七),只可惜未获成功。《新唐书·田悦传》载田悦谋唐,围攻临洺城,城内守将"急以纸为风鸢,高百余丈,过悦营上,悦使善射者射之,不能及。"说明风筝在军事上的运用一直延续到唐代,有将近六百年的历史。不过,唐朝长期繁荣稳定的经济文化生活已经使风筝的功能、角色和民俗主体发生了巨大变化,由上层社会的军事行为基本转化成整个社会的游戏娱乐习俗。

随着社会文明程度的逐步提高,风筝习俗经过多年的演变与发展,被世代传承下来。放风筝习俗是人类社会长期相沿积久而成的民间文化传承现象,是经群体社会约定俗成的生活模式,既是百姓们物质生活与精神生活相结合的结果,又是适应二者要求的必然产物。尽管放风筝民俗在文化生活中是"非主导的生活模式",但它悠久的历史已经证明,它在民俗生活中发挥着重要民俗功用,并已成为现代文明社会的重要文化要素。

(二) 项目特点

传统的中国风筝上到处都可以见到吉祥寓意和吉祥图案。在漫长的岁月里,我们的祖先不仅创造出了优美的凝聚着中华民族智慧的文字和绘画,还创造了许多反映人们对美好生活的向往和追求、寓意吉祥的图案:"福寿双全""龙凤呈祥""百蝶闹春""鲤鱼跳龙门""麻姑献寿""百鸟朝凤""连年有鱼""四季平安"等。有着二千多年历史的风筝,一直在中国传统文化之中受其熏陶,表现着人们对美好生活的向往和憧憬。

放风筝是一项技术要求较高的运动,尤其是放飞技术,但对运动量和运动强度要求较低。因此,不管是男女老少,还是体弱多病者,都可以放风筝。

五、跳绳

(一) 项目简介

跳绳是在中国民间广为流行的传统娱乐项目,已有1 000多年的历史。唐代称跳绳为"透索"。明清时代称跳绳为"跳百索"。明人刘侗、于奕正所著《帝京景物略·卷二·春场》中就有记载:"二童子引索略地,如白光轮,一童子跳光中,曰跳百索(即跳绳)。"清代潘荣陛的《帝京岁时纪胜》中叙述:"清代北京元宵节民间娱乐时,称跳绳为跳百索。"《济南府志》中有言:"每年孟春正月元旦……以跳绳为戏,名曰跳百索。"《松风阁诗抄》亦有诗载:"白光如轮舞索童,一童舞索一童唱,一童跳入光轮中。"这首诗非常形象地描述了儿童跳绳的快乐情景。可见当时这种跳绳加伴唱的游戏娱乐性很强,深受青少年儿童的喜欢。

跳绳是一项简单易行、效果极佳的健身方法,在中国流传非常广泛。跳绳作为娱乐性项目在厂矿、部队、学校都非常普及,跳绳比赛也经常被举行。比赛的形式主要是单人跳比赛、长绳跳比赛等,中国举行的规模最大的跳绳比赛是2002年在山西省阳泉市举办的"中国人寿保险杯阳泉十万人跳绳比赛",历时四个半月,其参赛人数之众、冠军之多、赛程之长、规模之大,堪称世界之最。

(二) 项目特点

跳绳运动不受人数、场地、时间、季节、性别和年龄的限制,器械、设备要求很简单,是实用且效果极佳的锻炼方法。跳绳运动有多种花样跳法,具有较强的节奏感,若伴着合适的民谣、歌曲等,边跳边唱,边跳边说,玩起来更有趣味。跳绳运动需要手、臂、腰、腿、脚的全面配合,对提高身体的协调性、灵敏性、速度、耐力、弹跳力、爆发力等都有着非常大的作用。跳绳运动可增强人体新陈代谢能力,强化心肺功能,增强骨骼、肌肉的力量,预防疾病。跳绳运动具有益智功能,会大大增强脑细胞的活力,提高思维能力和想象力,因此,跳绳是健脑的最佳选择之一。跳绳还可以丰富人们的文化生活,锻炼人顽强的意志力,培养人们团结协作的集体主义精神。

六、秋千

(一) 项目简介

秋千是中国的传统体育活动之一,具有悠久的历史。它的起源有多种说法。第一种说法是源于西域,明代王圻的《三人图绘》记载:"百戏起于秦汉,有弄瓯、吞剑、走火、缘杆、秋千、高翘等类……皆西域来耳。"第二种说法是源于印度,当时为了感谢上天神灵的恩赐,将人荡到天空中去报答,故有了秋千活动。第二种说法是源于山戎,如清人翟灏《通俗编》卷三十一《古今艺术图》记载:"秋千本山戎之戏,自齐桓公北伐山戎,此戏始入中国。"秦始皇统一中国后,特别是到了汉代,各地的文化艺术得到了广泛交流,各地互相取长补短,原作为宫廷之戏的秋千,也在全国各地迅速地发展起来。

唐代每逢寒食、清明、端午等节日,宫中便竖立起秋千架,身穿盛装的宫女们,踩着秋千悠荡,体态轻盈优美,宛如仙女下凡,故唐明皇称秋千是"半仙之戏"。此外,宋代还出现了水秋千。即把秋千架于船头,表演者借助秋千的悠动,使身体凌空而起,在空中完成各种动作之后,再跳入水中。随着时代的发展,元朝、明朝的秋千活动也很盛行。民间不论家境贫富,家家都有秋千架。条件差的以树的枝杈为架,条件好的则另立木架。

中华人民共和国成立后,荡秋千成为一种广泛的群众性体育活动。从长白山下的朝鲜族到天山脚下的维吾尔族,从胶东半岛到祖国的大西南,每逢节假日,荡秋千活动到处都可以见到。历届全国民族传统体育运动会都举行过秋千的表演。随着秋千比赛规则的不断完善,竞赛更加趋向于力量和技术的较量,也受到全国各族人民的喜爱。1986 年,秋千被列为全国少数民族运动会的正式比赛项目,并在 1987 年的第三届全国少数民族运动会上首次进行了比赛。

(二) 项目特点

荡秋千有多种形式,按参加人数分为单人、双人和多人三种;按秋千类型分为磨秋、轮子秋、风车秋等,但最多和最常见的为立架秋千。秋千活动时间大多选在春节、清明、端午和中秋节。由于秋千设备简单,场地不限,动作技术简单易学,并且荡秋千时动作轻捷,姿态优美,体力消耗也不大,深受广大女性的喜爱,使之成为一种以女性为主要参与者的民族民间体育活动。

七、抖空竹

(一) 项目简介

抖空竹在中国有着悠久的历史,早在三国时期,曹植写过一首诗《空竹赋》。明代刘侗、于奕正在《帝京景物略》卷二中记述了空钟(空竹)的制作方法及玩法。清代坐观老人在《清代野记》中写道:"京师儿童玩具,有所谓空钟者,即外省之地铃。两头以竹筒为之,中贯以柱,以绳拉之作声。唯京师(指北京)之空钟,其形圆而扁,加一轴,贯两车轮,其音较外省所制,清越而长。"

清代抖空竹已发展成为受人欢迎的杂技节目。杂技艺人们在原有花样的基础上,又创作出许多新的花样和高难技巧。表演时与优美的舞姿和动听的伴奏音乐融为一体,更提高了人们的审美情趣。在发展过程中,艺人们不仅表演传统的车轮式双头空竹,又设计出陀螺式的单头空竹,而且还可以把茶壶盖、小花瓶等器物作为抖弄的道具进行表演。

(二) 项目特点

空竹为圆盘状,中有木轴,以竹棍系线绳缠绕木轴拽拉抖动。空竹可分为单轮(木轴一端为圆盘)和双轮(木轴两端各有一圆盘)。双轮空竹比单轮空竹容易操作。圆盘四周的哨口以一个大哨口为低音孔,若干小哨口为高音孔,以各圆盘哨口的数量分为双响、四响、六响,直至三十六响。拽拉抖动时,各哨同时发音,高亢雄浑。抖空竹和其他的体育运动相比,具有姿势多变性、锻炼身体的全面性、广泛的适应性等特点。抖空竹可以活动四肢,增强体质,锻炼视力脑力,改善肠胃功能等。

第三节　沙漠与草原休闲运动项目

一、沙漠休闲运动

(一) 项目简介

沙漠,是指干旱地区地表为大片沙丘覆盖的沙质荒漠,它曾被认为是没有生机与活力的地方,意味着恶劣的自然条件、艰苦的生存条件,很少有人会把沙漠和健身乐趣联系起来。然而许多人都不会想到,曾经令人望而生畏的沙漠,一旦和体育结合起来,竟可以化沙为宝。

最原始的沙漠体育源于人类在沙漠中求生存。随着社会生产力的逐步提高,人们的需求逐渐变化,除了生存外,还要在沙漠中寻找快乐和方便,于是就出现了沙漠中的代步工具,这些工具帮助居于沙漠的人们在恶劣的自然条件下开展一些健身娱乐活动。然而,随着社会经济的快速发展,以及人们寻求回归自然的迫切需求,19世纪末20世纪初,人们开始在沙漠中开展竞技、娱乐、游戏等各个方面的活动。这个时候的沙漠体育运动完全出于自身的需要,已经成为人类积极、健康、文明的生活方式。在这样的发展态势下,沙漠的独特魅力和沙漠体育运动的巨大吸引力也充分显示出来。据世界旅游组织预测,21世纪新的五大时尚旅游产品是:海洋旅游、文化旅游、生态旅游、沙漠旅游和探险旅游。由此可见,在21世纪里,黄色的沙漠将成为新的旅游热点。面对这一预测,开发沙漠体育旅游资源已成为治理沙漠和发展旅游业的重要方面。沙漠体育旅游产品的独特性、自然性和诱人神秘性,将给旅游者带来全新的体验。

沙漠休闲运动项目主要包括:滑沙、沙地拔河、沙地抢花炮、骑驼驰骋"沙场"、沙漠足球、沙漠垒球、沙漠押加、沙漠射弩、沙漠穿越、沙漠汽车拉力赛等。

(二) 沙漠休闲体育的特点

1. 健身性

沙漠休闲既使人们身心愉悦,又进行了体育锻炼,从而对身心健康有重要意义。

2. 多样性

沙漠休闲体育旅游既有传统型的,又有时尚型的,既有观赏型的,又有参与型的,既有单一型项目,又有综合型项目,既有沙漠上的项目,又有空中的项目。

3. 挑战性

体育旅游项目是参与性很强的运动项目,参与本身就具有挑战性,尤其像极限运动、沙漠探险、抱岩等项目对人的耐力和勇气都是巨大的挑战。

4. 个性化

当今的社会充满了个性化的追求,因此,个性服务也是一股潮流。求知、求新、求异等充满个性心理的大有人在。与传统体育项目不同,沙漠休闲体育能满足人们对个性化的追求,具有主动性、参与性和多样性等特点,更能符合与满足人们的消费需求。

5. 新奇性

沙漠,过去乃是无人问津的地方,如今却是人们向往的旅游景点,如诗如画的新月形沙丘链、罕见的垄沙、蜂窝状的连片沙丘,以及变幻莫测的沙漠神光、疾风雕刻而成的千姿百态的沙漠花、秀丽无比的沙漠日出、神话般的海市蜃楼等诸多沙漠景观自然神奇,给人以发自内心的震撼。在如此新鲜的、新奇的、瑰丽的环境下参与具有地域特色的、新潮的、刺激的体育运动可谓既新鲜又新奇,具有很大的吸引力。

二、草原休闲运动

(一) 项目简介

草原休闲运动项目正是随着社会发展在传统草原体育基础上发展起来的。随着社会的高度发展,人性得以充分的解放,个性化的特征表现得更加突出。人们不仅追求休闲体育活动,而且期望在这些活动中充分展示自我、返璞归真、放飞心灵,希望得到与家乡或以前旅游活动中所经历的不相同的东西。因此,新奇的、贴近自然的、个性化的休闲体育项目成为人们追捧的对象。草原休闲体育是继海滨休闲体育、沙漠休闲体育后又一新兴的大众休闲体育,具有健身性、娱乐性、新奇性等特征。人们在参与草原休闲体育时不仅可以欣赏草原莽莽苍苍、雄浑万里的气势,体会到壮阔博大的情怀;还可以尽情享受最蓝的天,最白的云,最清的风,最绿的草,最独特的草原游牧风情,实现与大自然亲密接触的愿望;另外,草原休闲体育的刺激性、新奇性、健身性、娱乐性满足人们的身心需求,既锻炼了身体,又愉悦了精神。草原休闲体育成为人们运动休闲活动中的一大亮点,受到越来越多人的青睐。

主要的草原休闲运动项目包括滑草、草原摔跤、草原骑马、草原射箭、草原野营、草原马拉松、草原足球、草原高尔夫、草地拔河、草地排球等。在草原上进行的运动会中,知名度最高的是那达慕大会。那达慕大会是蒙古族历史悠久的传统节日,在蒙古族人民的生活中占有重要地位,2006 年 5 月 20 日,那达慕经国务院批准列入第一批国家级非物质文化遗产名录。

（二）草原休闲运动的特点

1. 刺激性与惊险性

草原休闲体育区别于其他一般大众旅游的主要特征在于其探测未知、尝试刺激惊险、体验成功等情感体验。如草原探险、骑马、滑草等给游客带来刺激、挑战、惊险的体验。

2. 健身性与娱乐性

草原休闲体育是以身体活动为主要特征的、轻松的、快乐的体育活动，人们在参与过程中不仅锻炼了身体，而且体验了惊险、刺激、新奇，满足人们回归自然和愉悦身心的需求。

3. 鲜明的民族性

草原休闲体育大部分项目都是由传统的民族体育演变而来的，它的民族个性的体现，除了服饰、礼仪、技法有其独特性之外，最重要的是它的内涵。以摔跤为例，"不分等级""一跤定胜负"是它的最大特点。

4. 多元的文化性

由于历史沿革和地域的独特性，草原民族形成了独具特色的生活方式和思维模式。在这种环境中产生的草原体育，无论从项目、方式和价值取向都展现了与中原体育文化迥然不同的鲜明特色，呈现出豪放之神、阳刚之气、壮美之韵，呈现出多元化趋势和异彩纷呈的局面。

草原上推出的休闲体育项目众多，如具有浓厚民族特色的舞蹈、节庆活动；领略草原风光的草原徒步、草原自行车游，草原越野；具有娱乐、消遣的滑草、骑马、草原探险；以及一些民族风情的赛马、摔跤、射箭等竞技比赛。这些休闲体育活动既具有民族色彩，又具有休闲、消遣、运动、娱乐性，有着广泛的群众性。人们可以根据自己的现实情况，选择适合自己的草原休闲运动项目，最终实现强身健体的运动目的。草原休闲体育将成为人们享受草原的重要因素之一。

第四节　心智类休闲运动项目

人类在漫长的历史发展中所形成的游戏基本可分为两大类：一类以身体运动为主，一类以心智竞技为主。如果说前者体现的是人类身体的强悍和技巧的话，那么后者则是人类作为万物之灵的智慧所在。历史上两者都为人的休闲娱乐和健康发展发挥了重要的作用。人类的心智游戏是五彩缤纷的,本书所介绍的桥牌、棋类以及现代电子竞技等游戏只是其中很小的一部分,当然也是极具代表性的一部分。对这些游戏的学习和了解,对指导我们未来的休闲娱乐生活将会产生积极的作用。

一、中国象棋

(一)中国象棋简介

在众多的益智游戏当中,中国象棋在我国有着最广泛的群众基础,是人们休闲娱乐的重要方式之一。

象棋棋盘是 9 条竖线和 10 条横线交叉组成的长方形(图 11-1),这些竖线和横线在棋盘上交叉构成 90 个交叉点。

象棋的棋子共 32 枚,分为红黑两组,各 16 枚,由对弈双方各执一组,每组兵种是一样的,各分为 7 种(图 11-2)。

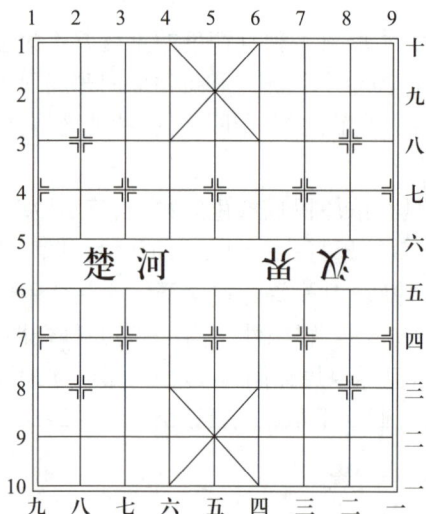

图 11-1 中国象棋棋盘

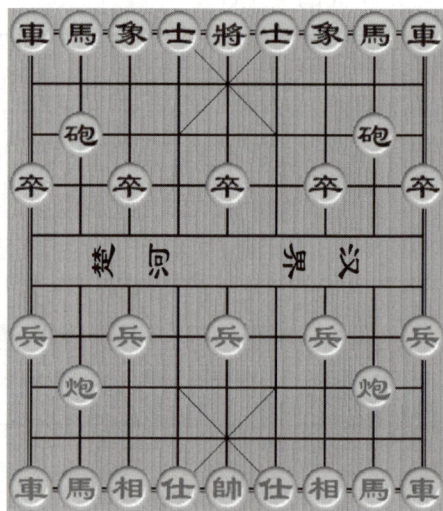

图 11-2 中国象棋棋子

(二)中国象棋的起源及历史发展

象棋是我国古老的棋戏之一。有不少研究者认为,象棋的原始形态应当是古代的六博。六博是我国最古老的棋戏之一,其次就是围棋,前者称博,后者称弈,二者并称博弈。至春秋时代,博弈已成为人们日常游戏的一部分。战国时期,齐国国都临淄的百姓生活富裕,也常有斗鸡、走狗、六博、蹴鞠等娱乐活动——"临淄甚富而实,其民无不吹竽鼓瑟,弹琴击筑,斗鸡走狗,六博蹴鞠者"

(《史记·苏秦列传》中记载)。

但是,根据张如安先生的考证,现在的象棋与古代的六博在形制上相差甚远,因此不能把六博视作原始形态的象棋。张如安认为,现行象棋的雏形形成于唐朝。考古发现,唐代象戏的棋盘是 8×8 黑白相间的棋盘,与现在的国际象棋棋盘一模一样。

宋代是象棋广泛流行并且形制大变革的时代。经过 140 多年的改革与发展,到北宋末叶宋徽宗时期,象棋基本定型。期间先后有尹洙的《象戏格》,司马光的《七国象戏》,晁补之的《广象戏图序》等著术问世。资料表明,北宋通行象棋已有河界、九官,具有七个兵种,"将"居九宫之中,34 枚棋子(每方各 17 枚)。而到了宋徽宗时期,象棋的形制已与现行象棋毫无差别。此时的象棋对北宋通行象棋略加改革,删去二卒,棋盘缩为竖线九、横线十,将炮移至二、八路,偏、稗合并为士。

元明清时期,象棋继续在民间流行,技术水平不断得以提高,出现了多部总结性的理论专著,如宋、元时代洪迈的《棋经记》,明代朱晋帧辑的《桔中秘》,清代徐芝的《适情雅超》和王再起的《梅花谱》等。这一时期,象棋受到社会各阶层民众喜爱,大批著名棋手出现。

中华人民共和国成立后,象棋进入了一个崭新的发展阶段。1956 年,象棋成为国家体育项目。此后,几乎每年都举行全国性的比赛。1962 年中华全国体育总会的下属组织——中国象棋协会成立了,各地相应建立了下属协会机构。现在,中国象棋是全国普及程度最高的棋类活动之一,各年龄阶段的群众都不乏爱好者或"发烧友"。2001 年,教育部和国家体育总局发出通知,要求各级学校要有计划、有组织地开展围棋、国际象棋、中国象棋三项棋类活动,以促进青少年学生个性的塑造和美德的培养,培养学生独立解决问题的思维能力、操作能力,提高学生的文化素养。

(三)中国象棋的基本玩法与规则

1. 基本玩法

将(帅):帅是红子,将是黑子。它们只能在各自的九宫格内活动,每次只能向前、向后、向左或向右移动一格,不能走出九宫格。帅与将不能直接对面,也不能在同一列上移动,必须保证中间有其他棋子阻挡。它们是整场棋局的核心,也是对方攻击的主要目标。

士(仕):士和仕是保护将(帅)的护卫,只能在九宫格内斜着走,每次移动一格,进退均可。

象(相):象和相是象棋中的进攻棋子,同样只能斜着走,每次只能走"田"字对角,进退均可,不能越过棋子,且必须在己方半边棋盘内移动。

马：马是象棋中的特殊棋子，它的走位规则比较复杂，走"日"字形路线，进退均可。如果前方有障碍物，则不能移动；马腿被挡住时，也不能移动。

车：车是象棋中的攻击棋子，它的走位规则比较简单。可以沿着所有直线或横线随意行走，进退均可，没有格数限制，但不能斜着走，也不能越过棋子。

炮：炮是象棋中的特殊棋子，它的走位规则也比较特殊。走法与车相同，可以沿着所有直线或横线随意行走，进退均可，可以走任意格数，但是吃子时必须隔一个棋子，即必须有一个棋子在炮和被吃子之间，否则不能吃子。

兵（卒）：兵和卒是象棋中的兵种，在没过河之前，兵（卒）只能向前走，每次只能移动一格，但是在过了河之后，就可以向左右前进一格。兵（卒）过河后，可以横着走，但不能后退。

2. 基本规则

开局：对局开始时，红子先行。双方轮流走棋，一次移动一个棋子。

棋子的移动：每个棋子都有它们自己特定的走法，如帅/将只能在九宫内移动。棋子的移动不能超出棋盘范围，也不能穿过其他棋子。

吃子：当一方的棋子移动到与对方棋子所在的位置时，就可以将对方的棋子吃掉。但是，需要注意炮的特殊吃子规则，必须隔一个棋子才能吃掉对方的棋子。

将军：当一方的将或帅被对方的棋子攻击时，就称为"将军"。被将军的一方必须立即采取措施来解除将军状态。

战斗结果：当一方的将或帅被对方吃掉时，就算输了比赛。同时，如果一方被将军且无法解除将军状态，则也算输了比赛。

二、围棋

（一）围棋简介

被形象地比喻为黑白世界的中国围棋，是人类历史上最悠久的也是最具奥妙的棋戏之一。明代学者谢肇淛曾说："古今之戏，流传最久远者，莫如围棋。"人们常说的"琴棋书画"四大高雅艺术中的"棋"，指的就是围棋。

围棋棋盘由纵、横各19条等距离的平行线垂直交叉组成（图11-3），共构成19×19=361个交叉点（简称为"点"）。棋子就下在这些点上，而不是下在格子里。

棋盘面上标有九个黑点，叫作"星"。中央的星叫作"天元"。星的作用就是便于确定盘上交叉点的位量。

围棋棋子分黑白两色，均为扁圆形。对弈双方各持一色棋子。棋子一般每色各有180枚左右。

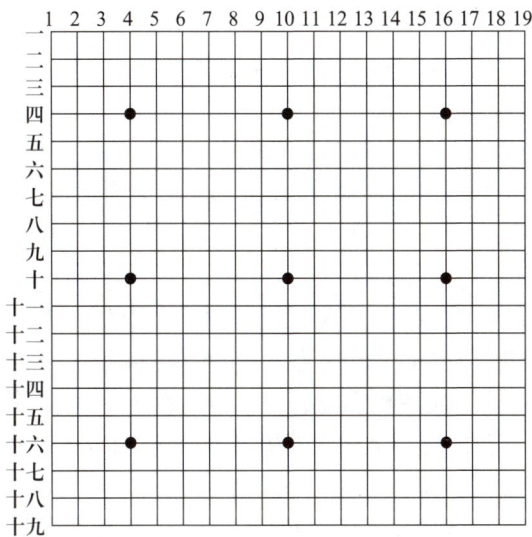

图 11-3　围棋棋盘

（二）围棋的起源及历史发展

关于围棋的起源，有研究者认为，围棋应当是远古军事生活的反映。也就是说，围棋应当是远古时代，由对军事行动的排演慢慢抽象成的一种游戏。也有研究者认为，围棋子只分黑白而不分等级，这一特点似乎带有原始社会的民主精神，所以，围棋很有可能产生于原始社会末期（正直尧舜时代）。考古也发现，甘肃永昌鸳鸯池遗址出土的原始社会末期的彩陶罐上绘有纵横各 10 至 13 道的棋盘纹图案。而有的观点则认为，尧舜时社会生产力低下，创造出具有高度智慧的围棋是难以置信的。围棋跟周易有着密切的联系，其产生应晚于殷商时期。

虽然因为历史久远我们无法确切判断围棋产生于何时，但在春秋时代之前，围棋经历了漫长的发展与演变过程却是不争的事实。因为，至春秋时代，更确切地说，到了春秋末期，围棋已成为人们日常游戏的一部分。

到了战国中期，社会上出现了沉迷于围棋而不能自拔的一群闲人，在社会上造成了较大影响，以至世俗一致认为"博弈好饮酒，不顾父母之养"为不孝之罪。这正反映了围棋在当时已经具有了较强的艺术魅力，而被世俗视为"不孝"的这一大批博弈之徒，实际上就是那些棋迷。《孟子·告子上》中提到的弈秋就是目前世界上见于记载的第一位围棋高手，被后人尊为"棋道鼻祖"。

张如安研究认为，两汉时期，围棋经历了曲折的发展历程。西汉至东汉初，围棋的发展呈现出衰微之势，以至于东汉初年，班固（公元 32—92）竟发出了"今博（即六博）行于世而弈独绝"的慨叹。到了东汉后期，围棋活动的热度开始逐渐升温。

东汉时期,围棋由衰转兴,出现了如班固的《弈旨》,马融(公元 79—166)的《围棋赋》等围棋理论著作。前者是围棋史上久负盛誉的奠基性著作,也是我国现存最早的围棋专论;后者则从兵法的角度系统地论述围棋的义旨,对棋艺的总结、理解比班固更加深刻。同时,围棋渐为士大夫所重,这是围棋发展成为士人艺术的良好开端,魏晋、南北朝时的围棋正是顺着这一发展趋势走向黄金时代的。

再从棋盘形制上看,考古发现,西汉比较通用的棋盘样式为 15×15=225点,东汉时期则出现了 17×17=289 点的棋盘。1954 年在河北望都县发现东汉中晚期古墓中有一块石质围棋棋盘,呈正方形,盘下有四足,其上刻纵、横各 17道线。魏晋前后,棋盘的形制又一次发生重大变化,出现了与现在的棋盘形制完全相同的 19 道棋盘。甘肃敦煌莫高窟石室发现的北周时期的《棋经》,不仅系统地阐发了早期的棋艺理论,还有"三百六十一道,仿周天之度数"的记载,这说明北周时期 19 道棋盘已较流行,成为主要的对局用具。

唐宋时期,围棋得到长足的发展,对弈之风遍及全国。弈棋与弹琴、写诗、绘画被人们引为风雅之事,成为男女老少皆宜的游艺娱乐项目。众多的考古发现证明了这一点。在新疆吐鲁番阿斯塔那第 187 号唐墓中出土的《仕女弈棋图》绢画(图 11-4),就是对当时贵族妇女围棋对弈情形的形象描绘。

图 11-4　仕女弈棋图

明清两代,围棋发展到了一个高峰时期,人们的棋艺水平得到了迅速的提高。这阶段的围棋不仅出现了众多的流派,而且突破了士大夫的长期垄断,围棋开始在市民阶层中发展起来,并涌现出了一批"里巷小人"的棋手。更重要的是,在明清时期涌现出了大量的围棋谱,为围棋的进一步发展提供了理论支撑。

　　1962 年,中国围棋协会正式成立,并第一次评定了段位,当时的最高段位是五段。1982 年,我国正式实行围棋段位制,被授予九段的棋手有陈祖德、吴淞笙、聂卫平三人。

(三) 围棋的基本玩法

　　1. 围棋的下法

　　(1) 对局双方各执一色棋子。

　　(2) 空枰开局(围棋中所指的空枰开局就是棋盘上没有棋子)。

　　(3) 黑先白后,交替着一子于棋盘的点上。

　　(4) 棋子下定后,不再向其他点移动。

　　(5) 轮流下子是双方的权利,但允许任何一方放弃下子权而使用虚着。

　　2. 棋子的气

　　(1) 一个棋子在棋盘上,与它直线紧邻的空点是这个棋子的"气"。

　　(2) 直线紧邻的点上如果有同色棋子存在,这些棋子就相互连接成一个不可分割的整体。

　　(3) 直线紧邻的点上如果有异色棋子存在,此处的气便不存在。棋子如失去所有的气,就不能在棋盘上存在。

　　3. 提子

　　把无气之子清理出棋盘的手段叫"提子"。提子有两种。

　　(1) 下子后,对方棋子无气,应立即提取对方无气之子。

　　(2) 下子后,双方棋子都呈无气状态,应立即提取对方无气之子。

　　4. 禁着点

　　棋盘上的任何一点,如某方卜子后,该子立即呈无气状态,同时又不能提取对方的棋子,这个点叫作"禁着点"。

　　5. 禁止全局同形

　　着子后不得使对方重复面临曾出现过的局面。

　　6. 终局

　　(1) 棋局下到双方一致确认着子完毕时,为终局。

　　(2) 对局中有一方中途认输时,为终局。

　　(3) 双方连续使用虚着,为终局。

　　7. 活棋与死棋

　　(1) 终局时,经双方确认,不能被提取的棋都是活棋。

　　(2) 终局时,经双方确认,能被提取的棋都是死棋。

　　8. 计算胜负

　　(1) 着子完毕的棋局,采用数子法计算胜负。将双方死子清理出盘外后,对任意一方的活棋和活棋围住的点以子为单位进行计数。

(2) 双方活棋之间的空点各得一半。

(3) 棋盘总点数的一半 180.5 点为归本数。一方总得点数超过此数为胜,等于此数为和,小于此数为负。

(4) 采用贴子方式的围棋竞赛,则另行制定胜负标准。

三、国际象棋

(一) 国际象棋简介

国际象棋被喻为"人类智慧的体操",是融艺术、科学、知识和灵感为一体的一种智力竞技游戏。

国际象棋的棋盘是一个由 64 个小方格组成的正方形。棋盘上的小方格有白色和黑色两种,它们互相交替地排列着。白色的小方格称为"白格",黑色的小方格称为"黑格"(图 11-5)。棋子就在这些格子中移动。对局时,棋盘的摆放一定要使右下角是白格,不能摆错。

国际象棋的棋子是立体的,一般是用木料或塑料制成的(图 11-6)。

图 11-5　国际象棋棋盘

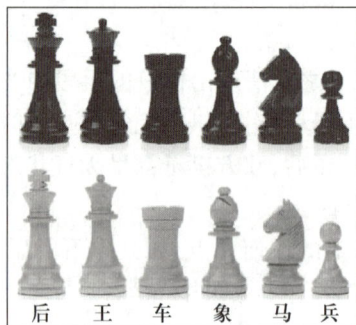

后　王　车　象　马　兵

图 11-6　国际象棋棋子

国际象棋的棋子共有 32 枚,分为白、黑两组,每组 16 枚,由对弈双方各执一组。每组各有 6 个兵种:1 个王(K:King),1 个后(Q:Queen),2 个车(R:Rook),2 个象(B:Bishop),2 个马(N:Knight)和 8 个兵(P:Pawn)。

(二) 国际象棋的起源及历史发展

国际象棋与中国的围棋、象棋和日本的将棋一同被称为世界四大棋类。关于国际象棋究竟起源于何地,现在尚无定论。目前比较有代表性的说法有两种,一是印度起源说,二是中国起源说。

关于国际象棋起源于印度的说法,最早见于英国人威廉·琼斯 1790 年发表在《亚洲研究》上的"印度象棋"一文。1984 年版的《大英百科全书》也基本倾向于印度起源的观点。

从 20 世纪中叶开始,国际象棋的中国起源说逐渐受到重视。1984 年,苏联学者切列夫考博士在《苏联棋艺》上发表的《国际象棋的起源》一文认为:"国际象棋棋子划分成白的和黑的以及它们所有可能的组合是在 64 格的棋盘上,这不是偶然的。看来是源于公元前四世纪中国古典经籍《易经》的各种象征。白棋和黑棋体现着两种宇宙力量,对应着光明、积极、善的因素和黑暗、消极、恶的因素。按照《易经》综合所有客观情况,乃是数字 64,那里面任何一种情况都对应着自己的符号——卦。"

据记载,我国唐代就有一种 8×8 盘象棋,也是由黑白相间的 64 个小方格组成,与现代国际象棋盘相似。所以,有研究者认为,国际象棋与中国象棋应当同出一源,都是由我国唐代的八八象棋演变而来的。唐代八八象棋由丝绸之路流传到古波斯,然后传播到欧洲广大地区。这种八八象棋与当地的社会制度、风土人情、民族特点融会贯通,发展到 15 世纪末定型为现代国际象棋。而国内的八八象棋几经演变,发展到宋代定型为现代中国象棋。

19 世纪中期,国际象棋开始成为正式的比赛项目。1851 年,在英国伦敦举行了第一次国际象棋的国际比赛。1924 年,国际象棋曾被列为奥运会的正式比赛项目,同年成立了国际象棋联合会(简称"国际棋联")。现在国际棋联的会员国和会员地区协会已将近 150 个。

现制国际象棋在我国开展的时间不算长,从 1956 年开始,国际象棋才和我国传统的中国象棋与围棋一起被列入由国家开展的体育项目中。1975 年我国正式加入国际棋联。1978 年我国棋手首次参加了每两年举行一次的奥林匹克国际象棋赛。1983 年中国国际象棋协会成立,2002 年正式批准成立了中国国际象棋国家队。

(三)国际象棋的基本玩法

王:横、直、斜都可以走,但每着限走一步。除易位时外,王可走到未被对方棋子攻击的任何相邻格内。

后:后可走到它所在的直线、横线或斜线上的任何格子。它是国际象棋中威力最大的子。

车:车可走到它所在的直线和横线上任何格子。一般情况下不能越子。

象:象可走到它所在斜线上的任何格子。格数不限,不能越子。每方有两象,一个占白格,一个占黑格。

马:马的走法由两个不同步骤组成,先沿横线或直线走一格,然后沿斜线离原格方向一格,在走第一格时即使该格已有棋子占据也仍可行走,也没有中国象棋中别马腿的限制。

兵：兵只能朝前走；除吃子以外，兵可从原始位置起沿所在直线向前走一格或两格（所占据和经过的格子必须是空格）。以后每次只能沿直线向前走一格。吃子时，只能吃它斜前方一格的棋子。如兵走到对方底线，则可变为除兵和王外任何一子，称为"升变"。

四、桥牌

（一）桥牌简介

桥牌是由四个人分成两队，以扑克牌作为工具的智力游戏。迄今为止，桥牌运动是全世界唯一具有统一比赛规则的扑克牌游戏，是世界性体育比赛项目之一。现在西欧、北美许多国家都把桥牌列为高中学生必修科目。英国、法国也倡议把桥牌与体育、音乐一样列入学校课程。

桥牌所使用的扑克牌是去掉大、小王之后剩余的 52 张牌。这样，参加游戏的四个人每个人手中共有 13 张牌。桥牌中 4 种花色的牌，分别用其英语的首字母代表，即 C（Clubs，梅花）、D（Diamonds，方块）、H（（Hearts，红心）、S（Spades，黑桃）。每一种花色的牌，牌的大小顺序是：A（最大）、K、Q、J、10、9、8、7、6、5、4、3、2（最小）。

桥牌和其他扑克牌游戏最大的区别是以"牌墩"（简称"墩"）为计分基础的。所谓一"墩"，是指每一轮出牌，四人打出的四张牌。

（二）桥牌的起源与历史发展

桥牌起源于英国，是由 17 世纪的一种叫作"惠斯特"（Whist）的纸牌玩法演化而来。"惠斯特"的意思是叫大家安静。惠斯特由四名牌手参加，相对的二人为一方，与另一方对抗。19 世纪后期，"桥牌惠斯特"（Bridge Whist）逐渐取代了"惠斯特"。"桥牌惠斯特"保留了"惠斯特"的基本特点。到了 20 世纪初，"竞叫桥牌"（Auction Bridge）产生了，这是桥牌发展史上的一个重大创新，它为以后的"定约桥牌"的发展打下了基础，已经初具现代桥牌的特点。

我们今天所说的桥牌，即"定约桥牌"（Contract Bridge），是 1925 年由美国铁路大王、金融家、桥牌名手哈罗德·范德比尔特（Harold Stirling Vanderbilt）设计与命名的。定约桥牌在竞叫桥牌的基础上增加了"局况"等概念，并吸收了在法国流行的"登高"牌戏的特点——完成越高的定约，就得到越高的奖励，其鼓励牌手将定约定到尽可能合理的高度。定约桥牌的诞生是桥牌史上的一个里程碑。90 多年来，除了计分方面的一些小改动以外，定约桥牌的结构基本没有变化。

定约桥牌在美国得到了广泛的开展。1928 年，美国举办了第一届全国定约桥牌锦标赛,即著名的范德比尔特杯赛,该比赛一直延续至今。1935 年,美国纽约举行了第一次世界桥牌比赛。1958 年 8 月,世界桥牌联合会于挪威成立,定约桥牌正式成为世界性的智力运动。

1980 年中国桥牌协会正式成立,成为全国群众桥牌比赛以及国际桥牌大赛的主要组织机构。现在,我国每年开展各种形式、各种级别的桥牌比赛。频繁的赛事活动进一步推动了群众桥牌运动的发展,有助于我国桥牌水平的快速提高。

(三) 桥牌的基本规则与玩法

1. 游戏规则

52 张牌平均分配,每人 13 张;打牌时,一方出牌,另外三方跟着出一张,出完一轮胜方将该张牌竖着放,负方横着放,每赢一轮称为得一墩。定约以 6 墩为本底墩数,6 墩以上的牌方可算作赢墩。如果玩家做 4 H 定约(红桃为将牌的四阶定约),取到 10(6+4)墩牌以上才算完成。如果没有达到足够的墩数,则称为宕了,会被罚分。离定约差几墩就称为宕几墩。比如南北方做 5 NT 定约,最后拿了 8 墩牌,则称为宕 3(5+6−8=3)墩。

当定约确定以后,由定约方首先叫出定约花色的人主打,他被称为庄家。他的同伴称为明手。

2. 成局奖分

桥牌规则规定,定约基本分达 100 分以上者方算成局,否则为未成局。未成局只奖 50 分。成局奖分在无局时是 300 分,有局时是 500 分。也就是说,要想成局,在双方没有加倍的情况下,梅花和方片必须定约到 5 阶以上,即拿足 11 墩牌;红桃和黑桃只需定约到 4 阶,即拿到 10 墩就行了。除了有将定约以外,桥牌中还有无将定约(No Trump),即打无主牌,这种定约第一墩为 40 分,第二墩以后均为 30 分,也就是说,无将定约达 3 副时,即拿到 9 墩牌时便成局了。

3. 满贯

叫到并打成 6 阶定约称为小满贯(Small / Little Slam),除奖励成局奖分外,无局额外奖励 500 分,有局额外奖励 750 分。

叫到并打成 7 阶定约称为大满贯(Grand Slam),除奖励成局奖分外,无局时额外奖励 1 000 分,有局时额外奖励 1 500 分。

当定约确定以后,由定约方首先叫出定约花色的人主打,他被称为庄家。他的同伴称为明手。

4. 叫牌

发牌之后出牌之前要进行叫牌。叫牌要用特定的符号和用语来进行。按规定由发牌者首先叫牌(通常是北方位,以后轮换),根据牌点的高低,发牌者可叫也可不叫,此后,再由他的下家(左方)叫牌,依次顺时针轮流进行。如果四家全都不叫,这副牌记为双方零分,开始打下一局牌。

当一家开叫后,任何一家可以根据花色类别的次序在更高水平上争叫,只要在前一家同类墩数上叫更高一个数或在更高一类(花色或无将)上叫同一墩数均可。类别的排列如下,无将(最高)、黑桃、红桃、方片、梅花(最低),所以叫一个黑桃比叫一个红桃高,叫二个梅花比叫一个无将高。直到三家不叫表示承认为止。叫得最高的那个花色就是将牌花色(或无将),而该级别的数字就是定约的水平,两者合称定约。叫牌的目的是使同伴之间互通牌情,以便找到最佳定约,或者干扰对方选择出最有利的定约,以此达到战胜敌方的目的。

在叫牌过程中,后一位叫牌者所叫的内容必须在花色或数量上超过前一位叫牌者所叫的内容。例如北开叫 1 NT,东争叫 2 H,南持梅花套,必须应 3C;西支持同伴,叫 3 H 即可。局况:为了给游戏的双方创造较为复杂的形势,从而让牌手能够更好地发挥出自己的水平,桥牌活动特意设置了"局况"这一关目。有局的一方胜则多得分,败则多输分,而无局的一方则又可以利用败了输分少这一条件与对方竞争。有局方和无局方的不同奖分和罚分将在下面论述。

桥牌的有局和无局是人为规定的,不可变更。通常,人们用 EW 代表东西有局,NS 代表南北有局,B 代表双方有局,– 代表双方无局。定约:所谓定约是指经过叫牌最后由一方确定经另一方同意的一个叫牌级数协定。确定定约的一方称定约方,其宗旨是要完成定约;同意的一方称防守方,其目标是击垮敌方的定约。

定约分为有将定约和无将定约两种。有将定约是确定某一花色为将牌。将牌除可以在本花色中赢墩外,还可以将吃其他三门花色(假如没有这门花色的话)。

无将定约就是没有将牌的定约,其输赢只根据同一花色中每一张牌的大小来确定(假如用户没有这门花色,只好出其他花色,这称为垫牌,不论大小,都不能赢墩)。

5. 加倍

加倍是叫牌过程中经常出现的一个名词,分为技术性和惩罚性。它的原意(即惩罚性)为防守方的一家认为定约方的定约肯定会被己方击败,就叫"加倍"以示惩罚。如果定约方认为防守方加倍不合理并认为自己能够完成定约,定约方可以再加倍以增加惩罚。

加倍的含义已经被引申为各种其他意义,不再单独作为惩罚而用。如定约方对防守方所叫的"加倍"不以为然,相信己方仍有把握完成定约时,可叫"再加倍"来惩罚加倍方。再加倍定约,定约方的得失分均按四倍(基本分乘以 4)计算。加倍的符号用"x"表示,再加倍的符号用"xx"表示。

综上所述,加倍和再加倍与定约人的定约得失分密切相关,尤其是本来不够成局(基本分不足 100 分)的定约,加倍或再加倍后而达到成局时,得分相差会超过 500 分,失分相差一倍。因此使用加倍及再加倍都要特别慎重。

技术性加倍是防守最为复杂的一种方法,其又分为很多种,常见的有 12 种,如技术性加倍、应叫性加倍、支持性加倍、负加倍、金鱼草加倍等。

6. 打牌

一个定约(无将或有将)在叫牌时被确定之后,防守方位于庄家左边的一家称为首攻人,由他来打出第一张牌。首攻人的下家在首攻之后将自己的牌全部摊开,按同花色摆成四列,此家称为明手。明手的对家是庄家(又称定约人、定约者、暗手),他负责打明、暗两手的牌。明手出牌后,就轮到首攻人的同伴出牌,最后轮到定约人出牌。至此,桌上共有四张出过的牌,每家一张,称为一墩牌。每家必须随出牌者出同花色的牌,如手中已无这门花色,则可用将牌(任何一张将牌都大于其他花色的牌)将吃或垫掉一张闲牌。在一墩牌里,如果有将牌,则最大的将牌是赢牌。第二轮的出牌由赢得第一墩的那家先出,其他仍依顺时针方向出牌,直至 13 张牌全部出完。

思 考 题

1. 根据自己的所见所闻,简单描述本章所列举的各种心智类游戏在大众休闲生活中的发展状况。

2. 在现实生活中,心智类游戏多种多样。请根据自己的了解,列举更多的此类游戏。

3. 心智类游戏自古以来就为人们的休闲娱乐和健康发展发挥了重要的作用。但是,在某些情况下和在某种程度上心智类游戏又会产生一定的消极作用。请用辩证的观点,从正反两方面对心智类游戏的文化功能做出自己的评论。

第十二章

时尚休闲运动项目简介

》 章前导言

　　本章探讨主要时尚休闲运动，涵盖冰雪、滨海、空中以及休闲"潮"等不同主题的休闲活动项目。现代人对健康生活的追求和多样化休闲需求的增加，使得休闲运动不再局限于传统体育项目，而是融合了更多时尚元素。通过学习本章内容，学生可以深入了解各类休闲运动的形式、特点和发展趋势，从而为学生选择适合自己的休闲活动提供更全面的指导。

第一节　冰雪休闲运动项目

冰雪休闲运动是指以非竞技形式的滑雪、滑冰运动为健身手段,兼容娱乐、休闲的冬季体育文化活动。休闲冰雪运动已经成为国内外众多喜爱冬季户外体育运动的人的首选活动。休闲冰雪运动具有巨大的社会效益和经济价值。

一、滑雪运动

(一) 滑雪运动简介

滑雪运动是运动员把滑雪板装在靴底上在雪地上进行速度、跳跃和滑降的竞赛运动。滑雪板用木材、金属材料和塑料混合制成。新疆阿勒泰地区发现的距今一万年前的岩画是迄今最为久远的彩绘人类滑雪形象。也就是说,在一万多年以前,生活在阿勒泰地区的人们就已经学会制作和使用滑雪板了。2006年1月16日,"中国新疆阿勒泰是人类滑雪最早起源地"这一观点得到了广泛认可。

1924年2月2日,国际滑雪联合会成立,并决定从1925年开始,定期举办世界锦标赛,当时称为"北欧滑雪锦标赛",每年举行一次。1948年以后改为每两年一次。

1. 高山滑雪运动

按照滑雪人口、雪场规模及社会效益等指标统计,高山滑雪运动是世界上第一大冰雪休闲运动。

高山滑雪称为"阿尔卑斯滑雪"或"山地滑雪"。高山滑雪的英文是 Alpine Skiing。

休闲滑雪一般采用的高山滑雪技术有回转、大回转、速降等。业余滑雪爱好者追求更高、更快、更优秀的滑雪技术,一方面提高了休闲高山滑雪条件,如更高更好的滑雪场和滑雪道;另一方面也会增加出现危险、伤病和事故的概率。因此,国际、国内有关机构建立了高山休闲滑雪技术的学习和培训制度。滑雪场根据休闲滑雪者的技术水准或培训标准为他们提供不同难度的滑雪道,有偿提供滑雪教练,同时,加强医务管理和急救措施,保证滑雪者的人身安全。

高山滑雪运动对于促进社会文化和区域经济发展具有不可替代的作用和价值。奥地利、日本等国家的许多偏僻山区和农村,因为休闲滑雪和冬季旅游已经发展成为现代化的村镇或旅馆群。当地村民的收入水平相当高。

高山滑雪的场地和主要设施包括:数量不等的滑雪道。需要经过专门的设计和搭建。滑雪道需要有不同的长度、宽度、坡度和弯度等设计要求。要区别初级滑雪道、中级滑雪道和高级滑雪道。缆车、拖牵、索道等要定期检修。上下缆车要保证安全，要有专门的安全制度和措施。要有造雪机、修压雪车、雪摩托等。

高山滑雪的器材和用具包括：滑雪板、滑雪杖、雪靴和其他用具。

2. 单板滑雪休闲运动

单板滑雪运动员穿着单个滑板完成滑降、回转、跳跃、转体等运动。欧洲人预言单板滑雪运动很快就会在世界普及，甚至比高山滑雪更受青年滑雪爱好者的欢迎。事实也的确如此。单板滑雪作为一个滑雪大项被列入冬季奥运会的正式比赛。小项包括单板回转、单板障碍追逐赛、单板 U 型场地技巧等。大众休闲单板滑雪运动在欧美广泛开展。近年来我国单板休闲滑雪运动发展迅速。尤其是年轻滑雪者，对单板滑雪运动更是十分推崇。相信不久的将来，会有越来越多的人喜爱并参与单板滑雪休闲运动。

单板滑雪除了 U 形场地和山地追逐赛项目之外，一般可以在高山滑雪场地上进行。单板极限滑雪则设有专门的场地。

滑雪单板：单板的构造及滑行条件同高山板（SKI）很相近，但玩法（技巧）和装备不同。滑雪单板一般分为三类：① 竞技型（RACE）：板尖部分略微翘起，板比较窄，尤其板腰部分，基本上只在雪道上滑行，适合于回转、比赛。② 多功能型（FREERIDE）：多功能的大众全能板，不仅可以在雪道上，而且可以在深雪中滑。此板前后端都向上翘起，但方向性还是很明确。③ 自由式板（FREESTYLE）：用于跳跃、旋转等方式的技巧滑雪板。

单板滑雪鞋：单板的鞋分为软鞋和硬鞋两种。硬鞋同高山滑雪鞋非常相似（硬的外壳及柔软的内鞋套），只用在少数竞技比赛中（如大回转）。舒适轻便的软鞋在近些年得到推广。

固定器：单板滑雪同高山滑雪最大的区别在于单板固定器将鞋和板真正固定在一起。软鞋和硬鞋要配不同的固定器，目前软鞋系列占领着市场。固定器的最新发展趋势是所谓的 STEP IN 固定器，即在鞋的底部加上一块特殊金属，用于固定鞋和板。

滑雪服：同高山滑雪服一样，滑单板时的服装也要防水、防风、透气，并能保证身体活动自如。此外，还要用一些护具如护膝、护肘、护腕、护臀、头盔、手套等加以保护。同样，风镜也是必不可少的。

3. 越野滑雪休闲运动

越野滑雪起源于北欧，故又称北欧滑雪。越野滑雪比赛路线分上坡、下坡、平地三种，各占全程的三分之一。单项比赛出发时，每次 1 人，间隔 30 秒，顺序由抽签决定，以到达终点的时间确定名次。在接力项目比赛时，运动员集体出发,道次由抽签决定,以每队队员滑完全程的时间之和计算成绩和名次。

1924 年,越野滑雪被列为首届冬奥会比赛项目。越野滑雪是最老的滑雪形式,被称作北欧滑雪项目。奥林匹克北欧项目中还包括跳台滑雪及两个项目的组合,即北欧两项。

（二）滑雪休闲运动特点

1. 速度快,动力主要为重力

滑雪运动速度较快,滑行时速最快可达 70 公里。滑雪运动的力主要是重力。人体从山上向山下滑行的力是地球的引力,对人体的"内力"要求不大,这是高山滑雪运动的显著特点。

2. 反应能力较强

滑雪运动涉及转弯、跳跃、空中转体等技术操作,可以让滑雪者尽情展现自己的能力。但其场地条件受自然条件影响较大,地形复杂、雪质不同、线路多变,滑雪者必须快速适应前方路况,这也是高山滑雪的重要特点。

3. 滑雪器材与人"一体化"

滑雪器材与人"一体化"是休闲滑雪运动的另一特点,是利用滑雪板、滑雪鞋、固定器、滑雪杖等滑雪用具来完成的体育运动项目,把来自雪面的力传给身体,又把身体的动能传给雪面,这些都是通过滑雪器材来完成的,否则滑行者无法维持平衡。滑雪有规范的防护措施,能够尽可能保证运动的安全。

4. 滑雪休闲运动受众人群较广

滑雪休闲运动是出于健身娱乐目的而进行的,男女老少各种人群都可以根据自身的条件和爱好选择合适的滑雪项目及玩法。例如,老人可以选择安全平稳的越野滑雪;身体素质协调、技术动作熟练、富有进取精神的青壮年人群可以选择速度快、惊险刺激的高山滑雪;青少年可以选择动感、刺激、时尚的单板滑雪等。人们可以结合旅游,也可以结合度假,选择条件较优越的滑雪圣地,享受休闲滑雪带来的生活乐趣。

二、滑冰休闲运动

（一）速度滑冰休闲运动

1. 速度滑冰休闲运动简介

速度滑冰是指在规定距离内以竞速为目的的滑冰比赛,或者说是以冰刀为工具在冰上进行的一种竞速运动。它是冰上运动项目之一,历史悠久,是冰上运动的源头。

速度滑冰运动竞赛起源于荷兰。1924 年第一届冬奥会上,速度滑冰被列为正式的比赛项目。目前冬奥会设有男女 500 米、1 000 米、1 500 米、男子 5 000 米、女子 3 000 米、男子 10 000 米、女子 5 000 米以及男女团体追逐和集体出发项目。

2. 速度滑冰休闲运动特点

（1）速度滑冰赛道长、速度快。个人比赛每组两名选手，内外两道抽签决定，每滑行一圈双方都要交换赛道，根据滑行成绩排列名次，用时少者获胜。团体追逐比赛，每组两队，每队 3 名选手，从相对的直道上同时出发，男子滑行 8 圈，女子滑行 6 圈，以最后通过终点选手的时间决出胜负。集体出发比赛，运动员在起点处站成几排，每排最多 6 人，出发后第一圈只能跟随 1 号选手滑行，等到再次鸣枪才能加速超越。速度滑冰项目众多，战术安排尤为重要。短距离比拼的是速度，长距离则是节奏为王，合理分配体力才能赢得最后的胜利。

（2）场地特点。标准速度滑冰场地具备内外两条赛道，赛道周长不长于 400 米，不短于 333.33 米，两弯道弧度为 180°，内弯道半径不得小于 25 米或大于 26 米。赛道可以铺设在或露天、或遮盖、或室内的冰场。比赛道内道宽度应为 4 米、外道宽度至少 4 米。

（3）服装器材特点。速度滑冰比赛服装都要考虑风的阻力，紧身服将帽子、上衣、裤子连成一体，由富有弹性的材料制作，经过严格的风洞测试，把阻力降到最小。特殊比赛时还要穿着防切割材料制成的连体服，并佩戴防切割的护颈、护踝、护腿、手套及符合比赛标准的头盔等。克莱普新式冰刀别具一格，这种冰刀只有前点与冰鞋固定连接，后点与冰鞋不固定，从而延长了蹬冰距离，优化了动作结构，提高了滑行速度。

（4）技术特点。为提高滑跑速度，运动员多采用减少制动力作用，提高动力作用，并适合自身特点的特定的滑跑姿势。冰上滑跑的每一个滑步都是先用单腿滑行，而后用双腿滑行，再过渡到另一腿单腿滑行和双腿滑行的周期性动作。推动身体前进的支点在体侧，滑步速度变化成脉动曲线，以冰刀为工具，完成不同形式的技术动作。速度滑冰是典型的周期性运动。速度滑冰技术主要包括直道技术、弯道技术、起跑与冲刺技术。

（二）短道速滑休闲运动

1. 短道速滑休闲运动项目简介

短道速滑是以名次决定胜负的一种冰上竞速运动项目，是一种对运动员的身体素质、机能能力、技能水平、心理素质、智能能力以及临场战术运用要求极高的体能类竞速性的冰上运动项目。

短道速滑起源于加拿大。1992 年法国阿尔贝维尔冬奥会上，短道速滑被列为正式比赛项目。目前冬奥会设有男女 500 米、1 000 米、1 500 米、男子 5 000 米接力、女子 3 000 米接力和 2 000 米混合团体接力比赛。

2. 短道速滑休闲运动项目特点

（1）场地特点。短道速滑跑道内圆周长 111.12 米，直道长 28.85 米，弯道最小半径 8 米。场地四周防护垫用防水材料制成，可自然移动，在与运动员发生碰撞时能起到缓冲作用。

（2）服装器材特点。为了防止和减少运动损伤，运动员比赛时必须佩戴防切割比赛服、防护头盔、护腿板、防切割护踝、防切割手套、护目镜等。冰刀刀根为圆弧形，刀管采用封闭式，最少有两点固定在鞋上，没有可动部分。

（3）技术特点。短道速滑技术主要是由直道技术、弯道技术、起跑技术、冲刺技术、接力技术、超越技术等构成。由于场地小、滑行速度快，需要运动员具备很好的直道、弯道技术和强大的腿部力量。掌握高超的弯道技术是提高运动成绩的关键。短道速滑技术特点主要表现在：蹬冰速度和收腿速度较快；弯道蹬冰滑行的轨迹呈弧形；身体重心低；弯道滑行身体倾斜角度大；身体重心移动快。

三、冰壶运动

1. 项目简介

冰壶起源于 14 世纪的苏格兰，至今苏格兰还保存刻写有 1511 年份的砥石（即冰壶）。最初，冰上溜石是苏格兰人冬季在池塘或河堤内进行的一种类似于滚球的游戏，其出现后深受人们喜爱。经过漫长的发展过程，冰上溜石演变为现在的冰壶运动。

冰壶又称冰上溜石，是以队为单位在冰上进行的一种推掷性竞技运动，被喻为冰上的"国际象棋"。

冰壶的比赛场地为长方形。场地四周设有 2 英寸高、4 英寸宽的木框（1 英寸 =2.54 厘米），以防砥石滑出界外。从木框的内缘算起，场地长 44.5 米，宽 4.32 米。冰壶比赛用的标准砥石是由苏格兰产的不含云母的花岗岩石凿琢而成。砥石的直径为 29 厘米，厚度为 11.5 厘米，重 19 千克。

在场内有 6 条与端线相平行的横贯全场的蓝线，中间有两条前卫线，两端的两条称后卫线。前卫线的宽度为 4 英寸，后卫线的宽度为 1 英寸。在前卫线和后卫线的中间有一个纵横交叉的十字线，称丁字线。丁字线的交叉点即是营垒的中心点。以中心点为圆心，向外分别各画一个半径 0.15 米、0.61 米、1.22 米以及 1.83 米的同心圆圈，外面的两圈之间涂为蓝色，里面的两圈之间则涂为红色。在场内的两端距离端线 1.22 米处中心线上各安装有两个高 2 英寸的斜面橡胶起滑架。

比赛时，运动员要身着运动服，脚穿比赛鞋（或鞋套），比赛鞋（或鞋套）两脚的底部材料不同,蹬冰脚鞋的底部为橡胶,而滑动脚鞋的底部则为塑料。

2. 项目特点

(1)冰壶具有引人注目的外观。冰壶球体采用特殊材料制成,表面光滑而富有光泽。寒冷的冰面上,冰壶球闪耀着独特的魅力,吸引着人们的眼球。不仅如此,冰上比赛的场地也是别具一格。一片光洁的冰面上,分布着一条条独特的轨道,每个团队要身体力行地在这片冰面上创造出属于自己的美丽运动。

(2)冰壶运动员要赢得比赛,绝不可以不尊重对手。真正的冰壶运动员宁可输掉比赛,也不愿赢得不公平,所以他们从来不会故意干扰对手,也不会妨碍对方发挥最佳水平。如果运动员是非故意犯规并且已经意识到了,则会主动告知。如果比分相差太大,低分一方应该主动认输,以免浪费对方的体力。虽然冰壶运动是一种竞技运动,但其精神实质要求运动员具有友好的运动精神并做出友善和可敬的行为。

第二节　滨海休闲运动项目

滨海休闲运动是利用大海、阳光、沙滩等滨海资源,体验海滨自然环境带来的刺激、惊险等为主要特征的一系列休闲活动,以达到身心休整、娱乐放松、度过闲暇时光的目的。滨海休闲运动项目众多,分类方法各异。本章从中选择了目前较为普遍、流行的 6 个典型的运动项目,即帆板、冲浪、沙滩排球、桨板运动、帆船与潜水,并从这些运动项目简介和特点两方面进行简要概述。

一、帆板

(一)帆板运动简介

帆板运动是借助风帆力量,驾驭无舵、无座舱船只滑行向前的一项水上运动,是介于帆船和冲浪之间的新兴水上运动。运动参与者利用吹向帆上的自然风力,站在板上通过帆杆操作帆,使帆板产生速度在水面上行驶,靠改变帆的受力中心和板体的重心位置在水上转向,可在海上或江河湖泊中进行,因为和冲浪运动有密切关系,又被称为风帆冲浪或滑浪风帆。

帆板运动的装备包括帆板、帆、桅杆、绳索等。运动参与者需要掌握维持平衡,控制方向和速度等技能,以便在比赛中取得好成绩。帆板运动分为多个项目,如障碍滑行、花式滑行等。

帆板运动是一项极具挑战性和观赏性的运动,它不仅能够锻炼运动参与者的身体素质,还能够培养运动参与者的勇气和毅力。帆板运动的比赛项目包括单人、双人和多人,有三角绕标赛、长距离赛、障碍滑行赛、自由滑比赛等,比赛的方式方法均与帆船相同。帆板运动是一项独立的体育项目,同时也是帆船运动中的一个级别的比赛。

近年来,帆板运动在全球范围内得到了广泛的推广和发展。越来越多的人开始学习和参与帆板运动,各国也纷纷成立帆板运动协会,举办各种比赛和活动。中国积极推广帆板运动,成立了中国帆船帆板运动协会,并举办了多项国内和国际赛事,如中国帆船公开赛、中国帆船联赛、海南省帆船帆板锦标赛等。

(二) 帆板运动特点

1. 速度与激情

帆板运动利用风力前进,其速度根据风力变化而变化。因此,帆板运动不仅能够让运动参与者体验到速度和激情,还能够锻炼参与者的身体素质和勇气。

2. 技巧与难度

帆板运动需要运动参与者掌握维持平衡,控制方向和速度的技能,以便在比赛中取得好成绩。例如,在障碍滑行中,运动参与者需要穿越各种障碍物,如浮标、旗门等,同时还要保持帆板的平衡和稳定。在花式滑行中,运动参与者需要完成各种技巧和动作,如跳跃、翻转等,同时还要保持帆板的速度和方向。

3. 环保与可持续

帆板运动是一项环保运动,它不需要燃油,不会对环境造成污染。同时,帆板运动还能够促进可持续发展。例如,帆板运动使用的帆和板均为可回收的材料,有助于减少资源浪费和环境污染。此外,帆板运动还能借助其参与者亲近海洋环境、热爱水上运动的特点,积极倡导海洋动植物资源及生态环境的保护。

4. 挑战与风险

帆板运动是一项极具挑战与风险的运动。例如,比赛中,运动参与者需要面对风浪、天气等自然因素的影响,这些因素可能会导致运动参与者受伤甚至死亡。此外,帆板运动还需要运动参与者具备较强的身体素质、风险意识、运动技能以及对紧急情况的应变能力。

5. 观赏与娱乐

从观赏的角度来看,帆板运动的魅力在于其速度和技巧的结合。运动参与者在水面驾驭帆板,利用风力快速滑行,展示各种技巧和动作,如急转弯、跳跃、滑行等,而完成这些动作需要优秀的平衡感、敏捷性和技巧。此外,帆板运动的比赛通常会在美丽的海滨或湖泊举行,观众们在观看比赛之余还可以欣赏到壮观的自然景色,也增添了观赏的乐趣。

二、冲浪运动

(一)冲浪运动简介

冲浪运动是运动参与者站立在冲浪板上,通过巧妙地利用海浪的动力,完成各种高难度的动作,与大自然亲密互动的一项水上运动。冲浪运动起源于太平洋的波利尼西亚群岛,在夏威夷得到迅速的发展和延续。随着科技技术的不断发展,不同形式的冲浪运动也随之出现,如尾波冲浪、动力板冲浪等。

1. 传统冲浪

传统冲浪是参与者利用自然形成的海浪进行冲浪的冲浪方式,是冲浪运动的最初表现形式。海浪是由很多复杂的海洋因素造成的,包括潮汐、洋流、风、海底地震等,一般来说风是主要的影响因素。风与水分子表面的摩擦力形成涟漪,形成不规则的碎浪,最终发展成海浪。传统冲浪主要包括长板冲浪和短板冲浪。

2. 尾波冲浪

尾波冲浪是滑水运动的一种,是目前最热门的水上运动之一,是利用专业造浪艇尾部形成的浪花进行冲浪的运动。尾波造浪与海浪一样具有可冲滑的推动力,造浪程度可根据每一位体验者的需求进行调节,适应不同年龄段、不同技术的人。

3. 动力板冲浪

动力板冲浪是将传统冲浪与电动技术相结合的一种新兴冲浪方式。冲浪时,冲浪者站在一块配备电动引擎或油动引擎的特殊冲浪板上,通过操控板上的控制装置,控制电动引擎或油动引擎的速度和方向,从而在海浪中实现更加灵活、高速的滑行,从而完成高难度的动作,为冲浪者提供了一种更具创新性的冲浪体验。

(二)冲浪运动特点

1. 传统冲浪

(1)地域集中。由于冲浪运动受地理环境和天气因素的制约,目前只有少部分沿海地区有可供进行冲浪运动的环境条件。这些地区大多将冲浪融入旅游业中,借此为当地旅游产业提供活力,以此作为吸引游客的卖点。

(2)体验多样性。冲浪不仅吸引了追求刺激的挑战者,还吸引了喜欢和大自然亲密接触的人群。从初学者到专业运动员,都能在冲浪中找到属于自己的乐趣。

(3)文化融合。冲浪不仅仅是一项体育运动,更是一种文化体验。各地的冲浪社群形成了独特的运动文化氛围,交流和分享也成为冲浪运动的重要组成部分。

(4) 挑战与成就感。冲浪对人体的平衡、协调和反应速度提出了一定要求，参与者通过不断挑战自我获得自信心和成就感。

2. 尾波冲浪

(1) 冲浪连续性。造浪艇形成的人工尾波给冲浪者提供持续稳定的浪形。冲浪者可以利用这个浪持续滑行，延续冲浪的过程。这种延续性的冲浪体验使得整个过程更为连贯，增加了动态感。

(2) 平衡与技巧。在尾波冲浪中，冲浪者需要依靠卓越的平衡感，并灵活运用身体技巧，包括调整站姿、重心转移以及对海浪的敏感反应，才能使冲浪者在后浪上稳健地滑行。

(3) 创造性表演。尾波冲浪提供了创造性的平台，让冲浪者能够尝试各种动作和技巧。由于浪相对稳定，冲浪者可以发挥想象，表演出各种独特的、个性化的冲浪动作。

(4) 乐趣与挑战并存。尾波冲浪融合了乐趣与挑战，适合不同水平的冲浪者。初学者可以在相对平缓的浪上进行练习，感受冲浪的乐趣；而对于专业冲浪者，尾波冲浪则提供了挑战和创新的空间。

3. 动力板冲浪

(1) 电动引擎技术。动力板通常搭载在冲浪板的底部，配备电动引擎。引擎通过电池供电，冲浪者通过操控器或遥控设备调整引擎的速度和方向，以适应不同的海况和冲浪风格。

(2) 智能控制系统。一些动力板冲浪设备配备智能控制系统，能够感知冲浪者的姿势和海浪的形态，从而自动调整电动引擎的输出，提供更加智能化的冲浪体验。

(3) 速度与敏捷性。动力板冲浪赋予冲浪者更高的速度和敏捷性。冲浪者可以更迅速地追赶、抓住海浪，同时完成更复杂的动作，如空翻、滑行等，提升冲浪的技术水平。

(4) 可拆卸设计。一些动力板设计为可拆卸的形式，使得冲浪者在不需要电动引擎的情况下，可以将其卸下来恢复传统冲浪体验，这丰富了冲浪者的体验层次。

三、沙滩排球

(一) 沙滩排球运动简介

沙滩排球是一项在沙滩上进行的、由每队两人或多人组成的两队进行比赛的体育运动。最早起源于美国加利福尼亚州的圣莫尼卡海滩，最初是作为一种休闲娱乐和健身运动而出现的。这项运动随后在美国沿海地区迅速流行开来，并逐渐传播到世界各地。

沙滩排球首次成为正式比赛项目是在 20 世纪 20 年代，当时在加利福尼亚州的海滩上，一些小型的比赛被举办。20 世纪 60 年代后期，沙滩排球的比赛形式逐渐发展，专业化的比赛和选手开始出现。1986 年，国际排球联合会正式承认沙滩排球为一项官方的国际运动项目，并举办了第一届世界锦标赛。1992 年，国际排联成立了沙滩排球部。1993 年，国际奥委会在蒙特卡洛召开会议，接纳沙滩排球为奥运会正式比赛项目。首届奥运会沙滩排球比赛于 1996 年在美国亚特兰大举行。自此之后，沙滩排球得到了更多国家和地区的关注并发展起来，成了一项备受瞩目的全球性运动。

（二）沙滩排球运动特点

沙滩排球运动强调团队合作、技巧和速度，因其参与的趣味性和竞赛的观赏性而备受青睐。沙滩排球与室内排球相比，有着独特的特点和魅力。

1. 形式的多样性和广泛的群众性

沙滩排球运动的场地易寻，通常在海滩或沙质场地上进行，背景是蓝天、大海和阳光，这种户外环境更有利于营造休闲娱乐的运动氛围。运动参与者穿着凉爽的服装，在沙滩上奔跑、跳跃和击球，这为该项目增添了一种轻松、自由和愉快的气氛。沙滩排球对天气条件没有严格的限制，可以是阳光明媚，也可以是大雨倾盆；参加的人数可多可少，可以 2 对 2、3 对 3，甚至可以 6 对 6，只要人数相同、实力相当即可；运动负荷可大可小，不同年龄、性别、体质和训练程度的人均可参加。

2. 技术的全面性和高度的技巧性

沙滩排球与室内排球相比，更需要技术的全面性和高度的技巧性。沙滩排球通常是 2 人或 4 人一队进行比赛，相比室内排球更加注重团队合作和个人技术。每个队员都要全面地掌握防守与进攻技术。沙滩排球的规则相对灵活，沙滩排球也常采用平分制规则，使得比赛更具竞技观赏性。

3. 激烈的对抗性和严密的集体性

由于沙滩场地的不稳定性，参与者需要具备更好的平衡感和技术能力，包括更高的弹跳和更好的移动能力。这也使得沙滩排球选手在比赛中表现出更加灵活多变的技术和战术，双方的攻防转换始终是在激烈的对抗中进行的，每一分的争夺往往要经过好几个回合的较量。

4. 轻松的娱乐性和高雅的休闲性

与室内排球相比，沙滩排球运动并不拘泥于形式，可以支网相争，亦可围圈嬉戏，双方斗智、斗勇、斗技，没有身体接触，既符合人类对抗相争的天性，又顺应现代社会的礼仪,无论是参与还是欣赏,都是人们娱乐、休闲的理想方式。

总体来说,沙滩排球融合了休闲、娱乐和竞技的特点,更加注重集体、技术和战术的发挥,因而深受全球运动爱好者的喜爱。

四、桨板运动

(一)桨板运动简介

桨板运动,又称立式划桨或 SUP,是近年来在全球迅速流行起来的一项水上运动。这项运动结合了冲浪、皮划艇和瑜伽的精髓,不仅考验参与者的平衡技巧、核心力量,更让他们有机会在碧波荡漾的水面上享受独特的自然体验。桨板运动最初起源于夏威夷的冲浪文化。早在 20 世纪 60 年代,夏威夷的冲浪者为了能在海上更稳定地观察海浪,发明了这种站在桨板上的划水方式。随着时间的推移,桨板逐渐从冲浪的辅助工具演变成了一项独立的水上运动。如今,我国桨板项目也逐渐成为水上运动的主力军,吸引着越来越多的水上运动爱好者参与其中。

桨板运动的基本器材主要包括桨板、划桨、脚绳和救生衣等。桨板一般由高密度聚乙烯或充气材料制成,轻便而耐用。划桨则负责推动桨板前进,其设计和材质直接影响着划水的效果和体验。脚绳用于将参与者的脚与桨板固定在一起,确保在需要时能够迅速而稳定地调整自己的位置。而救生衣则提供了必要的安全保障,确保参与者在遇到危险时能够得到及时的救援。

桨板运动适合各个年龄段和身体状况的人群参与。无论是年轻人还是老年人,无论是有经验的水上运动爱好者还是初学者,都可以通过桨板运动找到适合自己的挑战和乐趣。特别是对于那些喜欢户外活动、追求健康生活方式的人来说,桨板运动无疑是一个绝佳的选择。参与桨板运动的人们常常被其独特的体验感所吸引。站在桨板上,参与者能够感受到水流的轻柔,仿佛自身与大自然融为一体。通过划桨的调整,他们可以在水面上自由穿梭,探索未知的水域。这种与水的亲密接触让人感受到前所未有的放松与自由。

(二)桨板运动的特点

1. 运动技术易掌握

相比于其他水上运动,桨板运动的学习曲线较为平缓。初学者可以在短时间内掌握基本的划桨技巧,这使得桨板运动成为一项容易入门的水上活动。桨板运动的动作较为温和,适合各个年龄段的人群参与。无论年轻人还是老年人,都可以在水中享受划桨的乐趣,体验与大自然亲近的感觉。

2. 锻炼效果全面

在桨板运动中,运动参与者需要站立在桨板上,通过双腿、腰部、上肢等全身肌肉的协调配合来保持平衡。这种全身性的锻炼方式可以有效地锻炼到身体的各个部位,增强身体的协调性和平衡感。

3. 运动绿色、可持续

作为一种水上运动,桨板运动对自然环境的影响较小。在划桨的过程中,人们可以近距离地观察水中的生态,在享受大自然的美丽和宁静的同时,体验运动的乐趣,从而更加珍惜和保护自然环境。

4. 丰富社交网络

桨板运动通常需要多人协作完成,因此它也是一种社交活动。在划桨的过程中,人们可以结识新朋友,增进友谊,分享运动的快乐。这种社交性使得桨板运动成为一种增进人际关系和建立社交网络的重要方式。

5. 运动环境条件限制性低

桨板运动可以在各种水域环境中进行,无论是平静的湖泊、河流,还是海浪较大的海域,都能找到适合桨板运动的场地。初学者亦可在人工水域如游泳池中进行练习。这使得桨板运动具有较强的适应性和广泛的普及性。

五、帆船

(一) 帆船运动简介

帆船运动是利用风力作用于帆推动船只在水面航行的运动。帆船运动通常需要运动参与者在船上操作帆和舵,以控制船的方向和速度。帆船运动可以分为不同的类型,如竞技帆船、休闲帆船和航海帆船等,不同类型的帆船运动有不同的规则和技巧。

帆船运动作为海洋文化的璀璨明珠,是人类文明与自然环境和谐共生的完美体现。它不仅仅是一项水上运动,更是一种精神追求和生活哲学。在帆船运动中,运动参与者借助风力驱动帆船,与海洋融为一体,感受大自然的力量与美丽。

帆船运动的起源可以追溯到古代文明时期,人们利用帆船进行贸易、探险和战争。随着时间的推移,帆船逐渐从实用工具演变成一种竞技运动。如今,帆船运动已经成为全球备受瞩目的水上运动之一,吸引来自世界各地的运动员和爱好者参与其中。

帆船运动不仅考验运动参与者的体力、技术和战术眼光,更要求他们具备与大自然和谐相处的智慧和勇气。在帆船比赛中,运动参与者需要根据风力、风向、水流等自然因素灵活调整帆船的姿态和航向,保持最佳的速度和稳定性。这种与自然的互动不仅增加了比赛的挑战性和不确定性,也使得帆船运动成为一种充满冒险和刺激的竞技活动。

(二) 帆船运动特点

1. 与自然的互动性

帆船运动的最大魅力在于它与自然环境的紧密互动。运动参与者需要倾听大自然的声音,顺应风力和水流的变化,才能更好地驾驭帆船在海洋中畅游。这种与自然的互动不仅让运动参与者感受到海洋的壮丽与神秘,也让他们领悟了尊重自然和保护自然的重要性。

2. 技术与战术的统一性

帆船运动要求运动参与者掌握一系列复杂的技术和战术。从船帆的操纵、船舵的控制到船只的平衡,每个动作都需要做到精确而熟练。同时,运动参与者还需要根据比赛规则和场地特点制定出合适的战术策略,以取得最佳成绩。这种技术与战术的完美结合展现了帆船运动的智慧和魅力,也考验着运动参与者的观察力和判断力。

3. 团队协作的关键性

帆船运动中,团队协作是取得成功的关键。无论是大型帆船还是小型帆船,运动参与者之间都需要紧密配合,共同应对比赛中的各种挑战。他们需要在短时间内做出准确的决策,调整航向和战术,以取得最佳成绩。这种团队协作的精神不仅有助于取得好成绩,更培养了运动参与者的沟通、协调和领导能力。

4. 探险与挑战的精神内核

帆船运动充满了探险和挑战的精神。运动参与者需要面对各种未知的海域和气候条件,勇敢地迎接挑战。他们需要在风浪中保持冷静和自信,驾驭帆船穿越重重难关。这种探险精神不仅让帆船运动成为一种寻求刺激和突破自我的方式,也让运动参与者在挑战中不断成长和进步。

六、潜水

(一) 潜水运动简介

潜水最初是一种为进行水下勘查、打捞、修理和水下工程作业等任务,在携带或不携带专业工具的情况下进入水面以下的活动;此后潜水逐渐发展成为一项以在水下活动为主要内容,达到锻炼身体、休闲娱乐目的的休闲运动,为大众所喜爱。潜水运动是指以运动休闲和竞赛为目的借助或不借助潜水装备将身体没入水下往返的活动过程。

20 世纪 50 年代末,潜水活动组织正式成立,其经常组织世界性潜水活动,发展友谊,促进世界各国潜水事业的不断前进。60 年代,世界各国采用实用潜水作为竞赛项目,如水中捞物、潜水定向、背脱装具、潜泳等。到 70 年代,潜水运动竞赛有了新的发展,出现了戴脚蹼的游泳、戴压缩空气呼吸装具的潜泳、屏气潜泳、水中定向、长距离戴脚蹼的游泳和水下狩猎以及水下球类等以竞速为主的竞赛项目。中国于 1959 年把潜水运动列为国防体育项目,1962 年在广东省湛江市建立起的第一个中国人民潜水俱乐部,担负了培训潜水运动骨干和研究潜水技术的工作,并于 1962 至 1980 年举办了多期教练员训练班。1964 年在湛江市,我国第一次举行了有山东、广西、广东、湖北、中国人民潜水俱乐部、湛江市等 6 个队伍运动员参加的潜水锦标赛,推动了潜水运动的发展。

潜水成为体育运动最早是以潜水竞赛活动的形式出现的,并逐渐发展出多种竞技潜水运动项目,并设有世界锦标赛、世界杯赛、洲际锦标赛、对抗赛、邀请赛等多种赛事活动。潜水运动包括竞技潜水和休闲潜水。

(1) 竞技潜水。正式以及非正式比赛活动主要包括蹼泳、水下定向、水下橄榄球、水下曲棍球、水下渔猎、水下射击、水下摄影、运动潜水、水下摔跤、水下自行车、屏气潜水以及近年来流行的“美人鱼国际大赛”等。除水下摄影、运动潜水、水下自行车和蹼泳中的潜泳项目之外,竞技潜水项目常用的潜水装备为浮潜和屏气潜水装备。

(2) 休闲潜水。休闲潜水包括水下观光、潜水旅游、水下摄影、自由潜水、水下渔猎等各种休闲潜水活动。其特征是通过潜水运动强身健体,实现休闲娱乐、观光旅游、放松身心、陶冶情操等目的。依据休闲潜水活动的组织形式特点,可以进一步将休闲潜水分作体验式潜水、俱乐部式潜水和自发式潜水三类。

(二)潜水运动特点

1. 高技术标准

潜水的技巧要求严格,需要人们经过长时间的学习和实践才能掌握。潜水者需要熟悉各种潜水设备的使用和维护,如潜水表、呼吸器、潜水衣等。此外,潜水者还需要学习潜水的物理知识,如水压、水温、能见度等,以及应对紧急情况的方法。

2. 富有挑战性

潜水运动不仅能使人更加深入地了解海洋生态系统的多样性和复杂性,感受到大自然的神奇和美妙,同时也是一项挑战自我的运动。潜水的深度和水压会对人体产生一定的影响,如耳压不适、氧气不足等,也正是这种挑战让潜水者能够突破自我,提升体能和心理素质。每一次深潜都是对自我极限的挑战和超越,让人在挑战中成长和进步。

3. 存在风险性

潜水的安全至关重要。深海之下充满了未知和变数,水流、暗礁、海底生物等都可能对潜水者构成威胁。因此在进行潜水活动时,必须要有经验丰富的教练或专业人士陪同指导,确保潜水过程的安全可控。同时,潜水者还需要时刻保持警惕,严格遵循安全规定和操作规程,避免发生意外事故。此外,潜水运动对参与者的身体健康状况也有较为严格的要求,患有心血管类、呼吸类、耳鼻喉类疾病的人群不宜参加或需要严格遵守医嘱才能参与活动。

4. 环保意识强

潜水运动的开展在很大程度上依赖自然水体资源环境,因此对海洋河流生态系统的保护是潜水运动参与的重要前提。当今越来越多的潜水运动组织及潜水运动爱好者积极倡导将潜水运动的热情与海洋环保事业结合起来,通过对自身行为的约束与转变为自然环境带来持续不断的改变。

第三节　空中休闲运动项目

以滑翔为代表的空中体育休闲运动在国内外蓬勃发展,目前在我国开展的空中体育休闲娱乐活动项目包括滑翔机、动力悬挂滑翔机、热气球、飞艇、跳伞、滑翔伞、动力伞、悬挂滑翔等。本章主要介绍滑翔伞、跳伞、热气球等相对容易开展的空中体育休闲项目。合理开展空中休闲运动,对增进身心健康,培养创造力与毅力,增强人际关系,拓展生活领域,养成良好生活习惯等方面都有重要的现实意义。

一、滑翔运动

(一) 滑翔运动简介

滑翔是指物体不依靠动力,只利用空气的浮力在空中飘行。随着科技的进步和现代航空技术的发展,人类发明了各种飞行工具,滑翔运动随之盛行。滑翔运动主要包括滑翔伞运动、动力伞运动、滑翔机运动、悬挂滑翔等,这里主要介绍结构简单、价格低廉,而且易于学习和掌握的滑翔伞运动。此运动在其诞生后不久就在欧洲迅速普及,并且在很短时间内风靡全世界。据飞行目的不同,滑翔伞可以分为休闲滑翔、竞技滑翔和特技滑翔三个领域。

1. 滑翔伞运动的起源

滑翔伞的英文名字是"para-glider",从它的英文名字上我们可以发现这是由跳伞"para"和滑翔"glider"相结合的一项运动。滑翔伞是一种柔性翼悬挂滑翔飞行器,当它与空气做相对运动时,由于空气的作用,伞翼上产生空气动力

(升力和阻力),从而载人升空进行滑翔飞行。滑翔伞运动起源于 20 世纪 70 年代末的欧洲,1978 年,法国登山家贝登和朋友利用一顶方形降落伞从阿尔卑斯山上成功地飞降到山下,许多登山家们开始纷纷效仿,并对降落伞做了改进,将降落伞与滑翔翼的特点结合,制造出了利用山坡地形起飞,能够在空中自由翱翔的滑翔伞,从此创立了一种新兴的航空体育运动项目——滑翔伞运动。1984 年来自法国的登山家罗格·菲隆(Roger Fillon)从阿尔卑斯山的最高峰勃朗峰上飞下,引起了世人的关注与好奇。从此,这种新兴的航空体育运动项目便迅速流行起来。最初的滑翔伞是借助飞机跳伞使用的翼型方伞。这种伞以下降为主,滑翔能力较差,但下降速度快,安全性能好。

只能在山坡起飞的滑翔伞,无法满足生活在无山地区的飞行爱好者的需要。20 世纪 80 年代,飞行专家们发明了一种利用机械动力在平地起飞,然后自由翱翔的特殊翼型伞,这就是动力伞。它由一台小型发动机和滑翔伞组成,可以在平地起飞,起飞过程简单,场地易寻。飞行员借助发动机的推力和滑翔伞的升力飞上蓝天。动力伞的发明使飞行伞的自由度和安全性提高到新的层次。运动员在任何地方开动身上的发动机即可升空,当爬升到一定的高度后,关上发动机又可以享受高空滑翔盘气流飞行的乐趣。即使在气流复杂的情况下,也不容易发生意外,只要重新打开发动机,就可以灵活选择方向,继续空中旅程了。

经过近 30 年的发展和演变,现在的滑翔伞已经成为一种完整独立的、呈月牙形的航空器,它在速度、爬升和滑翔能力等方面都有了长足的进步。现代滑翔伞最长飞行时间可在 14 小时以上,最远飞行距离超过 300 千米,充分体现了人类与自然的交流,备受崇尚自然者的喜爱。该项运动具有独特的刺激性,在欧美国家较为普及,仅在欧洲,滑行伞飞行者已有 300 多万人。

2. 滑翔伞的飞行原理

一般的滑翔伞本身无任何动力,它之所以能够飞行,除了伞衣充满空气后显出特殊的形状外(飞行翼),全靠飞行员控制,结合其在大气中的特性(空气动力)飞行。传统式的降落伞,即一般降落伞,在空中只能产生下降阻力,没有升力,而滑翔伞在空中飞行过程中会产生速度和升力,而且它的速度和升力远远大过它的阻力。因为在构造上,滑翔伞伞衣内层结构设有气囊,在没有充满空气前,滑翔伞没有实质的棱角,一旦内层气囊充满空气,滑翔伞的前沿就会出现棱角。这样,滑翔伞在空中飞行时将相对的气流由翼面上下分别引开流动,阻力与风力平行,重力与翼上方空气相结合,使滑翔伞产生前行速度。滑翔伞是自由飞行器,通常从高山斜坡借助惯性起飞,也可以通过牵引方式起飞。

3. 滑翔伞的构造

滑翔伞通常由翼型伞衣、伞绳、背带系统和操纵系统四大部分组成,为便于保管、携带与运输,每具滑翔伞还配有一只背式包装袋。

(1) 翼型伞衣。翼型伞衣,也称伞翼,是滑翔伞产生升力和承受载荷的主要部件。伞衣的形状、面积以及与气流相对运动的速度,对升力产生很大的影响。翼型伞衣由上翼面、下翼面和沿翼展方向规律分布的数10个成型翼肋构成,上下翼面与翼肋缝合,形成特定的伞翼形状。伞衣前缘按照翼肋的横向排列,构成一定尺寸的进气口。由于伞衣后缘是完全封闭的,所以上下翼面与各翼肋之间便形成了一个个用于储存空气的气室。当伞衣与空气做相对运动时,空气由进气口进入气室,因伞衣后缘封闭而不能排出,在空气冲压力的作用下,伞衣内腔产生一定的压力,使这种柔性伞衣保持一定的刚性和形状。在翼肋上的不同部位,还开有大小及数量不等的圆孔,目的是使各气室间的空气可沿翼展方向流动,用于平衡整个伞衣内部的压强,以利于保持整个伞衣形状,避免伞衣充气时因部分受力不匀而塌陷。

(2) 伞绳。伞绳用于伞衣与背带系统的连接,使滑翔伞成为一个整体并保持滑翔伞在飞行中应有的翼面形状。同时,伞绳还是滑翔伞承载的传力部件,飞行员通过伞绳对滑翔伞实施操作。伞绳通常在伞衣中心轴两侧由前向后分为3或4组对称分布,上端在伞衣下翼面和翼肋的缝合部位与伞衣连接,下端通过可卸金属环与操纵带连接,伞绳与伞衣的连接点分布应根据设计要求,尽最大可能保持良好的翼面形状和受力状况,伞绳长度应按操纵稳定性和保持引角最佳位置的要求来确定。

(3) 背带系统。背带由多种不同功能的部件组成,是将飞行员固定并使之与伞翼系统相连接的承力部件,也是人体的防护部件。在固定、连接功能方面,它由主套带、肩带、胸带、腰带、回带、斜拉带、备份伞连接带以及金属环扣和快卸锁等组成,围绕背包形成一个整体。背包下方还设计有装放水袋的口袋,口袋上缝有小口,当体重较轻的飞行员在较大风速的情况下飞行时,必须携带水袋,只有在气象条件稳定后才允许通过排水口放出多余的水,以减轻伞的负重。高性能滑翔伞背带系统的臀后部位都设计有备份伞伞包,用于装放折叠好的备份伞,备份伞的手抛拉环用尼龙搭扣粘贴于背带系统背包右下方,以便应急时使用。

(4) 操作系统。操作系统主要由操纵带、操纵绳和操纵圈组成,高性能滑翔伞附有脚蹬加速装置,必要时部分伞绳也可用于操纵,操作系统在伞衣中心线两侧对称分布,操纵带除与伞绳连接外,还可实施加速、减速和消高等操纵,脚蹬加速装置可在飞快需要时增快飞行速度。

4. 滑翔伞分类

滑翔伞的分类,是以滑翔比来界定的,并以其性能和适用条件来区分。滑翔伞在飞行中,其水平速度与下降速度之比称为滑翔比。例如:水平速度为

6米／秒,下降速度为1米／秒的滑翔伞,那么其滑翔比为6。在通常情况下,滑翔比小的滑翔伞,水平运动的距离短,下沉率大,难以在气流中盘升,滑翔性能较差,但其飞行稳定,翼型伞衣充气刚性好,不易发生变形折翼现象;滑翔比大的滑翔伞,水平运动距离长,下降率小,有利于在气流中盘升,滑翔性能优越,但由于其展弦比较大,翼型薄,且进气口小,位置下移,充气性能降低,易造成折翼现象,因而对飞行员的操纵技术要求较高。当前,滑翔伞基本上可分为标准型、休闲运动型和专业竞赛型三大类。

（1）标准型。标准型滑翔伞的滑翔比为5~7,展弦比较小,伞衣气室充压性能好,下降稳定,易于操纵,配有低级别背带系统。由于此型伞刚性好,并且盘升性能较差,伞的自身安全系数大,因此适合初学者使用。

（2）运动休闲型。在通常情况下,运动休闲型滑翔伞的滑翔比为7~9,翼型伞衣趋于长椭圆形,展弦比较大,伞衣气室充压性能好,具有一定的盘升性能,盘升与下降都很稳定,折翼现象发生较少,即便是发生了也容易排除。此型伞使用的背带系统性能较好,不仅配有护身座板,而且还可加装配重水袋等,是供较大群体用于休闲运动和专业运动员向竞赛型过渡时使用的一种训练伞。

（3）专业竞赛伞。专业竞赛伞的滑翔比大于9,翼型伞衣呈椭圆形,翼展长,展弦比较大,伞衣气室进气口小,位置偏低;上翼面弯曲度明显,充气后的伞翼面更薄;其水平速度大,下沉率小,盘升性能优越,适合长时间留空飞行和远距离滑翔,是利用空气动力实施飞行的最轻型飞行器。但此型伞对飞行员的操纵技术要求很高,操纵不慎或遇到紊乱气流时,极易发生折翼现象,且排除时也需要一定的技巧。这种伞配备的背带系统,除具备休闲运动型背带系统所具备的性能和配置外,为保证飞行员长时间、高速度飞行时的舒适性,有的背带系统设计成了流线型船式结构,可保证飞行员飞行时坐靠和仰卧的需要。

现在,伞翼速度也已成为判断滑翔伞级别高低的重要指标,标准型伞翼速度为33~38千米／小时,休闲运动型伞翼速度为40~50千米／小时,专业竞赛型伞翼速度为55千米／小时以上。

（二）滑翔伞运动的适应人群

滑翔伞运动具有普遍适用性,是一项老少皆宜的运动,下至十几岁的孩子,上至六十多岁的老人,只要身体健康,符合飞行的基本条件,都能参与滑翔伞运动。但是滑翔伞运动并不像其他休闲项目那样,人人皆可玩,它是一种非普及化的运动,因为一旦开始玩滑翔伞,就需要配备滑翔伞伞具、滑翔伞运动所需要的装备(比如头盔、滑翔服、飞行靴、手套、风镜、高度标、指北针、全球卫星定位仪、无线对话机、水袋等),一套滑翔伞的伞具一般需要3万元左右,再加上装备至少需要4万元的投资,所以说,滑翔伞运动的参与人群是有选择性的,要达到一定的收入水平。就目前中国经济发展水平而言,我国绝大部分滑翔伞运动爱好者主要集中在中高收入的青壮年群体,他们有足够的精力和充沛的体力参与这种富有刺激性的休闲体育运动;从受教育的程度来看,参与这项运动的人群文化水平程度较高,而且大都是从事技术型工作的人群。因此可以看出,滑翔伞运动的参与人群是一些有一定的文化层次、年富力强的社会中坚力量。

二、跳伞运动

(一) 跳伞运动简介

人或物体脱离一定高度后,利用空气阻力对抗重力减缓下降速度的软质器具,称为降落伞。跳伞运动是指跳伞员乘飞机、气球等航空器或其他器械升至高空后跳下,或者从陡峭的山顶、高地上跳下,并借助空气动力和降落伞,在张开降落伞之前和开伞后完成各种规定动作,并利用降落伞减缓下降速度在指定区域安全着陆的一项体育运动,它以自身的惊险和挑战性,被世人誉为"勇敢者的运动"。最初的降落伞是圆形的,它是利用巨大的伞衣承受空气阻力,减缓下降速度,保证人的着陆安全。但是,圆形降落伞几乎没有自主的水平速度、完全随风飘移,很难到达人们预想的地点着陆。经过几年的研发,20 世纪 70 年代出现了翼形伞。

1. 跳伞运动的起源

人们一说到跳伞,大多数人的第一印象就是伞兵从飞机上跳出机舱,打开一顶很大的白色圆形降落伞。第一个真正从空中跳伞成功的人是法国青年加勒林。1797 年 10 月 22 日,加勒林在巴黎乘一个巨大的热气球升至 100 米的天空,他砍断系绳,将气球放走,吊篮脱离气球后,朝地面急速坠落,游览的人们发出一片惊叫,正当人们为他的生命担忧之际,突然连在吊篮上的一块白色大帆布蘑菇般地张开,载着加勒林摇摇摆摆地落在地面上,这就是人类跳伞运动的开始。18 世纪 30 年代,随着气球的问世,为了保障浮空人员的安全,杂技场上的降落伞开始进入航空领域。据国外资料介绍,当时有人制成一种绸质硬骨架的降落伞,以半张开状态放置在气球吊篮的外面,伞衣底下带有伞绳,系在人的身上,如果气球失事,即可乘降落伞落地。

从 18 世纪末开始,跳伞在欧美各国迅速发展,并逐渐流行;1926 年,美国率先将跳伞运动正式列为空中比赛项目;20 世纪 50 年代,跳伞由起初的救生和军事应用,发展成为一项国际性体育竞赛项目;1951 年,在前南斯拉夫举行了第一届世界跳伞锦标赛,这种竞赛从 1954 年起每两年举行一次。

20 世纪 80 年代,BASE 跳伞比赛兴起(BASE 是建筑物、天线、跨距、地表四个英文单词的首写字母缩略词),这种从陡峭的悬崖或建筑物等固定物上跳伞的比赛危险性极大,被人们称为"死亡比赛"。

20世纪90年代,空中滑板极限运动开始在欧美一些国家流行起来,运动员除配备降落伞外,脚上还穿有一种特别的滑板,运动员在自由降落阶段利用空气的动力完成旋转、翻腾和滑行等高难度动作,目前这一项目已正式被列为ESPN(世界极限运动最具有权威性的组织机构)极限运动会项目。

目前,跳伞运动已经成为全球最为普及的航空体育项目之一,也成为年轻人最时髦的极限运动之一。跳伞的升空方式也从最早的从热气球上跳伞发展为飞机跳伞、伞塔跳伞、牵引升空跳伞,当今喜爱冒险运动的人们又发明了从悬崖和摩天大厦跳伞等。现在,跳伞项目除了传统的特技、定点、空中造型、空中踩伞等项目外,又新增添了空中自由式跳伞和空中滑板跳伞,从单纯的竞技型向休闲、娱乐和极限运动演变。

2. 跳伞运动的主要装备

基本装备保证跳伞的安全和成功,对于所有跳伞人来说,装备主要包括四个部分。

(1) 背带。抓住跳伞人的身体。

(2) 容器。放置主伞盖和备用伞盖,容器连接到背带上。

(3) 主伞盖。存放在容器中,通常先打开该伞盖。

(4) 备用伞盖。该伞盖与主伞盖类似,但是仅在主伞盖无法正常使用时才使用。

除了上述四个主要部分外,跳伞运动还通过装备的其他部分来确保整个系统正常工作,其他装备包括以下部分:

(1) 固定开伞索和挂钩(仅限固定开伞索跳伞)或主开伞索。用于打开主伞盖。

(2) 切断手柄。用于使主伞盖与跳伞人分离,只有主伞盖无法正常打开时,才使用该手柄,该手柄可帮助改变跳伞人上方的气压,使备用伞盖可以打开并保证不会与主伞盖缠绕。

(3) 备用手柄。用于打开备用伞盖。

(4) 前后升降器。用于操纵伞盖。

(5) 自动激活设备。该设备是一种大气压设备,不断分析周围的压力,确定高度以及下降的速度。当高度低于984英尺(约300米)、垂直速度超过每秒125英尺(约38米)时,该设备将激活,打开备用伞盖。

(6) 高度计。用于在跳伞时测量高度。

(7) 护头装置。在坚硬的地面上着陆时保护跳伞者的安全。要求坚固轻便,内部有缓冲点,为减少阻力,应具流线外形,视野开阔,尺寸要与头型吻合,初次跳伞的人可能要使用坚硬的头盔,经验丰富的跳伞人可能希望使用皮质的帽子,尽管保护性能差些,但是更加灵活。

(8) 卫星定位仪(GPS)。GPS 除能准确确定飞行中的位置外,其最有用之处是可以将飞行航线以程序形式输入仪表,在空中可指示你如何去飞行,显示飞行平均速度和到达下一站的预计时间,对在比赛和长途越野飞行中寻找目标转弯点,准确控制飞行航线有很大帮助,国际航联近年才批准将 GPS 应用于航空运动中。

(二) 跳伞运动的适应人群

由于受到跳伞器具、服装、场地、空域管制、天气等因素的限制,目前我国跳伞运动多是以俱乐部的形式开展,爱好者可以电话或信息、邮件等方式与俱乐部取得联系,安排具体的日期。跳伞之前需要出示市级以上医院一年内的体检证明(心电图、血压、血糖),在一切正常的前提下方可到基地办理相关手续,次日才能跳伞,跳伞前 3 天不能参加潜水活动,身上不能有未痊愈的骨伤。但就目前俱乐部的收费来看,普通人群还是难以接受的,体验一次 3 000 米高度的双人跳伞,需要交纳不低于 2 000 元的费用,如果需全程摄像、照相等则要另付费用,再加上吃、住、行,单次的花费至少在 3 000 元以上。因此,同滑翔伞类似,跳伞是一种非普及化的运动,人们要有一定的收入水平和消费观念以及足够的精力和充沛的体力,才能来参与这种富于刺激性的运动。

三、热气球运动

(一) 热气球运动简介

热气球运动是一种国外流行、国内新兴的体育运动项目,而且是一项老少皆宜的运动项目。据国际航联统计,所有飞行器中,热气球的安全系数最高。热气球不仅给人类的飞翔之梦插上了翅膀,而且将这个梦想点染得五彩缤纷、绚烂夺目,人类激情的创造力、天才的想象力,在热气球上表达到了极致。

1. 热气球的起源和发展

热气球在中国已有悠久的历史,2 000 多年前,汉武帝时代淮南王刘安的门客们编写的《淮南万毕术》中就记有"艾火令鸡子飞"。

第二次世界大战以后,高新技术的应用使球皮材料以及致热燃料得到普及,热气球成为不受地点约束、操作简单方便的大众休闲体育项目。

2. 热气球运动的特点

热气球运行的基本原理是热胀冷缩,当空气受热膨胀后,比重会变轻而向上升起。热气球没有动力系统,在空中不能主动操纵改变方向,但是,在不同的高度,风的方向和速度不同,驾驶员可根据飞行的需要选择适当的高度。因此,驾驶气球探险是人们征服自然,体现自我的极好选择。热气球是人类最早的升空载体,而随着热气球材料的改进、制作工艺的提高、驾驶技术的日臻完善,热气球飞行已成为任何地点都可进行、任何人都可尝试的新型空中体育项目,热气球运动已发展成为一种非常流行的体育休闲娱乐活动方式,但仍不失为一种财富、身份和性格、勇气的象征。

同时,当今的热气球工艺先进,能做出各种象形的异形球。加之气球体积庞大,几千立方米的气球有几十米高,五颜六色的外表可以缝制各种精美的图案。在空中飘飞时,热气球极易吸引人们的注意力,并留下深刻的印象。因此,热气球运动还是很多大型庆典活动不可或缺的内容。

3. 热气球的主要构成装备

热气球由球囊、吊篮和加热装置等部分构成,球皮由强化尼龙制成(部分由涤纶制成),质量很轻,但非常结实,球囊不透气。

(1) 吊篮。吊篮由藤条编制而成(我国大多数采用东南亚进口的材料),着陆时能起到缓冲的作用。

吊篮四角放置四个热气球专用液化气瓶,置计量器,吊篮内还装有温度表、高度表、升降表等飞行仪表。

(2) 燃烧器。燃烧器是热气球的心脏,比一般家庭煤气炉的燃烧能量大150倍。当主燃烧器点燃时,火焰有 2~3 米高,并发出巨大的响声。点火燃烧器是主燃烧器的火种,另外,热气球上有两套燃烧系统,以防备在空中出现故障。

(3) 压力仓。环球飞行的飞行员们住在一个密封性能极好的压力仓中,压力仓提供了适宜的温度、压力和空气环境,这与普通热气球上的吊篮不可相提并论。

(4) 燃料。热气球通用燃料是丙烷或液化气,气瓶固定在吊篮内,一只热气球通常能载运 20 千克的液体燃料。

4. 热气球类型

国际航空联合会(FAI)下属的气球理事会(CIA)根据填充的气体不同,把热气球分成四类。

(1) AA 型:填充比空气轻的气体如氢气或氦气,气囊不密闭,没有加热装置。

(2) AX 型:气囊中填充空气,通过装置对空气加热,使之变轻获得升力,又被称为热气球。

(3) AM 型:既填充"轻气",又具有加热装置的气球,亦被称为罗泽(Rozier)气球。

(4) AS 型:填充"轻气",气囊密闭,由于高度可通过充气量控制,用于科学研究。

标准热气球体积有以下级别：7级球体积2 000~2 400立方米；8级2 400~3 000立方米；9级3 000~4 000立方米；10级4 000~6 000立方米；异型球2 300立方米。

（二）热气球运动的适应人群

热气球的飞行驾驶简单易学，器材的性能安全可靠，老少皆宜，一般人都能从事该项运动。只要按规定程序操作，飞行安全是完全有保证的，安全系数相对很高。国际航联已将其确定为最安全的航空器。但热气球也是一种贵族运动，飞热气球需要考取中国民航局颁发的热气球飞行驾照。学习飞行、体检、考试费用约人民币18 000元；一只标准热气球，价格约68 000元，包括一个球囊，一个燃烧器，一个吊篮和四个特制气瓶，其中球囊使用400小时后需要更换；需要携带的装备（高度表、GPS、对讲机、点火枪）合计价格在10 000元左右；单次飞行（地勤车、协助起飞和降落的地勤人员、液化气等）的费用也在1 000元左右。因此，就我国目前的情况来看，热气球是富人才能玩得起的一项运动。

第四节　休闲"潮"运动项目

一、高尔夫球运动

高尔夫是以球杆和球为运动器具，在人工精心设计和保留自然环境形态的球场中，用球杆将球击进规则所规定的球洞中。

（一）项目简介

1. 高尔夫球运动的起源

高尔夫球运动的起源至今是一个没有定论的问题，比较一致的观点认为，高尔夫球起源于苏格兰民间，形成于14至15世纪。1744年，世界上第一家高尔夫球俱乐部就建立在苏格兰的爱丁堡。

新中国成立后的第一个高尔夫球俱乐部是1984年开业的广东中山温泉高尔夫球会。1985年，中国高尔夫球协会成立。在1986年汉城（今首尔）亚运会上，中国高尔夫球运动员首次在国际比赛中亮相。

2. 高尔夫球运动的发展

高尔夫球运动在欧洲已有 500 余年的历史,传播到美洲至今也有 300 余年了,如今高尔夫球运动在西方发达国家已经成为全民参与的大众运动。随着我国经济的快速发展,人们对高尔夫球运动的需求不断增加,一些大中型城市相继修建了规模不等的高尔夫球场,并陆续组织了一些重大比赛,再加上各种传媒的渲染,极大地推动了高尔夫球运动在我国的发展。目前,据中国高尔夫球协会不完全统计,我国有各类高尔夫球会近 500 家,球洞数合计约 9 500 洞。参加运动人数百余万,其中,参加中高级赛事活动的业余运动员 2 000 余人,职业运动员 300 余人。

(二) 项目特点

(1) 它具有很强的可参与性。高尔夫球运动基本与紧张、激烈的比赛场面无缘,展现了平和、舒展的运动特点,因而它的可参与程度很高,既不受年龄、性别的限制,也对身体素质、运动能力要求较低。在阳光的照射下,参与者呼吸着清新的空气,漫步于天地人合一的大自然中,悠闲自得,既可结伴对抗,又可单人休闲。

(2) 它具有很强的健身价值。任何一项体育运动都具有一定的健身价值,相比之下,高尔夫球运动的健身价值更显突出。它既不需要通过对机体的"超量恢复"训练来建立运动者良好的专项运动素质,也不需要对原有的身体素质提出过高要求来发展身体技能,运动者只要掌握了一定的技术方法就能参与其中。

(3) 它注重礼仪与文明。高尔夫球运动将礼仪纳入运动规则,开创了世界体育运动史的先河。它所推崇的礼仪规范,有着深层的文化内涵和广泛社会意义。如: 规则中所提到的"为其他球员着想""球场优先权",以及"对球场草坪保护"等内容,都体现出一种"先人后己""礼贤下士"的绅士风度。

(4) 它具有很强的包容性。高尔夫球运动这种充满了西方传统文化发展内涵的体育运动,在现代社会经济文化一体化发展进程中,它已不仅仅体现单一体育运动所赋予的娱乐、健康、休闲等功能了。其随着社会经济的发展与产业结构的调整和变化,以其特殊的文化表现形式,在现代经济发展的时空中得到了有效发展,并迅速成为现代社会产业结构中一种新兴的并具有高附加值的产业形式。

二、飞盘运动

(一) 项目简介

飞盘运动是一种老少皆宜的健身项目,只要有一片空旷的场地,就能让人心情愉悦地锻炼与玩耍。又由于投接的手法千变万化,它最能吸引爱好健身及喜爱户外运动的朋友。运动由于本身具有新奇、活泼、变化、具有挑战性、男女差异小、没有场地限制等诸多特点,吸引了男女老少各年龄层的爱好者。它不仅具有广泛的群众性、娱乐性,还有很强的对抗性和趣味性。最常见的飞盘玩法,是两个人彼此抛来抛去,进行简单的抛、接动作,只要技术够好,也可以玩得让人眼花缭乱。

飞盘在 1948 年发明于美国,20 世纪 70 年代风行欧美,日本是亚洲最早推展的国家,我国台湾地区首先传入。目前国内各大城市,如杭州、北京、天津、上海、西安、武汉、重庆、广州、宁波、深圳、长沙、大连皆有飞盘俱乐部,另外在国内各大高校中飞盘运动也在不断发展。

历经 70 多年的变化与发展,目前已衍生出十余种正式的国际飞盘竞赛,其中最受玩者欢迎的有:自由花式、掷准飞盘、团队飞盘、勇气赛等四大项目。

国际组织有世界飞盘联合会,并已于 2013 年被国际奥委会正式认可飞盘运动为在国际上的单项运动总会之一,预计在不久的未来,飞盘项目也能有幸列入奥运会、青奥会、大运会等赛会中的正式项目。

一般飞盘,又称传统飞盘,即传统造型的飞盘,又依大小重量可分为小型盘、中型盘、大型盘三类。各型飞盘都各有其尺寸与重量的匹配,也就是重量 / 直径,又称密度,其中原料的弹性,也是盘子品质的关键因素,依其特性用于掷准赛、双飞盘、掷接赛、勇气赛、团队飞盘赛、花式传接、自由花式等各项比赛。

(二) 项目特点

飞盘是一种投掷盘形器具的运动,20 世纪 40 年代首先在美国出现,现流行于世界各地。盘直径271~277 毫米,盘缘厚度 30~34 毫米,用手指和手腕发力,使之旋转,在空中飘飞。主要比赛方法有十多种,如:掷远、掷准、自由花式、团队飞盘赛、双飞盘和掷准飞盘等。1973 年起在美国,每年举行一次飞盘锦标赛。

飞盘的构造简单,但是涉及有关飞行、物理的科学知识,像空气动力学、牛顿定律、旋转物理学等,所以飞盘的品质要求也不能马虎。首先飞盘的边缘要十分干净、光滑,不要有刺手的毛边,免得在抛、接时割伤皮肤。再者盘身的平整也同样重要,不要有高低不平或是厚度不均的情况,以免影响飞行的稳定度,通常以水平且不会变形的为最好。

参与飞盘运动需要运用跑、跳、投掷等基本的身体运动机能,在充满乐趣的比赛活动中锻炼身体,摆脱枯燥的基础练习。同时,无氧与有氧的结合,使得参与飞盘运动既可以锻炼心肺功能,又能起到增强肌肉力量,塑造身形的目的。

飞盘运动集力量性、准确性、灵活性、对抗性于一体,集足球、篮球、橄榄球特点于一身,简单易学、趣味十足,具有挑战性,竞技时需要充足的体力去进行拼抢,可以达到锻炼身体的目的。玩飞盘是一种全面健身的好形式,对整天坐在座位上学习的学生而言,更是一种极好的恢复体力,消除疲劳,锻炼大脑的运动形式。

(三)飞盘运动欣赏

1. 飞盘掷远

通常比赛选手须在 2.5 秒内投掷五盘,取最远的算成绩,飞盘要掷得远,除了要使用专用掷远盘外,且要善用风力,大部分选手都采用反手投掷法,也可助跑加旋转将飞盘掷出,可以增加 20% 的距离。目前世界纪录是 250 米(风速 42 千米/小时),飞盘可说是人类所能投掷最远的投掷器。

2. 飞盘掷准

(1)国际赛制。掷准架为离地 1~1.5 米正四方形目标,使用 138g 专用盘。场地为正面 3 站(13.5 米、22.5 米、31.5 米),左右两面各二站(13.5 米、22.5 米),共七站。每站投掷 4 片飞盘,满分 28 片。

(2)掷准新赛制。掷准架为 1 米×1 米离地 60 厘米的方形目标,按选手组别分为:一般组及选手组,一般使用 95 克盘,或按选手功力使用高尔夫 95 克盘或 105~125 克盘。一般比赛场地仅设 3 个位置:正面(8 米、10 米、12 米),左右两侧各 1 个位置(10 米),依比赛选手等级,另设预赛、复赛、决赛,各有不同比赛方式,具体请参考各比赛秩序册。

3. 双飞盘

两片飞盘在空中交错,这是又紧张又刺激的飞盘比赛,也是一项能表现飞盘扁平特性的比赛。其场地是距离 17 米远的两个 13 平方米的赛场,每队二名选手,在这个范围内两队互相将飞盘丢入对方的赛场,投盘出界或接盘漏接均扣一分,若双盘同时落停(接)在同一方则扣 2 分。

4. 飞盘花式

使用 Wham-O、INNOVA、Discraft160~175 克、180 克的大型飞盘。

花式飞盘是结合飞盘的各项技巧,再加上体操及舞蹈动作,搭配音乐节奏,创造出千变万化的招式。投出飞盘后,队友或是顶盘,或是拍盘,或是身上滚盘,而大都则以"旋盘"来做衔接。通常 2~4 人组成 1 队,在 3~5 分钟内,配合音乐演出流畅、创意、难度高、有内容的力与美结合的飞盘表演艺术。

5. 团队飞盘

(1)七人制。在 100 米×37 米的场地内使用 175 克飞盘,进行你争我夺的激烈比赛,它有橄榄球赛般的激烈,有出神入化的传接,有严酷速度、耐力考验,目前此项目普及于欧美各大学、高中,亦是飞盘项目中具有最多拥趸的对抗型竞赛。

(2)五人制。按各学校操场规划长 54~60 米,宽 20 米的场地,同时针对五人制另行创新了规则、场地、赛制、裁判。

三、电子竞技运动

（一）电子竞技运动概述

2004 年，在首届中国电子竞技运动会上，官方对电子竞技运动的定义为：
"利用电子设备作为运动器械进行的人与人之间的智力对抗运动。通过运动，可
以锻炼和提高参与者的思维能力、反应能力、四肢协调能力和意志力，培养团队
精神。"2003 年 11 月 18 日，国家体育总局将电子竞技运动列为第 99 个正式体
育比赛项目。2008 年，国家体育总局将电子竞技运动改批为第 78 号正式体育
竞赛项目。

（二）电子竞技运动的种类

1. 根据电竞项目内容划分

根据项目内容划分，电竞运动可以分为实时策略型、多人在线战术竞技型、
卡牌型、第一人称射击型。

（1）实时策略型。实时策略型电竞项目，主要是玩家以第三人称视角，在同
一个虚拟地图内控制一个区域内的单位，自行发展，与对手进行攻防作战，一般
以消灭对手或占领对手区域作为获胜的标志。例如，21 世纪初期进入中国的
《红色警戒》游戏，即为最早的策略类游戏，后期依靠网络游戏平台进行线上游
戏。之后影响比较大的有《命令与征服》《魔兽争霸》等。其中，《魔兽争霸》及
其衍生品后来发展为比较有代表性的策略型电竞项目。策略型电竞项目考验选
手的筹划能力和对局面的掌控能力，选手在面对有利局面时能否合理获利，在面
对不利局面时能否沉着、冷静地应对，这些对选手的大局观和心理素质有着很大
要求。对于观众来讲，可以从宏观的角度来观看整个比赛，讨论选手策略的得
失，增强旁观者的代入感。

（2）多人在线战术竞技型。这类游戏项目在初期角色划分比较单一，随着
技术和理念的发展，角色越来越丰富，角色的特点也更加鲜明、突出。选手在使
用不同角色的时候，既要熟练掌握基本技能，又必须对该角色的优缺点都有所了
解，才能最大限度地发挥角色的作用。

此类电竞比赛对选手的个人能力要求较高，若是团队竞技时，还考验团队
合作能力。从赛事营销的角度讲，比赛容易造成明星效应。此类电竞比赛是目
前电竞赛事中受关注度最高的一类项目。

目前英雄联盟赛事发展得最为完善和系统，英雄联盟职业联赛（LPL）是国
内英雄联盟最高级别的职业联赛，目前分为常规赛、季后赛、升降机赛三部分。
12 支顶尖豪门战队为赛季总冠军荣誉以及高额的赛事奖金展开争夺。常规赛

把 12 支队伍均分为两个小组,小组内进行双循环比赛,不同小组间进行单循环对抗赛。积分排名前 8 的战队将晋级季后赛,为赛季总冠军以及高额的赛事奖金继续展开争夺。

以 2017《英雄联盟》S7 全球总决赛为例,参赛队伍将根据最终名次来分配这些奖金。其中第一名获得 37.5%,第二名获得 13.5%,第三、第四名各获得 7%,第五到第八名各获得 4%,第九到第十二名各获得 2.25%,第十三到第十六名各获得 1.25%,第十七到第二十名各获得 0.75%,第二十一到第二十四名各获得 0.5%。

而根据这个比例,目前各站队的奖金为(以 460 万美元约算):

冠军:37.5%共 172.5 万美元 SSG 战队获得。

亚军:13.5%共 52.1 万美元 SKT 战队获得。

四强:7%(共 14%)共 64.4 万美金 WE、RNG 各分得 32.2 万美元。

八强:4%(共 16%)共 73.6 万美金每个队伍共分得 18.4 万美元。

十六强:1.25%(共 5%)共 23 万美金 EDG 等其他队伍分得 5.75 万美元。

(2020 年,人民币兑美元的平均汇率约为 6.4:1)

(3)卡牌型。卡牌型电竞项目属于诞生比较早的电竞运动之一。在早期,典型的卡牌型电竞基本等同于棋牌类游戏,如在一些游戏平台上进行的"麻将""升级"等网络比赛。不同于网络赌博,棋牌类游戏使用的是积分法,即根据一定的规则,计算玩家得分的多少。经过一段时间的发展,新型的桌游类游戏或其他卡牌类游戏开发出线上版本,依靠其实体游戏积累的受众,形成了庞大的参与群体。

卡牌类电竞赛事一般为个人竞技,由两名参与者直接对抗或是多名参与者同时参与。该种电竞方式一方面考验参与者的技术,一方面因为系统发牌的随机性,造成了很多的偶然性和不确定性,使过程更加紧张、刺激。

(4)第一人称射击型

第一人称射击类电子竞技项目可以算是电子竞技运动的奠基项目。最早的也是最著名的第一人称射击类游戏《反恐精英》(Counter-Strike)的线上比赛基本已经初步具备了电子竞技的各项特征和要素。时至今日,与该游戏的升级版或衍生品有关的国际级别的电竞赛事仍在举办。第一人称射击类电竞项目要求参与者掌握熟练的技术和各种武器的使用特点,在面对不同地形、对手和战术组织时,使用合理的武器击败对手取得胜利。该项目考验的是选手的基本功和快速的操作能力。

2. 根据单场比赛的参与人数划分

按照单场比赛的参与人数划分,电竞赛事可以分为团队竞技型赛事和个人竞技型赛事。

（1）团队竞技型。团队竞技型一般由两名或两名以上玩家组成对战的一方，以团队为单位进行竞技。例如著名的《英雄联盟》，通常每个队派出五名选手上场，各扮演一个不同的角色人物进行对战，对团队的合作意识和配合能力有着很高的要求。为了增强团队成员之间彼此的默契程度，往往需要花费大量时间进行集训，也因此催生了大量的职业电竞团队。

（2）个人竞技型。个人竞技型即两名或多名玩家以个人为单位进行竞技。卡牌类游戏大部分为个人竞技型比赛。该种形式比拼的是选手的个人能力和反应速度，也是最能体现选手个人魅力的比赛形式。

（三）电子竞技运动的积极作用

1. 社交功能

大多数电子竞技运动为多人参与的团队型运动，每个个体在参与的过程中既可以与自己熟悉的同学、朋友组成队伍，也可以与网络中某一互不相识的人临时组成团队。不论哪一种方式，同一个团队内的成员都要以整个团队的利益为出发点，互相配合，以夺取最终的胜利。这一过程中，团队成员会不断地进行交流和沟通，满足了个体的社交需要。

同时，随着电子竞技的普及，越来越多的人开始对这项运动产生兴趣，并在茶余饭后将其作为一种谈资。当与不熟悉的人进行初次交往时，可以将电子竞技作为一种切入点，引起话题，拉近与周围人的距离，更快地融入想要加入的人际圈。

2. 缓解情感压力

现代人生活节奏快，无论是成年人还是学生都会产生非常大的心理压力，这种压力如果不能得到及时释放或者转化，就有可能演变为心理上的疾病。电子竞技运动通过模拟战争或其他情节的全过程，使人在竞技的过程中，从头到尾完整地主导这一过程，当最终获得胜利后，参与者将获得非常大的成就感和满足感，从而缓解精神上的压力。

（四）参与电子竞技运动需要具备的条件

1. 适合自己的操作方式和设备

从事电子竞技运动，舒适的设备很重要。如果从事 PC 端的电竞项目，则要选择的设备比较多，如鼠标、键盘、显示器和耳机。一般而言，设备价格越高，其质量和综合性能也就相对更优良；但是，也同样要注意，最贵的未必是最好的，最好的独立元件组合到一起也未必就能产生最佳的效果。因此，在选择设备的时候，要以适合自己以及所从事的电竞项目为标准，以达到最好的操作体验为目的。例如，在参与射击型项目时，耳机的双声道同步能力就非常重要，而策略型或卡牌型则对此要求不是很高。

如果是移动终端的电竞项目,则要选择适合双手配合操作的设备,其标准为手在握持设备时可以在屏幕上自由活动,如果手比较小,就不要选择体积过大的设备。如果有可能,可以选用一些辅助部件,如手柄、按键等。

2. 稳定的特长技术

电子竞技运动与其他体育运动最大的共同点就是参与电子竞技的运动员同足球、篮球等项目的运动员一样,需要通过自身的刻苦训练来获得稳定、优异的个人技术。在电子竞技的对抗过程中,经常出现两名选手直接比拼技术的情况。此时,一方如果能够最大限度地发挥个人技术,将对取得最后的胜利产生巨大的积极作用。

与此同时,如同其他项目的精英运动员都有自己鲜明的技术特点一样,电子竞技的运动员也应该明确自己擅长的技术。虽然电子竞技可以在虚拟平台上使个体的先天差异近乎被抵消,但是每个人的精力是有限的,任何一个选手都不可能熟练运用所有的技术。因此在日常训练的过程当中,参与者要选择固定的几种技术进行深入练习,切忌"十八般武艺,样样稀松"的情况。

3. 团队协作能力

大部分的电子竞技运动为团体项目,因此,在进行对抗时,队友间的配合能力就显得尤为重要。参与电子竞技的选手,很少会与不熟悉的同伴配合,甚至一些团队的主力队员之间有数千小时的配合经历,互相之间凭语气或简单的几个单词,就可以明白对方所表达的意思,并作出对方想要得到的回应。

一般的电竞爱好者不可能投入如此之大的精力和时间,但在日常的活动过程中也可以适当进行这方面的训练,例如,熟悉队友的行为习惯和风格,互相适应,形成默契;但要注意的是,不要强行与风格不匹配的队友合作,容易产生矛盾。队友间平时也可以约定一些常用的代号,来代表比较复杂的操作或指令,这样在战斗比较激烈的时候可以为交流过程节省大量的时间。

4. 准确的判断力

参与电子竞技需要具备敏锐且准确的判断力,这与其他体育项目是一致的。电子竞技的信息传导全部由网络信号完成,传播速度更快,场上局面瞬息万变,选手需要在极短的时间内根据自身和队友的情况判断所处的形势,作出决定。而这样的判断力又常常是建立在丰富的经验和对双方实力信息有效掌握的基础上的。

四、野战运动

(一) 项目简介

1. 野战运动的起源

野战运动就是参与者手持发射器,利用激光或者塑料弹囊(彩弹、水弹)作为传输介质,在跑动中依靠发射与接收激光或塑料弹囊(彩弹、水弹)的方式模拟子弹发射与击中的结果,利用计算机辅助功能对结果进行统计分析并在一定时间内完成模拟军事攻防对抗的运动。

野战运动英文名称为 War Game,起源于 20 世纪 50 年代美国中西部地区,最初是从事畜牧业的管理者为了更好地管理各种畜种,发明了一种可以发射彩色小弹球的气枪来给牲畜们做标记。后来一些放牧的牛仔们在闲暇时间在牧场玩起了追逐射击游戏,不幸被彩弹射中并留下彩色印记的牛仔被称为阵亡者,没有被射中的就是幸存者,野战运动即由这种生存游戏演化而来。经过欧美许多参与国家逐步完善和规范,野战运动形成了较为职业化的场地、器械和竞赛规则。随着科技的发展,西方发达国家军队为节省训练开支,采用以激光代替子弹的方法训练步兵射击。激光模拟单兵综合交战训练和战术训练首先在西方发达国家运用,尤其以美国"多功能综合激光交战训练模拟系统"(英文缩写 MILES)为代表,包括由电池供电的便于固定到一般武器上的小型激光发射机、人员身上和头盔上的光电探测传感器,满足参与者需求。

在此基础上,我国首创这项通过户外越野跑、徒步走、射击等运动手段,结合军事训练题材,使用 GPS、数传无线电台、视频传输、激光传感器等多项科学技术的竞技性时尚休闲体育运动项目。野战运动俗称激光对战,激光对抗,现实反恐精英、真人 CS 等,逐渐成为是一种新兴的使用高科技手段来模拟战场真人对抗的大众休闲竞技性娱乐运动。

2. 野战运动的发展

1994 年在北京万芳亭公园创办了全国首家以彩弹为介质的匹特搏野战运动场,但由于涉及国家相关枪支管理等因素,这项运动发展缓慢。2004 年,为顺应时代发展需求,在中国无线电运动协会和中国定向运动协会拓展与露营委员会主导下进行了科研攻关,2007 年结合国家体育总局推出的"全民健身与奥运同行"系列活动的要求,在福建省武夷山举办的第十四届全国定向锦标赛上,尝试性推出了"野战定向"并大获成功,并在之后的 4 年中得到快速发展,进一步推动了野战运动的发展。2010 年以后,在吴军生的倡导下,在国家体育总局社会体育指导中心指导下,开始以"野战运动"为名正式对外开展此项活动,受到青少年追捧,形成了广泛的群众基础,尤其受高校大学生和现役及退役军人喜爱,高校各种 "战队" 社团和野战运动俱乐部纷纷成立。随着 2012 年 4 月由国家体育总局制定的《中国野战运动竞赛规程》出炉,行业规范和方向被官方认定,通过 10 余年的全国各类野战运动比赛探索,使得该项目形成一种蓬勃发展的态势。随着 2018 年 9 月高等教育出版社出版的《野战运动实务》出版发行,高校也纷纷将该项目引进大学体育课程体系中来,也标志着我国野战运动真正实现了从玩到游戏再到运动项目的转变,成为大众青睐的户外休闲运动项目。

(二) 项目特点

野战运动不是简单的体力运动,包含了跑步、跳跃、攀爬、射击、阅读地图等运动元素,需要手脑结合才能完成运动要求,会对脑神经产生强刺激,使大脑神经细胞的工作能力提高,神经系统的兴奋性和灵活性得到改善,会显著增强脑细胞的活力。它直接训练人的弹跳、速度、平衡、耐力和爆发力。野战运动由于大多在户外进行,所以对增加肺活量促进呼吸机能健康有着明显效果,同时可培养参加者灵活性、协调性、准确性,以及奋发向上精神和顽强意志,有益于身心健康,锻炼耐力和肌肉,是一项很好的提高整体素质的有氧代谢运动并能使参加者身心得到充分锻炼的大众体育项目。项目具体特点如下:

(1) 设备易操作、活动易于组织。

(2) 不受场地、时间限制。

(3) 不受年龄、性别限制。

(4) 头脑与体能的结合顺应时代。

(5) 与文化和国防有机结合。

(6) 培养参加者的团队意识。

(7) 有广泛的群众基础和产业前景。

(三) 项目发展趋势

1. 传统野战运动

野战运动是一项新兴的集体力、智力、娱乐于一体的绿色大众运动项目,它具有竞技体育激烈、惊险的特点,而且在社会体育、学校体育、国防体育、体育旅游及素质教育等方面有着其特有的作用,因而也成为广大体育运动俱乐部、国防教育基地、培训公司、特种旅游等极为青睐的开发项目。同时其因为不受性别、年龄、场地、气候等限制,也是深受广大群众喜爱的一项全民健身运动。

野战运动是与军事网络游戏对接的一项运动,军事网络游戏的发展有力地促进了野战运动项目的普及。野战运动既具有竞技体育运动的激烈,又具有军事战场惊险、刺激的特点,参与者身心得到锻炼的同时,还可以提升自身的综合素质和能力。野战运动在我国的兴起是一种必然结果,它符合国家发展战略的需求,适应了当代社会广大群众的活动需求,其具有群众性、具有民族性和发展中的原创性,丰富了全民健身内容。

2. 野战虚拟运动

近年来,随着数字技术与体育行业的不断融合发展,利用穿戴式显示设备、手柄等进行虚拟运动让更多人实现了"运动自由",虚拟运动正为全民健身提供更丰富的选择。科技赋能赛事发展,可以在打破环境限制的前提下有效激发体育的休闲娱乐及社交属性,为体育产业发展提供新机遇。

以当前火爆的穿越火线、CS 等军事题材电竞游戏为基础,虚拟野战运动可以将野战运动装备与战术及裁判软件和相关平台结合。这有助于推动虚拟战场与现实终端及内容兼容适配,支持虚拟现实落地户外与室内、有氧与无氧、单人与多人、休闲与竞技等多元体育运动领域,促进大众健身的新业态的形成。

思 考 题

1. 我国开展的主要冰雪休闲运动项目有哪些?

2. 在飞盘运动中,如何设计活动和场地,以满足不同群体的需求?

3. 电子竞技在未来几年内受众群体会继续扩大吗? 新技术和新平台会如何影响电子竞技的发展?

4. 简述野战运动的发展趋势。

参 考 文 献

[1] 国家体育总局编写组.深入学习习近平关于体育的重要论述［M］.北京:人民出版社,2022.

[2] 中共中央宣传部.中华人民共和国生态环境部.习近平生态文明思想学习纲要［M］.北京:学习出版社,2022.

[3] 中华人民共和国国务院.中共中央 国务院印发"健康中国2030"规划纲要［EB/OL］.(2016–10–25)［2023–12–25］.https://www.gov.cn/gongbao/content/2016/content_5133024.htm.

[4] 中国政府网."十四五"体育发展规划［EB/OL］.(2023–05–06)［2024–03–04］.https://www.gov.cn/zhengce/zhengceku/2021–10–26/5644891/files/ab4fdbb2ec0c47d693f28554994649eb.pdf.

[5] 李相如.凌平.卢锋等.休闲体育概论［M］.北京:高等教育出版社,2011.

[6] 李相如.凌平.卢锋等.休闲体育概论(第二版)［M］.北京:高等教育出版社,2016.

[7] 李相如.钟秉枢等.休闲体育蓝皮书——中国休闲体育发展报告(2015—2016)［M］.北京:社会科学文献出版社,2016.

[8] 李相如.吴万鹏等.休闲体育蓝皮书——中国休闲体育发展报告(2017—2018)［M］.北京:人民出版社,2018.

[9] 李相如.冯宇等.休闲体育蓝皮书——中国休闲体育发展报告(2019—2020)［M］.厦门:厦门大学出版社,2020.

[10] 李相如.罗帅呈.冯宇等.休闲体育蓝皮书——中国休闲体育发展报告(2021—2022)［M］.厦门:厦门大学出版社,2022.

[11] 世界休闲体育协会.厦门市思明区人民政府编.世界休闲体育大趋势［M］.厦门:厦门大学出版社,2020.

[12] 邰子君.体旅融合冬游热［N］.中国旅游报,2024–01–30(006).DOI:10.28109/n.cnki.nclyb.2024.000168.

[13] 叶斌.休闲体育增活力,乡村振兴展新颜——崇明区体旅融合发展的探索

实践[J].上海农村经济,2024(01):20-22.

[14] 李启成,覃文进.高校休闲体育专业人才培养模式[J].山西财经大学学报,2022,44(S2):197-199.

[15] 韦佳佳,王琪延.休闲时间对职工工作绩效的影响——以北京市为例[J].北京社会科学,2022(03):34-44.DOI:10.13262/j.bjsshkxy.bjshkx.220304.

[16] 郑锋,尹碧昌,胡雅静.新时代休闲体育的价值意蕴与实践理路[J].西安体育学院学报,2021,38(03):322-326.DOI:10.16063/j.cnki.issn1001-747x.2021.03.009.

[17] 任波,黄海燕.英美休闲体育产业发展特征与启示[J].体育文化导刊,2020(10):98-104.

[18] 单凤霞.生态文明视域下我国城市休闲体育发展研究[D].上海体育学院,2019.DOI:10.27315/d.cnki.gstyx.2019.000027.

[19] 丁伟,张德军.现代运动休闲中的健康与娱乐价值取向研究[J].广州体育学院学报,2018,38(01):60-62+67.DOI:10.13830/j.cnki.cn44-1129/g8.2018.01.015.

[20] 胡军.英国休闲体育政策的演进特点与启示[J].成都体育学院学报,2012,38(01):40-43.DOI:10.15942/j.jcsu.2012.01.012.

[21] 刘耳.休闲:一种文化价值观的转变[J].自然辩证法研究,2003(05):75-77+93.DOI:10.19484/j.cnki.1000-8934.2003.05.016.

[22] 卢元镇,倪依克,庹权,李晴慧.现代化进程中的中国社会体育[J].体育学刊,2003(01):6-9.DOI:10.16237/j.cnki.cn44-1404/g8.2003.01.002.

[23] PIEPER J,2002. Leisure:The Basis of Culture[M]/DENHAM R D. Northrop Frye on Literature and Society,1936-89. University of Toronto Press.

[24] CHICK G,1998. Leisure and culture:Issues for an anthropology of leisure[J]. Leisure Sciences,20(2):111-133. DOI:https://doi.org/10.1080/01490409809512269.

[25] CHICK G,2009. Culture as a Variable in the Study of Leisure[J]. Leisure Sciences,31(3):305-310. DOI:https://doi.org/10.1080/01490400902837902.

[26] 张宏,陈华.休闲体育管理[M].北京:中国人民大学出版社,2015.

[27] 罗普磷.社会体育管理学教程[M].北京:北京体育大学出版社,2008.

[28] 林志军.探析休闲体育的组织与管理[J].当代教育论坛(下半月刊),2009(03):103-105.

[29] 李相如.我国休闲体育的时代特点与发展趋势[N].中国体育报,2020-10-12.

[30] 国家统计局.2021年全国体育产业总规模与增加值数据公告[EB/OL].（2022–12–30）[2023–12–01].https://www.stats.gov.cn/sj/zxfb/202302/t20230203_1901698.html.

[31] 体育总局,发展改革委,工业和信息化部,自然资源部,住房城乡建设部,文化和旅游部,林草局,国铁集团.关于印发《户外运动产业发展规划（2022—2025年）》的通知[EB/OL].（2022–10–25）[2023–12–02].https://www.gov.cn/zhengce/zhengceku/2022/11/07/content_5725152.htm.

[32] 李荣日,于迪扬,李洪辉.数字经济驱动体育产业振兴发展的理论逻辑与实践向度[J].沈阳体育学院学报,2023,42(04):1–8.

[33] 李祥林.中国体育竞赛表演产业发展的历程、逻辑与趋势——基于政府行为变迁视角[J].体育科学,2021,41(03):10–17.DOI:10.16469/j.css.202103002.

[34] 于光远.论普通有闲的社会[M].北京:中国经济出版社,2004.

[35] 索尔斯坦·凡勃仑.有闲阶级论:关于制度的经济研究[M].蔡受百,译.北京:商务印书馆,1964.

[36] 托马斯·古德尔,杰弗瑞·戈比.人类思想史中的休闲[M].成素梅等,译.昆明:云南人民出版社,2000.

[37] 马惠娣.休闲:人类美丽的精神家园[M].北京:中国经济出版社,2004.

[38] 约翰·凯利.走向自由:休闲社会学新论[M].赵冉,季斌,译.昆明:云南人民出版社,2000.

[39] 程遂营.北美休闲研究:学术思想的视角[M].北京:社会科学文献出版社,2009.

[40] 爱丁顿,陈彼得.休闲:一种转变的力量[M].李一,译.杭州:浙江大学出版社,2009.

[41] 肯·罗伯茨.休闲产业[M].李昕,译.重庆:重庆大学出版社,2008.

[42] 彼得·泰勒.托克尔岑的运动与休闲管理[M].徐茂卫,译.北京:中国旅游出版社,2014.

[43] 中华书局编辑部.汉魏古注十三经(附四书章句集注)(下)[M].北京:中华书局,1998.

[44] (宋)孟元老等.东京梦华录(外四种)[M].北京:文化艺术出版社,1998.

[45] 李相如.戴俭慧.全民健身概论[M].北京:高等教育出版社,2023.

[46] 崔乐泉.中国体育通史第2卷(960—1840年)[M].北京:人民体育出版社,2008.

[47] 吕坤.吕坤全集[M].北京:中华书局,2008.

[48] 纪烈维.新编大学体育理论教程［M］.哈尔滨：黑龙江科学技术出版社,2010.

[49] 百度文库.2020年乡村康养产业行业发展与分析报告［EB/OL］.(2022-11-04)［2023-12-06］.https://wenku.baidu.com/view/d086f5c6a3116c175f0e7cd184254b35eefd1af6.html?_wkts_=1708148199938.

[50] 百度文库.海南省乡村旅游总体规划2014-2020［EB/OL］.(2014-11-06)［2023-12-06］.https://wenku.baidu.com/view/3c7588e8a2116c175f0e7cd184254b35effd1a45.html?_wkts_=1708148312129.

[51] 搜狐.康养产业类型划分及康养小镇规划思路［EB/OL］.(2019-01-09)［2023-12-06］.https://www.sohu.com/a/287632652_825181.

[52] 前瞻产业研究院.康养旅居：养什么？如何养？在哪养？［EB/OL］.(2018-09-19)［2023-12-06］.https://f.qianzhan.com/jiankangdichan/detail/180919-c41cc658.html.

[53] 搜狐.三皮说文旅：什么是康养？康养产业有哪些市场需求？投资人不看后悔！［EB/OL］.(2020-05-26)［2023-12-06］.https://www.sohu.com/a/397682713_120178076.

[54] 国家统计局.中国统计年鉴(2019)［M］.北京：中国统计出版社,2019.

[55] 李相如等.休闲体育项目概论［M］.北京：人民体育出版社,2012.

[56] 尹大川,刘军利,王雷.体育健身——高职体育实践教程［M］.4版.北京：高等教育出版社,2021.

[57] 陈琳,石金亮.大健康背景下武术与康养融合发展研究［J］.文体用品与科技,2023(22):4-6.

[58] 张涛,罗锐.健康中国背景下休闲体育与康养产业发展研究——以四川省为例［J］.当代体育科技,2022,12(15):111-113.DOI:10.16655/j.cnki.2095-2813.2111-1579-9136.

[59] 王芳芳.浅析儒家文化中的康养智慧［J］.名家名作,2021(09):114-116.

[60] 王文文.新时代背景下"新老年"康养探讨［J］.广东职业技术教育与研究,2021(03):198-201.DOI:10.19494/j.cnki.issn1674-859x.2021.03.056.

[61] 张梓珣.重庆市康养旅游资源评价与开发策略研究［D］.重庆师范大学,2021.DOI:10.27672/d.cnki.gcsfc.2021.000906.

[62] 许良洪.石狮市宝盖山生态文化园建设中的休闲体育资源配置［J］.宁德师范学院学报(自然科学版),2020,32(01):70-74.DOI:10.15911/j.cnki.35-1311/n.2020.01.012.

[63] 吴东胜,陈国余.贵州黎平县瑶族传统体育康养资源调查研究［J］.当代体

育科技,2018,8(22):162-163. DOI:10.16655/j.cnki.2095-2813.2018.22.162.

[64] 王艺.康养旅游:公共性与文化性并举[J].广西城镇建设,2017(10):36-46.

[65] 胡家浩.明朝休闲体育的文学管窥[J].体育文化导刊,2011(01):136-140.

[66] 欧阳斌,杨嘉.全球化背景下休闲体育的文化价值[J].新闻爱好者,2010(16):150-151. DOI:10.16017/j.cnki.xwahz.2010.16.014.

[67] 栗燕梅.运动休闲概念、分类及应用的研究[J].广州体育学院学报,2008,28(06):57-59. DOI:10.13830/j.cnki.cn44-1129/g8.2008.06.029.

[68] 王俊奇.试论宋代节俗体育的发展及其主要特点[J].山东体育科技,2003(04):76-78. DOI:10.14105/j.cnki.1009-9840.2003.04.030.

[69] 何云波.围棋与中国文艺精神[D].四川大学,2003.

[70] 余暇体育——一种文明、健康、科学的余暇生活方式[J].天津体育学院学报,1996(01):59-64.

[71] 廖上兰,刘桂海.武术现代性的内涵、起源及其演进——一个社会史的考察[J].西安体育学院学报,2022,39(04):477-484. DOI:10.16063/j.cnki.issn1001-747x.2022.04.012.

[72] 丁华丽.毽球运动竞技演化历程与岭南文化之渊源[J].广州体育学院学报,2013,33(03):50-54. DOI:10.13830/j.cnki.cn44-1129/g8.2013.03.013.

[73] 吴建锋,郭林.舞龙运动的历史起源与发展[J].兰台世界,2012(30):33-34. DOI:10.16565/j.cnki.1006-7744.2012.30.049.

[74] 刘适兰.从国际象棋与中国象棋的异同看中西方文化的差异[J].武汉体育学院学报,2003(05):1-3. DOI:10.15930/j.cnki.wtxb.2003.05.001.

[75] 晓凤.中国围棋比赛规则详谈[EB/OL].(2024-01-04)[2024-03-01].http://edu.yjbys.com/qilei/424702.html.

[76] 新华网.北京冬奥申委按时向国际奥委会提交申办报告[EB/OL].(2015-01-07)[2024.03-01].http://www.hnr.cn/news/kx/201501/t20150107_1782981_2.html.

[77] 中国奥委会官方网站.国际奥委会新理念与北京冬奥申委理念高度契合[EB/OL].(2014-12-10)[2024-03-01].http://www.olympic.cn/news/olympic/2014/1210/38641.html.

[78] 新华体育.2026年冬奥会或产生116枚金牌女运动员占比创新高[EB/OL].(2022-06-26)[2024-03-01]. http://sports.news.cn/c/2022-06/26/c_1128776798.htm.

[79] 贾江涛.多种方式相互交融,搭建有效作文教学[J].青少年日记(教育教学研究),2019(S2):128.

［80］ 展鹏 . 少年速度滑冰基本技术评定对运动员未来竞技能力的影响［D］. 哈尔滨师范大学 , 2012.

［81］ 白萍 . 对我国滑翔伞运动现状的调查研究［D］. 北京体育大学 , 2006.

［82］ 生态体育 . 2017 滑雪产业研究报告［EB/OL］.（2017–05–03）［2024–03–01］. https://www.sohu.com/a/138012461_505583.

［83］ 天文网 . 体育航空［EB/OL］.（2023–04–03）［2024–03–02］. http://www.tianwen 6.com/ht/513855.html.

读者意见反馈

为收集对教材的意见建议，进一步完善教材编写并做好服务工作，读者可将对本教材的意见建议通过如下渠道反馈至我社。

咨询电话　400-810-0598

反馈邮箱　gjdzfwb@pub.hep.cn

通信地址　北京市朝阳区惠新东街4号富盛大厦1座　高等教育出版社总编辑办公室

邮政编码　100029